广视角·全方位·多品种

皮书系列为"十二五"国家重点图书出版规划项目

权威·前沿·原创

中国社会科学院创新工程学术出版资助项目

社会蓝皮书

BLUE BOOK OF CHINA'S SOCIETY

2012年
中国社会形势分析与预测

SOCIETY OF CHINA ANALYSIS AND FORECAST(2012)

主　编／汝　信　陆学艺　李培林
副主编／陈光金　李　炜　许欣欣

社会科学文献出版社
SOCIAL SCIENCES ACADEMIC PRESS (CHINA)

图书在版编目（CIP）数据

2012年中国社会形势分析与预测/汝信，陆学艺，李培林主编.—北京：社会科学文献出版社，2012.1
（社会蓝皮书）
ISBN 978-7-5097-2930-4

Ⅰ.①2… Ⅱ.①汝…②陆…③李… Ⅲ.①社会分析-中国-2011②社会预测-中国-2012 Ⅳ.①D668

中国版本图书馆CIP数据核字（2011）第250188号

社会蓝皮书
2012年中国社会形势分析与预测

主　　编／汝　信　陆学艺　李培林
副 主 编／陈光金　李　炜　许欣欣

出 版 人／谢寿光
出 版 者／社会科学文献出版社
地　　址／北京市西城区北三环中路甲29号院3号楼华龙大厦
邮政编码／100029

责任部门／皮书出版中心（010）59367127　　责任编辑／吴　丹　刘德顺　桂　芳
电子信箱／pishubu@ssap.cn　　　　　　　　责任校对／程　霞
项目统筹／邓泳红　　　　　　　　　　　　责任印制／岳　阳
总 经 销／社会科学文献出版社发行部（010）59367081　59367089
读者服务／读者服务中心（010）59367028

印　　装／北京季蜂印刷有限公司
开　　本／787mm×1092mm　1/16　　　　印　张／20.75
版　　次／2012年1月第1版　　　　　　　字　数／355千字
印　　次／2012年1月第1次印刷
书　　号／ISBN 978-7-5097-2930-4
定　　价／59.00元

本书如有破损、缺页、装订错误，请与本社读者服务中心联系更换
版权所有　翻印必究

社会蓝皮书编委会

主　　编　汝　信　陆学艺　李培林
副 主 编　陈光金　李　炜　许欣欣
课题核心组成员
　　　　　　汝　信　陆学艺　李培林　陈光金　李　炜
　　　　　　许欣欣　范　雷　张丽萍　刁鹏飞　田　丰
　　　　　　崔　岩

本书作者（以文序排列）
　　　　　　李培林　陈光金　吕庆喆　莫　荣　陈　云
　　　　　　杨宜勇　池振合　王发运　李　宇　王　建
　　　　　　顾　昕　李　炜　范　雷　张丽萍　刁鹏飞
　　　　　　崔　岩　袁　岳　张　慧　张　翼　刘影翔
　　　　　　李春玲　朱　迪　何光喜　石长慧　张文霞
　　　　　　马　缨　赵延东　祝华新　单学刚　胡江春
　　　　　　唐　钧　刘蔚玮　文盛堂　黄燕芬　辛洪波
　　　　　　乔　健　张厚义　樊　平

主要编撰者简介

汝信 男，教授，汉族，1931年出生，江苏吴江人。1949年毕业于上海圣约翰大学，1956年攻读著名学者贺麟先生黑格尔哲学专业研究生，毕业后留哲学所从事研究工作，1978年晋升研究员，任哲学所副所长，1981~1982年，在美国哈佛大学做访问学者，1982~1998年任中国社会科学院副院长，并曾兼任哲学所所长，国务院学位委员会副主任。现任中国社会科学院学部委员、咨询委员会顾问。在国内外学术机构中曾担任的主要职务有：中华全国美学学会会长、中国政治学会会长以及国际哲学与人文科学理事会副主席、东德科学院外籍院士、韩国启明大学名誉哲学博士等。主要从事西方哲学史特别是德国古典哲学、美学的研究。主要著作有：《黑格尔范畴论批判》（与姜丕之合著，上海人民出版社，1961）、《西方美学史论丛》及《西方美学史论丛续编》（上海人民出版社，1963）、《西方的哲学和美学》（山西人民出版社，1978）、《美的找寻》（中国社会科学出版社，1992）。此外还有译著多种，并主编《西方著名哲学家评传》（10卷）、《世界文明大系》（12卷）和《当代韩国》（季刊）等。

陆学艺 男，江苏无锡人，研究员。曾任中国社会学会会长、中国社会科学院社会学研究所所长。现任中国社会科学院社会政法学部荣誉学部委员、中国农村社会学研究会会长。主要研究领域：农村经济社会的发展研究。曾就农村实行家庭联产承包责任制、农村改革和发展等问题发表了大量的论文、调查报告和著作，主要有《农业发展的黄金时代》、《联产责任制研究》、《当代中国农村与中国农民》等。主编了《社会主义初级阶段中的社会学》、《社会学》、《中国社会发展报告》、《中国社会形势分析与预测》、《当代中国社会阶层研究报告》、《当代中国社会流动》、《当代中国社会结构》等著作。

李培林 男，山东济南人。博士，研究员，中国社会科学院社会学研究所所长，中国社会学会会长，《社会学研究》主编。主要研究领域：发展社会学、组织社会学、工业社会学。主要代表作：《村落的终结》、《社会结构转型——中国经济体制改革的社会学分析》、《和谐社会十讲》、《另一只看不见的手——社会结构转型》、《转型中的中国企业：国有企业组织创新论》（合著）、《新社会结构的生长点》（合著）、《社会冲突与阶级意识——当代中国社会矛盾问题研究》（合著）、《国有企业社会成本分析》（合著）、《中国社会发展报告》（主编）、《中国新时期阶级阶层报告》（主编）等。

陈光金 男，湖南醴陵人。博士，研究员，中国社会科学院社会学研究所副所长。主要研究领域：农村社会学、社会分层与流动、私营企业主阶层。主要研究成果：《中国乡村现代化的回顾与前瞻》、《新经济学领域的拓疆者——贝克尔评传》、《当代中国社会阶层研究报告》（合著）、《当代英国瑞典社会保障》（合著）、《内发的村庄》（合著）、《中国小康社会》（合著）、《当代中国社会流动》（合著）、《多维视角下的农民问题》（合著）、《当代中国社会结构》（合著）等。

李　炜 男，陕西西安人。博士，副研究员，中国社会科学院社会学研究所社会发展研究室主任。主要研究领域：发展社会学、社会分层、社会研究方法。主要研究成果：《当代中国社会阶层研究报告》（合著）、《当代中国社会流动》（合著）、《农民工在中国社会转型中的经济地位和社会态度》（论文/合著）、《当代中国社会阶层的主观性建构和客观实在》（论文/合著）、《中韩两国社会阶级意识比较研究》（论文）。

许欣欣 女，北京人。博士，中国社会科学院社会学研究所研究员。1996～2007年，先后于美国哥伦比亚大学、杜克大学，韩国国立首尔大学，德国柏林自由大学做访问学者。主要研究领域：社会结构变迁、社会分层与社会流动、农村社会学。主要研究成果：《当代中国结构变迁与社会流动》（专著）、《中国城镇居民贫富差距演变趋势》（论文）、《从职业评价与择业取向看中国社会结构变迁》（论文）、《社会、市场、价值观：整体变迁的征兆》（论文）、《中国乡村建设与改造的案例研究》（研究报告）、《韩国农协的形成与发展及其对中国的启示》（论文）、《中国农民组织化与韩国经验》。

摘　要

本报告是中国社会科学院"社会形势分析与预测"课题组的 2012 年年度分析报告（社会蓝皮书），由中国社会科学院社会学研究所组织研究机构专家、高校学者以及政府研究人员撰写。

本报告指出，在国际环境复杂多变、国内经济社会运行中不断出现一些新情况、新问题的背景下，中国以科学发展为主题，以加快转变经济发展方式为主线，以保障和改善民生为根本出发点和落脚点，收入和消费水平稳步提高，物价得到初步控制，就业形势明显好转，农村社会保障体系建设得到突破性进展。2011 年，中国城镇人口占总人口的比重首次超过 50％，中国从一个具有几千年农业文明历史的农民大国，进入以城市社会为主的新成长阶段。这种变化不是一个简单的城镇人口百分比的变化，它意味着人们的生产方式、职业结构、消费行为、生活方式、价值观念都将发生极其深刻的变化。城市化继工业化之后，成为引领中国经济社会发展的巨大引擎。

本报告强调，物价上涨过快影响民生，控制物价任务艰巨，在市场经济条件下，要建立平衡城镇居民生活与农民收入的新机制；就业形势复杂性增加，劳动力供求的结构性矛盾依然突出，出现了初级劳动力市场"招工难"、大学生"就业难"和农村富余劳动力"转移难""三难并存"的复杂局面，要坚定推进就业优先的政策；劳动争议事件增加，2011 年 7 月 1 日《社会保险法》生效后，出现劳动争议受理案件数大幅度上升情况，要落实新法律的配套措施；收入分配仍然受到普遍关注，虽然区域和城乡差距开始缩小，但收入差距总体扩大态势尚未得到根本扭转，要继续把调整收入分配、出台公平合理的收入分配政策当做重点。与此同时，要加大环境污染治理力度，扭转生产安全事故频发状况，完善社会诚信体系。

2012 年将召开党的"十八大"，为中国未来的发展确定新的路线图和大政方针，中国的发展将进入一个新的成长阶段。

Abstract

This is the 2012 Annual Report (*Blue Book of China's Society*) from the Research Group on "The Analysis and Forecast of China's Social Development", issued by Chinese Academy of Social Sciences (CASS). Researchers and scholars from various research institutions, universities and government departments report on statistical data released by the government or social science surveys. This project is organized by the Institute of Sociology at Chinese Academy of Social Sciences.

The report notes that, in 2011, under the background of complex and volatile international situation, coupled with emerging social problems at the domestic level, China has made great effort to stimulate the transformation of economic structure. Under the banner of scientific development, government focuses on improving and safeguarding people's well-being. At the same time, income level for both urban and rural residents continues to rise, as well as the scale of domestic consumption. Meanwhile, the prices on basic household necessities have been stabilized, inflation rate is kept under control, the employment situation has improved dramatically, and the establishment of social security system in rural areas has stepped into a new stage. In 2011, China's urban population outnumbers rural population for the first time throughout China's history, which announces that China, traditionally known as an agricultural society with thousands of years of civilization, has crossed the threshold of urbanization and reached a new phase of development. The rising percentage of urban residents should not be interpreted as a simple statistical change. Instead, behind the number, it represents a substantial transformation of the mode of production, occupation distribution, people's consuming behavior, their life-style, and values and worldview. After the phase of industrialization, urbanization becomes the new engine for China's economic growth.

The report also emphasizes that soaring prices on basic household goods have already affected the living standard of the low income population. Also, it is critical to control inflation rate, and establish a new mechanism to narrow the gap of income level between urban and rural residents. The employment situation becomes more complicated in the year of 2011. Due to significant structural deficiency of the current labor market, China encounters the dilemma that, on the one hand, it is difficult for the newly graduated students to find a job; while on the other hand, there is a "recruitment crisis" at the primary labor market. Meanwhile, it is often not easy for the surplus labor force in rural areas to transfer to other regions. Therefore, it is important to maintain policy consistency and put job-creation as our top priority. Since July 1st 2011, the Social Insurance Law comes into effect. In the following months, we have witnessed an increasing amount of labor dispute cases, which requires us to step up efforts to stipulate supplemental policies and measures. The whole society still pays extensive attention on the issue of income distribution. Although the income disparities among regions and between urban and rural areas are narrowed, the general trend of widening income gap is not reversed. As a result, we should push for an income distribution mechanism which is fair and reasonable, and maintain the adjustment of income distribution as our top policy agenda. Furthermore, government should also strengthen its regulation on environment pollution incidents, prevent production safety related accidents, and promote a society of trust with a better credit system.

In 2012, the Eighteenth National Congress of the Communist Party of China will be held in Beijing, which will set the main theme for China's future development. China will move into a brand-new stage of development.

前　言

本书是中国社会科学院"社会形势分析与预测"课题组第20本分析和预测社会形势的年度社会蓝皮书。

2012年的社会蓝皮书的议题有以下几个突出的方面。

1. 城市化引领新成长阶段

我们在前两年社会形势分析与预测的总报告中，提出"新成长"阶段的概念，得到广泛的认同。这个新成长阶段实际上意味着整个发展方式的转变，如更加注重通过扩大国内消费拉动经济增长，更加注重生态环境保护，更加注重社会建设，更加注重城乡统筹，等等。2011年是中国城市化发展史上具有里程碑意义的一年，城镇人口占总人口的比重首次超过50%。中国从一个具有几千年农业文明历史的农民大国，进入以城市社会为主的新成长阶段。这种变化不是一个简单的城镇人口百分比的变化，它意味着人们的生产方式、职业结构、消费行为、生活方式、价值观念都将发生极其深刻的变化。城市化继工业化之后，成为引领中国经济社会发展的巨大引擎，这成为新成长阶段的一个新特征。

2. 创新社会管理成为改革的新任务

2011年，国际环境复杂多变、西亚和北非一些国家发生剧烈社会动荡甚至政权更迭，我国仍然在经历着巨大而快速的社会变迁，国内经济社会运行中也不断出现一些新情况、新问题和新挑战，在这种大背景下，如何在社会主义市场经济和民主政治条件下管理发生了深刻变化的社会，成为社会建设领域的新课题、新主题。加强和创新社会管理，不仅涉及调整利益格局、化解社会矛盾，更重要的是涉及社会领域的一系列体制改革、机制建设和秩序治理，是我国改革的一项新的重要任务。

3. 促进文化大发展大繁荣成为一项新的发展战略

随着中国经济实力不断增强和工业化、城市化快速推进，促进文化大发展大繁荣、提高国家文化软实力成为一项新的发展战略。2011年，党的十七届六中

全会作出《中共中央关于深化文化体制改革推动社会主义文化大发展大繁荣若干重大问题的决定》，提出了对文化发展在整体社会发展中的重要意义的新认识，这是建设中国特色社会主义的一项重大战略决策。文化大发展大繁荣不仅涉及文化事业和文化产业的发展，还涉及建设和完善以民主、文明、和谐和共同富裕等为核心的社会主义价值体系，涉及社会公德、职业道德和家庭美德的建设。

本书的作者来自专业的研究和调查机构、大学以及政府有关研究部门，除总报告外，各位作者的观点，只属于作者本人，既不代表总课题组，也不代表作者所属的单位。

本书涉及的大量统计和调查数据，由于来源不同、口径不同、调查时点不同，所以可能存在着不尽一致的情况，请在引用时认真进行核对。

本课题的研究受到中国社会科学院的重点资助，本课题的研究活动的组织、协调以及总报告的撰写，均由中国社会科学院社会学研究所负责。

本年度"社会蓝皮书"由李培林、陈光金、李炜、张丽萍、范雷、刁鹏飞、崔岩负责统稿，汝信、陆学艺审定了总报告，胡刚负责课题的事务协调和资料工作。社会科学文献出版社社长谢寿光及皮书出版中心邓泳红、王颉，为本书的出版做了大量工作，在此表示诚挚的谢意。

编　者
2011 年 11 月 20 日

目 录

BⅠ 总报告

B.1 城市化引领中国新成长阶段
　　——2011~2012年中国社会形势分析与预测
　　……………中国社会科学院"社会形势分析与预测"课题组
　　　　　　　　　　　　　　　李培林　陈光金　执笔 / 001
　　一　中国进入以城市社会为主的新成长阶段……………… / 002
　　二　2011年中国社会发展总体形势………………………… / 003
　　三　2011年中国社会发展面临的问题和挑战……………… / 008
　　四　2012年中国社会发展的展望与对策建议……………… / 011

BⅡ 发展篇

B.2　2011年中国城乡居民收入和消费状况 ………… 吕庆喆 / 017

B.3　2011年就业形势和中小企业发展 ………… 莫　荣　陈　云 / 031

B.4　中国居民收入增长及其不平等状况研究 ………… 杨宜勇　池振合 / 045

B.5　2011年社会保障体系的完善和发展 ………… 王发运　李　宇 / 057

B.6 2011年：中国教育的发展和改革 …………………………… 王　建 / 068
B.7 医药卫生体制改革全面推进 ………………………………… 顾　昕 / 085

BⅢ 调查篇

B.8 2011年中国民生及城市化调查报告
………………… 中国社会科学院"中国社会状况综合调查"课题组
　　　　　　李　炜　范　雷　张丽萍　刁鹏飞　崔　岩 执笔 / 099
B.9 2011年中国城市居民生活质量指数报告 ……… 袁　岳　张　慧 / 126
B.10 劳动力市场的变化及"招工难"问题调研报告
………………………………………………… 张　翼　刘影翔 / 145
B.11 "80后"及"80后"知识精英调查报告
………………………………………………… 李春玲　朱　迪 / 162
B.12 汶川灾区居民生活恢复重建情况监测报告（2008~2011）
………………… 何光喜　石长慧　张文霞　马　缨　赵延东 / 176

BⅣ 专题篇

B.13 2011年中国互联网舆情分析报告 ……… 祝华新　单学刚　胡江春 / 194
B.14 "十二五"开局之年的城乡社会救助 ………… 唐　钧　刘蔚玮 / 215
B.15 2011~2012年中国反腐败体系的建设和发展 …………… 文盛堂 / 229
B.16 民间借贷风险：现状、成因及社会影响 ……… 黄燕芬　辛洪波 / 241

BⅤ 阶层篇

B.17 2011~2012年：和谐劳动关系新政 ……………………… 乔　健 / 255

B.18 中国私营企业主阶层20年 …………………………… 张厚义 / 273

B.19 2011年农民发展报告 ………………………………… 樊　平 / 284

BⅥ　附　录

B.20 中国社会发展统计概览（2011） …………………… 张丽萍 / 298

CONTENTS

B I General Report

B.1 Urbanization Leads to a New Stage of Development
—Analysis and Forecast of China's Social Development, 2011—2012

Research Group on the "Analysis and Forecast of Social Development", CASS

Li Peilin, Chen Guangjin / 001

1. China's New Stage of Growth as a Urban Society / 002
2. General Situation of China's Social Development, 2011 / 003
3. Problems and Challenges to China's Social Development, 2011 / 008
4. Forecast and Strategies of China's Social Development, 2012 / 011

B II Reports on Social Development

B.2 Income and Consumption Conditions of the Urban and Rural Residents in China, 2011 *Lü Qingzhe* / 017

B.3 The Employment Situation and Difficulties for Small and Medium-sized Enterprises in 2011 *Mo Rong, Chen Yun* / 031

B.4 Analysis on Income Growth and Income Inequality in China

Yang Yiyong, Chi Zhenhe / 045

| CONTENTS

B.5 Improvement and New Progress of China's Social Security
　　 System in 2011　　　　　　　　　　　　　　 *Wang Fayun, Li Yu* / 057

B.6 The Progress of Education Development and Reform in China, 2011
　　　　　　　　　　　　　　　　　　　　　　　　　　 Wang Jian / 068

B.7 China's Healthcare Reforms Step into a New Stage　　 *Gu Xin* / 085

B Ⅲ　Reports on Social Survey

B.8 Report on People's Wellbeing and Urbanization in China, 2011
　　　　　　　　　 Research Group on "China Social Survey", CASS
　　　　 Li Wei, Fan Lei, Zhang Liping, Diao Pengfei and Cui Yan / 099

B.9 Report on 2011 Survey on Quality of Life for Chinese Residents
　　　　　　　　　　　　　　　　　　　　 Victor Yuan, Zhang Hui / 126

B.10 Report on the Situation of Labor Market and the Outbreak
　　　 of "Recruitment Crisis"　　　　　　　 *Zhang Yi, Liu Yingxiang* / 145

B.11 The "Post-1980 Generation" and Its Elites　　 *Li Chunling, Zhu Di* / 162

B.12 Monitoring Society Reconstruction and Evaluating Residents'
　　　 Lives in Wenchuan Earthquake-affected Area: 2008-2011
　　　 He Guangxi, Shi Changhui, Zhang Wenxia, Ma Ying and Zhao Yandong / 176

B Ⅳ　Reports on Special Subjects

B.13 Analysis on Internet-based Public Opinion in China, 2011
　　　　　　　　　　　 Zhu Huaxin, Shan Xuegang and Hu Jiangchun / 194

B.14 Urban and Rural Social Assistance Program at the Beginning
　　　 of the Twelfth Five-Year Plan　　　　　 *Tang Jun, Liu Weiwei* / 215

B.15 2011–2012: The Establishment and Development of China's
     Corruption Prevention and Punishment System   *Wen Shengtang* / 229

B.16 The Risks of China's Private Lending: Situations, Causes
     and Social Impact   *Huang Yanfen, Xin Hongbo* / 241

B V Reports on Social Strata

B.17 2011–2012: A New Regime for the Establishment of
     Harmonious Labor Relationship   *Qiao Jian* / 255

B.18 Twenty Years Development of China's Entrepreneurs
     in Private Sector   *Zhang Houyi* / 273

B.19 Report on the Peasant Class Development
     in China: 2011   *Fan Ping* / 284

B VI Appendix

B.20 Social Development Graphs of China, 2011   *Zhang Liping* / 298

总 报 告

General Report

B.1
城市化引领中国新成长阶段
——2011~2012年中国社会形势分析与预测

中国社会科学院"社会形势分析与预测"课题组

李培林 陈光金 执笔

摘　要：在国际环境复杂多变、国内经济社会运行中不断出现一些新情况、新问题的背景下，中国以科学发展为主题，以加快转变经济发展方式为主线，以保障和改善民生为根本出发点和落脚点，收入和消费水平稳步提高，物价得到初步控制，就业形势明显好转，农村社会保障体系建设得到突破性进展。2011年，中国城镇人口占总人口的比重首次超过50%，中国从一个具有几千年农业文明历史的农民大国，进入以城市社会为主的新成长阶段。这种变化不是一个简单的城镇人口百分比的变化，它意味着人们的生产方式、职业结构、消费行为、生活方式、价值观念都将发生极其深刻的变化。城市化继工业化之后，成为引领中国经济社会发展的巨大引擎。

关键词：社会发展　新成长阶段　城市化

2011年是21世纪第二个10年的起点，也是我国"十二五"规划的开局之年。我国以科学发展为主题，以加快转变经济发展方式为主线，以保障和改善民生为根本出发点和落脚点，继续稳步推进中国特色社会主义事业。国际环境复杂多变，可能导致中国国内发展中的不确定因素增加，国内经济社会运行中也不断出现一些新情况、新问题、新矛盾。我国发展进入一个新成长阶段，城市化成为继工业化之后推动经济社会发展的新引擎。

一 中国进入以城市社会为主的新成长阶段

1. 城市化水平超过50%，城市化引领新成长阶段

2011年是中国城市化发展史上具有里程碑意义的一年，这一年，城镇人口占总人口的比重将首次超过50%。中国从一个具有几千年农业文明历史的农民大国，进入以城市社会为主的新成长阶段。这种变化不是一个简单的城镇人口百分比的变化，它意味着人们的生产方式、职业结构、消费行为、生活方式、价值观念都将发生极其深刻的变化。

2. 城市化继工业化之后，成为推动中国经济社会发展的巨大引擎

工业化、城市化和市场化，已成为拉动中国巨大社会变迁的"三驾马车"。在城市化急剧推进的过程中，土地的快速升值成为经济增长和财政收入的重要源泉。一方面，人民群众快速增长的改善住房的新消费需求与转变经济发展方式、扩大国内消费的需要恰相吻合；另一方面，围绕地产收益产生的利益博弈也影响到实业发展、生活价格稳定和利益分配的公平合理。处理好新形势下的这一两难问题，成为继续推动经济社会健康成长的关键一环。

3. 城市化新阶段的区域格局深刻变化，中西部连续多年增长快于东部

近几年来，我国出现中西部经济引领全国经济增长的新格局，经济增长的区域结构更加平衡。从地区工业增加值看，2011年前三季度，东部地区增加值同比增长12.2%，中部地区增长18.3%，西部地区增长17.1%。从地区固定资产投资情况看，东部地区投资同比增长22.3%，中部地区同比增长29.9%，西部地区同比增长29.5%。

区域发展格局的这种变化，既是产业转移的自然结果，也是我国区域发展政策发挥作用的结果。但中西部近年来的快速发展，并非是重复东部的道路，城市化继工业化之后，成为中西部发展的巨大推力。

4. 城市化新阶段的城乡关系深刻变化，农民收入增长速度开始超越城镇居民

随着中国财政对农村转移支付力度的加大以及一系列惠农政策的施行，特别是农产品价格的合理上升，农民的生活水平得到显著提高。继 2010 年之后，2011 年农民人均纯收入的增长速度将继续快于城镇居民可支配收入的增长。

这种变化并非偶然的现象，而是一个长期趋势的开始。随着农产品价格的提高和初级劳动力市场工资水平的提高，农民的经营收入和打工收入将成为推动农民现金收入快速增长的两大动力，农民现金收入在农民纯收入中所占的比例也将继续提高。

当然，由于城乡居民收入绝对差距在三倍以上，短期内城乡之间的收入差距还不会出现具有里程碑意义的拐点。助农惠农政策仍需要进一步加强。

5. 城乡统筹成为发展新主题，城市化涉及全面社会改革

在全国各地，城乡统筹和打破城乡二元结构成为发展的新主题，成都、重庆的城乡统筹试点引起全国的密切关注。城市化的继续推进涉及户籍、就业、社会保障、收入分配、教育、医疗、社会管理等社会体制的全面改革。从全国来看，随着快速交通的迅猛发展，城市化进程已经进入第二阶段，由农民进城到打造都市"一小时"生活圈，新型城乡关系正在形成。中国已结束了千百年来农民无社会保障的状况，约 2 亿农民参加了新型农村社会养老保险。

二 2011 年中国社会发展总体形势

2011 年社会发展总体保持良好态势，人民生活进一步改善，社会事业投入力度显著加大，社会保障体系建设在广度和水平上取得重大突破，社会管理体制改革创新成为推进国家社会建设和发展的重大战略举措，整个国家的社会发展不仅在数量意义上取得进展，而且进入提升发展质量的新成长阶段。

1. 经济平稳高速增长，物价得到初步控制

2011 年，中国经济继续朝着宏观调控的预期方向发展。中国经济避免了原来担忧的"二次探底"和"硬着陆"情况，经济仍在高位运行。前三季度，国内生产总值320692 亿元，同比增长9.4%，虽然经济增长速度逐季度下降，但预计全年经济增长仍可达9%。农业生产形势良好。全国夏粮产量12627 万吨，比上年增产312万吨，增长2.5%；早稻总产量3276万吨，比上年增产1438吨，增长4.5%；秋粮总产量4218万吨，比上年增产2018万吨，增长5.1%；全年粮食总产量57121万吨，比上年增产2473万吨，增长4.5%，创造了新的历史纪录，迈上了一个新台阶。

物价涨幅总体可控。2011年以来，中国消费价格指数超出了年初预计的4%，前三季度CPI上升5.7%。7月份CPI创近年来最高上升水平，达到6.5%。面对物价上涨之严峻形势，国家按照控制货币、发展生产、保障供应、搞活流通、加强监管、安定民生的要求，出台了一系列有针对性的措施，粮油糖肉菜和成品油等重要商品市场供应得到较好保障，价格违法违规行为受到严肃查处，多数省份已经建立社会救助和保障标准同物价上涨挂钩的联动机制，加上农业生产形势总体良好，8月份CPI开始回落，到10月份回落到5.5%。物价上涨的势头得到了初步遏制。

2011年，全国财政收入预计可突破10万亿元，继续以约30%的高速增长。

2. 民生财政支出增加，公共财政基本建立

随着民生财政支出的逐年增加，我国公共财政基本建立，民生支出达到中央财政支出的2/3左右。2011年前三季度，全国财政教育支出9490.78亿元，增长26.7%；社会保障和就业支出8003.57亿元，增长32.5%；农林水事务支出5842.61亿元，增长34.8%；城乡社区事务支出5098.18亿元，增长42%；医疗卫生支出3965.2亿元，增长50.5%；住房保障支出2285.91亿元，增长73.9%，同时要求确保住房公积金增值收益、土地出让收益按规定用于保障房建设。民生建设财政支出项目的增幅，绝大多数都显著高于同期全国财政收入的增幅，推动我国民生事业的快速发展。

2011年以来，国家还加大了减税力度，实施了个人所得税制度改革，推进了资源税改革，完善了消费税制度，继续对部分小型微利企业实施所得税优惠政策等，这些税收政策的调整与完善，促进了企业的发展，也引导了居民消费。从2011年9月1日起，工薪收入的个人所得税起征点提高到3500元，全年个人所得税将因此减收1600亿元，纳税的工薪劳动者将减少6000万人。从11月1日起，上调增值税、营业税起征点，这对中小型企业和个体工商户无疑是一个利好消息。

3. 就业形势明显好转，就业结构继续调整

国际金融危机之后，我国经济恢复较快增长，就业形势明显好转。根据人力资源和社会保障部在第二季度对全国100多个城市公共就业服务机构登记招聘和登记求职的信息监测，2011年岗位空缺与求职人数的比率约为1.07，比上年同期略有提高；第三季度有所回落为1.04，但比上年同期高0.05。2011年1~9月，全国城镇新增就业994万人，城镇失业人员再就业436万人；至9月底，城镇登记失业率为4.1%，预计全年城镇登记失业率仍为4.1%。农民工就业仍在增加。截至2011年第三季度末，全国进城农民工总量为1.64亿人，比上年同期增加606万人。

就业的产业分布结构继续调整。根据上述劳动力市场监测结果，2011年第二季度第一、第二、第三产业需求人数所占比重依次为1.9%、36.9%和61.2%，第三季度的监测结果与此大体相同。与上年同期相比，第二产业用人需求下降约3.5%，商业服务业中部分行业用人需求则有所上升。值得关注的是，随着劳动力供求关系的变化，对45岁及以上劳动力的需求有所上升，与上年同期相比，对45岁以上年龄组的用人需求增长5.5%。

大学毕业生就业形势也有所好转。2011年，全国高校毕业生达660万人，大学生毕业半年以后的就业率稳定在90%左右，专业与职业的吻合度也在不断提高。

4. 收入和消费水平稳步提高，人民生活继续改善

2011年，城乡居民收入水平继续稳步提高。前三季度，城镇居民人均可支配收入16301元，扣除价格因素，实际增长7.8%；农村居民人均现金收入5875元，扣除价格因素，实际增长13.6%；预计全年农民人均纯收入增长10%，将高于城镇居民可支配收入的增幅。

由于物价的较快上升，很多地区相应提高了最低工资标准和离退休人员的补助标准，截至2011年9月底，全国有21个省市区相继调整最低工资标准，平均调整幅度达21.7%。

在收入增长的基础上，城乡居民的生活继续改善，国内消费拉动经济社会发展的力量持续增强。2011年前三季度，社会消费品零售总额130811亿元，同比增长17.0%，扣除价格因素实际增长11.3%，高于GDP和居民收入增长水平。

从消费结构来看，家庭消费恩格尔系数继续降低，非衣食类的消费品增长较快，特别是汽车类消费增长16.0%，家具类消费增长31.4%，家用电器和音像器材类消费增长20.5%，黄金珠宝首饰类消费增长50%左右。

为推动居民消费，国家继续执行"家电下乡"政策。2011年前8个月，家电下乡产品销售6541万台，实现销售额1632亿元，同比分别增长41.3%和61.9%。自2009年我国实施"家电下乡"政策以来，截至2011年8月，全国家电下乡产品累计销售1.8亿台，实现销售额4050亿元，发放补贴460亿元。

5. 社会保障体系更加完善，保障水平稳步提高

随着国家财政对民生事业的投入大幅度增加，全国社会保障体系得到进一步完善，保障水平有明显提高。《社会保险法》从2011年7月1日起生效，为劳动者权益保护提供了法律依据。

社会保险覆盖面继续扩大。截至2011年9月底，全国参加城镇基本养老保险、基本医疗保险、失业保险、工伤保险和生育保险人数分别为27497万人、46337万人、14053万人、17205万人、13472万人，分别比上年底增加1790万人、3074万人、677万人、1044万人、1136万人。1~9月，五项社会保险基金总收入16382.3亿元，同比增长26.9%；五项社会保险基金总支出12897.5亿元，同比增长21.2%。

"新农保"（新型农村社会养老保险）和"城老保"（城镇居民社会养老保险）试点快速推进。2011年中，"新农保"已覆盖全国2000多个县（市）的60%；"城老保"于7月1日开始试点，到年底试点工作覆盖全国60%的县级区域，试点地区将城镇无收入居民纳入保障范围，年底基本完成未参保集体企业退休人员纳入基本养老保险工作。截至2011年9月底，全国已有12个省（市、区）实现了制度全覆盖，参加新型农村和城镇居民社会养老保险试点的总人数达1.99亿人，其中领取待遇人数达5465.32万人；加上地方自行试点，总参保人数达到2.35亿人，领取待遇人数达6694.11万人。

农民工参加社会保险的人数不断增长。截至2011年9月底，全国农民工参加基本养老、基本医疗、失业、工伤保险的人数分别为3991万人、4594万人、2269万人和6580万人，分别比上年底增加707万人、11万人、279万人和280万人，增幅分别为21.5%、0.24%、14.0%和4.4%。

城乡最低生活保障水平不断提高。2011年第三季度，城镇最低生活保障标准平均为278.15元，农村最低生活保障标准平均为135.05元，分别比上年同期增长15.9%和23.1%。从城乡实际支出看，2011年1~9月，城镇最低生活保障支出合计428.7亿元,农村最低生活保障支出合计406.2亿元,分别比上年同期增长26.4%和50%。从2010年第三季度到2011年第三季度,全国城镇最低生活保障人数和户数分别从2289.6万人、1130.9万户变为2268.7万人、1135.3万户,而全国农村最低生活保障人数和户数分别从5086.6万人、2449.5万户增加到5267.4万人、2608.6万户。

6. 大规模建设保障性住房,遏制房价飞涨

房价高企,居民收入水平与房价严重失衡,在中国城镇社会造成了普遍的青年人"住房难"问题,也引起群众的普遍不满。为了解决这一问题,国家一方面坚定地对房地产市场进行调控,努力迫使房价回归理性;另一方面,全面启动大规模建设保障性住房,加大廉租房、公租房等政策性住房的供给。

房地产价格快速增长势头得到遏制。2011年前三季度,房地产投资增幅有所下降。1~9月份,房地产的开发投资同比增长32%,虽然增幅仍在高位运行,但比1~8月份回落1.2个百分点。房地产投资性的需求特别是投机性的需求开始得到控制。房地产的价格出现松动,前期价格快速上涨的势头得到了明显遏制。

大规模建设保障房显著提速。2011年,全国开工建设保障性住房、改革各类棚户区住房1000万套,其中,廉租住房165万套,公共租赁住房227万套,经济适用住房110万套,限价商品住房83万套,各类棚户区改造415万套。此外,还计划新增发放廉租住房租赁补贴60万户。未来五年,中国将总计建设城镇保障性住房3600万套,使保障性住房的覆盖率达到20%,目前这些保障房建设用地已经得到落实。

7. 加强和创新社会管理,重点解决突出的食品药品安全问题

加强和创新社会管理在2011年成为国家的一项重大战略部署,这涉及社会领域的一系列体制改革、机制建设和秩序治理。

重点解决突出的食品药品安全问题,是加强和创新社会管理的一项重要内容。通过开展一系列的治理行动,食品药品安全秩序有所改善。

2011年8月,公安部部署全国公安机关集中开展"打四黑,除四害"专项行动,严厉打击整治制售假劣食品药品的"黑作坊"、制售假劣生产生活资料的"黑工厂"、收赃销赃的"黑市场"和涉黄涉赌涉毒的"黑窝点"。它们严重危害人民群众生命健康,严重危害青少年身心健康,严重危害群众财产安全,严重危害公共安全和社会诚信,成为害百姓、害家庭、害社会、害国家的"新四害"。

到 2011 年 10 月初，全国共查破各类食品药品安全案件 3.6 万余起，打掉相关违法犯罪活动的作案团伙 842 个，捣毁制售有毒有害食品和假冒伪劣药品、农资的"黑作坊"、"黑工厂" 2083 个，铲除"黑市场" 881 个，端掉"黑窝点" 4201 个，总计查处"四黑"场所 7165 个，抓获涉案人员 1.7 万余人。

8. 社会心态总体积极向上，公众对未来充满信心

2011 年，我国城市居民生活满意度总体平稳并略有上升，公众对反腐败、解决收入差距过大问题和改善社会风气的信心有所增强。消费信心指数结束自去年以来的波动，有了显著的提高，最不满意的消费问题仍然集中在物价和房价上涨过快上。城乡居民对未来生活充满信心并持乐观态度。根据中国社会科学院社会学研究所 2006 年、2008 年和 2011 年进行的全国社会状况综合调查，城乡居民认为与 5 年前相比生活水平"略有上升"和"上升很多"的人占全部被访者的比重，分别为 63.4%、69.4% 和 75.3%；认为 5 年后生活水平将会"略有上升"和"上升很多"的分别为 53.9%、58.3% 和 67.6%。

三 2011 年中国社会发展面临的问题和挑战

2011 年，国际经济环境中的不稳定、不确定因素增加，我国在就业、劳动关系、收入分配、安全生产以及中小企业发展等方面，面临一些新问题、新挑战。

1. 物价上涨影响民生，控制物价任务艰巨

虽然消费价格指数从 8 月份开始回落，到 10 月份回落到 5.5%，但物价上涨的压力依然很大，国际输入性通胀、原材料价格的上涨、劳动成本的增加、农产品价格的提升等等，都是推动消费价格上扬的因素。消费价格的上涨，对广大中低收入群体的生活影响很大。根据中国社会科学院社会学研究所 2011 年进行的全国社会状况综合调查，在各种社会问题中，民众把物价问题置于首位。目前消费价格的上涨，从结构上看，食品价格的上涨是最大影响因素，影响 10 月份总体消费价格水平 5.5% 中的 3.6 个百分点。但食品价格的上涨与农民收入的增加是一个两难问题，食品价格增长过快，会引起城镇居民的普遍不满，但食品价格过低，又会产生"谷贱伤农"和农民收入增长缓慢的问题。在市场经济条件下，要建立平衡城镇居民生活与农民收入的新机制。

2. 就业形势复杂性增加，劳动力供求的结构性矛盾依然突出

我国目前的就业形势出现初级劳动力市场"招工难"、大学生"就业难"和农村富余劳动力"转移难""三难并存"的复杂局面。一方面，自2004年出现的季节性、节日性"招工难"现象越来越经常化、常态化；另一方面，大学毕业生人数逐年增多，与就业要求相匹配的就业岗位增长越来越难以满足大学生就业需求的增长；另外，农村劳动力愈益老龄化，向二、三产业的转移遇到越来越多的困难。

就业的结构性矛盾仍十分突出。一些地区，企业"招工难"和劳动者"求职难"的现象并存。一方面，企业普遍反映难以招录到合乎需要的有技能的劳动力的情况更加突出，用人单位对技术等级无要求的普工需求出现下降趋势，但根据城市劳动力市场监测结果，一些地方也出现了对普通体力工的需求增加的现象。与此同时，全国高技术岗位的岗位空缺与求职人数的比率越来越高。从部分城市劳动力市场监测结果看，职高、技校和中专毕业生的就业形势较好。第二季度大专毕业生、大学本科毕业生和研究生的岗位空缺与求职人数之比分别为0.95、0.85和0.91。第三季度，大专生的岗位空缺与求职人数之比略降至0.94，大学生的这一比值保持不变，研究生的这一比值上升到1.07。值得关注的是，在第二季度所监测的劳动力市场出现的新成长失业青年中，应届高校毕业生占46.5%；到第三季度，这一比例上升到47%。

3. 劳动关系紧张问题增加，劳动争议事件增加

近若干年来，中国劳动关系进入相对紧张时期，劳动争议仲裁调节受理案件两三年上一个台阶，从2001年的15.5万件增加到2008年的69.3万件，此后两年受理案件数有所下降，2010年减少为60.1万件。2011年，劳动关系的紧张状况又呈加剧态势。2011年仅1~9月就受理劳动争议案件93.3万件，比2010年全年受理案件数增长约55.3%。2011年第三季度劳动争议受理案件数的井喷式增长，既与《社会保险法》于7月1日生效有关，但本质上仍然主要是中国劳动关系中存在的种种侵害劳动权益问题的结果，其中突出的问题是劳动报酬争议、社会保险争议以及劳动合同争议，并且呈现劳动争议的诉求由单一的劳动报酬，向社会保险、经济补偿金、赔偿金等多种诉求发展的趋势，争议的焦点更加复杂，处理的难度也大大提高。

从目前来看，在解决劳动关系冲突方面，相关的法律法规还不健全，工会发挥的作用还不充分，劳动监察部门也受到各种因素的制约。这种状况往往导致各种劳动争议不能得到及时、合理、有效处理,容易酿成群体性事件,致使"劳资矛盾"转化成"劳政矛盾",企业与社会的矛盾演变为政府与社会的矛盾。据某地总工会调查,在被调查的工人中,主张通过群体性事件维权的人所占比重高达45.43%。2011年,各地源于劳动争议的集体停工等群体性事件仍时有发生,广东潮州某镇因讨薪者被挑断脚筋而引发数万农民工高喊"踏平某镇"的上街打砸事件。

4. 收入分配受普遍关注,收入差距扩大态势尚未得到根本扭转

由于各种复杂的利益关系的影响,中国收入分配制度改革进展缓慢。国家有关部门酝酿三年有余的《工资条例》的出台,因意见难以一致再次陷入僵局。提高最低工资制度、建立工资正常增长机制以及农民工同工同酬等要求,被很多企业认为将长期显著增加企业的用工成本。在实践中,一些企业在制定本企业实际工资标准时向所在地区的最低工资标准看齐,将其当做实际工资标准来执行,消解了最低工资制度的本来意义。而由于农民工制度的存在,以及从发达国家引入的弹性就业制度的实施,同工同酬要求的实现也遭遇来自企业的阻力。在国有企业中,随着总体盈利状况的好转,大锅饭体制又有所复归,为降低成本,国有企业普遍大量使用"劳务派遣工",据估计其总量已达几千万人,形成了国有企业在用工制度上"劳务派遣工"与"正式职工"的"新双轨制",实行"同工同酬"则意味着企业成本的大幅增加。如何改革现行的工资制度,成为两难选择和利益博弈。

尽管已经开始出现中西部地区经济增长快于东部、农村居民收入增长快于城镇居民的新趋势,但由于原有基数差距较大,区域之间、城乡之间和社会成员之间收入差距过大的态势仍未得到根本扭转。2000～2010年,城镇居民家庭中20%最高收入户与20%最低收入户相比,生活消费水平差距从2.8倍扩大到4.1倍。群众对分配不公问题,反映仍普遍比较强烈。

5. 环境污染治理难题未解,生产安全事故仍然频发

中国转变经济增长方式的任务十分艰巨,多年来以环境为代价的发展积累了很多环境隐患,高能耗、高排放、高污染的产业仍然占有很大比重,加上一些企业和人员的环境责任意识不强,环境事件不断发生。2011年1～8月,全国发生11起重金属污染重大环境事件,其中血铅事件又有9起,数以百计的居民深受其害。国家环保部最近的排查结果表明,在全国排查的4.46万家化学品企业中,

72%的分布在长江、黄河、珠江、太湖等重点流域沿岸，距离饮用水水源保护区、重要生态功能区等环境敏感区不足1公里的占12.2%。另外，中国机动车、家电等更新换代速度加快，电子废弃物、工业固体废物、医疗废物和危险废物产生量持续增加。例如，截至目前，全国仍有198.2万吨铬渣亟待处置，危险废物非法转移倾倒事件时有发生，发生在云南曲靖的铬渣非法倾倒事件就是一个典型。

环境问题同时也是一个社会问题，随着广大民众对环境安全的诉求越来越强烈，对环境问题的危害也越来越敏感，在近几年发生的各种群体性事件中，因环境问题引发的群体性事件数量是上升最快的。

生产安全问题仍需高度重视。2011年1~10月，发生特大安全事故3起，死亡和失踪110人；重大事故52起，死亡和失踪800余人；较大事故934起，死亡和失踪近4000人；总计发生较大以上事故989起，平均每月近100起。虽然与上年同期相比情况有所好转，但问题依然突出。

6. 社会诚信问题引发关注，社会道德风险凸显

社会诚信水平、社会道德状况，是衡量一个国家社会生活质量的重要指标。在中国社会转型的过程中，社会失范和社会诚信缺失成为普遍的社会问题。2011年，中国社会接连发生多起老人摔倒、行人被车辆撞倒碾压、施救者受到被救者讹赖，或者路人对受害人见死不救的事件，让社会各界感到震惊。深圳18位路人对被撞倒的小女孩不施援手，致使其不治身亡，更是把民众对中国社会道德问题的关注变为社会舆论焦点，尽管近年来履行社会责任和见义勇为的行为不断增加，职业道德和社会公德建设取得进步，但人们对人际关系冷漠、社会道德问题的焦虑仍然与日俱增。

在经济生活中，不诚信、不道德的现象也相当普遍，过期的、伪劣有害的和低标准的食品药品问题不断被媒体曝光，而参与其事的不仅有一些非法从业人员，甚至还有一些国际知名的品牌企业，这严重影响了中国民众对市场的信任。

四 2012年中国社会发展的展望与对策建议

2012年中国经济社会将会延续2011年总体稳健的发展形势，不会出现大的波动。继续加大公共财政对社会建设和文化建设事业的投入力度，全面推进社会体制和文化体制改革，加强和完善社会管理，将进一步提升经济社会发展质量。

1. 把握好宏观调控的方向、力度和节奏，确保经济继续平稳较快发展

2011年宏观调控总体上是成功的，国民经济继续以平稳较快速度增长，年初人们担心的经济可能遭遇"硬着陆"、"二次探底"的局面得以避免，为2012年经济健康运行提供了条件。2012年，要继续落实"十二五"规划提出的任务，把转变经济发展方式落到实处，加快经济结构战略性调整。要准确判断经济形势，针对经济运行中的主要矛盾，把握好宏观调控的方向、力度和节奏。宏观调控的总体方向不能轻易改变，同时必须根据形势变化，提高宏观经济政策的针对性、灵活性、前瞻性，切实处理好保持经济平稳较快发展、调整经济结构、管理通胀预期三者关系，不使经济增速出现大的波动。

对房地产市场的调控政策应继续坚持，今后需要认真关注的问题是，房地产市场关联着60多个其他行业，在继续坚定调控房地产市场的同时，政府需要认真研究各个关联行业的稳定发展对策，继续加快经济结构调整，避免出现其他国家遭遇的房市泡沫破裂后经济发展乏力的困境。

近期中央政府陆续出台了支持中小企业尤其是微型企业发展的政策措施，包括减税、提高增值税和营业税起征点等财税政策，以及各种支持企业筹融资、提高金融服务水平、促进小型金融机构发展的金融信贷政策，包括降低市场准入限制、重点支持实体经济尤其符合国家产业政策的中小企业的发展政策，都开始初见成效，要切实落实这些政策，确保中小企业平稳较快发展。

居民消费物价调控不能放松，这是影响民生最直接的因素。要加强重要商品特别是生活必需品的产运销衔接，保障市场供应。要进一步落实鲜活农产品绿色通道政策和其他扶持政策，切实降低流通成本。要整顿和规范市场秩序，依法惩处串通涨价等违法违规行为。同时也要注意到，2011年居民消费物价指数较高的重要推动因素是农产品尤其是食品价格，经过国家调控，9月份以来，食品价格指数出现较大幅度回落，猪肉等农产品价格回落更加明显。要认真研究年末农产品市场波动信号对农户2012年生产预期的影响，未雨绸缪，采取合适的政策措施，激励农业生产，避免2012年农产品生产出现下行波动，反过来推高食品价格。

2012年的环境治理任务依然艰巨。要从确保国民经济健康和可持续发展、确保人民生命财产安全和生活质量提升以及促进社会和谐稳定的高度，来认识这个问题。要继续狠抓节能减排，继续从严控制高耗能、高污染项目投资。对多年积累起来的环境风险要有充分认识，对于 2011 年环境排查中发现的环境隐患，要认真研究、抓紧制订近期治理措施和中长期治理规划方案，切实减少和消除环境隐患，实质性地降低环境风险。

2. 继续推进民生财政，进一步加大社会发展投入力度

按照世界上许多国家的经验，公共财政直接用于民生和社会发展的支出一般要占到公共财政总支出的 60% 左右。比较起来，中国财政用于民生和社会发展的支出还远不够。必须进一步调整国家财政支出结构，继续加大民生和社会发展投入。除了确保保障性住房建设投资需要之外，教育、社会保障和就业以及医疗卫生支出需要有更大幅度的增加。

2010 年 7 月发布的《国家中长期教育改革和发展规划纲要（2010~2020 年）》规定，提高国家财政性教育经费支出占国内生产总值比例，2012 年达到 4%。2011 年前三季度全国财政教育支出总计 9490.78 亿元，平均每季度支出 3163.6 亿元，据此估计全年财政教育支出总额不会超过 1.3 万亿元。按照前三季度国内生产总值增长情况，预计 2011 年全年国内生产总值将超过 42 万亿元，全年财政教育支出占国内生产总值的比重仍将只有 3.1% 左右，大致能与 2010 年持平。2012 年要实现该比重达到 4% 的目标，任务相当艰巨。

按照 2011 年前三季度社会保障和就业支出情况，估计全年支出总额可达到 10670 亿元以上，占预期全年国内生产总值的比重可达到 2.5% 以上，远低于世界上许多国家尤其是发达国家的水平。例如，2006 年，经济合作与发展组织（OECD）国家财政的社会保障和就业支出占国内生产总值的比重平均接近 14%，是中国相应比重的 5 倍多。中国目前自然不可能也不必要达到发达国家的水平，以免财政负担过重，但以发达国家水平的 1/3~1/2 为目标还是稳健可取的。也就是说，中国社会保障和就业支出占国内生产总值的比重，至少应当达到 4.5%~7% 的水平。如果这一比重每年能够提高 0.4~0.9 个百分点，可在五年之内达到这一目标。

提高公共财政医疗卫生支出水平，也是改善民生和提高社会发展质量的重要举措。2011 年度全国财政医疗卫生总支出估计可达 5200 亿元左右，相当于预期全年国内生产总值的 1.2% 左右。从中国国情出发，要使中国民众看病难、看病贵的状况得到根本改观，国家财政的医疗卫生支出占国内生产总值的比重，至少应当达到 2.5% 左右。

3. 继续扩大就业，加大收入分配制度改革力度

就业是民生之本，也是"十二五"规划的重中之重。"十二五"时期，中国人口将达到13.7亿人左右，劳动力资源将达到峰值。城镇平均每年需要就业的新增劳动力大约为2500万人。综合考虑继续保持经济平稳快速发展、城镇化加速、服务业加快发展等有利因素，以及出口趋缓、结构调整产生新的失业等不利因素，即使经过努力城镇新增就业规模继续保持在900万人以上，再加上补充自然减员，两项加起来大概有1200万人，供求缺口将达到1300万人的规模。农村劳动力需要转移就业的规模估计也有1亿人左右。2012年，要继续执行就业优先战略，实施更加积极的就业政策，完善促进就业综合政策体系，多渠道多形式创造更多就业机会，统筹城乡就业，继续做好高校毕业生、农民工、就业困难人员等重点群体就业的工作。

中国收入分配差距的总体形势仍然严峻。必须加大收入分配制度改革力度，从根本上改变这种局面。重点是在平衡工资增长与就业增长的双重要求的前提下，加快工资制度改革，确保城乡居民收入与经济发展同步、劳动报酬增长与劳动生产率提高同步，逐步提高劳动者报酬在国民收入分配中所占比重。2012年要继续加大工资制度改革力度，尽快出台《工资条例》，真正建立工资正常增长机制。

4. 进一步完善社会保障体系，加快提高社会保险统筹层次的步伐

2012年要进一步完善社会保障体系的工作，主要有三个重点。

一是继续扩大社会保障体系覆盖范围。特别是加快城镇居民养老保险和新型农村社会养老保险扩大覆盖面的工作。2011年，全国各项社会保险的参保人数有较大规模的增加，但就整体参保率而言还是较低的，与社会保险全覆盖目标之间的距离还比较远，农民工中没有参加任何社会保险的人所占比重仍然超过50%。2012年，要在扩大社会保障覆盖相关人口方面加大工作力度，逐步实现制度无缺失、覆盖无遗漏。

进一步提高社会保障的保障水平和公平度。社会保障的保障水平总体上要与经济承受能力相适应，在此前提之下逐步提高。从目前情况看，各项社会保险工作首先需要考虑的是努力提高最低生活保障水平。2011年第三季度，城镇低保标准平均为每人每月278.15元，农村低保标准平均为每人每月135.05元，换算成全年标准，分别为每人3338元和1621元，大抵就是目前中国实行的城乡贫困线了，分别约相当于城乡居民人均年收入水平的16%和23%。提高低保标准，不仅是解决贫困人口生存和发展问题的重要措施，也是促进社会公平的重要措施。

加快提高社会保障体系统筹层次的步伐。根据《社会保险法》的要求，基本养老保险要实现全国统筹，其他社会保险要逐步实现省级统筹。目前的现实是，社会保险统筹层次包括省级统筹、地市级统筹和县级统筹等，全国形成一万多个统筹单元，实现省级统筹的险种只有城镇基本养老保险。相应的，社会保险的转移接续也因为统筹层次问题而难以实现。2011年在推动基本养老保险全国统筹方面尚未取得明显进展，2012年需要加快步伐、创造条件，推动提高各项保险统筹层次的进程。

5. 加强和完善社会管理，促进社会和谐稳定

加强和完善社会管理，构建党委领导、政府负责、社会协同、公众参与的现代社会管理新模式，深化社会体制改革，是搞好社会建设、推进社会发展的需要。2012年，要进一步加强和创新社会管理，把社会体制改革尤其是社会管理体制改革推向深入，在强化政府责任的同时，提高社会协同和公众参与的广度和深度，实质性地促进社会和谐与稳定。

要进一步推进和谐劳动关系建设。要改革劳动关系管理体制，加快工会转型和能力建设，完善集体劳动合同制度和工资集体协商制度，推动企业民主进程，构建劳动者依法维护自身合法权益的有效路径和正常化机制，减少和缓解劳动纠纷与冲突。要加强劳动监察队伍建设，转变劳动监察机构工作作风，加大劳动监察执法力度，杜绝不作为或乱作为现象。

要进一步强化政府工作以人为本、管理就是服务的理念，更加尊重和维护人民群众的合法利益和权利，减少直至杜绝侵害群众利益的行为，减少和化解矛盾，促进社会和谐稳定。

6. 促进文化大发展大繁荣，提高社会诚信水平

2011年，党的十七届六中全会作出《中共中央关于深化文化体制改革推动社会主义文化大发展大繁荣若干重大问题的决定》，体现了我国对文化发展在整体社会发展中的重要意义的新认识，这是建设中国特色社会主义的一项重大战略决策。2012年，要从提高国家软实力的高度，大力加强文化建设，使文化领域的体制改革成为国家事业单位改革的突破口，促进文化的大发展大繁荣。要大力发展文化产业，使文化产业成为我国的支柱产业之一。要加强国家德治建设，实现依法治国与以德治国的有机结合，构建与社会主义民主政治和市场经济相适应的文化体系和社会行为规范。

社会诚信建设是国家文化建设和社会道德建设的重要组成部分。要通过完善制度、加强教育，努力营造诚实、自律、守信、互信的社会信用环境。在社会诚信的建设过程中，政府诚信建设是重中之重，要坚持依法行政，进一步推进政务公开，不断提升政府公信力和社会诚信水平。

2012年将召开党的"十八大"，为中国未来的发展确定新的路线图和大政方针，中国的发展将进入一个新的成长阶段。

Urbanization Leads to a New Stage of Development

Li Peilin   Chen Guangjin

Abstract: Under the background of complex and volatile international situation, coupled with emerging social problems at the domestic level, China has made great effort to stimulate transformation of economic structure. Under the banner of scientific development, government focuses on improving and safeguarding people's well-being. At the same time, income level for both urban and rural residents continues to rise, as well as the scale of domestic consumption. Meanwhile, the prices on basic household necessities have been stabilized, inflation rate is kept under control, the employment situation has improved dramatically, and the establishment of social security system in rural areas has stepped into a new stage. In 2011, China's urban population outnumbers rural population for the first time throughout China's history, which announces that China, traditionally known as an agricultural society with thousands of years of civilization, has crossed the threshold of urbanization and reached a new phase of development. The rising percentage of urban residents should not be interpreted as a simple statistical change. Instead, behind the number, it represents a substantial transformation of the mode of production, occupation distribution, people's consuming behavior, their life-style, and values and worldview. After the phase of industrialization, urbanization becomes the new engine for China's economic growth.

Key Words: Social Development; New Stage of Growth; Urbanization; China

发展篇

Reports on Social Development

B.2
2011年中国城乡居民收入和消费状况

吕庆喆*

摘　要：本文对2011年中国城乡居民收入和消费状况进行分析，并对2012年我国城乡居民生活消费的发展趋势作出判断。2011年，我国城乡居民收入继续保持增长，与此同时，居民生活水平进一步提高，消费结构得到优化，生活质量不断改善；但是也出现了劳动者报酬占GDP比重偏低影响居民消费、居民储蓄意愿较强制约消费倾向提高、居民支出结构不平衡抑制消费水平上升、公共服务不足等问题。预计2012年，我国经济增长速度将回落到8.5%左右，但消费增长将稳中有升。

关键词：居民收入　居民消费　生活质量

---

* 吕庆喆，博士，国家统计局统计科学研究所社会统计研究室主任、高级统计师。

一 城乡居民收入持续增长

（一）城乡居民收入继续增加

2011年1~9月，城镇居民家庭人均总收入17886元。其中，城镇居民人均可支配收入16301元，同比名义增长13.7%，扣除价格因素，实际增长7.8%。在城镇居民家庭人均总收入中，工资性收入同比增长11.9%，转移性收入增长11.2%，经营净收入增长30.4%，财产性收入增长23.4%。农村居民人均现金收入5875元，同比名义增长20.7%，扣除价格因素，实际增长13.6%。其中，工资性收入同比增长21.9%，家庭经营收入增长20.4%，财产性收入增长6.2%，转移性收入增长22.0%。

（二）城乡居民收入结构有所变化

城乡居民收入在保持增长的同时，收入构成也发生了变化。作为城镇居民收入主体的工资性收入占全部收入的比重2010年为65.2%，比2000年降低了6.0个百分点；经营、财产性收入比重有所上升，成为城镇居民收入增长的亮点，经营净收入比重为8.1%，财产性收入比重为2.5%，分别比2000年提升4.2个和0.5个百分点（见表1）。

表1 城镇居民收入结构的变化

单位：%

年　份	2000	2001	2002	2003	2004	2005	2006	2007	2008	2009	2010
工资性收入	71.2	69.9	70.2	70.7	70.6	68.9	68.9	68.7	66.2	65.7	65.2
经营净收入	3.9	4.0	4.1	4.5	4.9	6.0	6.4	6.3	8.5	8.1	8.1
财产性收入	2.0	1.9	1.2	1.5	1.6	1.7	1.9	2.3	2.3	2.3	2.5
转移性收入	22.9	23.6	24.5	23.3	22.9	23.4	22.8	22.7	23.0	23.9	24.2
合　计	100	100	100	100	100	100	100	100	100	100	100

作为农村居民收入主体的家庭经营收入占纯收入的比重2010年为47.9%，比2000年降低了15.4个百分点；2010年农村居民人均工资性收入为2431.1元，

比2000年的702.3元增长2.5倍，占纯收入的比重为41.1%，比2000年上升了9.9个百分点，工资性收入已经成为农民增加收入的重要来源（见表2）；2010年，农村居民现金收入达7088.8元，比2000年的2381.6元增长约2.0倍，货币收入率提高到87.3%，比2000年的75.7%增加了11.6个百分点。

表2 农村居民纯收入结构的变化

单位：%

年 份	2000	2001	2002	2003	2004	2005	2006	2007	2008	2009	2010
工资性收入	31.2	32.6	33.9	35.0	34.0	36.1	38.3	38.6	38.9	40.0	41.1
家庭经营收入	63.3	61.7	60.0	58.8	59.5	56.7	53.8	53.0	51.2	49.0	47.9
财产性收入	2.0	2.0	2.0	2.5	2.6	2.7	2.8	3.1	3.1	3.2	3.4
转移性收入	3.5	3.7	4.0	3.7	3.9	4.5	5.0	5.4	6.8	7.7	7.7
合 计	100	100	100	100	100	100	100	100	100	100	100

二 城乡居民消费水平进一步提高

（一）城乡居民人均消费支出大幅增长

随着我国经济快速发展，城乡居民收入持续提高，人均消费支出大幅增长，消费水平进一步提高。2011年1~9月，城镇居民人均消费性支出11195.0元，同比增长12.6%，扣除价格因素，实际增长6.7%。农村居民人均生活消费现金支出2713元，同比增长23.0%，扣除价格因素，实际增长15.8%。

从收入五分组来看城镇居民的消费水平（未考虑价格因素影响），2000~2010年，不同收入组居民消费水平存在差异，从低收入户组到高收入户组，每组年均生活消费支出增长幅度逐渐加大。其中：低收入户的人均生活消费支出从2000年的2899.1元，提高到2010年的6409.5元，年均增长8.26%；中等收入户人均生活消费支出由4794.6元提高到12609.4元，年均增长10.15%；高收入户人均生活消费支出由8135.7元提高到26338.9元，年均增长12.47%（见表3）。

表3 城镇居民家庭收入五分组生活消费水平比较

单位：元/人，%

年份 \ 分组	低收入户（20%）	中低收入户（20%）	中等收入户（20%）	中高收入户（20%）	高收入户（20%）
2000	2899.1	3947.9	4794.6	5894.9	8135.7
2003	3066.8	4557.8	5848	7547.3	12066.9
2005	3708.3	5574.3	7308.1	9410.8	15575.9
2007	4840.1	7123.7	9097.4	11570.4	19300.9
2010	6409.5	9649.2	12609.4	16140.4	26338.9
2000~2010年年均增长	8.26	9.35	10.15	10.60	12.47

从收入五分组来看农村居民生活消费水平（未考虑价格因素影响），2000~2010年，尽管不同收入组居民消费水平存在差异，但总体上普遍增长较快，年均生活消费增长幅度均达到10%以上。其中：低收入组人均生活消费支出从2000年的977元，提高到2010年的2535元，年均增长10.01%；中等收入组人均生活消费支出由1501元提高到3964元，年均增长10.20%；高收入组人均生活消费支出由3086元提高到8190元，年均增长10.25%（见表4）。

表4 农村居民家庭收入五分组生活消费水平比较

单位：元/人，%

年份 \ 分组	低收入户（20%）	中低收入户（20%）	中等收入户（20%）	中高收入户（20%）	高收入户（20%）
2000	977	1233	1501	1877	3086
2003	1065	1378	1733	2189	3756
2005	1548	1913	2328	2879	4593
2007	1851	2358	2938	3683	5994
2010	2535	3219	3964	5026	8190
2000~2010年年均增长	10.01	10.07	10.20	10.35	10.25

（二）消费品市场平稳增长

2011年1~9月，社会消费品零售总额130811亿元，同比增长17.0%，比上半年提高0.2个百分点。其中，限额以上企业（单位）消费品零售额60165亿元，同比增长23.5%。按经营单位所在地分，城镇消费品零售额113265亿元，同比增长17.1%；乡村消费品零售额17546亿元，同比增长16.4%。按消费形态分，餐饮收入14737亿元，同比增长16.5%；商品零售116074亿元，同比增长17.0%。在商品零售中，限额以上企业（单位）商品零售额55607亿元，同比增长24.3%。其中，汽车类增长16.0%，增速比上年同期回落18.9个百分点；家具类增长31.4%，增速回落7.0个百分点；家用电器和音像器材类增长20.5%，增速回落7.6个百分点。

三 城乡居民生活质量明显提升

（一）食品支出增速明显提高，消费结构日趋合理

2011年1~9月，城镇居民人均食品支出4100元，比上年同期名义增长15.0%，增速高于上年同期8.3个百分点；农村居民现金消费支出中，食品支出人均1187元，比上年同期名义增长27.8%，增速高于上年同期18.1个百分点。

城乡居民在食品消费支出增长的同时，更加注重饮食营养，膳食结构更趋合理，消费质量不断提高。从食品消费结构来看，农村居民人均粮食消费量由2000年的250.2千克降到2010年的181.4千克，城镇居民人均粮食消费量由2000年的82.3千克降到2010年的81.5千克。从食品的营养性角度看，肉、禽、蛋、奶等动物性食品消费显著增加，营养结构有所改善。农村居民人均肉禽及其制品的消费量由2000年的18.3千克上升到2010年的22.2千克，奶及其制品的消费量由2000年的1.1千克上升到2010年的3.6千克；城镇居民猪肉的消费量由2000年的16.7千克上升到20.7千克，鲜奶的消费量由2000年的9.9千克上升到2010年的14.0千克。

（二）衣着支出增长较快，实现成衣化、时尚化

近年来，城乡居民的衣着需求也发生了转变，人们更加注重服装的质地、款式和色彩的搭配，服装的名牌化、时装化和个性化成为人们的一种追求，成衣化倾向也成为衣着消费的主流。2010年农村居民人均购买各种服装支出为264.0元，比

2005年的148.6元增长77.7%，其中用于购买成衣的支出人均180元，占衣着消费支出的68.2%。2010年城镇居民人均衣着消费支出为1444.3元，比2005年的800.5元增长80.4%，其中用于购买成衣的支出人均1057.1元，占衣着消费支出的73.2%。服饰的变化是以经济的发展为前提的，同时也反映了人们的思想观念正随着时代的变化而变化，服饰的变化是人们生活质量变化的一个表现。

（三）家庭耐用品更新加快

受"以旧换新"政策实施的影响，城乡居民家庭耐用品更新加快。2010年，每百户城镇居民彩电拥有量已达到137.4台，洗衣机、电冰箱的拥有量也分别达到了96.9台和96.6台，录音机早已被组合音响等中高档影音耐用品取代；每百户农村居民彩电拥有量已达到111.8台，洗衣机、电冰箱的拥有量也分别达到了57.3台和45.2台。伴随着收入的增加，城乡居民家庭设备的更新和升级更是如火如荼，空调、家用电脑、家用汽车、移动电话等现代化的消费品走进了千家万户。2010年，每百户城镇居民拥有空调器112.1台、家用电脑71.2台、家用汽车13.1辆、移动电话188.9部，分别比2005年增长38.9%、71.4%、29%和37.9%。2010年农村居民家庭平均每百户年末拥有摩托车59.0辆，比2005年增长45.0%；移动电话136.5部，增长172%；空调16.0台，增长150%；家用计算机10.4台，增长3.94倍。

（四）居住条件和居住环境不断改善

农村居民居住条件和居住环境持续改善。2010年，农村居民人均住房使用面积由2005年的29.7平方米增加到34.1平方米，增加4.4平方米。其中，砖木结构和钢筋混凝土结构住房占89.0%，比2005年的85.2%提高了3.8个百分点。农村居民在住房面积增加的同时，居住条件有了极大改善。2010年使用水冲式卫生厕所的农户占21.0%，比上年提高1.4个百分点；无厕所的农户占6.2%，比上年减少0.4个百分点。使用清洁燃油、燃气、电和沼气等的农户占31.1%，比上年提高1.1个百分点。饮用自来水的农户占48.9%，比上年提高2.9个百分点。有50.0%的农户住宅外有水泥或柏油状路面，比上年提高了3.5个百分点；住宅外有石头或石板等硬质路面的农户占21.3%，比上年减少0.9个百分点。

近年来，由于大量住宅建成使用，许多城镇居民家庭告别设施简陋的住房，迁入宽敞明亮、设施齐全的楼房，居住条件明显改善。2010 年，城镇居民人均住房建筑面积由 2005 年的 27.8 平方米增加到 31.6 平方米，增加了 3.8 平方米。截至 2010 年末，有 4.5% 的城镇居民家庭住上了单栋住宅，比上年提高 0.1 个百分点；居住四居室、三居室的家庭比例为 4.3% 和 32.7%，分别比上年提高 0.1 和 0.5 个百分点。有 65.5% 的住房有装修，比上年提高 1.5 个百分点。住宅配套设施也进一步改善。98.7% 的家庭独用自来水，比上年提高 0.2 个百分点；无卫生设备的家庭比重仅为 3.0%，比上年下降 0.3 个百分点；有空调设备或暖气的家庭为 65.0%，比上年提高 1.1 个百分点。

（五）交通工具快速更新，支出迅猛增长

随着人民生活水平的改善，家庭日常交通工具发生了重大改变，家用汽车在居民家庭开始普及。截至 2010 年末，城镇居民家庭每百户拥有家用汽车 13.1 辆，比上年增加 2.2 辆，同比增长 20.2%。人均购买家用汽车支出 568 元，比上年增长 27.0%。汽车和周边消费支出的大幅增长，带动人均交通支出迅速增加。2010 年，城镇居民人均交通支出 1255 元，增长 20.6%，占消费总支出的比重为 9.3%，高于上年 0.8 个百分点。

随着农村居民与外界的交流日益扩大，现代化的交通、通信工具迅速进入农村居民家庭，交通和通信支出也快速增长。2010 年，农村居民购买交通工具的人均支出为 153 元，比上年增加 33 元，增长 27.5%；购买燃料（交通工具用）支出人均 56 元，比上年增加 9 元，增长 19.1%；每百户农村居民拥有摩托车 59 辆，比 2005 年增长 45.0%。

（六）文娱生活日趋丰富，文教娱乐消费支出平稳增长

收入增长和生活水平的提高促进了人民文化生活需求的增长，文娱消费种类越来越多，城镇居民的精神生活更加丰富多彩。2010 年，城镇居民人均文教娱乐服务支出 1628 元，比上年增长 10.5%，占消费支出的比重为 12.1%。文化娱乐服务消费支出强劲增长，参观游览、外出旅游等越来越多地成为普通百姓的休闲方式。2010 年，城镇居民人均文化娱乐服务支出 559 元，增长 25.5%。其中，人均团体旅游支出 316 元，增长 23.5%；其他文娱活动支出 144 元，增长 28%；人均参观游览支出 73 元，增长 42.3%。同时，城镇居民对于教育及知识的渴求

也在增加，用于教育的花费继续增长。2010年人均教育费用支出604元，比上年增长3.7%。2010年，农村居民文教娱乐支出人均367元，比上年增加26元，增长7.6%。其中，人均购买文教娱乐用机电消费品支出49元，比上年增加6元，增长14.0%；文体娱乐服务消费支出人均43元，比上年增加8元，增长22.9%。

四 居民生活消费中存在的主要问题

（一）劳动者报酬占GDP比重偏低影响居民消费

劳动者报酬是国民收入初次分配的重要组成部分，其占GDP份额大小直接反映居民的消费能力。近年来我国劳动者报酬占GDP比重偏低且呈现下降趋势，收入初次分配向企业和政府倾斜的趋势比较明显。目前，中国劳动者报酬占GDP的比重已由2004年的50.7%下降到2010年的45.0%。而从国际比较看，劳动者报酬占比的世界平均水平为50%~55%；日本、韩国在工业化进程中的重化工时期，劳动者报酬占比也曾出现过低于40%的年份，但从未出现过持续性的下降。另外，城乡、行业、群体之间收入分配不公与差距过大，基尼系数（国际上衡量居民收入分配差异即贫富差别的指标）2010年估计达到0.46左右，超过0.4的警戒线。这些因素都是导致居民消费不足的重要原因。

（二）居民储蓄意愿较强制约消费倾向提高

消费和储蓄之间存在着此消彼长的关系，居民储蓄率过高必然会抑制消费，造成即期消费需求不足。随着体制改革的不断深入，居民支出预期的不确定性明显增大。现阶段，住房、教育、医疗等明显增加了居民的支出预期，储蓄成为居民的自我保障措施之一，相应限制了消费需求。"十一五"期间，我国城乡居民储蓄意愿强烈，人民币储蓄余额年均增幅高达16.5%；边际储蓄倾向（储蓄与收入的弹性系数）逐年递增，2010年城镇居民和农村居民边际储蓄倾向分别为0.54和0.43，比2005年分别上升0.23和0.25。加上社会保障制度还不健全、人口逐步老龄化、预期收入不佳等原因，即使人们短期内增加了收入，由于对未来收入预期的不确定性产生后顾之忧，消费信心也就不足，特别是中低收入者进一步强化支出预期。自 2005 年以来，我国城镇居民平均消费倾向逐年走低，2010 年为 70.5%，比 2005 年下降 5.2 个百分点。

（三）消费率特别是居民消费率偏低

消费率高低并不反映这个国家的经济发展水平，而只反映消费对经济的拉动力，反映国民收入初次分配的状况。据世界银行统计资料显示，目前，低收入国家居民消费率平均为 75%，高收入国家平均为 62%，中等收入国家平均为 57.5%，全球平均为 61.5%。尽管改革开放以来我国居民消费保持了较快的增长，却低于同期经济增长速度。由于居民消费慢于经济增长，居民消费率（即居民消费占 GDP 比重）呈不断下降的趋势。1978 年居民消费率为 48.79%，80 年代基本都在 50% 左右波动，但 90 年代以后，逐年下降，2010 年降至 33.80%，比 1978 年下降了 14.99 个百分点。在这个过程中，城镇居民和农村居民对全体居民消费的影响也此消彼长，发生了很大的变化，城镇居民消费的影响逐步扩大，农村居民消费的影响逐步减小，1990 年，城镇居民消费规模第一次超过农村居民，成为居民消费的主导。之后，这一趋势不断强化，2010 年，在居民消费中，城镇居民消费的比重已达到 76.8%，农村居民消费的比重只有 23.2%，农村居民消费率也降到历史最低点，只有 7.84%（见表5）。

表 5　1978~2010 年居民消费率

单位：%

年份	居民消费率	农村居民	城镇居民
1978	48.79	30.30	18.49
1979	49.15	30.61	18.54
1980	50.76	30.72	20.04
1985	51.64	30.95	20.69
1990	48.84	24.20	24.64
1995	44.88	17.83	27.05
2000	46.44	15.34	31.10
2005	38.82	10.35	28.47
2006	36.95	9.57	27.38
2007	35.96	9.07	26.89
2008	35.12	8.73	26.39
2009	34.98	8.33	26.65
2010	33.80	7.84	25.97

说明：2009 年数据为全年调整后所得，与《2011 年中国社会形势分析与预测》略有出入。

（四）居民支出结构不平衡抑制消费水平上升

目前城乡居民消费总体上正从传统的基本生活消费逐步向发展型和享受型消费转变，但由于内部消费结构不平衡对整体消费的扩大产生了重要影响。这主要表现在三个方面。一是购房支出在居民支出中比例不断增大，它虽然可以带动一部分消费需求，如对家具、装潢、居住服务等的消费，但购房支出是直接计入投资需求的，同时住房支出的增加必然会分流普通商品消费的支出，因此居民购房支出变化对消费需求的扩大有一定的影响。二是教育、医疗支出等过快增长，大量挤占了居民家庭其他方面的消费支出，影响了整体消费增加。三是食品、衣着等基本生活商品支出呈现刚性增长态势。2006~2010年，我国城镇居民人均消费性支出年均增长11.1%，其中食品与衣着支出分别年均增长10.5%和12.5%。在收入增长还不够快的情况下，基本生活商品支出的稳定增长，使居民很难在短时间内快速增加消费需求。

（五）公共服务还存在不足

国际经验表明，随着经济发展水平的提高，政府公共服务支出特别是教育、医疗和社会保障三项主要公共服务支出比重会明显上升。2010年，我国教育、医疗和社会保障三项公共服务支出占政府总支出的比重为29.5%，与人均GDP在3000美元以下和3000~5000美元之间的国家相比，分别低近14个和25个百分点。政府服务供应不足，说明在国民收入第二次分配时，居民所得极少，迫使居民用自身收入来支付本应由政府负担的开支，客观上挤占了居民消费，并从心理上降低了居民的消费预期，导致储蓄率偏高。

（六）服务业发展依然滞后

随着我国居民生活进入小康水平，恩格尔系数下降，从商品消费到服务消费转变是一种必然趋势。但我国服务业仍不发达，特别是金融、教育、咨询、医疗、家政等行业发展滞后。2010年，我国服务业增加值占GDP的比重为43.1%，而世界平均水平为68%，发达国家这一比重为72%，发展中国家这一比重为52%。服务业有效供给不足，严重影响居民消费升级，也影响全国的就业水平。

五 2012年城乡居民生活消费的发展趋势和主要任务

2011年以来，宏观调控坚持把控物价作为首要任务，政策效果逐步显现，经济运行总体较为平稳，预计全年增速略高于9%。2012年，我国出口、投资需求将面临下行压力，出口增长难以达到2011年水平，固定资产投资增速将有所回落，经济增长将回落到8.5%左右，但消费增长预计稳中有升，预计社会消费品零售总额增长在17%左右，略高于2011年。

（一）调整收入分配格局，提高劳动者报酬比重

收入是消费的基础，是影响居民消费最直接、最重要的因素。调整收入分配格局应从调整国家、集体和个人之间的收入分配格局和不同收入群体之间的收入分配格局两个方面入手，从根本上解决居民消费后劲不足问题，进一步提高中低收入群体的消费能力，将社会经济发展成果尽快转化为消费，促进经济增长与人民生活水平提高的良性互动。改革开放以来，我国国内生产总值年均增长9.9%，而城镇居民人均可支配收入和农村居民人均纯收入年均实际增长均只达到7.3%，大部分年份经济增长都快于居民收入的增长。2010年，劳动者报酬占国内生产总值的比重为45.0%，与发达国家的水平相比还有很大提升空间。

（二）缩小收入差距，提高中等收入者比重

实证分析结论显示，城乡居民的边际消费倾向随收入水平的变动呈倒"U"形分布，这意味着低收入阶层、高收入阶层的边际消费倾向较低，中等收入阶层的边际消费倾向较高。多方面因素致使中等收入阶层具有较低的预防性储蓄倾向和遗赠性储蓄倾向，具有较高的边际消费倾向。扩大中等收入阶层，能有效地提高居民的总体边际消费倾向，扩大总消费需求，提升消费对经济发展的拉动作用。为此，要合理调整分配政策，缩小收入差距。一是提高低收入群体收入水平。二是提高农村居民收入水平。通过农村劳动力转移、农村第三产业发展、设施农业发展等措施，促进农民增收。三是适当提高转移支付比重。加大财政对社会保障制度的支持力度，逐步提高城乡居民保障水

平。通过上述措施，提高中等收入阶层的人口比重，进而扩大城乡居民的有效消费需求。

（三）增强公共服务能力，撬动居民消费倾向

国际经验表明，随着经济发展水平的提升，政府公共服务支出在政府支出中的比重呈现逐步上升趋势。虽然近年来公共服务支出持续增加，但总体上看仍然不足。目前，教育、医疗和社会保障三项公共服务支出占政府总支出的比重为29%左右，与发达国家相比约低25个百分点。由于政府公共服务支出占比偏低，迫使居民用自身的收入来支付快速增长的教育、医疗、社保等支出，不但挤压了居民的其他消费增长，而且强化了居民的支出预期。据测算，公共服务支出占政府总支出的比重每提高1个百分点，居民消费占GDP的比重将提高0.2个百分点。因此，要较大幅度地提高公共服务等民生支出占政府总支出的比重，制定实施基本公共服务标准，增强公共服务能力，提高居民消费倾向。一是完善社会保障制度，努力提高社会保障标准，确保居民最低生活保障和基本养老标准等与GDP增长保持同步。二是继续增加对医疗卫生的投入，推行基本公共卫生服务项目，进一步提高医疗费用的报销比例。三是整合教育资源，大力发展职业教育，降低高等教育学费。四是加大经济适用房和廉租房建设力度，明确保障性住房占住房总供给的比重，将中等收入群体纳入住房保障体系，降低住房刚性支出的比重。

（四）挖掘农村消费潜力，促进农村消费增长

从城乡消费构成看，消费需求不足主要是因为农村拖了后腿。目前城镇居民人均消费水平是农村居民的3.6倍，农村居民消费水平提高的潜力巨大。一是强化各项惠农政策，积极探索各种合作化改革，发展高效、生态、集约、精细农业，保障农民收入持续增加，释放富余劳动力。二是加快农村劳动转移步伐，逐步提高农村劳动力工资水平，通过最低工资标准和劳动保障制度的实施，使农村务工者的工资和社会保障水平的提高与经济发展水平相适应。三是把投资侧重点转向农村，结合小城镇和新农村建设，大力推进道路、供电、饮水、污水处理等基础设施建设，改善农村生产生活条件。四是通过制度创新，破除传统的户籍羁绊，逐步实现农民工与城市居民的基本保障权利无差别，有序地将农民纳入基本保障制度。

(五) 加快老年服务体系建设，发展银色消费

2010年第六次全国人口普查结果显示，目前我国65岁及以上的"银发族"人口为1.19亿，约占总人口的8.9%。按照老年人口占总人口比重为7%这一国际上划分老龄化社会的标准，我国已经进入老龄化社会，并且老龄化程度还在继续发展。目前第一代独生子女家长已步入老年，正在迎来"421家庭"时代，即一对年轻夫妇需供养四位老人和一个子女。家庭结构日趋小型化让年青一代负担沉重，养老问题形势严峻。随着老龄化社会的到来，加快养老服务体系建设显得尤为重要，加快养老机构建设、培养各级专业护理人才迫在眉睫。养老问题是一个重要的社会问题，未来养老机构将承担重要的社会职能，政府要在软硬件建设方面给予政策支持，增加财政投入。从国外发展养老产业公司的经验看，市场培育需要相当长的时间，实现赢利比较困难，所以在不同层次养老机构建设方面应以各级政府为主导，社会各方面力量积极参与共同发展，不能单靠鼓励民间投资的单一方式。鉴于目前养老机构发展现状，应优先发展居家养老和社区养老等以社区服务为依托的养老模式。从生活消费方式看，老年人将成为新兴消费群体，必将带来消费模式的变化。老年人虽然总体上对商品的消费需求在减弱，但对医疗保健等老年商品和服务的消费需求将大幅增加。政府对老年人产业要给予重点扶持，大力发展老年消费市场，满足老年人的特殊需求，促进居民总消费需求增加。

(六) 规范市场流通秩序，提供安全消费环境

良好的市场秩序和商品服务质量、完善的市场消费环境，是增加居民消费的前提条件。当前食品质量安全问题频发，如相继曝光的"三鹿"、"双汇"、"地沟油"、"口水油"、"达芬奇家具"等事件，严重挫伤了广大消费者对食品安全和商品信誉的信心。为此，要加强市场监管，防止价格欺诈行为；严厉打击假冒伪劣商品，切实保障质量安全。要完善食品质量安全生产技术保障体系、质量检查监测体系，完善社会监督机制，建立诚实守信的商业道德体系。要将规范市场秩序的政策措施法制化、制度化，构建保护消费者利益的法律体系，维护消费者合法权益，为广大城乡居民提供一个良好的消费环境。

Income and Consumption Conditions of the Urban and Rural Residents in China, 2011

Lü Qingzhe

Abstract: The paper analyzes the overall income and consumption in urban and rural China in 2011, and forecasts the trend of residents' consumption in the future. In 2011, income level continues to increase steadily across both urban and rural residents. Meanwhile, residents' living standard is further improved; the consumption structure is optimized, where quality of life has been enhanced to a new level. However, admittedly, the percentage of residents' income is relatively lower within the overall GDP composition, and the preference of saving becomes an obstacle to boost domestic consumption. Furthermore, the unbalanced expenditure structure is holding back the increase of consumption, which is coupled with the problem of deficiency of public service. For 2012, the economic growth rate will fall back to 8.5%, but the consumption level will keep the trend of steady increase.

Key Words: Income of Residents; Consumption of Residents; Quality of Life

B.3
2011年就业形势和中小企业发展

莫荣 陈云*

摘 要：2011年中国就业市场基本稳定，前三季度全国累计实现城镇新增就业994万人，完成全年目标的110%，城镇登记失业率仍处于2004年以来同期较低水平。后金融危机时期，国际经济格局发生深刻变化，中国面临经济发展方式的转变和产业结构的调整。2011年上半年是中小企业经营相当困难的时期，货币供应量大幅下降，贷款成本增加对小微企业持续发展和促进产业带动就业造成不利影响。以小额担保贷款支持中小企业，对促进就业、发展地方经济和提高个人收入具有明显作用。

关键词：就业 中小企业 小额贷款

一 2011年就业形势分析

（一）前三季度全国累计实现城镇新增就业994万人，完成全年目标的110%；城镇登记失业率为4.1%，处于2004年以来同期较低水平

2011年1～9月，全国城镇新增就业994万人，较2010年同期931万人增长63万人，增幅为6.8%，并完成全年900万人目标的110%。城镇失业人员再就业436万人，完成全年500万人目标的87%。就业困难人员实现就业139万人，比2010年同期126万人增加13万人，完成全年100万人目标的139%。2011年

---

* 莫荣，人力资源和社会保障部劳动科学研究所副所长、研究员、博士生导师，所学术委员会主任，中国就业问题专家，中国劳动学会企业人力资源专业委员会会长，主要研究人力资源、就业、劳动力市场、农村劳动力转移和职业培训等问题；陈云，人力资源和社会保障部劳动科学研究所博士、助理研究员，主要研究就业和社会保障问题。

第三季度末,城镇登记失业率为4.1%,与前两个季度末持平,仍处于2004年以来同期较低水平。

总体来看,我国第三季度就业形势特征与经济发展状况基本吻合。第三季度经济增长仍然处于相对高位,部分行业和产业较快发展,为就业人数的持续增长提供了良好的经济环境。但第三季度经济增速继续放缓,主要经济指标中,7月份、8月份的进出口额当月同比增速有所回升,从6月份的18.5%分别升至22.9%和27.1%(见图1),但工业企业增加值、固定资产投资和广义货币量的增长都呈减速,其中工业企业增加值当月增速从6月份的15.1%分别降低到7月份、8月份的14%和13.5%;固定资产投资额累计同比增长从6月份的25.6%降到8月份的25%;广义货币同比从6月的15.86%降到8月份的13.58%(见图2)。在节能减排和抑制通货膨胀等宏观调控措施效应逐步显现、中小企业经营压力增大、新生劳动力进入市场等诸多因素影响下,人力资源市场中出现结构性的波动和失业人员小幅上升。

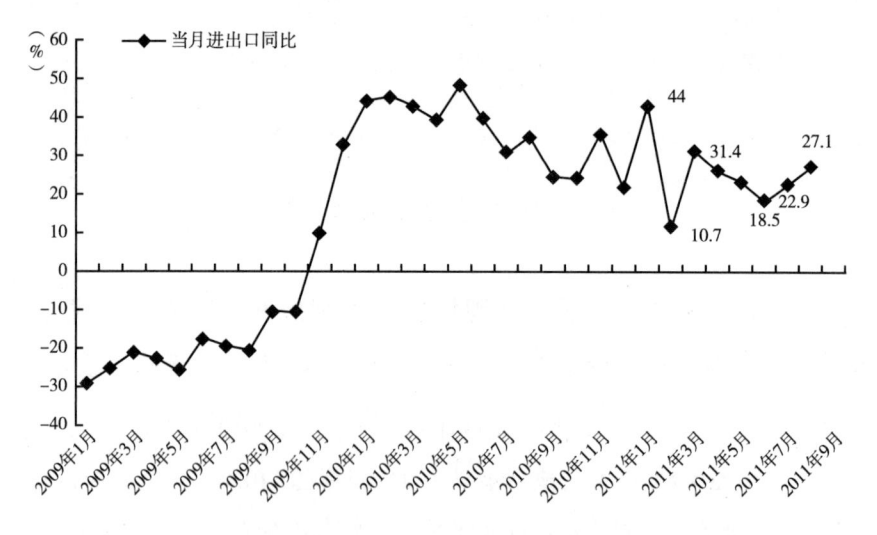

图1 2009年以来当月进出口同比变化情况

(二)用人需求和求职人数有所回落,岗位空缺与求职人数的比率仍达到1.04

中国劳动力市场信息网监测中心在全国103个城市公共职业介绍服务机构搜

图2 2011年各月工业企业增加值、固定资产投资额和广义货币增长情况

集的劳动力市场职业供求状况信息表明①：2011年第三季度，用人单位通过劳动力市场招聘各类人员约577.9万人，减少了12.1万人，同比下降了2.1%；进入市场的求职者约553万人，减少了39.4万人，同比下降了7.7%；岗位空缺与求职人数的比率②约为1.04，比上季度下降了0.03，比2010年同期上升了0.05。

分区域看，与2010年同期相比，2011年第三季度，东部地区城市市场的需求人数、求职人数分别减少了9.7万人和20.7万人，各下降了3.1%和6.6%；中部地区城市市场的需求人数、求职人数分别减少了7.4万人和18.5万人，各下降了5%和12.2%；西部地区城市市场的需求人数增加近5万人，增长了5.1%，求职人数减少了0.2万人，下降了0.2%。

2011年第三季度的需求人数、求职人数分别比上季度减少了36.7万人和29.3万人，各下降了7.3%和6.2%。分区域来看，与上季度相比，东部市场用人需求和求职人数分别减少了22.6万人和16.9万人，各下降了8.8%和7.1%，中部市场用人需求和求职人数分别减少了13.3万人和10.2万人，各下降了

---

① 数据来源于中国劳动力市场信息网监测中心，2011年第三季度部分城市公共就业服务机构市场供求状况分析。
② 岗位空缺与求职人数的比率 = 需求人数/求职人数，表明市场中每个求职者所对应的岗位空缺数。如0.8表示10个求职者竞争8个岗位。

9.5%和7.8%,西部市场用人需求和求职人数分别减少了0.8万人和2.2万人,各下降了0.8%和2.2%。

(三) 从产业结构看,第二、第三产业的用人需求依然占主体地位

2011年三季度,第一、二、三产业需求人数所占比重依次为1.9%、41.1%和57%。与2011年第二季度和2010年同期相比,第二产业的需求比重分别上升了4.2个和0.4个百分点,第三产业的需求比重分别下降了4.2个和0.7个百分点。

从行业需求看,82.6%的企业用人需求集中在制造业、批发和零售业、住宿和餐饮业、居民服务和其他服务业、租赁和商务服务业、建筑业,以上各行业的用人需求比重分别为34.4%、15%、12.5%、8.5%、7.6%和4.6%。其中,制造业和建筑业的用人需求分别占第二产业全部用人需求的83.6%和11.3%,二者合计为94.9%;批发和零售业、住宿和餐饮业、居民服务和其他服务业、租赁和商务服务业的用人需求分别占第三产业全部用人需求的26.3%、21.9%、14.8%和13.4%,四项合计为76.4%。

2011年第三季度与上季度和2010年同期相比,制造业的需求比重分别上升了4.5个和0.4个百分点,批发和零售业的用人需求比重分别下降了1.3个和1.1个百分点,住宿和餐饮业的用人需求比重分别下降了1.2个和0.3个百分点,居民服务和其他服务业的需求比重分别下降了0.6个和0.3个百分点,租赁和商务服务业的需求比重分别上升了0.3个和1.8个百分点。

(四) 从用人单位看,96.7%的用人需求集中在企业,机关、事业单位的用人需求比重仅占0.6%,其他单位的用人需求比重为2.7%

在企业用人需求中,内资企业占73.1%,其中私营企业、有限责任公司和股份有限公司的用人需求较大,所占比重分别为22.5%、29.2%和10.7%,国有、集体企业的用人需求比重仅为3.5%;港、澳、台商投资企业的用人需求比重为7.2%;外商投资企业的用人需求比重为9.5%;个体经营的用人需求比重为10.2%。

2011年第三季度与上季度相比,内资企业的用人需求比重下降了5个百分点,港、澳、台商投资企业的用人需求比重上升了1.7个百分点;外商投资企业的用人需求比重上升了3.5个百分点。

2011年第三季度与2010年同期相比,内资企业的用人需求比重上升了0.2

个百分点,港、澳、台商投资企业的用人需求比重上升了0.1个百分点,外商投资企业的用人需求比重下降了0.6个百分点。

(五)从各类职业的需求状况看,64.8%的用人需求集中在生产运输设备操作工、商业和服务业人员两大职业,其需求所占比重分别为32.3%和32.5%

此外,2011年第三季度专业技术人员、办事人员和有关人员的用人需求也比较大,所占比重分别为14.9%和10.6%。与上季度相比,生产运输设备操作工的需求比重上升了0.4个百分点,商业和服务业人员的需求比重下降了3.3个百分点;与2010年同期相比,生产运输设备操作工、商业和服务业人员的需求比重分别下降了2.7个和0.3个百分点。

从求职情况看,2011年第三季度求职人员主要集中在商业和服务业人员、生产运输设备操作工,其所占比重分别为26.9%和31.2%,二者合计占总求职人数的58.1%。办事人员和有关人员、专业技术人员的求职比重分别为14.6%和13.6%。与上季度和2010年同期相比,商业和服务业人员的求职比重分别下降了3.6个和1.9个百分点,生产运输设备操作工的求职比重分别上升了1.4个和1个百分点。

从供求状况对比来看,2011年第三季度商业和服务业人员、生产运输设备操作工、专业技术人员的劳动力需求大于供给,其岗位空缺与求职人数的比率分别为1.22、1.05和1.11;办事人员和有关人员岗位空缺与求职人数的比率最低,仅为0.74。

(六)在进入人力资源市场所有求职人员中,失业人员所占比重为52.3%

2011年第三季度失业人员①所占比重为52.3%,其中,新成长失业青年占24.3%(在新成长失业青年中应届高校毕业生占47%),就业转失业人员占15.5%,其他失业人员占12.5%;外来务工人员的比重为36.6%,外来务工人员是由本市农村人员和外埠人员组成的,其所占比重分别为16.2%和20.4%。

与上季度相比,新成长失业青年的求职比重下降了0.9个百分点,就业转失业人员的求职比重下降了1.4个百分点;外来务工人员中,本市农村人员的求职

---

① 失业人员=新成长失业青年+就业转失业人员+其他失业人员。

比重下降了0.8个百分点，外埠人员的求职比重上升了6.6个百分点。

与2010年同期相比，新成长失业青年的求职比重下降了3.6个百分点，就业转失业人员的求职比重上升了1个百分点；外来务工人员中，本市农村人员的求职比重上升了4个百分点，外埠人员的求职比重下降了2.2个百分点。

（七）技能人才短缺现象严重，用人单位对技术等级有明确要求的占总需求人数的56.7%

分技术等级看，2011年第三季度各技术等级的岗位空缺与求职人数的比率均大于1，劳动力需求大于供给。其中，高级工程师、高级技工、技师、高级技师的岗位空缺与求职人数的比率较大，分别为2.19、1.73、1.67、1.61。

用人单位对技术等级有明确要求的占总需求人数的56.7%，主要集中在初级技能人员、中级技能人员和技术员、工程师，其所占比重合计为49%。

二 中小企业受到冲击对就业造成不利影响

2011年上半年是中小企业尤其是小微企业经营困难的时期，表现在以下三个方面。一是各种价格上涨直接影响了企业经营状况。居民消费价格（CPI）6月份同比上涨6.4%，创35个月来新高；1~6月份，工业生产者出厂价格（PPI）同比上涨7.0%，工业生产者购进价格同比上涨10.3%，上游的生产资料价格上涨幅度更大。二是企业人工成本也呈现持续上涨态势。2011年上半年全国共有北京、天津、山西等18个地区相继调整了最低工资标准。月最低工资标准最高的是深圳市（1320元），小时最低工资标准最高的是北京市（13元）。全国共有13个省份发布了2011年度工资指导线，基准线多在15%以上。三是货币供应量大幅下降，贷款成本增加。在中国人民银行采取连续上调准备金率和加息等政策作用下，广义货币（M2）同比增速大幅下降，6月末广义货币余额78.08万亿元，同比增长15.9%。按当月同期比较，2011年1~6月是2006年以来增长幅度最低月份。同时，人民币贷款增速回落，上半年人民币贷款增加4.17万亿元，同比少增4497亿元。国家统计局数据表明，1~5月份，规模以上工业企业主营业务成本占主营业务收入的比重为84.7%，比第一季度提高0.3个百分点。

中小企业的经营状况是需要高度关注的。在原材料价格、劳动力成本上升，贷款成本增加的情况下，伴随地方经济结构调整和发展转型，在国际经济形势低迷、出口收入回款周期延长等诸多因素的共同持续作用下，中小企业的抗压能力有所弱化，这十分不利于中小企业的长期发展。如果不能有效控制通货膨胀和解决中小企业融资难问题，中小企业的经营生产尤其是扩大再生产将面临很大困境。这不仅可能影响到中小企业发展的预期，抑制其扩大产能、提高用工需求，使其作为扩大就业的主体功能受到限制，而且，中小企业发展困境也将深刻影响到劳动者的创业积极性，不利于"创业带动就业"的实现。

2011年10月，国务院出台了支持小型和微型企业发展的六条金融扶持政策和三条财税扶持政策，这对破解中小企业发展面临的困境是个极大的利好消息，将对小微企业发展产生积极影响，但由于政策落实需要一个过程，目前对小微企业发展面临的困难及其对就业的影响仍需给予高度关注，尤其是在小微企业融资形势依然严峻的情况下。据估测，小微企业占全部企业的比重超过97%，但其贷款仅占全部企业贷款的1/3强，这远不能满足其贷款需求。此外，商业银行对中小企业的贷款利率普遍上浮30%~50%，使中小企业的贷款综合成本有较大幅度的增长。目前在部分地区出现的中小企业主负债"跑路"现象，折射了中小企业发展面临的金融困境。

三 要重视小额担保贷款对促进就业的作用

在促进就业方面，以小额贷款为创业者提供资金支持，呈现较好的就业效应。在这方面，江西省的经验值得借鉴。受江西省人力资源和社会保障厅委托，笔者在江西全省2002~2010年上半年期间被发放小额贷款的21.2万个人创业者和1887户（次）企业中进行随机抽样问卷调查，共实际发放贷款个人问卷4110份，贷款企业问卷430份。回收有效个人问卷3856份，有效回收率93.8%；回收有效企业问卷382份，有效回收率88.8%。在建立数据库的基础上，我们对江西小额贷款担保从就业促进、对地方经济贡献和个人收入改善三个方面进行了以数据为依据的评估[1]，结果如下。

---

[1] 课题由江西省人力资源和社会保障厅委托，课题主持人为劳动科学研究所副所长莫荣研究员，主要成员包括：陈云博士、王小平主任、万建农主任、查金滚副主任等。感谢江西省人力资源和社会保障厅揭赣元厅长、江枝英副厅长、刘滇鸣副厅长和邬建群副巡视员对课题的指导，感谢江西省人社厅小额贷款担保中心对课题调研的大力支持。

（一）获得个人贷款的创业者范围不再仅限于下岗职工和失业人员，而是逐步向多元化、多层次发展

首先，从性别比看，个人创业者中男性多于女性，男性占56%，女性占44%。

其次，从贷款创业者申请贷款时的身份类型来看：77.6%的人是下岗失业人员，10.4%的人是外出务工返乡人员，4.8%的人是其他城镇登记失业人员，3.3%的是进城务工农村劳动者，2%的是未就业大中专毕业生，0.2%的是被征地农民，0.2%的为残疾人，1.0%的为复员转业退役军人，其他有0.6%。从2003年至2010年上半年，贷款创业者的身份结构有明显的变化：其中下岗职工的比例大幅下降，从2003年的92.3%下降到2010年（上半年）的56.2%；返乡创业农民工比例大幅提高，从2003年的2.7%增加到2010年（上半年）的22.5%，增长近20个百分点；进城务工农村劳动者、未就业大中专毕业生和其他城镇登记失业人员的比例都有所上升，从2003年到2010年分别增长6.8个、1.9个和4个百分点（见表1）。

表1 各年个人贷款者身份构成

单位：%

贷款年份	不同身份类别贷款者比例									合计
	下岗失业人员	其他城镇登记失业人员	进城务工农村劳动者	外出务工返乡人员	复员转业退役军人	未就业大中专毕业生	被征地农民	残疾人	其他	
2003	92.3	3.3	0.5	2.7	0	1.1	0.0	0.0	0.0	100.0
2004	90.0	5.0	0.0	3.3	0.6	1.1	0.0	0.0	0.0	100.0
2005	87.1	5.6	0.0	4.7	0.4	0.4	0.9	0.4	0.4	100.0
2006	90.6	2.0	0.9	3.1	1.1	1.1	0.6	0.0	0.6	100.0
2007	88.8	3.5	1.5	3.2	0.3	1.3	0.0	0.3	1.0	100.0
2008	82.9	5.6	2.7	5.8	0.7	1.0	0.1	0.5	0.8	100.0
2009	63.5	4.5	5.9	20.5	1.1	3.8	0.2	0.0	0.3	100.0
2010(上半年)	56.2	7.3	7.3	22.5	2.6	3.0	0.2	0.0	0.8	100.0
合计	77.6	4.8	3.3	10.4	1.0	2.0	0.2	0.2	0.6	100.0

最后，从贷款者目前职业身份看，其中个体工商户最多，占73.2%，失业人员占9.6%，私营企业主占4.9%，灵活就业人员占6.0%，企业职工占

2.2%，机关事业单位职员占0.4%，其他占3.7%。创业者中多数仍然以个体工商户为主，有不到5%的创业者成长为私营企业主。也有小部分人不再从事其创业项目工作，而进入其他企业就业或进入机关事业单位就业。调查中发现，由于个体工商户与私营企业在申请贷款和享受其他政府优惠政策方面，有不同的规定，一些贷款者在进行工商登记时，难以在个体工商户和私营企业之间作出选择。一些贷款者虽然符合私营企业的条件，但为享受小额贷款政策而选择个体工商户登记；也有一些个体工商户为了更方便进行融资和对外开展经营，而选择登记为企业。因此，调查结果中个体工商户与私营业主之间的比例，往往与政策导向有关。

从总体来看，随着就业政策不断完善，小额担保贷款扶持的创业对象，正朝着多元化方向发展。其最直接的原因，是近几年根据就业形势需要，针对农民工、高校毕业生、退伍军人、残疾人以及妇女等特定群体就业，国家调整了小额担保贷款政策，将其纳入扶持对象的范围。但政策因素背后更为根本的影响因素是，随着经济社会发展和社会价值观念的变化，我国人力资源市场的内部结构形式、劳动者就业方式与观念以及就业的市场机制发生了变化。

这种多元化趋势说明，随着经济社会发展到一定阶段，以及人们就业观念和方式的转变，创业正在成为社会成员普遍接受和选择的人生职业途径，表明我国的就业机制正在发生积极的变化，它改变了以往适应岗位的被动就业模式，而转向充分发挥人力资源作为第一资源的主体性作用，通过以人力资源为主导因素来配置其他资源以创造岗位的主动就业模式。

创业主体的多元化趋势也是我国人力资源结构变化的表现：首先，国有企业下岗职工在国家持续的就业再就业政策扶持下，其就业状况得到了明显改善，逐步适应了市场就业机制；其次，农村劳动力转移出现了代际结构的转换，老一代外出进城务工人员因为没能成功实现城市化，而逐步退出所在城市劳动力市场返乡创业，这一批劳动者由于经历了较长时间的职业生涯积累，在观念、资金、技术和其他方面都具有一定条件，因而成为目前创业者的主体；再次，以高校毕业生为主体的青年就业群体，在就业形势困难和就业观念转变的主客观因素影响下，开始逐步进入创业者队伍。

应当看到，就业机制与人力资源结构的内在变化，对我国的就业制度建设提出了新的要求和挑战。随着创业活动的推进、创业环境的改善，可以预见：在未来的一段时间里,我国社会创业将有较快和较大规模的发展,创业主体会更为复杂,各类社会群体成员都可能成为创业者,创业活动的范围、内容和方式也将更加多样化,创业者对创业资源和相关政策制度的需求也会增加。如何激励各类群体创业,满足不同主体多样化的政策需求,并建立起完备配套的制度体系,是有关部门面临的现实课题。

(二) 小额贷款政策稳定了就业,增加了就业总量

据估算,每一个人创业项目在贷款当年平均提供3.84个就业机会,每1万元贷款实现1人就业。一定比例的创业项目已经具有可持续发展的能力,其贷款后几年的就业人数逐步增加。2003～2010年,江西省通过小额贷款扶持个人创业项目累计实现就业人数为81.5万人,如加上小贷扶持企业,则可达到100万人。

调查表明,以个人贷款创业项目样本数据计算:每一创业项目平均贷款额度为3.54万元,平均就业人数为3.65人;每1万元贷款的就业人数为1.03人。以贷款获得当年人数减去贷款前一年人数计算,则每1万元净增就业为0.32人。

比较2003～2010年的贷款额度和贷款当年各创业项目的平均员工人数可以发现,贷款额度和就业人数都呈明显增长趋势。在考虑CPI的情况下,小额贷款项目拉动就业的效应一直较为稳定,每万元贷款实现就业人数都保持在1人左右(见表2)。

表2　每个创业项目与每万元贷款促进就业

贷款年份	样本量	实际平均贷款额(万元)	贷款当年平均员工数(人)	每万元贷款对就业人数(人)	按可比价计算每万元贷款对就业人数(人)	居民消费价格指数
2003	116	2.51	2.88	1.15	1.15	100.00
2004	124	2.72	3.56	1.31	1.36	103.50
2005	165	3.03	3.29	1.09	1.15	105.26
2006	300	2.96	3.42	1.16	1.24	106.52
2007	518	3.58	3.89	1.09	1.22	111.64
2008	833	4.05	3.76	0.93	1.10	118.33
2009	823	4.32	3.64	0.84	0.99	117.51
2010	406	5.17	4.78	0.92	1.11	120.21
合计	3285	3.54	3.65	1.03	1.16	—

比较各年份每个创业项目在贷款当年和贷款前后各一年的平均员工人数可发现，随着时间的增加，其人员数量在不断增长，呈现较好的就业效应（见表3）。

表3 个人创业项目贷款前后员工人数变化

单位：万元，人

贷款年份	贷款金额	贷款前一年平均员工数	贷款当年平均员工数	贷款后各年平均员工数						
				1年	2年	3年	4年	5年	6年	7年
2003	2.51	2.44	2.88	2.92	3.30	4.21	5.08	6.09	8.48	9.88
2004	2.72	3.19	3.56	3.81	3.82	5.08	4.16	4.36	4.11	—
2005	3.03	2.80	3.29	3.43	3.92	4.43	4.39	5.06		
2006	2.96	3.07	3.42	3.89	4.13	4.50	5.21			
2007	3.58	3.76	3.89	4.50	4.69	5.05	—			
2008	4.05	3.53	3.76	4.57	5.13	—				
2009	4.32	3.11	3.64	4.27	—					
2010	5.17	4.03	4.78	—						

（三）小额担保贷款扶持项目的资产、产值的增长，对地方GDP增长作出了贡献

调查表明，贷款当年平均每个个人创业项目资产增加2.97万元，2003~2010年上半年贷款创业项目在当年增加的总资产合计约63.02亿元。贷款当年平均增加产值5.15万元，增加产值合计为109.3亿元。得到小贷扶持企业当年比前一年资产平均增加390.25万元，增幅为24.7%；年产值增加586.73万元，增幅达30.2%。

首先，小额贷款扶持创业项目资产增幅明显。比较贷款前1年、贷款当年、贷款后1年观察样本的平均资产总额，从14万元增加到16.97万元，再增加到18.29万元，贷款当年平均每个创业项目资产增加2.97万元（见表4），以此为基础计算，2003~2010年上半年贷款创业项目在当年增加的总资产合计约63亿元。

表4 个人创业项目贷款前后平均资产变化

单位：个，万元

时间	样本量	平均总资产
贷款前1年	2597	14.00
贷款当年	3335	16.97
贷款后1年	2236	18.29

获得小贷政策扶持企业的资产变化，贷款当年平均每个企业的总资产1970.11万元，较之前一年1579.86万元增加了390.25万元，增幅为24.7%；贷款后一年的总资产较贷款当年平均增加447.7万元，达到2417.81万元，增幅为22.7%（见表5）。

表5　扶持企业贷款前后平均资产变化

单位：个，万元

时间	样本量	平均总资产
贷款前1年	341	1579.86
贷款当年	355	1970.11
贷款后1年	316	2417.81

其次，小额贷款扶持创业项目在年产值（经营额）上的变化显著。在个人创业项目方面，贷款前一年、贷款当年、贷款后一年的平均产值分别为23.53万元、28.68万元和33.25万元，贷款当年平均增加产值5.15万元（见表6）。以此为基础估算，各年通过小额贷款扶持的个人创业项目增加的产值合计为109.3亿元（见表7）。

表6　个人创业项目贷款前后产值变化

单位：个，万元

时间	样本量	平均产值
贷款前1年	2460	23.53
贷款当年	3278	28.68
贷款后1年	2203	33.25

表7　各年扶持个人创业项目资产和产值增加情况

单位：个，万元

年份	当年扶持创业项目数	增加总资产	增加产值（营业额）
2003	4033	11978.01	20769.95
2004	9285	27576.45	47817.75
2005	10924	32444.28	56258.6
2006	19125	56801.25	98493.75
2007	32621	96884.37	167998.15

续表

年份	当年扶持创业项目数	增加总资产	增加产值(营业额)
2008	44934	133453.98	231410.1
2009	55617	165182.49	286427.55
2010	35652	105886.44	183607.8
合计	212191	630207.27	1092783.65

(四) 对于贷款创业者本人，贷款当年平均年收入比前一年增加0.92万元，增幅24.4%，每万元贷款增加收入约0.23万元

小额贷款扶持创业的政策目标，最终是要实现社会成员的就业及其收入增加、生活水平的改善。因此，我们将个人收入改善纳入政策评估内容，并将其分为贷款创业本人收入及其创业项目聘用的员工月均工资。

调查表明，对于贷款创业者本人，其贷款前1年、贷款当年和贷款后1年的平均年收入分别为3.77万元、4.69万元和5.24万元，贷款当年平均年收入比前一年增加0.92万元，增幅24.4%（见表8）。如果以其平均贷款3.98万元计算，则每万元贷款增加收入约0.23万元。

表8 个人创业者贷款前后个人年收入变化

单位：个，万元

时 间	样本数	平均个人年收入
贷款前1年	2455	3.77
贷款当年	3256	4.69
贷款后1年	2185	5.24

总体来看，江西省2002年在全国率先启动小额担保贷款工作以来，成立小额贷款担保中心，统一小额担保贷款标准化操作流程，实现小额担保贷款业务信息化管理，推广了小额担保贷款政策，逐步形成了城乡合一、三位一体、覆盖全省的运作模式，实现了"贷得出、用得好、收得回"的良好局面。截止到2010年底，全省累计发放小额贷款172.36亿元，"十一五"时期净增163.39亿元，年均增幅60%以上，累计发放贷款占全国发放总量的1/5强，贷款发放规模、扶持人数和贷款回收率等指标连续多年保持全国领先。尤其是在目前因货币供应

量大幅下降、贷款成本增加造成中小企业经营困难的不利情况下，小额担保贷款通过实实在在的资金支持，在资源配置和机会赋予上为创业者实现个人梦想提供了可能，也创造了更多的就业机会，为地方经济发展、社会稳定和谐等作出了贡献。

The Employment Situation and Difficulties for Small and Medium-sized Enterprises in 2011

Mo Rong Chen Yun

Abstract: In 2011, due to an active policy to create new employment opportunities, China's labor market maintains a stable situation throughout the year. For the first three quarters, a total of 9.94 million urban jobs were created, which already accomplished 110% annual target set at the beginning of the year. The urban registered unemployment rate still remains at historic low level since 2004. During the post-financial crisis period, international economic situation is experiencing a fundamental change. For China, the top priority is to accelerate the transformation of the mode of economic development and promote the upgrading of the industrial structure. In the first half of 2011, small and medium-sized enterprises encountered tremendous difficulties in their daily business operation. On the one hand, the amount of money supply decreased significantly; on the other hand, small businesses are suffering from soaring borrowing cost associated with bank loans. All these factors, in turn, have tremendous impact on economic development and job creation. Therefore, we should promote micro collateral loans to support small and medium-sized enterprises, which often have significant effect on facilitating job creation, boosting local economic development, and improving personal income.

Key Words: Employment; Small and Medium-sized Enterprises; Micro-loans

B.4
中国居民收入增长及其不平等状况研究

杨宜勇　池振合*

摘　要：收入增长和收入分配与居民收入密切相关。本文考察了2010年中国收入增长和收入分配状况。总的来说，2010年城乡居民收入继续增长，全国总体收入不平等水平下降。经济增长是2010年城乡居民收入增长的主要原因，而中国总体收入不平等水平的下降则是农民工工资上涨、农产品价格上涨和高涨的通货膨胀率共同作用的结果。

关键词：收入分配　收入增长　收入不平等

一　居民收入增长状况

（一）农民收入增长状况

农民收入水平继续提高，收入增长速度加快（见图1）。截至2010年，中国农民名义人均纯收入达到5919.01元，比上年同期增长14.9%。按照1985年农村价格水平计算，2010年农村人均纯收入为1466.92元，比上年同期增长10.88%。收入水平提高的同时，农民收入增长速度加快。从图1可以看出，2003年农民实际纯收入增长速度仅有4.27%，是2002年以来农民收入水平增长最慢的时期。从2003年开始，农民实际纯收入增长速度不断加快，到2007年达到9.51%。由于受到金融危机等因素的影响，2008年和2009年农民实际纯收入增长速度有所减缓。然而，2010年农民实际纯收入增速再次加快，比同期国内生产总值的增长速度要高0.58个百分点。

---

* 杨宜勇，国家发展和改革委员会社会发展研究所所长、研究员，首都经济贸易大学中国劳动人事科学发展研究院院长；池振合，中国劳动关系学院公共管理系。

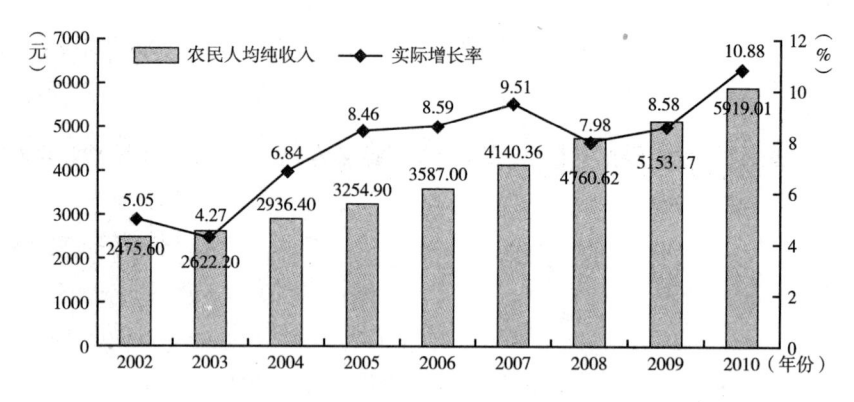

图1 2002～2010年农村居民人均纯收入及其实际增长速度

资料来源：国家统计局：《中国统计年鉴（2011）》，中国统计出版社，2011；国家统计局，国家统计数据库，http://219.235.129.58/indicatorYearQuery.do。

农民纯收入增长加速是多方面因素共同作用的结果。按照收入来源划分，农民纯收入主要由工资性收入、家庭经营性收入、财产性收入和转移性收入构成，因此农民纯收入增长速度由不同来源纯收入增长速度共同决定。2010年中国农民不同来源纯收入增速变化各不相同（见表1）。在不同收入来源中，农民纯收入增长速度加快的有工资性收入、家庭经营性收入和财产性收入，其中家庭经营性收入增长最快。2009年中国农民家庭经营性纯收入实际增长速度仅有4%，而2010年这一增长速度达到10.05%，后者比前者增加了151.25%。与工资性收入、家庭经营性收入和财产性收入形成鲜明对比的是转移性收入，它的实际增长速度由2009年的23.36%下降到2010年的11.75%，这表明农民转移性纯收入的增速放缓。农民家庭经营性纯收入主要由农产品产量和价格共同决定，而2010年主要农产品产量并没有比2009年有大幅度增加，而农产品价格却大幅度上升。2010年中国农产品生产价格指数为110.9[①]，比2009年增长10.9%。由此可以看出，农产品价格快速上涨是推动农民收入增长速度加快的主要原因之一。除了家庭经营性纯收入之外，农民工资性收入增长加速也是2010年农民纯收入增长加速的另一个重要原因。从表1可以看出，农民2010年工资性纯收入增长速度由2009年的11.44%增长到15.88%。农民工资性收入的增加主要是由工资上涨所决定的。与此同时，家庭经营性和工资性纯收入是农民纯收入的主体，例如，

---

① 国家统计局：《中国统计年鉴（2011）》，中国统计出版社，2011。

2010年农民工资性纯收入和家庭经营性纯收入分别占当年农民纯收入的41%和48%,两者合计占当年农民纯收入的89%。因而,农民家庭经营性收入和工资性收入的变化趋势直接决定了农民纯收入的变化方向和速度。综上所述,2010年农民纯收入增速提高主要是由其家庭经营性和工资性收入增速提高所决定的,而家庭经营性和工资性收入增速的提高主要是由农产品价格和工资增长所决定的,所以农产品价格和工资的加速增长是2010年农民纯收入加速增长的主要原因。

表1 2008~2010年按收入来源分农民纯收入及其实际增长速度

单位:元,%

项目	年份	工资性收入	家庭经营性收入	财产性收入	转移性收入
收入	2008	1853.73	2435.56	148.08	323.24
	2009	2061.25	2526.78	167.20	397.95
	2010	2431.05	2832.80	202.25	452.92
实际增长率	2009	11.44	4.00	13.16	23.36
	2010	15.88	10.05	18.90	11.75

资料来源:由《中国统计年鉴(2010)》和《中国统计年鉴(2011)》相关数据整理而来。

(二)城镇居民可支配收入增长

城镇居民家庭人均可支配收入继续增长,但是增长速度下降(见图2)。从图2中可以看出,2010年中国城镇居民名义人均可支配收入达到19109.44元,

图2 2002~2010年城镇居民家庭人均可支配收入及其实际增长速度

资料来源:国家统计局:《中国统计年鉴(2011)》,中国统计出版社,2011。国家统计局,国家统计数据库,http://219.235.129.58/indicatorYearQuery.do。

比2009年增长11.27%。剔除通货膨胀因素，2010年中国城镇居民人均可支配收入实际增长率为7.81%。尽管城镇居民人均可支配收入仍然呈现继续增长的趋势，但是它的增长速度却呈放缓趋势。从图2可以看出，2010年城镇居民人均可支配收入实际增长率已经由2007年的12.18%逐渐下降到7.81%。2004年的城镇居民收入增长率仅为7.66%，这是2002年至今最低的增长速度。但2010年的城镇居民收入增长率也仅比2004年的增长率高0.15个百分点，成为自2002年以来第二低的增长率。

从不同来源收入变化来看，城镇居民人均收入增长速度放缓主要与城镇居民工资性收入和转移性收入分别增长速度下降有关，其原因是多方面的。首先，工资性收入和转移性收入是城镇居民主要的收入来源，两者在城镇居民人均收入中占主导地位。例如，2010年城镇居民工资性收入和转移性收入分别占当年城镇居民全部收入的65%和24%，两者合计为89%。由于工资性收入和转移性收入在城镇居民收入中占主导地位，所以二者的变动方向和速度直接决定了城镇居民全部收入的变动方向和速度。其次，2010年城镇居民工资性收入和转移性收入增长都出现放缓趋势。2010年城镇居民工资性收入的增长速度由2009年的10.59%下降到2010年的7.25%，而同期转移性收入的增长速度则由15.95%下降到9.31%。尽管城镇居民家庭经营性收入和财产性收入的增长速度有所上升，如城镇居民财产性收入的增长率由2009年的12.58%上升到2010年的17.03%，但是它们在城镇居民总收入中所占比例太小，不足以对城镇居民总收入的变化方向和速度产生显著影响（见表2）。因此，城镇居民工资性收入和转移性收入增长速度下降是城镇居民总收入增长速度下降的主要原因，而高涨的通货膨胀率是城镇居民可支配收入实际增速下降的主要原因。2010年城镇居民名义可支配收入增长率为11.27%，比2009年的8.83%高2.44个百分点；但是当剔除价格因素的影响之后，2010年城镇居民实际可支配收入增长率远低于2009年9.83%的增长率（见图2）。由此可以看出，高涨的通货膨胀率是城镇居民实际可支配收入增长率下降的一个重要原因。

通过以上的分析可以看出，2010年中国城乡居民收入呈现继续上涨的总体趋势，这是由中国经济持续增长所决定的。尽管城乡居民收入都呈现上涨趋势，但是上涨速度的变化方向却不同。农民纯收入增长速度加快，这是由农民工资性收入和家庭经营性收入加快增长所决定的，工资性收入和家庭经营性收入的增长

表2 2008~2010年按收入来源分城镇居民可支配收入及其实际增长速度

单位：元，%

项目	年份	工资性收入	家庭经营性收入	财产性收入	转移性收入
收入	2008	11298.96	1453.57	387.02	3928.23
	2009	12382.11	1528.68	431.84	4515.45
	2010	13707.68	1713.51	520.33	5091.9
实际增长率	2009	10.59	6.17	12.58	15.95
	2010	7.25	8.63	17.03	9.31

资料来源：由《中国统计年鉴（2010）》和《中国统计年鉴（2011）》相关数据整理而来。

速度则由农民工资增长和农产品价格上涨的速度所决定。城镇居民收入增长速度放缓是由其工资性收入和转移性收入的增长放缓所决定的，而高涨的通货膨胀率则是城镇居民工资性收入和转移性收入增长率下降的一个重要原因。

二 居民收入不平等状况

（一）农村居民收入不平等状况

2010年中国农村居民家庭收入不平等程度下降（见表3）。表3显示的是不同收入分组中农户不同来源收入的均值及其增长率，这反映了农村居民不同来源收入的不平等程度及其变动趋势。从工资性收入来看，增长速度最快的前三个收入组分别是低收入户、中等收入户和中低收入户；从家庭经营性收入来看，增长速度最快的前三个收入组分别是低收入户、中低收入户和中高收入户。低收入户和中低收入户工资性收入和家庭经营性收入的增长率高于其他组特别是高收入组，意味着他们可以获得更多的收入。与此同时，工资性收入和家庭经营性收入在农民的总收入中占有主导地位，两者的增长速度基本上决定了农民全部收入的增长速度。因而，2010年农村低收入户和中低收入户居民收入占全体居民收入的比例上升，意味着农民家庭收入不平等下降。与此同时，农村大岛指数由2009年的7.95[1]下降到2010年的7.51[2]，这也印证了农村居民收入不平等程度

---

[1] 杨宜勇、池振合：《我国收入分配现状及其发展趋势》，载《2011年中国社会形势分析与预测》，社会科学文献出版社，2010。

[2] 根据《中国统计年鉴（2011）》中农村居民家庭基本情况相关数据计算获得。

下降。然而，需要特别指出的是，农民所获得的转移性收入不仅没有降低他们的收入不平等程度，反而加深了他们收入的不平等程度（见表3）。从表3中可以看出，2010年低收入组农民转移性收入增长率最低，仅有8.55%，而当年转移性收入增长率最高的收入组是中等收入组，增长率次高的则是中高收入组。中低收入组和高收入组转移性收入的增长率基本持平，分别为14.54%和14.21%。由此可以看出，转移性收入的增长有利于中等以及中高收入组居民的，所以转移性收入加深了农村的收入不平等程度。

表3 按收入等级和收入来源分农村居民纯收入及其增长率

单位：元，%

项目		工资性收入	家庭经营性收入	财产性收入	转移性收入
低收入户	2009年	561.83	767.34	25.81	194.33
	2010年	675.39	939.36	44.11	210.94
	增长率	20.21	22.42	70.91	8.55
中低收入户	2009年	1201.07	1607.96	49.57	251.49
	2010年	1431.58	1828.35	73.26	288.04
	增长率	19.19	13.71	47.79	14.53
中等收入户	2009年	1865.55	2238.29	86.25	311.98
	2010年	2239.47	2496.56	120.82	364.82
	增长率	20.04	11.54	40.08	16.94
中高收入户	2009年	2805.42	3081.12	144.10	436.91
	2010年	3289.80	3462.20	185.80	502.76
	增长率	17.27	12.37	28.94	15.07
高收入户	2009年	4993.68	5778.58	629.72	917.07
	2010年	5880.83	6419.40	702.09	1047.37
	增长率	17.77	11.09	11.49	14.21

资料来源：由《中国统计年鉴（2010）》和《中国统计年鉴（2011）》相关数据整理而来。

通过上面的分析可以看出，2010年农村居民家庭收入不平等程度下降。从收入来源来看，工资性收入、家庭经营性收入和财产性收入不平等程度的下降是造成农民家庭收入不平等程度下降的主要原因，而本应该降低收入不平等程度的转移性收入却加深了农村居民收入的不平等程度。

（二）城镇居民收入不平等状况

与2009年相比，2010年城镇居民收入不平等程度下降。图3显示的是城镇不同收入分组居民家庭收入的平均值以及 2010 年的增长率。根据家庭人均可支配收入水平，城镇居民由低到高可以划分为困难户、最低收入户（包含困难户）、低收入户、中等偏下户等 8 组。从图 3 中可以看出，2010 年每一个收入组中居民家庭收入的平均值都呈现增长的趋势。例如，困难户组居民家庭收入的平均值由 4197.58 元上升到 4739.15 元；最高收入组居民家庭收入的平均值由 46826.05 元上升到 51431.57 元。各收入组居民家庭收入平均值的增长表明中国城镇居民的收入不断增长。尽管如此，各个收入组居民收入的增长速度却不同（见图 3）。从图 3 中可以看出，家庭人均收入平均值增长最快的四个组分别是低收入户组、最低收入户组、中等偏下户组和困难户组，它们的增长率分别为 13.76%、13.23%、12.97%、12.90%，这表明城镇居民收入增长有利于中低收入阶层。由于城镇中低收入阶层可支配收入增长速度超过了高收入阶层可支配收入增长速度，所以他们的总收入占城镇居民总收入的比例会上升，这也就意味着城镇居民收入不平等程度会下降。

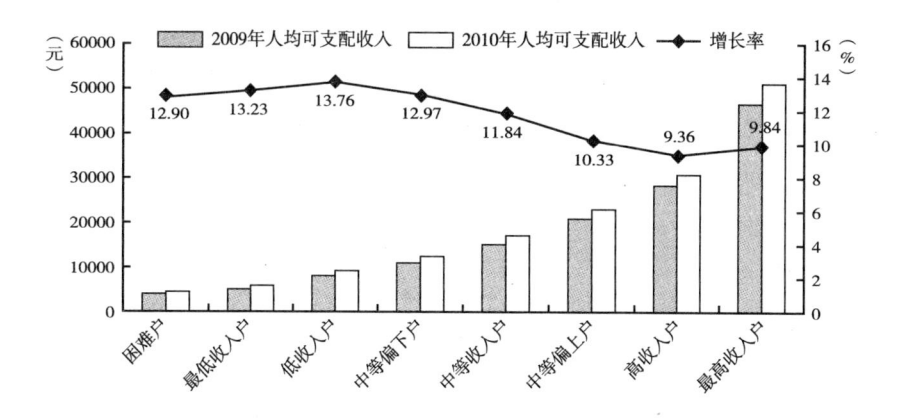

图 3　2009~2010 年城镇居民家庭不同收入分组人均可支配收入及其增长率

资料来源：由《中国统计年鉴（2010）》和《中国统计年鉴（2011）》相关数据整理获得。

（三）城乡收入差距

2010 年城乡收入差距继续缩小。通过上面的分析可以看出，工资上涨和农产品价格上涨导致农村居民工资性收入和家庭经营性收入的增长速度加快，而上述两个来源的收入直接决定了农民收入的变化速度,所以2010年农民收入增速加快。与此形成鲜明对比的是,城镇居民工资性收入和转移性收入增长速度的放缓直接导致了城镇居民收入增长放缓。2010年农村居民纯收入增长速度为10.88%,而城镇居民可支配收入的增长速度仅为7.81%,所以农民纯收入的增长速度高于同期城镇居民可支配收入的增长速度,这就导致城镇居民可支配收入与农民纯收入之比变小。例如,2010年中国城镇居民人均可支配收入与农民人均纯收入之比为3.23,比2009年的3.33低0.1。如果剔除价格因素的影响,2010年城镇居民人均可支配收入与农民人均纯收入之比为2.26,比2009年的2.32低0.06。2010年城镇居民人均可支配收入与农民人均纯收入之比同比降低2.77%(见图4)。城乡收入比的降低在一定程度能够反映出中国城乡收入差距缩小的事实。尽管2010年城乡收入差距有所缩小,但是中国过大的城乡收入差距将会依然存在。原因在于,导致城乡收入差距的制度因素没有任何实质性改变,如收入分配制度、社会保障制度和户籍制度等。

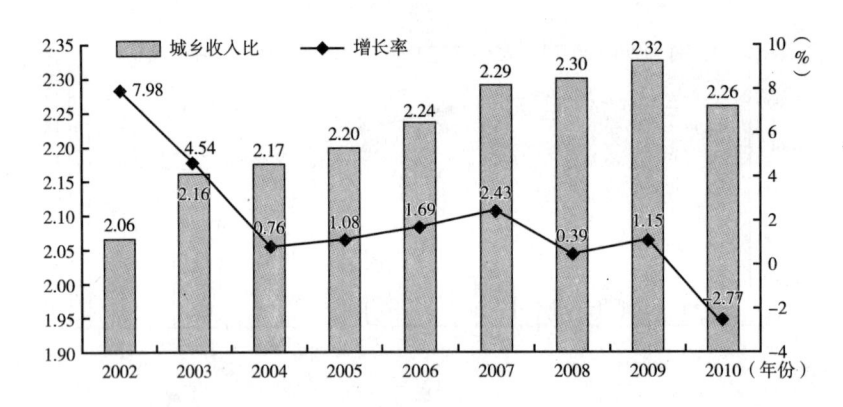

图4 2002~2010年城乡收入比及其变化速度

资料来源:由《中国统计年鉴(2010)》和《中国统计年鉴(2011)》相关数据整理获得。

综上所述,无论城市还是农村中低收入阶层的收入增长速度都超过了高收入阶层的收入增长速度,这说明2010年中国城乡收入增长都有利于低收入阶层。由于城乡低收入阶层收入增长速度超过了高收入阶层的收入增长速度,他们的总收入占城市和农村居民总收入的比例提高,从而使得中国城镇和乡村收入不平等程度下降。与此同时,由于农民纯收入增长速度超过城镇居民可支配收入的增长速度，这就使得城乡居民收入比下降，这意味着城乡收入差距缩小。由于城镇和农村内部不平等程度降低以及城乡收入差距缩小，所以2010年中国居民总体不平等程度降低。

三 2011年收入增长与分配政策变化及其影响

2010年中国城乡居民收入增长以及收入不平等程度的下降在一定程度上受到当年中央和地方政府出台的各项相关政策的影响。例如，中央政府所提出的调整收入分配格局，提高两个比重，即居民收入在国民收入分配中的比重和劳动报酬在初次分配中的比重。① 上述政策的施行在一定程度上起到了缩小收入差距的作用，但是中国总体收入不平等程度过高的情况没有从根本上得到改善。鉴于中国总体收入不平等水平依然过高的状况，中央政府在2011年出台了相关措施，希望以此能够缩小收入差距。

（一）推动农民收入增长，缩小城乡收入差距

促进县域经济发展，使农民能够就近转移就业，增大农民工资性收入占总收入的比例，从而缩小农产品价格波动对农民收入的影响，进而降低农民收入波动幅度，从而保证农民收入的稳定。提高农产品政府最低收购价。国务院关于落实《政府工作报告》重点工作部门分工的意见提出："2011年小麦最低收购价每50公斤提高5~7元，水稻最低收购价每50公斤提高9~23元。"稳步推进城镇化，将条件具备的农民转化为城镇居民。随着经济高速增长，中国城镇化也取得了较大发展，这样就可以将符合条件的农民转化为城镇居民。从农民到城镇居民的转化可以从根本上改变其收入分配途径，从而实现其收入的稳定性并提高其收入水平，从而缩小城乡收入差距。

（二）深化收入分配改革，缩小收入分配差距

1. 完善个人所得税制度，减轻中低收入者的税负

2011年中央政府对个人所得税制度进行了改革，提高个人所得税工薪所得

---

① 杨宜勇、池振合：《我国收入分配现状及其发展趋势》，载《2011年中国社会形势分析与预测》，社会科学文献出版社，2010。

费用扣除标准。个人所得税工薪所得费用扣除标准提高到每月 3500 元。[①] 与此同时，中央政府 2011 年对个人所得税的税率结构进行了改革。上述措施的实行，切实减轻了中低收入者的税负，从而提高了他们的收入水平。

2. 进一步建立和健全社会保障制度，保障低收入者的基本生活

2011 年，中央政府出台了《关于开展城镇居民社会养老保险试点的指导意见》，开始了城镇居民社会养老保险的试点工作。城镇居民社会养老保险将年满 16 周岁、不符合城镇职工养老保险条件的城镇非从业人员纳入社会保险的范围之内，从而为他们的养老提供了可靠保障。城乡居民最低生活保障标准稳步提高（见图5）。从图中可以看出，近年来中国名义最低生活保障标准一直保持上涨的趋势。例如，2010 年第 3 季度全国城乡最低生活保障标准的增长率分别为 2.1% 和 2.49%。截止到 2011 年第 3 季度，全国城乡最低生活保障标准名义增长率分别为 2.83% 和 4.45%。城乡最低生活保障标准的提高为城乡贫困人口生活提供了一定的保障。

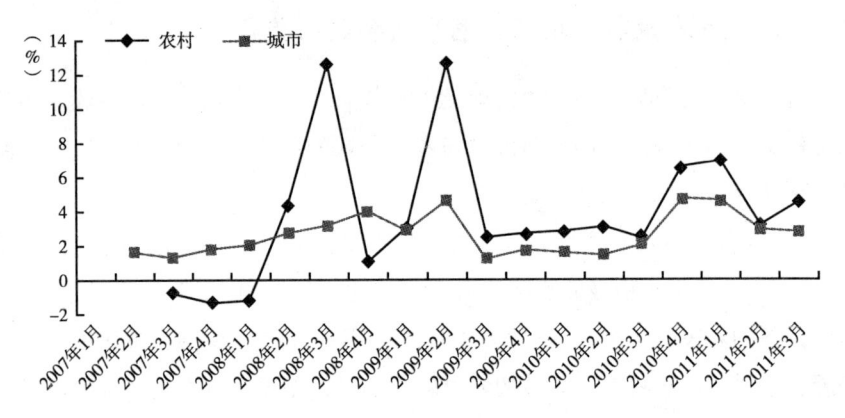

图 5　2007 年第 1 季度至 2011 年第 3 季度城乡名义最低生活保障标准增长率

资料来源：根据《全国民政事业统计数据》相关数据计算得到，http://cws.mca.gov.cn/article/tjsj/qgsj/。

3. 大力整顿和规范收入分配秩序

当前导致中国收入分配差距过大的一个重要原因是收入分配秩序混乱，例如

---

① 中华人民共和国国务院：《国务院关于修改〈中华人民共和国个人所得税法实施条例〉的决定》，2011。

非法收入等。因此，通过整顿和规范收入分配秩序可以有效地杜绝非法收入，从而能够在一定程度上改变收入差距过大的现状。

四　结论及政策建议

通过上面的分析可以看出，2010年中国城乡居民收入继续增长，其中农村居民收入增长加速而城镇居民收入放缓。2010年中国总体收入不平等程度下降，这主要是城镇和农村内部以及城乡间不平等程度下降的结果。从根源上看，中国总体收入不平等程度的下降主要是由农产品价格上涨、农民工资上涨和高涨的通货膨胀率等原因造成。2010年中国出台了大量调节收入分配的政策，它们在保障低收入者的基本生活方面发挥了积极作用，但是在降低收入不平等方面发挥的作用有限。例如，中国政府在农村所推行的转移支付项目，中高收入阶层比中低收入阶层受益多，它不仅没有起到降低收入不平等程度的作用，反而推动了农村不平等程度的加深。通过上面的分析可以看出，降低中国收入不平等程度的治本之策是进一步建立和完善市场经济的相关制度，建立起自由竞争、公平交换的社会主义市场经济。只有这样才能实现人尽其才、物尽其用，实现经济运行的高效率，才能够凝聚人心，达到仓廪实而知礼节的境界。

参考文献

Tkinson, A. B. Bourguignon, F. 2000, Introduction: Income Distribution and Economics, in *Handbook of Income Distribution*. Elsevier: 1 – 58.

Cowell, F. 2003, *The Economics of Poverty and Inequality*, Northampton: Edward Elgar.

陈钊、陆铭、佐藤宏：《谁进入了高收入行业？——关系、户籍与生产率的作用》，《经济研究》2011年第2期。

李实、罗楚亮：《中国城乡居民收入差距的重新估计》，《北京大学学报（哲学社会科学版）》2007年第2期。

权衡、李凌：《上海提高最低工资标准的收入分配效应：实证与模拟》，《上海经济研究》2011年第4期。

王小鲁：《中国国民收入分配现状、问题及对策》，《国家行政学院学报》2010年第3期。

徐舒:《技术进步、教育收益与收入不平等》,《经济研究》2010 年第 9 期。

杨圣明:《关于中国国民总收入分配的几个问题》,《中国社会科学院研究生院学报》2009 年第 3 期。

杨宜勇、池振合:《我国收入分配现状及其发展趋势》,载《2011 年中国社会形势分析与预测》,社会科学文献出版社,2010。

Analysis on Income Growth and Income Inequality in China

Yang Yiyong　Chi Zhenhe

Abstract: Income growth and income distribution are closely related with people's income level. The paper studies resident's income growth and income distribution in China in the year of 2010. Generally speaking, both urban and rural residents enjoy significant increase on income level throughout 2010. Meanwhile, the overall level of income inequality demonstrates a decreasing tendency in 2010. The paper suggests that it is China's strong economic growth which leads to the increase of income in rural and urban areas. Moreover, the narrowing gap of income inequality can be attributed to factors such as wage increase for the peasant workers, the rising prices of agricultural products, and the high level of inflation rate.

Key Words: Income Distribution; Income Growth; Income Inequality

B.5
2011年社会保障体系的完善和发展

王发运 李宇*

摘 要: 贯彻落实《社会保险法》是2011年社会保障工作的主线。围绕贯彻《社会保险法》,国务院及其有关部门制定了若干配套法规规章,加快建设覆盖全民的社会保障制度体系,各项社会保险待遇水平有较大提高,基金管理进一步加强,其他方面工作也有进展。

关键词: 社会保险法 全民社保 待遇水平 基金管理

一 社会保险法正式实施

2011年,社会保障方面影响最大、最重要的工作就是全面贯彻实施《社会保险法》。该法从7月1日起正式实施。

围绕法律的贯彻实施,首先要修改完善与法律不一致的既有的行政法规和配套规章,制定急需的行政法规和配套规章。此前的4月22日,十一届人大常委会审议通过了关于修改《煤炭法》和《建筑法》的决定,明确规定煤矿企业和建筑施工企业应当依法参加工伤保险,把原规定必须参加的意外伤害保险改为鼓励企业自愿参加。目前,已经出台实施的行政法规和配套规章有13个。其中,修改后的《工伤保险条例》已于2011年1月1日实施,国务院还印发了《关于开展城镇居民社会养老保险试点的指导意见》(国发〔2011〕18号)。人力资源和社会保障部(以下简称人社部)先后制定了《工伤认定办法》、《非法用工单位伤亡人员一次性赔偿办法》、《部分行业企业工伤保险费缴纳办法》、《实施

---

* 王发运,人力资源和社会保障部社会保险事业管理中心,主要研究社会保障;李宇,首都经济贸易大学副教授,主要从事社会保障基本理论、社会保障基金管理、社会保险精算等问题研究。

〈中华人民共和国社会保险法〉若干规定》、《社会保险个人权益记录管理办法》、《社会保险基金先行支付暂行办法》、《中华人民共和国社会保障卡管理办法》（人社部发〔2011〕47号）、《关于领取失业保险金人员参加职工基本医疗保险有关问题的通知》（人社部发〔2011〕77号）、《在中国境内就业的外国人参加社会保险暂行办法》、《工伤保险费率浮动规程（试行）》（人社险中心函〔2011〕101号）等配套规章和规范性文件。社会保险法的实施有了基本的操作依据。

这些法规规章的修改和制定都经过了长时间的酝酿，在发布前还公开向全社会征求了意见。例如《工伤保险条例》的修订，就经过了充分的讨论，明确具体，便于操作。例如，对于上下班途中的伤害是否应当认定为工伤，一直以来争议较多。修改后的《工伤保险条例》特别规定除现行规定的机动车事故以外，职工在上下班途中受到非本人主要责任的非机动车交通事故或者城市轨道交通、客运轮渡、火车事故伤害，也应当认定为工伤。这一规定把上下班途中的有关伤害加以明确。这些法规规章的制定和修改保持了与《社会保险法》的高度一致，凡法律有明确规定的，从其规定；法律制定了明确原则和要求的，遵照其原则和要求；法律没有明确原则和要求的，根据立法宗旨制定有关规章。以人为本，充分保障参保人的权益，例如，参保人受到第三方伤害，在责任人未明确前或找不到责任人时，由社会保险基金先行支付有关医疗和工伤医疗费用的规定。

已出台的配套规章中，外国商会、驻华使领馆、各类驻华机构以及境外媒体对《在中国境内就业的外国人参加社会保险暂行办法》反映比较强烈。10月30日《参考消息》以害怕"只有负担没有好处 外企对老外缴社保反弹大"为题对此作了报道。他们反映的问题集中在三个方面，包括办法实施时间紧，担心各地未能都做好准备；"给外企造成沉重的财务负担，威胁其会员公司的竞争地位"，"雇主因此支付的工资可能增加40%以上"；由于对居住的限制和其他一些原因，担心外籍员工可能实际上无法获得规定的福利。鉴于这一工作政策性强、敏感度高，人社部专门派员参加新闻发布会或到有关商会讲解有关政策，说明将在华就业的外籍人员纳入中国社会保险是国际惯例，有利于维护这些人员的权益，并表明了我国政府的坚定态度。11月8日，人力资源和社会保障部还专门召开视频会议，具体部署做好外国人参保的经办管理服务工作。

贯彻实施《社会保险法》计划需要制定或修改的行政法规和配套规章共有

42个，这些都将在3年内完成。下一步，拟制定或修改的行政法规有《失业保险条例（修订）》、《基本医疗保险条例》和《社会保险基金监管条例》3个；部门规章11个，包括《社会保险登记管理办法》（拟实行全民强制社会保险登记）等；需要制定（修订）的规范性文件项目有15个，包括基本养老金正常调整机制、社会保险基金投资管理等。因此，要贯彻实施《社会保险法》，国务院和部门立法的任务还非常艰巨。

为了做好法律的宣传工作，人社部从年初就开始酝酿"全国社会保险法知识竞赛活动"，5月份在全国正式启动，历时近半年，全国31个省、区、市和新疆建设兵团共有50.8万人参加了竞赛活动。参赛人员分布地域范围宽、年龄跨度大、职业界别广。除人力资源和社会保障系统人员外，还有各级党政机关、事业单位、企业、医疗服务机构、社区服务机构的工作人员以及城乡居民、在校学生和离退休人员。其中，参赛的企业工作人员人数相对较多，占到全部参赛人数的10%。从网上答题情况看，31个省、市、自治区和新疆建设兵团均有人员在网上注册答题，其中年龄最小的只有14岁，最大的已79岁高龄。

人社部对全国各级人力资源和社会保障部门以及社会保险经办机构工作人员进行了大规模培训，各地也组织开展了培训。

所有这些，均为《社会保险法》的实施奠定了较为坚实的基础。

二 全民社保的制度体系形成

2006年，《中共中央关于构建社会主义和谐社会的决定》第一次明确提出，逐步建立覆盖城乡居民的社会保障体系，中国社会保障体系建设从此步入城乡统筹、全民社保的新阶段。此后，覆盖城乡的社会保障体系建设步伐一直在加速。2007年9月，国务院决定在全国建立农村最低生活保障制度，实现了基本生活救助制度方面城乡困难群众同等待遇。同年7月，国务院决定在全国开展城镇居民基本医疗保险试点，加上已经开展的职工医疗保险、新型农村合作医疗，实现了基本医疗保险制度的全覆盖。2009年3月，中共中央、国务院发布《关于深化医药卫生体制改革的意见》，明确提出"逐步实现人人享有基本医疗卫生服务的目标"，"到2011年，基本医疗保障制度全面覆盖城乡居民"。2011年6月，国务院又决定，开展城镇居民社会养老保险试点，建立个人缴费、政府补贴相结合的城镇居民养老保险制度,实行社会统筹和个人账户相结合。试点工作从2011年7月1日启动,实施范围与新型农村社会养老保险试点(以下简称新农保)基本一致。按照国务院的部署,2011年新农保试点和城镇居民养老保险试点覆盖面要达到60%,2012年实现全覆盖。为做好试点工作,人社部要求新试点地区在2011年10月31日前将符合条件的农村老年居民新农保养老金发放到位,尽快启动适龄农村居民参保工作,争取在12月31日前完成2011年的参保登记和缴费工作。为做好城镇老年居民参保资格认证和登记等工作,要求各地结合职工基本养老保险参保情况,确保在2011年10月31日前将符合条件的城镇居民基础养老金发放到位,尽快组织未参保城镇适龄非从业居民参保缴费。所有未开展试点的地区要尽早准备,安排力量,摸清底数,做好预算,打好基础,确保2012年全部启动两项试点工作时开展养老金发放和参保缴费工作。至此可以说,以全民养老保险、全民医疗保险和全民最低生活保障以及面向职业人群的失业保险、工伤保险和生育保险为主要内容的全民社保的制度体系已经形成。

  社会保障网不仅在快速扩大,而且越来越严密。2011年对老工伤人员的保障和失业人员的医疗保障采取了重要措施。所谓老工伤人员指用人单位参加工伤保险社会统筹前因工伤事故或患职业病形成的工伤人员和工亡人员供养亲属,这些人员的工伤待遇原来一直由原单位负担。为切实保障老工伤人员的生活,国务院第140次常务会议作出了到2011年底前将国有、集体企业等"老工伤"人员全部纳入工伤保险统筹管理的部署。年初,人社部会同财政部、国资委、监察部与各省、区、市人民政府签署了协议书,落实各地将国有企业老工伤人员等纳入工伤保险统筹管理的工作责任,及时下拨了中央财政补助资金56亿元。各地层层分解落实责任,细化政策,落实资金,确保在年底前基本实现将老工伤人员纳入工伤保险。截至6月底,全国已有184万国有企业有伤残等级的"老工伤"人员和工亡职工供养亲属纳入了工伤保险统筹管理。6月,人社部要求做好领取失业保险金的人员参加职工医保工作,接续基本医疗保险关系,保障合理的医疗待遇水平。领取失业保险金人员参加职工医保应缴纳的基本医疗保险费从失业保险基金中支付,个人不缴费,参加职工医保的缴费率原则上按照统筹地区的缴费率确定,缴费基数参照统筹地区上年度职工平均工资的一定比例确定,最低比例不低于60%。除此之外,各地还积极解决未参保集体企业退休人员的养老保障问题。

  扩大各项社会保险覆盖面的重点依然是以非公单位员工、灵活就业人员和农民工为重点。截至9月底，全国参加城镇基本养老保险、基本医疗保险、失业保险、工伤保险和生育保险人数分别为27497万人、46337万人、14053万人、17205万人、13472万人，分别比上年底增加1790万人、3074万人、677万人、1044万人、1136万人。各地积极启动城镇居民社会养老保险试点，深入推进新农保试点。截至9月底，新型农村和城镇居民社会养老保险试点参保人数达1.99亿人，其中领取待遇人数5465.32万人。如果加上地方自行试点，两项试点总参保人数达到2.35亿人，领取待遇人数6694.11万人。北京、天津、重庆、浙江、江苏、西藏、宁夏、青海、海南9个省、市、自治区已经实现新农保制度全覆盖。

全民社保的制度体系虽然已经形成，但"十二五"期间及以后直接关系到制度的公平和可持续运转的矛盾和问题还很多，而且又都是一些深层次的矛盾和问题，彻底解决需要有极大的智慧和耐心。例如，企业养老保险制度和机关事业单位退休制度及其由此引起的待遇差距过大问题。2011年"两会"之前，中国社会保障网开展了一次在线调查，结果显示：关注"两会"社会保障话题时，有近一半参与调查的网友关注"逐步缩小企业与机关事业单位养老保险待遇差距"，质疑养老保险的双轨制度，质疑公务员为什么不缴费还享受高水平的退休金。事业单位改制的五省试点也举步维艰。又如，全民都有养老保险和医疗保险之后，城乡制度的转移衔接问题将会非常突出。特别是城乡养老保险制度的衔接，但这个问题涉及企业职工养老保险制度、机关事业单位养老保险制度、城镇居民社会养老保险制度和新农保、军人养老保险制度的不同群体，既要研究解决群体跨地域流动中的衔接，又要解决跨制度流动中的衔接。由于务工人员流动性大、就业不稳定等因素影响，还可能出现不同时间段有人交替参加城镇职工养老保险和城镇居民社会养老保险、新农保的情况，使得问题就更加复杂。再如，城乡制度分设、分别管理带来的重复参保问题。特别是医疗保险，如果城乡医保继续由多部门分管，重复统计、重复参保、重复补贴、重复享受的问题将愈益突出。总之，矛盾和问题非常多又非常复杂。解决这些矛盾和问题都需要顶层设计，统筹解决。如果说，以前的制度建设是通过增量办法，给予实惠，赢得全社会的支持，吹的是冲锋号，那么，今后的制度建设就是既有增量，也会有减量，会直接伤及部分人群的相对利益，改革的难度会加大，打的就是攻坚战了。

三 保障水平大幅提升

覆盖城乡的社会保障体系建设加速进行，同时保障水平也大幅提升。

首先，在养老保险方面，企业退休人员基本养老金继续调整。2010年年底，国务院决定，自2011年1月1日起，继续提高企业退休人员基本养老金水平，全国月人均增加140元。这是自2005年以来，国家连续6年7次提高企业退休人员基本养老金，而且提高幅度按照2010年企业退休人员人均基本养老金的10%左右确定。全国企业退休人员人均月养老金达到1362元。鉴于企业退休人员养老金与机关事业单位退休人员养老金之间的差距仍然较大，加之2011年以来消费物价指数维持高位，预计2012年企业退休人员基本养老金仍然会继续调整，而且人均增加的幅度不会低于2011年的水平。这种连续调整给退休人员带来了实实在在的好处，但也给基金支付带来较大压力。尤其需要关注的是，这种调整办法已经冲击到养老保险的制度设计和设计初衷，即基本养老金在继续维持基础养老金加个人账户养老金基本结构的同时，要叠加相当数量的历年调整金额，而且份额越来越大，基本养老金的计算已经不能简单地按照原有的计算公式来进行，外行人无法正确计算，即使专业人员如果不对照有关文件也难以正确计算出来。由于每年的调整额度基本上是固定的，照顾公平因素较多，原来制度设计的多缴费多得养老金、缴费时间越长养老金水平越高的激励机制也受到较大冲击。基本养老金正常调整机制制度建设必须加快进行。另外，城镇居民社会养老保险和新农保虽然受到普遍欢迎，但每月55元的基础养老金水平明显偏低，需要在适当时候予以适当提高，这个问题在2012年基本实现全覆盖以后会凸显出来。

其次，从医疗保险来看，保障水平明显提高。一是基金支付比例大幅提高。虽然没有找到最新数据，但2010年的数据足可以说明问题。2010年职工医保参保人员出院2628万人次，次均住院费用8413元，政策范围内统筹基金支付比例为75%；90%的地区最高支付限额达到当地职工年平均工资的6倍。城镇居民医保2010年参保人员出院884万人次，次均住院费用为5468元，政策范围内基金支付比例为59%；大多数地区统筹基金最高支付限额达到居民可支配收入的6倍；80%的地区建立了门诊统筹。今后要注意的是，统筹安排职工医保、城镇居民医保和新农合之间的支付比例，注重公平。职工医保的待遇达到一定程度后继续提高的步伐似可适当放慢一点,重点是提高城镇居民医保和新农合的待遇水平。二是封顶线和起付线的变化更有利于参保人员。城镇职工医保、城镇居民医保最高支付限额分别达到职工年平均工资、居民年人均可支配收入的6倍以上,且均不低于5万元。另外,多数地区始终没有调整10年前按职工平均工资10%确定的起付线,随着工资水平提高,目前实际下降到在岗职工平均工资的3%左右。三是财政补助增加。各级财政对参加医疗保险的城镇居民的补助标准从2010年的120元,提高到2011年的200元,增加了80元。

最后,修改后的《工伤保险条例》大幅提高了一次性工亡补助金标准,并相应提高了一次性伤残补助金标准,还将工伤职工"住院伙食补助费"等三项费用,由用人单位支付改为工伤保险基金统一支付,并授权各地制定标准。1~10月,全国享受工伤保险待遇者共计131万人,人均享受工伤保险待遇1300多元。人社部还要求积极稳妥开展工伤预防和工伤康复试点,组织对工伤预防费使用项目、程序及效果进行分析评估,研究工伤预防费使用范围等政策,有序扩大工伤康复试点范围,指导康复试点机构逐步增加康复项目,扩大服务范围,特别是积极探索开展职业康复项目。失业保险金标准与物价上涨挂钩的联动机制初步建立,很多地区适当提高了失业保险金标准。1~10月,全国享受生育保险待遇189万人次,比上年同期增加37万人次,增长率为24%,人均每次享受生育保险待遇570元左右。

四 基金管理还需加强

随着事业的不断推进,覆盖范围不断扩大,社会保险基金总量不断增加。1~9月,全国养老、医疗、失业、工伤和生育保险五项社会保险基金总收入16382.3亿元,同比增长26.9%;五项社会保险基金总支出12897.5亿元,同比增长21.2%。基金收入和支出呈现继续快速增长势头。基金规模的不断扩大,为确保并逐步提升各项社会保险待遇提供了有效保障。但并不是说,基金管理从此可以高枕无忧了。基金流转环节越来越多,基金管理链条越来越长,做好基金安全工作显得更加紧迫和重要。

有必要加强基金的预算管理。为了加强对社会保险基金的管理,国务院决定建立社会保障预算制度,开始试编基金预算。目前预算的编制还比较粗,也不规

范,有的地方在编制预算时还有人为少编收入、多打支出的做法。总体看,目前的预算相对于实际发生数还有较大出入,还难以做到通过预算实现控制。今后,特别需要提高基金支出预算的精确性,贴近实际,探索科学的测算方法,将预算具体分解。

有必要探索有效的基金保值增值措施。2011年以来,居民消费价格指数持续高位运行,5月份5.5%,6月份6.4%,9月份6.1%。而目前五项社会保险基金结余积累已达2万多亿元,如果基金全年收益率低于消费价格指数1个百分点,就等于一天损失数千万元。按照国务院的规定,目前社会保险基金结余只能买国债、存银行,严禁其他形式投资。随着基金结余规模快速增大,基金保值增值压力越来越大,开辟积极稳健的保值增值渠道已迫在眉睫。企业职工养老保险、城镇居民养老保险和新农保都有个人账户,基金收益率高低直接关系到养老保险待遇的高低。随着制度的长期运行,基金收益率还关系到制度的可持续发展。社会上对此非常关注。人社部会同财政部、中国人民银行等部门已经采取了一些措施,如基金银行存款按优惠利率计息,对养老保险个人账户做实地区,可以办理协议存款,也可将其中的中央财政补助资金委托全国社会保障基金理事会进行投资运营。《社会保险法》规定:"社会保险基金在保证安全的前提下,按照国务院规定投资运营实现保值增值。"国务院也对基金投资管理进行了研究。

有必要防范因为基金管理而产生的负面社会影响。一些基金虽然全国总体结余较多,但统筹地区不能掉以轻心。近年来,随着保障待遇的提高和保障范围的扩大,全国职工医保统筹基金、工伤保险基金、生育保险基金累计结余可支付月数已有所降低,但总体仍然似乎偏高,进一步消减释放结余仍有潜力。当然,这并不是说可以高枕无忧,不需要加强基金的征缴管理了。2011年10月份,凤凰网转载的一篇文章称"北京医保基金一年间从结余变成入不敷出,凸显医保管理存在制度性缺陷,仅靠总量控制难以解决问题",在社会上引起轩然大波。文章说,曾几何时,在2010年初的北京市政协会议上北京医保备受瞩目,但那时,问题的焦点却是"医保基金结余过高怎么办",仅仅一年之后,钱"花不完"就成了"不够花",形势为何急转直下。这件事情的起因是北京市从7月起对基本医疗保险基金的费用支出,按照"以收定支、收支平衡"的原则,实行总量控制,一些医疗机构工作人员反响强烈,再经过网络炒作,影响无限放大。经过北京市人社局的新闻发布会证明:北京医保基金2011年收支平衡、略有结余没有问题，所谓"入不敷出"根本是无中生有，这件事情已经平息。但从中可以看到，社保基金是参保人员的养命钱、保命钱，基金的支付风险永远是公众关注的热点，任何时候都马虎不得；社会保障任何政策的出台实施都要作充分的宣传解释，消除可能产生的疑虑。否则，本来是维护稳定的社会保障，稍有不慎就可能会引起新的不稳定因素。对过多的结余基金，有必要完善运行分析和风险预警制度，在保证基金当期收支大体平衡，不出现新的大量结余或巨额赤字的基础上，采取如提高困难人群待遇水平、扩大覆盖面等针对部分特定人群的短期措施等办法，逐步予以消化。待遇的调整需要有长远的考虑，争取每年都有一定水平的提高，引导群众形成合理预期。工伤保险2011年要消化吸收老工伤人员，加之重特大事故的不可预期和事故造成的伤亡不可预期，需要有一定量的储备基金。

有必要加大对欺诈冒领待遇现象的打击力度。近年来，在各种利益的驱动下，社保基金欺诈行为在养老、医疗、失业保险等领域中不同程度存在，违规使用医保卡或者社保卡套取社会保险基金，冒用他人医保证件就医开药，退休人员死亡后继续领取退休金，重新就业后继续领取失业保险等等违规违法行为时有发生。这些行为侵蚀了社会保险基金，损害了广大参保群众的合法权益，干扰了社会保险管理服务工作的正常秩序，影响了社会保障功能的有效发挥。对此，人社部和公安部等相关部门高度重视，在11月11日签署了《关于联合开展社会保险反欺诈合作备忘录》，建立了情报沟通和重大问题协商机制，双方将定期沟通情况、共享信息资源，适时开展专项治理，并指导各地共同防范和打击各类社会保险欺诈现象。

五 其他

提高统筹层次工作成效明显。《社会保险法》规定，养老保险要逐步实现全国统筹，其他保险要逐步实现省级统筹。人社部把提高各项保险的统筹层次工作作为全年的重点工作之一，除了继续巩固养老保险省级统筹的成果外，要求有针对性地解决财政"分灶吃饭"体制和"省管县"办法对市级统筹的影响问题，全面建立调剂金制度，探索基金共济、分级管理、预算调剂、运行一体的市级统筹的实现途径，做到信息系统、管理制度、服务标准等的统一，年底医疗、失业、工伤保险等全面实现市级统筹。目前，这项工作成效明显。职工医保方面，京津沪和西藏已实现省级统筹,其他省市有近60%的地区实现市级统筹,基金共济能力大大提高。工伤保险方面,到2011年6月底,全国已有23个省区市及新疆建设兵团的所有地市实现了市级统筹,实现市级统筹地市339个,占全国地市总数的92%。

社会保障卡发卡步入快车道。"十一五"期末,金保工程一期全面完成,社会保障信息化基础大大巩固,数据中心日趋统一,信息网络架构基本形成,社会保障卡建设步入快车道,信息安全体系初步建立。胡锦涛总书记提出"早日实现社会保障一卡通",党的十七届五中全会要求"加强社会保障信息网络建设,推进社会保障卡应用,实现精确管理"。按照"十二五"规划确定的任务要求,人社部决定以金保工程二期立项为抓手,以推进社会保障"一卡通"为重点,加快信息化建设,提升应用水平,确定了全年完成增发9000万张社会保障卡的任务。截至7月底,全国170多个地区经批准发行了社会保障卡,实际持卡人员达到1.45亿人,并呈现快速增长的态势,预计年底前将突破1.9亿人。社会保障卡在支持医疗费用即时结算等方面发挥了重要作用,受到普遍欢迎。当然,现阶段的任务是全面发卡,将来要真正做到"一卡在手,神州随便走",实现管理服务的信息化还需要进一步加强社会保险工作的标准化。毕竟,标准化是信息化的基础。

普遍开展了医疗保险费用即时结算。90%的统筹地区实现区域内医疗费用即时结算,福建、江苏等8省市已开展省内异地就医即时结算,医疗费报销"跑腿、垫支"等问题正在逐步得到解决,得到参保人员的好评。

积极探索付费方式改革。付费方式是联结医疗保险制度和医药卫生制度的桥梁,是沟通医疗保险经办机构和定点医疗机构行为的纽带。2011年是深化医药卫生体制改革的攻坚之年,"改革医疗保险支付方式,大力推行按人头付费、按病种付费、总额预付"是国务院医改办确定的重要工作。为此,人社部要求在门诊保障方面,在建立首诊制度的地区,原则上都要探索实行按人头付费等预付方式。人社部还将北京等40个城市确定为首批付费方式改革部重点联系城市。目前,分别有44%、27%和23%的地区进行了按病种、按人头和总额预付等付费方式的探索。住院保障方面,部里的重点联系城市要全面推行按病种付费工作;其他统筹地区也要研究开展付费方式改革,所有统筹地区都要对生育医疗费用实行按病种付费。

此外，截至 10 月底，全国已纳入社区管理的企业退休人员达到 4544 万人，社会化管理率达到 77.1%。

综上所述，2011 年的社会保障工作以贯彻落实《社会保险法》为主线，围绕贯彻《社会保险法》制定了若干配套法规规章，加快覆盖全民的社会保障制度体系建设。社会保障网在快速扩大的同时也越来越严密，各项社会保险待遇水平有较大提高，其他方面工作也有进展。而随着社会保险基金规模的不断扩大，做好基金安全工作的任务更加紧迫。总之，虽然全民社保的制度体系已经形成，但在制度的运转中需要解决的深层次的矛盾和问题还很多，需要引起重视，统筹解决。

Improvement and New Progress of China's Social Security System in 2011

Wang Fayun   Li Yu

Abstract：Implementation and enforcement of the Social Insurance Law is the main theme for the government in its administration of national social insurance system in 2011. On the one hand, in order to accelerate the pace of comprehensive social insurance coverage, the State Council and its subsidiaries promulgated a series of supplementary policies and regulations. Generally speaking, the level of social insurance and potential benefits are dramatically enhanced, and the insurance fund management is also improved, coupled with many other progress and achievements.

Key Words：Social Insurance Law; Universal Social Insurance Coverage; Level of Insurance Coverage; Fund Management

B.6
2011年：中国教育的发展和改革

王 建*

摘 要：2011年是"十二五"开局之年，也是全面落实《国家中长期教育改革和发展规划纲要（2010～2020）》的关键一年，各项配套政策密集出台，重大教育发展项目全面启动，教育改革试点稳步推进，着力促进教育公平和提高教育质量。由于纲要实施不久，许多教育政策的成效还未显现，各地实施的进度也不平衡，与人民群众切身利益直接相关的一些热点难点问题还没有真正解决，影响教育事业科学发展的一些重大体制机制障碍有待突破，必须下决心破除传统的管理模式，进一步加快教育重点领域和关键环节的改革步伐，推动教育事业在新起点上科学发展。

关键词：教育发展 教育改革 教育政策

一 2010年教育发展的基本情况[①]

（一）全国各级各类教育规模发展

2010年，全国共有各级各类学校（不含教育机构）53.1万所。其中，幼儿园15.04万所，比2009年增加1.22万所；义务教育阶段学校为31.23万所，比2009年减少2.42万所（普通小学为25.74万所，减少2.28万所；初中阶段学校为5.49万所，减少0.14万所）；高中阶段学校2.86万所，比2009年减少1177

---

* 王建，国家教育发展研究中心教育发展战略研究室副主任，副研究员。
① 除特别说明外，本节数据来源于教育部《2010年全国教育事业发展统计公报》，载2011年7月6日《中国教育报》。

所；高等学校为2723所，比2009年增加34所（普通高等学校2358所，增加53所，其中含独立学院323所；成人高等学校365所，减少19所）；特殊教育学校1706所，比2009年增加34所。

2010年，全国各级各类学历教育在校生为2.6亿人，非学历教育在学人数为5624.8万人。在各级各类学历教育在校生总人数中，学前教育占10.2%，义务教育占59.5%，高中阶段教育占17.8%，高等教育占11.4%，特殊教育占0.2%，其他教育占1.0%。[①]

学前教育发展较快。2010年，全国在园幼儿（包括学前班）2976.67万人，比2009年增加318.86万人。

义务教育阶段规模继续缩小。2010年，全国普通小学招生1691.70万人，比2009年增加53.90万人；在校生9940.70万人，比2009年减少130.77万人。全国初中学校招生1716.58万人，比2009年减少71.87万人；在校生5279.33万人，比2009年减少161.61万人。

高中阶段教育规模略有扩大。2010年，全国高中阶段教育（包括普通高中、成人高中、中等职业学校）招生1706.66万人，比上年增加7.80万人；在校学生4670.6万人，比上年增加36.43万人。其中，普通高中在校生2438.8万人，比2009年减少6.94万人；中等职业教育（包括普通中等专业学校、职业高中、技工学校和成人中等专业学校）在校生2231.8万人，比2009年增加43.34万人，占高中阶段教育在校生总数的47.85%。

高等教育规模稳步发展。2010年，全国各类高等教育总规模达到3105万人。全国招收研究生53.82万人，比2009年增加2.72万人，增长5.32%，其中招收博士生6.38万人，招收硕士生47.44万人。在学研究生153.8万人，比2009年增加13.35万人，增长9.50%，其中在学博士生25.89万人，在学硕士生127.95万人；毕业研究生38.36万人，比2009年增加1.23万人，增长3.31%。普通高等教育本专科共招生661.76万人，比2009年增加22.27万人，增长3.48%；在校生2231.8万人，比2009年增加87.13万人，增长4.06%；毕业生575.42万人，比2009年增加44.32万人，增长8.34%。

---

① 教育部发展规划司：《2010全国教育事业发展简明统计分析》，2011，第3~4页。

（二）全国各级教育普及水平提高

各级教育普及水平不断提高，国民受教育机会进一步增加。2010年，学前教育毛入园率达到56.6%，比2009年提高5.7个百分点。全国2856个县（市、区）全部实现"两基"，全国"两基"人口覆盖率达到100%。小学学龄儿童净入学率达到99.70%，其中男女童净入学率分别为99.68%和99.73%；初中阶段毛入学率为100%，比2009年提高1个百分点。高中阶段毛入学率为82.5%，比2009年提高3.3个百分点。高等教育毛入学率达到26.5%，比2009年提高3.3个百分点。

（三）各级各类民办教育稳步发展

2010年，全国共有各级各类民办学校（教育机构）11.90万所，比2009年增加1.25万所；各类学历教育在校生达3392.96万人，比2009年增加327.57万人。其中，民办幼儿园在园儿童1399.47万人，占在园总数的比例达到47.0%，比2009年提高4.3个百分点。民办普通小学在校生537.63万人，比2009年增加34.75万人，占全国小学在校生总数的比例达到5.4%，比2009年提高0.4个百分点。民办普通初中在校生442.11万人，比2009年增加8.23万人，占全国初中在校生总数的比例达到8.4%，比2009年提高0.4个百分点。民办普通高中在校生230.07万人，比2009年减少0.06万人，占全国普通高中在校生总数的比例达到9.5%。民办中等职业学校在校生306.99万人，比上年减少11.10万人，占全国中等职业学校在校生总数的比例达到13.7%。民办高校676所（含独立学院323所），在校生476.68万人，比上年增加30.55万人，占普通本专科在校生总数的21.4%，比2009年提高0.6个百分点。

（四）"十一五"教育规划目标基本实现

2010年是落实《国家教育事业发展"十一五"规划纲要》的收官之年。"十一五"期间，中国教育发展着力完成"普及、发展、提高"三大任务，义务教育普及与巩固水平进一步提高，高中阶段教育规模进一步扩大，比例结构更趋优化；高等教育规模适度扩大，战略重点正转向优化结构与提高质量。2010年统计数据显示，各级教育规划目标基本实现（参见表1），为《国家中长期教育改革和发展规划纲要（2010~2020年）》（以下简称《教育规划纲要》）的实施奠定了良好基础。

表1 "十一五"教育事业规划目标实现情况

	2005年	2010年	"十一五"规划目标	规划目标实现程度
学前教育				
学前三年毛入园率(%)	41.4	56.6	55	103%
义务教育阶段				
初中毛入学率(%)	95	100.1	98	102%
初中三年保留率(%)	92.8	93.8	95	99%
扫盲				
青壮年文盲率(%)		3	2	
高中阶段				
毛入学率(%)	52.7	82.5	80	103%
在校生(万人)	4031	4670.6	4510	104%
其中：普通高中	2409	2438.8	2410	101%
中等职业教育	1600	2231.8	2100	106%
高等教育				
毛入学率(%)	21	26.5	25	106%
在学总规模(万人)	2300	3105	3000	104%
其中：研究生	98	153.8	130	118%
普通本专科	1562	2231.8	2000	112%
成人本专科	436	536.0	600	89%

资料来源：教育部发展规划司编《2010全国教育事业发展简明统计分析》，2011，第18页。

二 教育改革新进展

（一）重大国家教育政策相继出台

1. 出台落实2012年财政教育投入占GDP比例达到4%的政策框架

《教育规划纲要》提出："提高国家财政性教育经费支出占国内生产总值的比例，2012年达到4%。"国务院密集出台了关于统一内外资企业和个人城市维护建设税、教育费附加制度等7项政策文件。从落实教育经费法定增长、拓宽经费来源渠道、合理安排使用经费、加强经费管理等方面，确保实现4%的工作目标。

进一步加大财政教育投入，一是提高财政教育支出占公共财政支出的比重。严格落实教育经费法定增长要求，各级政府安排支出预算时，要保证财政教育支出增幅明显高于财政经常性收入增幅。对预算执行中的超收部分，也要按照这一要求安排教育拨款。进一步增加公共财政预算对教育的投入，2011年和2012年，各省（区、市）财政教育支出占财政一般预算支出的比重都要明显提高。把支持教育事业发展作为公共投资的重点，提高预算内基建投资用于教育的比重。二是拓宽财政性经费来源渠道，统一内外资企业和个人教育费附加制度，地方教育附加统一按增值税、消费税、营业税实际缴纳税额的2%征收。从2011年1月1日起，从土地出让收益中按10%的比例计提教育资金。

在加大投入力度的同时，合理安排使用财政教育经费，提高经费使用效益。支持实施重大项目，着力解决教育发展关键领域和薄弱环节的问题，大力支持基本普及学前教育、义务教育均衡发展、加快普及高中阶段教育、加强职业教育能力建设、提升高等教育质量、健全家庭经济困难学生资助政策体系等重点任务，切实减轻人民群众教育负担。合理配置教育资源，重点向农村地区、边远地区、贫困地区和民族地区倾斜，促进基本公共服务均等化。全面推进教育经费科学化精细化管理，严格执行国家财政管理的法律法规和财经纪律，强化预算管理，加强财务监督和绩效评价。成立国家教育经费监管中心，推行高校总会计师制度，加强重大项目建设及经费使用的监管，切实提高资金使用效益。

2. 将大力发展学前教育作为贯彻落实《教育规划纲要》的突破口

学前教育是终身学习的开端，是国民教育体系的重要组成部分，是重要的社会公益事业。把发展学前教育作为保障和改善民生的重要内容，按照公益性和普惠性的原则，坚持政府主导、社会参与、公办民办并举，破除体制机制障碍，建立覆盖城乡、布局合理的学前教育公共服务体系，保障适龄儿童接受基本的、有质量的学前教育，促进幼儿健康快乐成长。国务院提出了多种形式扩大学前教育资源、多种途径加强幼儿教师队伍建设、多种渠道加大学前教育投入、强化对幼儿园保育教育工作的指导、完善法律法规、规范学前教育管理等举措，并要求各地以县为单位，编制学前教育三年行动计划，在科学测算入园需求和供需缺口的基础上，确定发展目标，分解年度任务，落实经费，有效缓解"入园难"问题。

地方政府是发展学前教育的责任主体，按照地方为主、中央奖补的原则，"十二五"期间，中央财政将安排500亿元重点支持中西部地区和东部困难地区发展农村学前教育。教育部成立学前教育三年行动计划推进工作领导小组，统筹推进国家学前教育项目、三年行动计划和学前教育体制改革试点等各项工作，通过项目引领和激励各地实施三年行动计划，重点支持中西部地区和薄弱环节。

3. 明确分省基本实现县域义务教育均衡发展的时间表和路线图

为用10年左右时间实现区域内义务教育基本均衡的目标，2011年，教育部建立了中央部门和地方政府协同推进义务教育均衡发展新机制，按照分类指导、分期推进、一省一案的原则，除尚未接受"两基"国检的4个省份外，教育部与27个省、自治区、直辖市和新疆生产建设兵团签署了28份义务教育均衡发展备忘录，明确了各地基本实现县域义务教育均衡发展的时间表和路线图。教育部推动这些签署备忘录的省、自治区、直辖市和新疆生产建设兵团，一是制定未来10年的详细规划，具体到哪一年哪些县（区）初步或基本实现义务教育均衡发展；二是制定用于标准化学校评定的本省（自治区、直辖市）义务教育学校的基本标准，包括学校规模和建设、师资编制设置和学历职称结构及培训、教育教学技术装备、校园环境和安全等约束性指标。教育部通过加强督导、开展问责全方位推进义务教育均衡发展。

4. 启动实施农村义务教育学生营养改善计划

为改善学生营养状况，提高农村学生尤其是贫困地区和家庭经济困难学生的健康水平，国务院决定从2011年秋季学期起，启动实施农村义务教育学生营养改善计划。在集中连片特殊困难地区开展试点，中央财政按照每生每天3元的标准为试点地区农村义务教育阶段学生提供营养膳食补助。试点范围包括680个县（市）约2600万在校生。经初步测算，国家试点每年需资金160多亿元，由中央财政负担。鼓励各地以贫困地区、民族和边疆地区、革命老区等为重点，因地制宜开展营养改善试点，中央财政给予奖补。将家庭经济困难寄宿学生生活费补助标准每生每天提高1元，达到小学生每天4元、初中生每天5元，中央财政按一定比例奖补。统筹农村中小学校舍改造，将学生食堂列为重点建设内容，切实改善学生就餐条件，加强学生食堂管理，严格食品供应准入，确保食品安全。制定中小学食堂供餐规范，明确数量、质量和操作标准。建立专家工作组，加强学校营养指导。全面公开学校食堂和学生营养经费账目及配餐标准，接受学生、家长和社会监督。

5. 建设中国特色的现代职业教育体系

为到2020年形成适应经济发展方式转变和产业结构调整要求、体现终身教育理念、中等和高等职业教育协调发展的现代职业教育体系,教育部提出以科学定位为立足点,优化职业教育层次结构,建设适应需求、有机衔接、多元立体的现代职业教育体系。

职业教育发展要树立系统培养的理念,坚持就业导向,明确人才培养规格、梯次和结构,明确中等和高等职业学校定位,在各自层面上办出特色、提高质量。中等职业教育是高中阶段教育的重要组成部分,重点培养技能型人才,发挥基础性作用;高等职业教育是高等教育的重要组成部分,重点培养高端技能型人才,发挥引领作用。增大中等职业学校毕业生对口升学比例,拓宽高等职业学校应届毕业生进入本科学校应用性专业继续学习的渠道。鼓励高等职业学校与行业背景突出的本科学校合作探索高端技能型人才、应用型人才专业硕士培养制度。稳步开展根据高中阶段教育学业水平考试成绩、综合素质评价、职业准备类课程学习情况和职业倾向测试结果综合评价录取新生的招生改革试点。

6. 教育部批准5所民办高校招收专业硕士研究生

《教育规划纲要》提出"对具备学士、硕士和博士学位授予单位条件的民办学校,按规定程序予以审批"。在国务院学位委员会组织的"服务国家特殊需求人才培养项目"——学士学位授予单位开展培养硕士专业学位研究生试点中,包括北京城市学院、河北传媒学院、陕西西京学院、黑龙江东方学院、吉林华侨外国语学院在内的5所民办高校,经教育部批准获得首批民办高校研究生招生试点资格,获批的试点单位可纳入2012年专业学位研究生统招工作,标志着民办高校办学水平的进一步提升。首批获准招收专业硕士的5所民办学校,所涉及的专业都与经济社会发展密切相关,涉及社会、工程、艺术等多学科,试点期为5年,实行动态管理,到2017年7月国务院学位办等相关部门将对此重新评估,根据人才需求和培养质量,决定是否继续授权,评估不过关的将不再安排招生,已招收的研究生全部毕业后即终止授权。

7. 把高校毕业生就业工作摆在就业工作首位

2011年5月31日,国务院下发《关于进一步做好普通高等学校毕业生就业工作的通知》,完善高校毕业生就业政策体系,在财政、税收、金融、就业服务等方面提出了新的政策措施。一是积极拓展毕业生就业领域。在构建现代产业体系中创造更多适合高校毕业生的就业机会，对中小企业吸纳毕业生就业的，在信贷、社保等方面给予政策支持。二是鼓励引导毕业生面向城乡基层和中西部地区就业。大力开发社会管理和公共教育、卫生、文化等领域服务岗位。重点解决好到城乡基层岗位工作毕业生的工资待遇、社会保障、人员流动等方面的实际问题。自2012年起，省级以上机关录用公务员，除部分特殊职位外，均应从具有2年以上基层工作经历的人员中录用。三是鼓励支持毕业生自主创业，促进灵活就业。加强创业教育、创业培训和创业服务。落实自主创业税收、行政事业性收费减免等优惠政策，符合条件的自主创业毕业生，可在创业地按规定申请小额担保贷款，从事微利项目的，财政贴息贷款额度提高到10万元。对毕业年度参加创业培训的毕业生，按规定给予培训补贴。四是支持毕业生参加就业见习和技能培训。合理确定并及时调整见习期间基本生活补助标准。对符合条件的参加职业技能培训、鉴定的毕业生和对毕业生开展岗前培训的企业，给予补贴。鼓励科研项目单位吸纳毕业生就业。五是加强毕业生就业指导、就业服务和就业援助。建立健全毕业生就业信息服务平台，进一步完善以实名制为基础的高校毕业生就业统计制度。将就业困难的毕业生纳入就业援助体系，对困难家庭毕业生给予适当的求职补贴。对未就业的毕业生按规定办理失业登记，落实就业扶持政策。各城市应取消高校毕业生落户限制，允许高校毕业生在就（创）业地办理落户手续（直辖市按有关规定执行），保障毕业生落户等就业权益。

（二）地方教育制度创新的新进展

为落实《教育规划纲要》，各地在中央统一领导下，从自身经济发展水平和区域特点的实际出发，特别是承担国家教育体制改革试点项目的地区和单位，因时因地制宜，自主开展了一系列教育改革，探索促进区域教育发展的有效途径和具体办法，并为整体性的教育改革提供实践经验和案例。

1. 实施"教育政绩考核"和"问责制"，切实落实教育优先发展的战略

浙江、山东、海南、陕西、湖南、山西、宁夏、新疆、广西、西藏等地纷纷出台政策，把《教育规划纲要》确定的各项指标纳入各级政府和领导干部的考核体系，实行教育优先发展目标责任制和问责制，完善对市、县两级党政领导干部履行教育工作职责的督导考核制度。浙江省把推进教育现代化建设作为各级党委、政府政绩考核的重要内容，作为干部选拔任用的重要依据，决定在教育强县创建的基础上，在全省开展教育现代化县（市、区）达标评估活动。山东省明确提出，"把教育投入和实施素质教育作为考核各级党委、政府政绩'一票否决'的指标"。湖南省继续执行建设教育强省投入政策，市州、县市区预算内教育经费支出占财政支出的比例每年同口径提高1~2个百分点，省本级预算内教育经费每年年初预算比上年递增20%。

2. 构建学前教育公共服务体系，着力化解"入园难"、"入园贵"

把大力发展学前教育作为贯彻落实《教育规划纲要》的突破口，各地纷纷加快农村学前教育发展与普及，明确政府职责，扩大学前教育资源，坚持学前教育的普惠性原则，加大财政投入，构建广覆盖、保基本、有质量的学前教育公共服务体系。陕西省提出将学前教育逐步纳入基本公共服务体系，到2015年全省实现普及学前两年教育，学前两年毛入园率达到90%，学前三年毛入园率达到85%以上。从2011年春季开始免除幼儿园大班和学前班保教费，从秋季起免除所有公办、民办幼儿园学前一年幼儿保教费，按每生每年700元测算，省财政按需求总量的80%设立奖补资金，资金分配与市县人均财力、在园人数、毛入园率挂钩。同时，对家庭经济困难幼儿、残疾幼儿、孤儿补助生活费，每生每天3元，所需资金的50%由省财政承担。鼓励有条件的地方率先实行学前三年免费教育，延安市吴起县、榆林市神木县等地已经实现。

3. 促进义务教育均衡发展，化解"择校热"

在425个国家教育体制改革试点项目中，义务教育均衡发展专项试点项目有38个，各地在推进义务教育均衡发展的管理体制、运行机制、关键环节、配套条件等方面形成不少可以推广的典型经验与政策创新，如建立县域或片区内的教师交流机制，将优质高中录取名额分配到辖区内初中学校，统筹配置优质教育资源、改造城乡薄弱学校，城乡统筹推进义务教育均衡发展，以公办学校为主解决进城务工人员随迁子女入学问题等。四川省成都市推进城乡教育一体化、促进"全域成都"教育优质均衡发展试点，坚持以政府投入为主体、以资源合理配置为核心、以缩小城乡教育差距为目的，全面推进城乡教育规划、办学条件、教育经费、教师配置、教育质量、评估标准等六个方面的一体化。同时，在实施农村中小学标准化建设工程、城乡教师大培训大交流工程和农村教师集中居住工程的基础上，2010年启动实施"常青树"计划，面向全市招聘名优退休教师下乡兴教，并平均给予每人每年4.2万元的补贴，帮助提升农村教师素质和水平，缓解城乡择校问题。在实施城区薄弱学校改造和名校集团战略的引领下，以优质公办名校为龙头，在城郊接合部、卫星城采取领办、合办等形式建立 58 个名校集团，近郊义务办学质量快速提升，缓解了区域择校。改革新生入学制度，全面推行义务教育阶段学生按户籍所在地就近入学，新生入学实现从"先划片再登记"到"先登记再划片"的转变，学校所有新生入学学位公平面向符合条件的市民和外来务工人员的子女，有效缓解择校问题。

4. 实施高等教育综合改革，提高高等教育质量水平

2010 年 10 月，江苏省成为国家高等教育综合改革试点省份，全面启动高等教育综合改革试验区建设，包括着力优化高等教育布局结构、加快建设高水平大学和重点学科、努力打造高层次人才队伍、积极推进招生考试改革、探索建立科学分类评价机制等 10 个方面的内容，每个子项目也确定了一批试点高校开展单项改革试点，参与试点的高校占全省高校的 1/3。主要措施和行动有：一是实施高校优势学科建设工程、"江苏特聘教授计划"工程、本科教学质量提升和研究生创新培养工程、高校科技创新工程，不断提高办学水平。二是加强部省和省部（局）共建，加快高水平大学建设步伐，服务行业发展。三是建立大学毕业生评价公报制度，指导高等教育专业教学改革。大学生招生就业服务中心联合第三方中介机构就全省高校大学生毕业就业和用人单位评价汇编公报，为各高校专业设置、招生计划制订、专业教学改革、人才培养模式调整和大学生创业就业服务等提供指导。

5. 改善民办教育发展环境，促进民办教育可持续发展

天津、内蒙古、江苏、广西、贵州等地配套出台了进一步促进民办教育发展的条例、意见或决定，积极探索促进和规范民办教育发展的新思路和新途径。天津市人大常委会通过地方性法规《天津市民办教育促进条例》，明确市和区、县人民政府设立民办教育发展专项资金，用于民办教育创业辅导和服务、资助民办学校发展、支持建立民办教育信用担保体系、奖励为民办教育作出突出贡献的组织或个人等事项。内蒙古自治区人民政府《关于促进民办教育发展的决定》提出自 2011 年起，自治区财政每年安排民办教育专项资金，对于办学水平和质量达到国家评估合格标准的、有学历颁发资格的民办高等院校，按高等教育生均定额事业费的 10% 给予一次性奖励。江苏省政府办公厅《关于进一步促进民办教育发展的意见》，依法推进民办学校规范管理，明确民办学校提取合理回报办法。民办学校出资人要求取得合理回报的，在扣除办学成本、预留事业发展基金、提取风险保证金及其他有关费用后，允许其从办学结余中取得合理回报。每年合理回报额不超过学校账面记录的出资人的实际出资额与当年金融机构人民币一年期贷款基准利率150%的乘积。

三 年度教育热点

一年多来，《教育规划纲要》的贯彻实施，为破解教育领域一些长期存在的老大难问题开了个头，引发争议的教育热点依然接踵而至，不少重点、难点、热点问题更多地涉及深层次的教育观念和体制机制问题，凸显了解决教育问题的复杂性和紧迫性。

（一）高校自主招生结盟联考

2010年10月和11月，浙江大学与中国人民大学先后参与由清华大学、上海交通大学等组成的联盟，采用通用测试、高校个性测试和高校面试的模式进行自主选拔，测试成绩将在各校间互认，个性测试成绩可在各校间彼此参考。11月21日，北京大学（含医学部）、北京师范大学、北京航空航天大学、南开大学、复旦大学、厦门大学、香港大学等七所知名高校公告，2011年将联合举行自主选拔联合考试，山东大学、武汉大学、华中科技大学、中山大学、四川大学和兰州大学等六所高校相继宣布加盟，阵容扩大到十三所高校。由于两大"结盟"的知名学校分别包括两大状元掐尖高校清华与北大，取"清华"的"华"与"北大"的"北"，被戏称"中国高校自主招生进入'华约'与'北约'的对抗时代"。11月25日，北京理工大学、大连理工大学、东南大学、哈尔滨工业大学、华南理工大学、天津大学、同济大学、西北工业大学结成联考阵营，仅仅5天后重庆大学入盟，扩容后的9所高校进行自主招生联考，并签署《卓越人才培养合作框架协议》，共同推进大学教育改革与卓越人才培养，号称"卓越联盟"。再加上北京化工大学、北京林业大学、北京邮电大学、北京交通大学、北京科技大学组成的五校同盟，在拥有自主招生资格的80所高校中，已经有34所加入到四大联盟阵营。清华大学自主招生联考定于2011年2月19日举行，北京大学为2月20日，"卓越联盟"定在2月26日，三大联盟考试错开。

实行高水平大学联考、重点高校结盟联考，引发了争议。自主招生的初衷是为了给一小部分考生提供个性化的入学评价方案，使得极少数有专业特长、创新潜质的学生能够以此进入高校学习，以弥补高考"大一统"唯分数论的不足。但联考恰恰弱化了为有特长的考生提供个性化测试的可能，甚至应试痕迹越来越浓，成为所谓的"小高考"。这究竟是增加了学生负担还是减轻了学生负担？它是实现了公平，还是破坏了公平？到2011年11月初，联盟高校都在静候消息，2012年自主招生政策预计也要推迟公布。

（二）南方科技大学教改实验

2007年3月，在深圳市第四届人民代表大会第三次会议上通过的《政府工作报告》决定筹建南方科技大学。

2011年3月1日，南方科技大学正式开学，46名新生报到，学生日常管理方面实行书院制度，学校管理"去行政化"，实行教授治学、治校。3月11日，教育部向广东省人民政府发出通知，同意筹建南科大，批准筹建期可以试办本科专业。4月30日，深圳市委组织部公告，通过公开推荐方式，选拔包括南方科技大学（筹）副校长在内的7名局级领导干部。5月3日，教育部公布除军校以及港澳台高校之外具有学历教育招生资格的高校名单，南方科技大学不在列，该校未获得招生权。5月9日，南方科技大学网站发布《致家长的一封信》，回应没有招生资格一事，提出"自发文凭，让社会来承认"。5月27日，教育部正式回应南方科技大学45名教改班生须参加高考。6月7日，南方科技大学无人参加高考，45名学生集体缺考，考场被迫取消。6月9日，南方科技大学对外公布《南方科技大学管理暂行办法》。"充分放权"和"鼓励创新"成为该办法的两个关键词，它赋予南方科技大学在机构编制、人事财务、教学科研和招生收费等方面充分的自主权。7月16日，南方科技大学召开首次理事会会议，南方科技大学理事会共有20多位，出席的理事共20名，其中有一半是厅局级以上官员，还有6名大学校长和4名企业董事长，有6位现任或原任大学校长出任理事，占到理事成员的30%。此外，还有20%的理事是来自企业界的董事长兼首席执行官。

南方科技大学教改实验频频成为媒体关注的焦点，"自主招生、自授文凭"，"去行政化"与"局级副校长"，"高考风波"，国内首例"基本法"的出台等，都对中国现行高等教育体制造成冲击，南科大教改实验因面临着不可避免的体制性冲突和办学策略的争议而陷入困局。

（三）教育领域一些评价方法走上歧路

"五道杠"、"绿领巾"、"红校服"、"三色作业本"、"测智商"之类把学生划分三六九等的做法，引起了社会广泛关注。

武汉"五道杠少年"黄艺博是武汉某中学初一的学生，任中国少先队武汉市副总队长。其博客上一张戴着"五道杠"少先队牌的半身照，引起了网友们的关注。"五道杠"，隐隐触痛了许多人对社会"官本位"意识和"官本位"教育的一种不满。

西安"绿领巾"。2011年10月，西安市未央区第一实验小学在建队日首批吸收50名少先队员，另有40名被确定为苗苗队员，戴上绿领巾。据该校教师解释称，学习、思想品德表现稍差的学生没有红领巾，所以该校便为这部分学生发放了绿领巾以资激励。"绿领巾"被学生们解读为"差生"的身份标志。

包头"红校服"。2011年教师节前夕，包头市某房地产公司向包头二十四中先进教师和优秀学生提供实物性奖品，其中学生奖品为运动服。此后，部分学生开始穿红校服上学，校服背后还打着"某某房地产"的字样，优秀学生就成了赞助商的免费移动广告架子。红色校服，不仅区别于一般学生的蓝校服，还透着一种强烈的媚钱气息。

枣庄"三色作业本"。枣庄三十九中根据学生成绩好坏，为学校部分班级的学生分别发放红黄绿三种颜色的作业本。班级前30名的学生发绿色和黄色作业本，后30名的学生发黄色和红色作业本。绿色类题难度比较大，黄色类题是每个学生都必须掌握的知识，红色类题是相当于课后练习题性质的巩固基础知识的题目。校方称这是分层次作业，是为帮助学生缩小差距。

无锡差生做"智商测试"。2011年10月，无锡市儿童医院儿保科格外忙碌，原因是一些老师要求班级里的差生来做"智商测试"。由于孩子成绩差拖了班级的后腿，影响了班级的成绩，家长们央求医生给孩子打个低分，因为智商分数低，不会影响到老师的考核。

中国教育的最大弊端之一，就是人为地给学生贴标签、分等级，什么优等生、双差生、问题生等，然后对他们进行选择性教育，甚至实行歧视性教育。扭曲的教育观和评价体系将学生人为分成三六九等，造成了对学生的歧视，与素质教育宗旨和法律精神背道而驰，不利于学生的身心健康发展。

（四）推行"异地高考"尚无时间表

中国现行普通高等学校招生工作规定学生须在户籍所在省报考，随着城镇化进程的加快，大量流动人口进城务工，其子女在流入地参加义务教育后的考试问题日益突出。在2011年全国人大和全国政协"两会"上，异地高考成为备受关注的教育热点问题。

2011年3月，20名外地来京工作多年的学生家长向教育部学生司工作人员递交了"以居住地和学籍确定高考地的建议方案"。提出"以父母经常居住地和学生学籍地确定学生就学和参加高考地"，并对放开"异地高考"提出两项限制条件：其一，在经常居住地上学不少于1年（北京、上海等特殊地区不少于5年），以学籍和学校证明为准；其二，父母至少一方在经常居住地工作和生活不少于1年（北京、上海等特殊地区不少于5年），以工作和收入证明、房屋产权证或居住证、水电费或电话费收据等为证据。

解决"异地高考"问题，涉及突破户籍制度的桎梏，涉及高考考试方式、录取方式调整，涉及高考招生名额再分配，涉及不同地区之间的利益协调，需要教育部在充分调研的基础上尽快拿出方案，明确改革的"路线图"，然后排除阻力，逐步推进，并在推进过程中完善方案，有效促进教育公平。

四 评论展望

《教育规划纲要》的颁布和实施，使人们的视线聚焦在发展、落实，实验、试点上——聚合在教育发展的愿景上。但是，密集出台的教育政策成效一时难以显现，各地实施进度也不平衡，与人民群众切身利益直接相关的一些热点难点问题还没有真正解决，影响教育事业科学发展的一些重大体制机制障碍有待突破。

（一）完善教育规划体系，进一步细化实化目标、任务和进度

《教育规划纲要》作为指导2010~2020年教育改革和发展的纲领性文件，与

经济社会发展总体规划相适应,对教育改革发展作出的安排具有全局性、宏观性、长远性和战略性,为保持教育改革和发展的系统性、连续性,有关部门已经或正在地区层面、教育专题领域和时间进度安排上,形成以国家规划纲要为统领、专题规划纲要为支撑、地区规划纲要为基础,中长期规划与"十二五"规划、三年行动计划、年度工作计划相衔接的教育规划纲要体系。目前全国31个省(区、市)的地方教育规划全部完成并公开发布。学前教育、职业教育等领域的三年行动计划已发布实施,"十二五"教育事业发展规划以及学前教育、义务教育、普通高中教育、职业教育、高等教育、继续教育、民办教育、民族教育、语言文字、艺术教育、教育信息化等11个分专题规划也已基本完成,待征求相关部委意见修改完善之后发布实施。

(二)精心组织实施重大发展项目,形成推进教育发展的长效机制

《教育规划纲要》从着力解决人民群众关心的热点难点问题出发,关注教育关键领域和薄弱环节,坚持远近结合,明确提出2010~2012年组织实施十个重大项目,即义务教育学校标准化建设、义务教育教师队伍建设、推进农村学前教育、职业教育基础能力建设、提升高等教育质量、发展民族教育、发展特殊教育、家庭经济困难学生资助、教育信息化建设和教育国际交流合作,同时将其细化为37个重点建设子项目,作为贯彻落实《教育规划纲要》的重要载体,发挥其引领带动作用,推动教育改革发展。

项目实施的关键环节是管理、监督和评估。明确各级政府和教育部门的职责,中央主要是制定政策、经费资助、宏观指导和监督检查。2010年,中央财政共安排重大项目经费1347亿元。① 要落实地方政府实施重大项目主体地位,省级统筹安排中央转移支付资金,统筹确定省级及省以下各级政府的经费分担责任,市、县因地制宜实施相关项目,这些项目要通过国家与地方或学校达成的协议来实施,每一个项目要明确实施进度和考核指标,保证可操作、可监控、可评估。

(三)抓好教育体制改革试点和实施国家层面的重大改革项目

教育改革是一项复杂而艰巨的系统工程,要改革就必然有突破、有创新,试

---

① 《组织实施重大发展项目》,2011年8月14日《中国教育报》。

点单位普遍反映,推进过程中最突出的问题就是突破现有法律框架和政策调整。由于我国立法工作总体上滞后,已经颁布实施的法律法规除在少数特殊情况外,一般很难有机会根据实际情况适时作出修改。一方面,国家要加强对试点地区、单位和项目的指导,同时对地方申请的政策突破或政策支持及时加以研究和解决,加强与相关部门的协调,启动或建立政策协调程序,实现政策突破,保护基层改革的积极性和创造性。另一方面,为有助于把具有创新价值、推广意义的改革举措提炼上升为国家层面的政策措施,要确保试出经验、试出政策,并有效推广。鉴于各个地方在政策制定和实施过程中依据的原则和实际操作存在巨大差异,中央政府要更加重视改革顶层设计和总体规划,有关部门、国家教育咨询委员及其专家组对国家教育体制改革试点要进行检查、指导和评估,全面跟踪和了解改革试点项目的实施进展情况,在实践中不断完善试点方案,确保改革积极稳妥有效推进。

(四) 督促落实加大教育投入的政策措施,确保 2012 年如期实现 4% 的目标

到 2012 年实现 4% 的教育投入占比目标,是党中央、国务院的重大决策,也是对全社会的郑重承诺。据初步统计,2010 年,全国公共财政教育投入约 14200 亿元,占 GDP 的比重已达到 3.69%,教育支出占财政支出的比重达到 15.8%。① 2010 年,中央财政教育支出 2547.34 亿元,完成预算的 117.9%;2011 年,中央财政教育拟支出 2963.57 亿元,比 2010 年增加 416.23 亿元,增长 16.3%。② 按照"十二五"规划确定的国内生产总值年均 7% 的增长目标（2011 年预计超过 9%）,2012 年将达到 45.6 万亿元,要实现 4% 的占比目标,财政性教育经费应达到 1.8 万亿元,年均要比上年新增 2000 亿~3000 亿元。

目前国家已经出台一系列加大教育投入的政策措施,今后重点工作是督促各地全面落实各项政策。"4% 目标"是一个全国性指标,在现行财政体制下,由于各地获得转移支付和返还性收入的水平不同,各地财政性教育经费支出占地区

---

① 《国务院关于进一步加大财政教育投入的意见》（国发〔2011〕22 号）；教育部新闻发布会：介绍《国家中长期教育改革和发展规划纲要（2010~2020 年）》发布实施一年来贯彻落实有关情况, http://www.moe.gov.cn/sofprogecslive/webcontroller.do?titleSeq=2657&gecsmessage=1。
② 《今年中央财政拟安排教育支出 2963 亿》,2011 年 3 月 7 日《中国教育报》。

生产总值比例不具有可比性，难以客观反映各地财政教育投入的实际水平和努力程度，不宜直接作为分析评价的指标。教育部、财政部已会同有关部门加强对各地财政教育投入状况的分析评价，对各地严格落实教育经费法定增长要求、明显提高财政教育支出比例、拓宽财政性教育经费来源渠道等各项政策落实情况，进行全面、客观的分析评价，分析评价结果将适时上报国务院，并作为中央财政安排转移支付的重要依据。

The Progress of Education Development and Reform in China, 2011

Wang Jian

Abstract: The year of 2011 announces the starting point of the 12th Five-year Plan of National Economy and Social Development. Meanwhile, it is a critical year for the Outline of China's National Plan for Medium and Long-term Education Reform and Development (2010 -2020) to be carried out in a comprehensive manner. At the same time, extensive administrative regulations have been promulgated and put into effect, and a series of programs for education development and pilot projects for education reform have been launched, which focus on improving education quality and promoting education equity. However, because the Outline has been implemented and carried out only for about one year, it is still too early to evaluate the effect of related policies. Moreover, in different regions, the progress of policy implementation is not synchronized, and there are many unresolved issues that are related to public concerns. Furthermore, it is difficult to make breakthrough in areas which need systemic reform, and the existing institutional obstacles may hamper our education development and stand in the way of future innovation. In the following years, to achieve the scientific development of education at this historic point, we must give priority to improving education management, and speed up the progress in major reform areas.

Key Words: Education Development; Education Reform; Education Policy

B.7
医药卫生体制改革全面推进

顾 昕*

摘 要： 近三年的新医改进展呈现一种不平衡的格局。以走向全民医疗保险为目标的医保改革稳步前行，其面临的最大挑战在于支付水平尚未达到参保患者医药费用的70%。要达成这一目标，必须在提高医保筹资水平的基础上，大力推进医保付费改革，从而抑制医疗费用快速上涨之势。而医疗服务体系的改革举步维艰。民营医院发展缓慢，公立医院的改革则在去行政化和再行政化这两种思路之间摇摆。总体来说，新医改在建立基本医疗保障体系上有了一定的成效，但在建立一种医疗保险购买医疗服务的新机制方面，尚有许多工作要做。

关键词： 全民医保　医保付费改革　公立医院　去行政化　再行政化

自2009年4月《中共中央国务院关于深化医药卫生体制改革意见》（以下简称"新医改方案"）发布之后，新医改进展呈现一种不平衡的格局。具体来说，以走向全民医疗保险为目标的医保改革（即需方改革）稳步前行；而医疗服务体系的改革（即供方改革）则是步履维艰，尤其是公立医院改革，更是难上加难。

一　基本医疗保障体系能否保住"基本"？

以城镇职工基本医疗保险、城镇居民医疗保险和新型农村合作医疗为支柱的基本医疗保障体系，在2009年历史性地覆盖了92.4%的城乡人口。[①] 到2010年

---

* 顾昕，北京大学政府管理学院教授。
① 参见顾昕《全国新医改进入关键阶段》，载汝信、陆学艺、李培林主编《2011年中国社会形势分析与预测》，社会科学文献出版社，2010，第79页。

底，三大社会医疗保险的参保人数分别达到2.4亿、2.0亿和8.4亿，参保者总和占全国总人口94.7%。① 因此，总体来说，全民医保的目标已经实现，接下来的任务是医保覆盖面的巩固。

然而，医保制度所面临的一项重大挑战，在于基本医疗保障体系的保障水平有多高，即医保支付在参保者的医药费用中占据多大比重。换言之，基本医疗保障体系能不能保住"基本"。如果"保基本"的目标不能实现，基本医疗保障体系的风险分摊和第三方购买职能也就无法正常行使。

要探究这一问题，首先必须说明"保基本"的标准是什么。2011年2月27日，温家宝总理在中国政府网与网友在线交流时给出了答案，即医保"报销的比例根据政策的范围可以达到70%"，并再用两年的时间，力争让医保报销比例"接近80%~90%"。② 这里所谓"政策的范围"，意指医保药品、诊疗项目和医疗服务设施三个目录所涵盖的医药费用。在有关社会保障事业"十二五"规划的起草过程中，医保报销比例70%作为"保基本"的目标，这一点已经成为共识，但是大家对于基数究竟是"政策范围内医药费用"还是"实际发生的费用"（即包括纯自付的医药费用），却依然争论不休。

那么，让我们首先考察一下现状，看看现在的医保支付水平在医疗机构业务收入中的比重。所谓"业务收入"，就是医疗机构通过收费获取的收入：其中一部分来自患者的自付；另一部分则来自医保体系的支付，包括基本医疗保障体系中三大医疗保险基金的支出，也包括公费医疗支出，以及微不足道的商业健康保险支付。

表1显示，随着全民医保的推进，医保支付占医疗机构业务收入的比重在过去的若干年内有了提高。但到2010年为止，这一比重也仅仅达到45.2%的水平。需要说明的是，这里的分析基数是所有医疗机构，其中有一些并非医保定点机构，因此对于医保定点机构来说，医保支付占其业务收入的比重，应该有所提高。与此同时，这里的分析基数是所有患者，有一些患者没有参加医保，因此他们在看病治病时要百分之百地自付医药费用。此外，商业健康保险支付的准确数

---

① 中华人民共和国卫生部编《2011中国卫生统计年鉴》，中国协和医科大学出版社，2011，第363、369页。
② 温家宝：《绝不让社会上有一个人因疾病而得不到治疗》，中国政府网（http://www.gov.cn/zlft2011/content_1811905.htm），2011年2月27日。

据比较缺乏，因此暂不计入。总体来说，作为参保者的患者在看病治病时，由医保支付的比重肯定会更高，估计在50%上下。

表1 医保支付水平在医疗机构业务收入中的比重

单位：亿元，%

年份	医疗机构业务收入	医保支付总额	城镇职工医保	城镇居民医保	农村新型合作医疗	公费医疗支出	医保支付所占的比重
2004	4194.7	1212.1	862.2	—	26.4	323.5	28.9
2005	4694.9	1514.8	1078.7	—	61.8	374.3	32.3
2006	5196.9	1807.1	1276.7	—	155.8	374.6	34.8
2007	7016.3	2332.6	1561.8	10.1	346.6	414.1	33.2
2008	8181.4	3216.9	2019.7	63.9	662.3	471.0	39.3
2009	10132.7	4235.9	2630.1	167.3	922.9	515.6	41.8
2010	11634.7	5255.9	3271.6	266.5	1187.8	530.0	45.2

资料来源：《中国统计年鉴》，2009，第941、945页；2011，第870页。《中国劳动统计年鉴》，2008，第516页；2010，第441页。《中国卫生统计年鉴》，2005，第98、100页；2006，第100、102页；2007，第98、100页；2008，第92~93、335~336页；2009，第347~348页；2010，第94、349~350页；2011，第96~99页。

无论如何，就2010年的情形来看，整个医保体系的支付水平还较低。当然，还需要说明的是，这里考察的是医保支付占参保患者"实际"医药费用的比重，而不是"政策范围内"医药费用的比重，因为政府对后一数据没有系统性地加以统计并公布。不论怎么看，医保支付水平距离70%的"保基本"目标，还有相当大的差距，要达到80%~90%的保障水平，则难度更大。

那么，究竟如何提高医疗保障体系的支付水平呢？只有三个办法：一是提高筹资水平，即政府补贴水平提高，百姓的参保缴费水平也相应提高；二是通过控制结余水平来提高医保基金的支出水平；三是进行医保付费改革，控制医疗机构医药费用的增长幅度。简言之，必须三管齐下。

事实上，2011年，前两个措施已经在各地实施，并且立竿见影。在全国不少地方，城镇居民医保和新农合的政府补贴水平已经从每人最低120元提高到了200元的水平；相应的，参保者的缴费水平也有所提高。各地还纷纷扩大医保支付范围并提高支付标准，致使基金结余有所下降。

那么，新的问题在于，医保筹资水平提高了，但是否足以实现70%的"保基本"目标呢？我们简单估算一下。

- 2010年，城镇职工医保基金的收入为3955.4亿元；保守估计，2011年城镇职工医保基金的收入为4100亿元。
- 2010年，城镇居民医保的参保人数为2.0亿，人均筹资水平为181元（其中政府补贴为120元）；保守估计，2011年参保人数为2.1亿，人均筹资水平260元（其中政府补贴为200元），那么城镇居民医保基金的收入将达到546.0亿元。
- 2010年，新农合参保人数为8.4亿，人均筹资水平为156.5元（其中政府补贴为120元）；保守估计，2011年参保人数维持不变，人均筹资水平达到250元（其中政府补贴为200元），那么新农合基金的收入将达到2100亿元。
- 总计：2011年，基本医疗保障体系的基金收入达到6746.0亿元。

那么，这一筹资水平是否能实现"保基本"的目标呢？

首先，假定医保基金实行"当年零结余"政策，那么基本医疗保障体系的支出水平就能达到6746.0亿元。此外，2011年公费医疗支出估计为540亿元。这样，整个医保体系的支出水平将达到7286.0亿元。

其次，假定2011年医疗机构的业务收入为"零增长"，即维持在2010年11634.7亿元的水平上。① 在这样的情况下，医保支出水平可以达到医疗机构业务收入的62.5%。如果把自费诊疗项目和药品的支出刨除，那么医保支付可基本达成"政策范围内医药费用70%"的目标。

可是，上述的两个假定是一个理想条件，绝对不可能成为现实。因此，上述简单的测算可以告诉我们，即便我们最大限度地控制了医保基金的结余水平和医疗机构医药费用的上涨幅度，在现有医保的筹资水平上，要实现70%的保障水平，依然是困难的。

因此，为了实现"保基本"的目标，提高基本医疗保障体系筹资水平是一个不可回避的艰巨任务。除了政府提高补贴水平之外，参保者适当提高缴费水平也应该提到议事日程上来。在未来的若干年，建立一种"个人缴费与参保者人均纯收入挂钩，财政补助与个人缴费挂钩"的新医保筹资机制，是全民医保改

---

① 中华人民共和国卫生部编《2011中国卫生统计年鉴》，中国协和医科大学出版社，2011，第96~97页。

革的重点工作之一。

当然，全民医保改革的另一项重点任务就是推进医保付费改革，从而有效控制医药费用的上涨幅度。事实上，医疗机构的费用上涨幅度依然很高。从图 1 可以看出，在卫生部门所属的公立综合医院中，2010 年门诊次均费用和住院次均费用分别是 1990 年水平的 15.9 倍和 13.8 倍，而当年城乡居民年均收入分别仅为 1990 年的 12.7 倍和 8.6 倍。总而言之，医院医药费用的上涨幅度远远高于民众收入的上涨幅度。

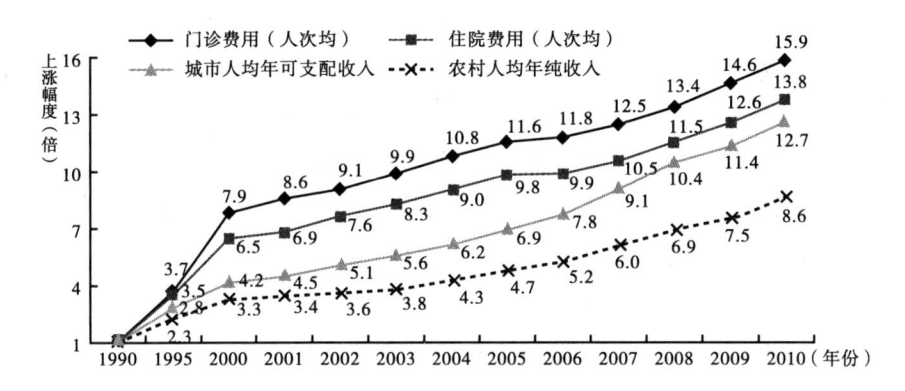

图 1　卫生部门综合医院平均医药费用的增长指数（1990～2010 年）

资料来源：《中国卫生统计年鉴》，2004，第 87 页；2006，第 105 页；2007，第 104 页；2010，第 98 页；2011，第 100 页。《中国统计年鉴》，2010，第 342 页。

在这样的情况下，医保付费改革是决定新医改能否成功的关键因素之一。这一点在两年前还停留在专家呼吁的阶段，但今天已经成为很多人尤其是医保主管部门的共识。自 2011 年初以来，主管城镇基本医疗保险的人力资源和社会保障部开始将医保付费改革当成重点工作之一，鼓励地方进行各种各样的试点。同一时期，主管新型农村合作医疗的卫生部，也将医保付费改革（尤其是按病种付费）视为促进医疗机构改革的重要抓手之一。目前在全国各地，无论是在城镇还是在农村，医保付费改革都开展得如火如荼。

但是，医保付费改革的艰巨性不可低估。事实上，在全国各地，医保付费改革基本上能到位的情形非常罕见，很多地方的医保付费改革甚至都没有上路。之所以出现这样的情形，有两类问题值得关注。

第一类问题是医保机构本身的问题，即各地的医保工作者关于新医保付费机制的知识有限，导致新付费机制在制度设计的细节上出现了很多问题，使新机制出现了变形，最终导致旧机制的回归。第二类问题超越了医保机构自身的职能范围，是其他方面的制度架构阻碍了医保付费改革的正常进行，我们一般称之为"政策不配套"。

新医保付费方式的共同特点是就所有参保者的医疗服务，制订各种各样的集团性支付方式，俗称"打包付费"。打包付费的核心运行原则在于超支自理、结余归己，其要害在于建立一种新的激励机制，令医疗机构自发地产生控制医药费用上涨的强大动力。但在各地的实践中，核心原则没有落实，全新机制没有形成，其症结在于具体的游戏规则中普遍含有"超支不完全自理、结余不完全归己"的条款，因此医疗机构还是缺乏控制医药费用上涨的内在激励。

尽管全国各地采用了不少新医保付费方法，但很多改革有欠专业性。尽管新的医保付费方式正在使用，但与国际同行的做法相比，这些做法只能说是变形的，其效果自然也大打折扣，不仅参保者体会不出医保改革的好处，即便是医保机构的工作人员也感到费力不讨好。这些变异版新付费机制的共同特征是，在原有的按项目付费制度中加上了各种各样控制费用的天花板，也就是各种各样的"帽子"，最终医保支付依然用按项目付费的老方式来结算。具体的体现就是医保机构始终忙于核查"实际费用"。

更何况，在推进医保付费改革的进程中，还有一些超越医保管理部门的体制障碍，而这些障碍在世界上的许多国家都不存在了，属于中国的国情。对于这些国情认识不清，自然难以有效地推进医保付费改革。这类问题的产生，主要是由于不同政府机构在新医改中的定位和职能不清，制约了医保付费改革的进程，其中最为紧迫的两个问题如下。

第一，市场化的医药购买机制与医药价格的行政管制相冲突。

目前，政府对绝大多数医疗服务项目和药品，实行行政定价制度。针对不同的医疗服务项目和药品，行政定价的权力由不同层级政府的物价管理部门所掌握。现行的行政定价制度，可以概括为"按项目定价"，以及对医疗服务、器械、耗材和药品一个个制定价格。

"按项目定价"与"按项目付费"是相适应的。所有的公立医疗机构和民营非营利性医疗机构在项目选择上固然有自主权，但是绝大多数项目（每一个药品也视为一个项目）的价格都必须执行政府确定的标准。民办营利性医疗机构固然可以自主定价，但是如果它们不执行政府定价，就不能成为医保定点机构。

但是，如果医保机构实行新的付费机制，即打包付费，这意味着只要在一定时期（一般是一年）医疗机构所服务的众多患者的平均费用没有超过打包付费的标准，就是合规的。但是，依照物价、卫生和医保部门的联合规定，医疗机构必须给每一个患者打印出账单，而且必须"按项目打印账单"（俗称"明细"）。这样一来，有些患者账单上的金额会超过付费金额，有些则没有超过。前一类患者自然欢天喜地地回家了，但后一类患者或许会大为不满。在这样的情况下，即便医保机构实行了全新的付费机制，医疗机构也不敢在成本控制上下足工夫。

因此，医保付费改革并不仅是医保管理部门的事情，也是众多政府机构共同的职责。尤其是物价管理部门，必须在推进医保付费改革上发挥积极的作用，最为核心的任务是以打包定价取代原来的按项目定价。

第二，谈判机制的非制度化，导致医保机构与医疗机构相互扯皮。

既然新医保付费机制就是"打包付费"，其付费标准（即俗称"打包价"）制定得合理与否也就至关重要了。由于经济发展水平、消费水平不一，全国各地的医疗服务平均费用也不一，因此新医保付费模式中的付费标准不可能全国一刀切。这意味着医保付费改革必定要经历一个地方化的过程。况且，医保机构与医疗机构之间是一种契约化的市场关系，而市场关系的建立离不开谈判机制的制度化，这是显而易见的道理。实际上，在任何国家和地区，医保付费方式的完善都是医保机构与医疗机构之间"重复博弈"的过程，至少需要经过两三年乃至更长的时间才能实现博弈的均衡，不可能在短期内一蹴而就。

总而言之，如果医保机构不在筹资和支付这两方面下工夫，"保基本"目标的实现就存在较大难度。

二　公立医院改革：在再行政化与去行政化之间摇摆？

医保改革固然有困难，但起码方向明确了。可是，医疗服务体系改革却依然处在方向未明的状态。医疗服务体系改革可分为两部分：其一是民营医院的发展，其二是公立医院的改革。

尽管政府制定了诸多鼓励"社会资本"进入医疗服务领域的文件，但是除了极个别地区，民营医院在全国范围内的发展并不顺畅。表2显示：从机构数量来看，公立医院自2004年以来就不足医院总数的一半了，但其床位和卫生技术人员的拥有率一直保持在相当高的水平上，多年来稳定在72%～80%这一区间。由于集中了大量医疗资源，尤其是在医疗服务中至关重要的人力资源，公立医院的服务能力同一般的民营医院相比自然要高出许多，因此公立医院在医疗服务市场上的占有率自然也就相当高。公立医院的业务收入占所有医院业务收入总额的比重，在2004年曾经高达98.5%。近年来尽管有所下降，在2009年下降到86.4%，但2010年，这一比重进一步回升到87.6%。

表2 公立医院的资源拥有率和市场占有率（2004～2010年）

单位：%

年份	机构数	床位数	卫生技术人员数	业务收入额
2004	49.7	73.6	79.4	98.5
2005	48.9	73.3	79.4	97.7
2006	46.4	72.8	78.8	96.3
2007	45.2	73.0	79.0	86.5
2008	45.4	74.6	79.6	86.7
2009	43.0	74.2	79.0	86.4
2010	41.5	74.4	79.5	87.6

资料来源：《中国卫生统计年鉴》，2005，第6、9、35、37、63～64、98页；2006，第6、9、37、62～63、100页；2007，第6、9、37、60～61、98页；2008，第10、35、66～67、92页；2009，第10、35、66～67、92页；2010，第10、36、68～69、94页；2011，第7、41、70～71、98～99、117、132页。

由此可见，民营医院尽管数量不少，但总体来说，其规模小、人才弱、收入少，在医疗服务市场中的地位自然也就无足轻重。尽管新医改方案已经明确要大力推动办医多元化，积极鼓励社会资本进入医疗服务领域的配套实施文件也已经颁布，但是在很多地方，还存在着各种阻碍民营医院设立及发展的种种"潜规则"，民营医院大多处于艰难的生存环境中，环绕其四周的道道"玻璃门"使它们举步维艰。只要这些"潜规则"没有被破除，公立医院在医疗服务领域占据主宰地位的格局在短期内就不会有质的改变。①

从另一个角度来看，公立医院在各地的医疗服务市场上占据主导甚至垄断地

---

① 详见顾昕《拆掉民营医院的"玻璃门"》，《中国卫生人才》2011年第4期（总第156期）。

位。因此，医疗服务体系改革的重点，在于公立医院的改革。如果公立医院的改革不顺利，那么整个医疗服务体系的健全也就成了一句空话。

可是，当今中国公立医院的组织和制度模式，处于一种"行政型市场化"或"行政性商业化"的状态。说其具有"市场化"或"商业化"的特征，是因为公立医院日常运营的主要收入来源是收费，在官方统计上被称为"业务收入"，政府投入占其总收入的比重不高。说其具有"行政型"的特征，是因为公立医院的"市场化"运行，方方面面都受到行政性协调机制的制约。①

公立医院的运营高度依赖于收费，这似乎具有了某种"市场化"的特征。世界银行的专家们就认为，"由于医院和医生收入的一大部分来自按项目收取的服务费用和药品加成出售后的利润，中国大多数公立医院在实际操作中更像是私立医院，公立医院的医生更像是独立的私人从业者"。②然而，如果因此认为中国的公立医院已经真正走上了市场化甚至民营化的道路，那就大错特错了。

中国公立医院的"市场化"，是受到行政化单位体制严重制约的"市场化"。简言之，这种"市场化"是一种伪市场化。③ 关键在于，在组织上，公立医院还是事业单位，均隶属于一个个庞大的行政型等级化体系，在资源配置、战略决策、人事管理、价格制定等方方面面都受到所属各级政府行政部门的影响甚至支配。多数公立医院在行政上隶属于卫生部门，还有少数公立医院在行政上属于教育部门和军队。此外，还有一些医院属于为数不多的国有企业，也常常被视为公立医院。无论隶属于哪一个行政体系，所有公立医院的运营固然受到市场力量的影响，但在更大程度上受到行政力量的左右。简言之，公立医院依然处在事业单位的组织和制度架构之中，而众所周知，事业单位是计划经济体制时期所形成的单位体制的重要组成部分。

单位体制的核心特征在于资源配置权力的行政化。用匈牙利经济学家科尔奈的话来说，官僚（科层）协调机制（Bureaucratic Coordination）在这一体制

---

① 参见顾昕《全国新医改进入关键阶段》，载汝信、陆学艺、李培林主编《2011年中国社会形势分析与预测》，社会科学文献出版社，2010，第81～82页。
② World Bank, *Fixing the Public Hospital System in China*. Washington, D. C.: The World Bank, 2010, p. xiii.
③ 周其仁：《病有所医当问谁》，北京大学出版社，2008，第9～13页。

中占据绝对主导地位。① 所谓"官僚协调机制",用中国话来说,就是"行政协调机制"。

然而,行政协调机制并没有在公立医院中产生应有的协调性。供方诱导需求(俗称"过度医疗",尤其是"过度用药")问题的大量涌现致使公立医院医药费用快速增长。如果公立医院的改革不落实,所有公立医院依然陷入行政协调的泥潭而无力自拔,那么整个医药卫生体制的改革就不可能成功。即便医疗保险的覆盖面大幅度拓展,即便政府对老百姓参加医疗保险的财政补贴大幅度增加,即便医保基金的支出水平也大幅度提高,但是如果医疗机构的管理水平不提高、医疗服务不改善、医药费用上涨幅度不受控,全民医保的积极成效很快就会遭到侵蚀。因此,公立医院改革尽管艰难,却刻不容缓。

然而,公立医院改革的步伐显得比较缓慢。2010年2月10日,《关于公立医院改革试点的指导意见》(卫医管发〔2010〕20号)(以下简称《指导意见》)公布。《指导意见》给出了9项公立医院改革的试点内容,国家医改办选定16个城市作为国家公立医院改革试点城市。从2010年春天开始,16个城市开始制定其公立医院改革试点的实施方案。按计划或常理,各个城市的公立医院改革试点实施方案应该在当年的年中或年末制定完毕,并且向全社会公布。但是,到2010年底,依然有若干城市的公立医院改革方案没有公布。有几个城市的试点方案其实已经制定出来,但由于种种原因依然没有获得最终的批准,因此也只能搁置在当地政府领导人的抽屉里。直到2011年夏天,试点城市的公立医院改革方案才陆陆续续全部出台。所有这些,都再次昭示了公立医院改革的艰难性。

公立医院改革的艰难性,归根结底缘于改革的思路并不明确。实际上,无论是就医药卫生体制的整体改革,还是就公立医院的局部改革而言,都存在着两种改革思路:一是再行政化,二是去行政化。

1. 再行政化

再行政化的思路,就是将目前公立医院所处的权力分散型的行政化体制,转变为权力集中型的行政化体制。从理论上,这一改革思路的完整体现是将公立医院中所有资源配置的权力均集中在卫生行政部门,具体而言至少包括以下五个方面。

---

① 〔匈牙利〕雅诺什·科尔奈:《社会主义体制:共产主义政治经济学》,中央编译出版社,2007,第83~102页。

第一，在组织关系上，卫生行政部门成为全行业的（行政）管理者，而各类医疗机构（包括大学附属医院、企业医院甚至理论上也包括军队医院）均同其原来的主办者脱离上下级隶属关系，转而纳入卫生行政部门的行政管理体系之中。

第二，在资金配置上，卫生行政部门对公立医院实行"收支两条线管理"，即公立医院将全部收入，无论是业务收入还是政府投入，都上缴其行政主管部门，然后行政主管部门对其下属公立医院的支出实施全额预算管理。

第三，在人力资源的配置上，卫生行政部门不仅负责公立医院管理者的任命，还要掌管公立医院的所有人员编制。

第四，在硬件和物资的配置上，卫生行政部门负责公立医院基础设施建设项目的审批、医疗设备的添置和耗材与药品的集中采购。

第五，医疗服务、耗材和药品的价格制定，都由卫生行政部门全权负责。

2. 去行政化

另一种改革思路则是依据"管办分开"的原则，推动去行政化，以彻底打破公立医院所处的行政等级体制，赋予公立医院真正的独立法人地位。因此，去行政化的另一种说法就是法人化。去行政化的改革思路，在制度选择中具体体现在以下五个方面。

第一，推进管办分开：建立专门的公立医院管理机构，行使政府办医职能，同时厘清卫生行政部门作为医疗卫生事业全行业监管者的职能。

第二，完善法人治理结构：公立医院建立并完善以理事会制度为核心的新型法人治理结构，赋予理事会战略管理的职能。

第三，建立政府购买服务的新机制：公共财政通过购买服务，促使公立医院行使社会职能（Social Functions），保持社会公益性。基本医疗服务（其中包括基本药物）可以通过公立医疗保险来购买，而其他特定的具有社会公益性的服务，可以通过各种特定的项目来购买。

第四，推进人事制度改革：在公立医院中全面推进全员劳动合同制，最终形成医疗人力资源市场化的全新格局，即医师成为自由职业者、院长成为职业经理人。

第五，推进价格管制改革：在维持医疗服务和药品零售价格最高限价管制的前提下，解除其他各种类型的价格管制，尤其是药品加成管制，让医保机构与医

疗机构建立新型的谈判机制,通过医保付费改革,以契约化的方式控制医药费用的快速增长。

具体到公立医院改革的两种改革思路,无论是国家的"新医改方案",还是国家的公立医院改革指导意见,都没有给出正面的、清晰的、完整的表述。但是,总体来说,公立医院法人化的改革思路在"新医改方案"中得到了充分的认可。然而,有所缺憾的是,国家医改方案在去行政化以及重新界定政府各部门的职能上,着力不深、着墨不浓。尤其值得注意的是,对于"管办分开"原则的意义及内涵,从来也没有明确的解释。由此,卫生行政部门究竟是医疗卫生事业全行业的"监管者"还是"管理者",这一字之差却没有在任何正式的政府文件中加以澄清,导致在认识上和实践中的混乱迟迟无法得到纠正。如果政府部门的职能都无法厘清,各地的改革进程在再行政化和去行政化之间摇摆自然是可以预知的。在某些其他重要环节上,再行政化和去行政化的两种思路也是并存的。

正是由于公立医院的整体改革思路未对去行政化的要素加以明确,各地公立医院改革的试点基本上是在再行政化和去行政化之间摇摆。几乎所有地方的公立医院改革试点方案,无论正式出台或公开发布与否,在某些方面推出了一些促进公立医院法人化的举措,而在另外一些方面则继续维持甚至强化已有的行政化体制和机制。总之,中央政府和各地政府在公立医院整体改革思路选择上的不明确,导致推进改革的努力支离破碎,而且在很多情形下左右互搏、自相矛盾、前后不一、相互抵消。

三 新医改政策执行的阶段性得失

2009年4月初发布的"新医改方案"确立了以推进全民医保为主线,到2020年建立覆盖城乡居民的基本医疗卫生制度的宏伟战略目标。同时,国务院确立了2009~2011年五项重点改革任务,即加快推进基本医疗保障制度建设、初步建立国家基本药物制度、健全基层医疗卫生服务体系、促进基本公共卫生服务逐步均等化、推进公立医院改革试点。在推进新医改的进程中,中央医改领导小组又提出了"保基本、强基层、建机制"的实施方针。时至今日,三年新医改已进入收官阶段。当然,医改是一个长期的过程,不可能在三年取得完满的结果。2009~2011年的新医改工作,只是阶段性的。在此,我们对新医改政策执行的阶段性得失，进行初步的小结。

1. "保基本"成果显著

基本医疗保障体系已经基本成形。覆盖面稳步拓展，筹资水平稳步提高，医保支付水平稳步提高，医保保障范围也逐步扩大。

在这一方面，未来的工作重心在巩固。其中，如何提高筹资水平并切实推进医保付费改革，是未来医保改革的重心。同时，在"保基本"方面如何突破医保碎片化的格局，亟待积极探索。其一是医保的城乡一体化，这不仅涉及人力资源和社会保障部与卫生部两部门的机构协调，也涉及城镇医保和新农合的制度协调问题。其二是医保统筹层次提高的问题，这不仅涉及医保基金抗风险能力的提升，而且也关涉到参保人异地就医的待遇保障问题。

2. "强基层"有失平衡

政府在硬件投入上的增长提升了基层医疗机构的服务能力，但是软件出现了问题，即由于推出一系列设计不当的政策，导致基层医疗机构的发展受到了限制。

"强基层"遭遇的首要挑战就是基本药物制度的设计不当。在全国范围内强行推行以"药品零差率"和"收支两条线"为核心内容的基本药物制度，导致基层医疗机构用药品种减少，基层医疗卫生技术人员的积极性受挫，诊疗人次和住院服务人次也有所下降。

同时，"基本药物制度"的实施，还对基本医疗保障体系的门诊统筹工作造成了障碍。由于"基本药物制度"大大限制了基层医疗机构的药品使用范围，医保甲类药品目录中大量安全、有效、价廉的"非基本"药品在基层医疗机构无法使用，门诊统筹中的慢性病管理和康复由于药品使用范围的限制而无法在基层落实，医保新付费机制的改革也由于"收支两条线"的实施而在基层失效。

3. "建机制"最为不显

在"保基本"和"强基层"方面出现的问题，实际上都与"建机制"的不彰有关。

首先，公立医院改革尚在去行政化和再行政化之间摇摆，"管办分开"和"政事分开"的原则难以推进；其次，多元化办医和社会资本进入医疗领域的进展十分缓慢；再次，由于整个事业单位人事制度改革迟缓，医疗领域的现行人事制度同时制约公立医疗机构的改革和民营医疗机构的发展；最后，医保付费改革的起步不稳，医保机构与医疗机构制度化的谈判机制尚未普遍建立，新医保付费机制的细节设计不当导致医疗机构行为扭曲的现象比比皆是，医保机构探索付费机制改革的积极性和能力也有待提高。

综上所述，新医改在过去近三年的工作重心在于增加政府投入，从而提升了基本医疗保障体系的保障能力和基层医疗机构的服务能力。然而，在"建机制"方面取得的实质性进展不多，阻碍了"保基本"的巩固和"强基层"的落实。

China's Healthcare Reforms Step into a New Stage

Gu Xin

Abstract: By the autumn of 2011, China's new healthcare reforms have demonstrated an unbalanced situation. The demand-side medical reforms which aim to establish the universal coverage of healthcare insurance have moved forward smoothly, while the supply-side reforms (especially public hospital reform) have been sluggish. The biggest challenge facing healthcare insurance is how to raise the reimbursement rate up to 70 percent of reimbursable expenses. To reach the goal, the financing level should be raised up, while comprehensive provider-payment reforms should be carried out so as to contain the soaring medical expenses. The difficulty of the supply-side reforms is twofold. On the one hand, private providers are underdeveloped due to many institutional barriers; on the other, the reform of public hospitals is fluctuating between de-bureaucratization and re-bureaucratization. Generally speaking, there has been some progress in establishing a basic healthcare security system. However, there are many aspects to be improved in order to form a new market-oriented mechanism in which healthcare insurance can purchase healthcare services.

Key Words: Universal Coverage of Healthcare Insurance; Provider-payment Reforms; Public Hospitals; De-bureaucratization; Re-bureaucratization

调查篇

Reports on Social Survey

B.8
2011年中国民生及城市化调查报告

中国社会科学院"中国社会状况综合调查"课题组

李炜 范雷 张丽萍 刁鹏飞 崔岩 执笔

摘 要：2011年，随着政府积极推进以保障和改善民生为重点的社会建设，人们的收入水平得到提升，生活质量稳步改善，生活压力有所缓解，社会保障覆盖面进一步扩大；但物价上涨、看病难看病贵和收入差距过大、贫富分化等依然是严重的社会问题，人们认为腐败问题的严重程度也明显加深。城市化进程的加快，深刻影响着今后中国社会的发展，但户籍等相关制度因素及城乡居民间的社会排斥心理，也阻碍着农村进城务工人员在城市的社会融入。而拓宽参与渠道和提高人们参与意愿，有助于增强公民社会责任感和提升信任度，从而化解社会矛盾及冲突。

关键词：民生 社会建设 城市化

"十二五"是全面建设小康社会的关键时期，也是深化改革开放、加快转变经济发展方式的攻坚时期。2011年是"十二五"的起始之年，加强和创新社会管理，加快推进以保障和改善民生为重点的社会建设，被提升到前所未有的战略高度。2011年也是中国城市化进程中一个特别值得关注的年度，城乡人口结构发生巨大变化，城镇居民的人口规模超过农村人口。近年来，高速的市场化和城镇化带动着大规模的人口流动，快速变动的社会结构、高度复杂化的利益结构和人民的多元化的要求，给新时期的社会管理和社会建设提出了严峻的挑战。

在这种宏观背景下，为了解当前在城市化进程中的民生状况和社会问题，中国社会科学院社会学研究所于2011年7~11月，开展了第三次"中国社会状况综合调查"（CSS2011）。此项全国抽样调查覆盖了全国28个省、市、自治区的100个县（市、区）和五大城市，在480个村（居委会）成功入户，访问了6468位年满18周岁的城乡居民。基于此次调查数据和"中国社会状况综合调查"[①] 2006年度、2008年度的调查资料，形成本研究报告。

一 城乡居民生活状况

（一）居民生活水平得到显著提升

1. 居民对生活水平改善的主观感受明显上升

调查结果显示，有75.3%的公众认为，生活水平较5年前有所上升。与"中国社会状况综合调查"2006年度、2008年度结果相比，可以看出6年来公众在经济方面的收益感持续增强。认为生活水平有所提升的公众比例，2011年度比2008年度高了近6个百分点，比2006年度高了近12个百分点。对未来5年生活水平提升有乐观预期的人也分别高了9.3个百分点和13.7个百分点（见表1）。

6年来数据分析表明，农村居民的收益感一直明显强于城镇居民。从图1可以

---

① "中国社会状况综合调查"是中国社会科学院社会学研究所主持的一项大型纵贯社会调查项目。调查每两年进行一次。第一次的调查时间为2006年4~8月，第二次为2008年5~9月。

表1 城乡居民对生活状况的评价（2006~2011年）

单位：%

项目	与5年前相比，您的生活水平是：			您感觉5年后您的生活水平将会：		
	2011年(N=6466)	2008年(N=7139)	2006年(N=7061)	2011年(N=6466)	2008年(N=7139)	2006年(N=7061)
上升很多	23.4	13.6	9.7	20.9	11.8	10.6
略有上升	51.9	55.8	53.7	46.7	46.5	43.3
没变化	16.9	17.7	22.1	12.9	17.3	17.0
略有下降	5.4	9.3	9.0	5.0	7.0	6.8
下降很多	2.2	3.1	4.9	1.1	1.7	2.7
不好说	0.3	0.5	0.6	13.4	15.7	19.6
总计	100.0	100.0	100.0	100.0	100.0	100.0

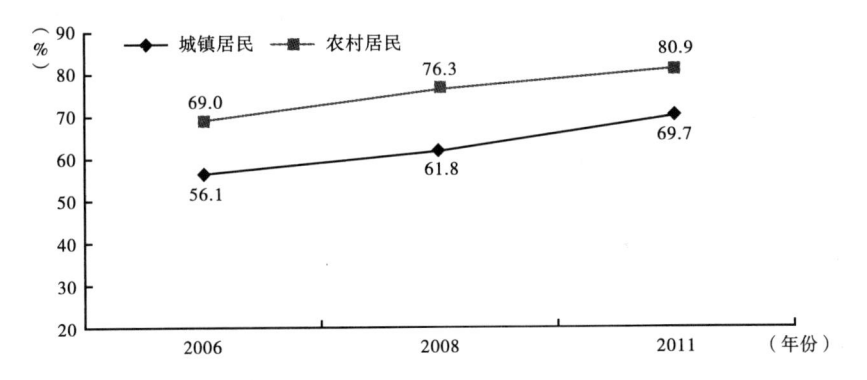

图1 城乡居民认为5年来生活水平有所上升的比例（2006~2011年）

看出，调查的三个年度中，农村居民认为生活水平有所上升的比例分别为 69.0%、76.3% 和 80.9%，分别高于城镇居民 12.9 个、14.5 个和 11.2 个百分点。这种趋势表明，近年来党和政府一系列保农、惠农、助农、富农的政策，持续有效，使得广大农村居民获得了切实的收益。

2. 居民生活的品质在不断提高

居民生活品质的提高首先表现在居住状况得到较大的改善。调查数据表明，92.7%的城乡家庭都拥有自己的住房①，有14.8%的居民还拥有2套及以上的住

---

① 这里的自有住房是指受访者本人及家庭成员名下的自有产权或部分自有产权的住房。包括自建住房、购买的商品房、保障房、房改房、小产权房等。和2008年的调查相比，长期承租政府、单位分配的住房的未包括在内，因此自有住房的比例略低于2008年。另外，由于我们采用的是入户调查，可能会遗漏居住在宿舍、工棚等机构设施中的家庭，从而会高估自有住房的比例。

房。以第一套住房计算,家庭人均住房面积平均在30~40平方米之间。居民对第一套房产的自我估值平均为28.8万元/户,其中城镇居民房产的自我估值平均为46.5万元/户,农村居民的房产自我估值平均为11.78万元/户。

从家庭耐用消费品拥有率的年度比较上,也可以看出居民生活质量的提高。如电视机的家庭拥有率由2008年的93.9%上升到2011年的97.4%,增幅虽然不大,但户均拥有彩电的数量和档次均有明显提升。2008年的调查中,有18.6%的家庭拥有2台以上的电视,而在2011年的调查中,这一比例上升到了27.9%。还有17.1%的家庭拥有等离子或液晶电视机。冰箱的家庭拥有率由54.3%上升到70.7%,洗衣机的拥有率由65.3%上升到73.3%,电脑的拥有率由25%增加至近40%(见图2)。耐用消费品拥有率和档次的提升,反映了城市化过程中居民居住条件和生活水平的改善、提高。

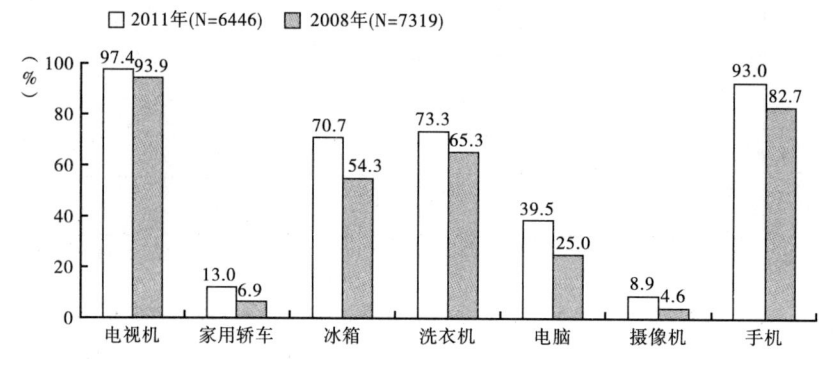

图2 城乡居民家庭耐用消费品拥有率(2008年,2011年)

3. 居民生活压力有所缓解,但仍面临物价上涨、收入过低、医疗支出大等生活困难

通过对居民生活压力的测量也可以看出,与2008年度、2006年度相比,2011年城乡居民面临的生活压力也有不同程度的下降。虽然仍有近70%的公众感受到"物价上涨,影响生活水平"的压力,但比例比2008年下降了10.1个百分点;认为"家庭收入低,日常生活困难"的公众的比例比2008年下降了8.6个百分点;住房方面有压力的家庭的占比降低了10.8个百分点;医疗支出大,难以承受的家庭的比例下降了8.2个百分点;家人无业、失业或工作不稳定的比例下降最多,有17.1个百分点(见表2)。这些涉及居民日常生活方面的民生困境得到明显缓解，充分说明了近年来党和政府改善民生的社会政策成效显著。

表2　城乡居民家庭面临的生活压力（2006年，2008年，2011年）

单位：%

项　目	2011年(N=6462)	2008年(N=7139)	2006年(N=7061)
物价上涨，影响生活水平	69.8	79.9	—
家庭收入低，日常生活困难	41.3	49.9	51.3
住房条件差，建/买不起住房	36.4	47.2	45.0
医疗支出大，难以承受	28.7	36.9	45.5
社会风气不好，担心被欺骗和家人学坏	24.1	27.1	23.3
家人无业、失业或工作不稳定	21.3	38.4	30.0
家庭人情支出大，难以承受	21.1	32.0	34.8
子女教育费用高，难以承受	19.0	26.8	34.0
社会治安不好，常常担惊受怕	17.9	25.1	24.5
赡养老人负担过重	9.3	18.8	22.3

但同时也要看到，城乡居民还面临着不同的生活困难。对城镇居民而言，"物价上涨，影响生活水平"是他们最为困扰的问题（73.0%），高出农村居民7个百分点；在农村居民中有47.2%的家庭存在着"家庭收入低，日常生活困难"的现象，高出城镇居民12个百分点；看病难、看病贵的问题在农村居民中也较为突出，有32.2%的家庭认为"医疗支出大，难以承受"，比城镇居民高出7个百分点。

（二）社会保障覆盖面持续扩大

1. 养老保险尤其是农村养老保险覆盖率提高

近若干年来，我国社会保障的制度建设坚持在"广覆盖、保基本、多层次、可持续"的方针基础上迅速发展，基本形成了覆盖城乡居民的社会保障体系框架。从2011年度的调查结果看，目前有38.5%的被访者享有养老保障，其中城镇居民享有养老保障的比例为51.6%，农村居民享有养老保险的比例为25.9%（见表3）。

表3 城乡居民养老保险覆盖情况（2008年，2011年）

单位：%

地区	2011年		2008年	
	享有率	样本规模	享有率	样本规模
全体	38.5	6468	24.0	7014
城镇	51.6	3235	41.0	3285
农村	25.9	3233	9.0	3729

养老保险的覆盖率尤其是农村养老保险覆盖率近年来逐渐上升。2011年7月，按照国务院的总体部署，第三批扩大新农保试点和首批城镇居民养老保险试点工作启动。截至9月底，国家新型农村和城镇居民社会养老保险试点参保人数达1.99亿，其中领取待遇人数5465.32万。加上地方自行试点，总参保人数达到2.35亿，领取待遇人数6694.11万。[①] 从调查数据看，农村养老保险的覆盖率五年来大幅提高，从2006年的6.3%提高到2011年的超过1/4（见图3）。

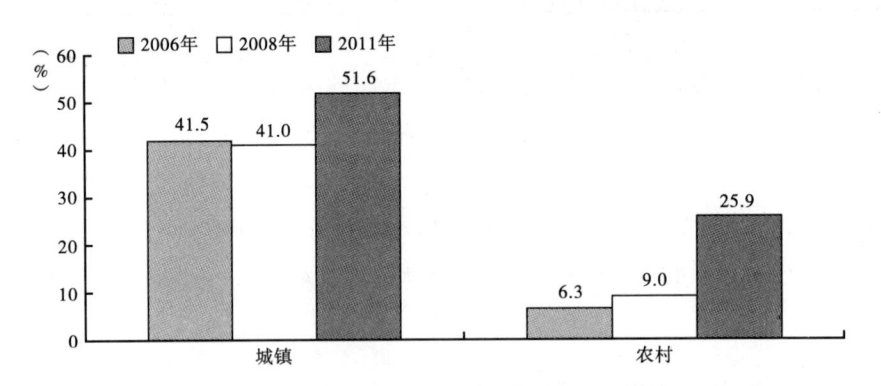

图3 城乡居民养老覆盖率比较（2006年，2008年，2011年）

2. 医疗保险覆盖范围进一步拓展

近几年来，我国医疗保障体系覆盖面以前所未有的速度快速扩展，已经基本实现了全民覆盖的制度建设。从本次调查来看，城镇居民享有医疗保险的比例从

---

① http：//www.china.com.cn/zhibo/2011 - 10/25/content_ 23680367.htm.

2008年的58.9%提高到2011年的81.5%；农村居民享有医疗保险的比例也从84.2%提高到90.2%。

城镇职工基本医疗保险、城镇居民基本医疗保障、新型农村合作医疗保险三条保障线，从制度上实现了城乡居民的全覆盖。在享有医疗保险的被访者中，居住在城镇的被访者参加城镇职工基本医疗保险、城镇居民基本医疗保险、公费医疗、新农合的比例分别是37%、22.5%、7.4%和33.1%；居住在农村的被访者享有以上保险的比例分别是3.2%、2.1%、0.9和93.7%（见图4）。

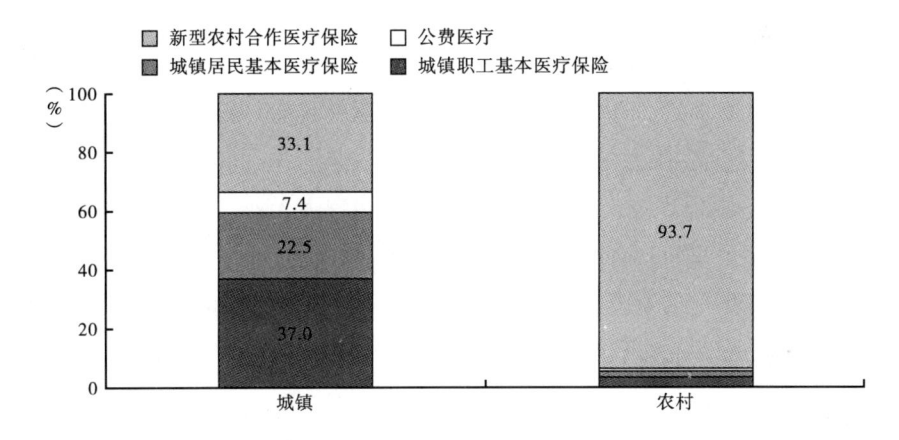

图4　分城乡不同类型医疗保险享有情况（2011年）

3. 失业保险和工伤保险的覆盖面仍需进一步提高

调查结果显示，失业保险覆盖面扩大有限。在2006年和2008年的中国社会状况综合调查中，18~60岁非农户籍被访者参加失业保险的比例分别是10.8%和17.5%，而2011年这一比例为19.1%，比2008年仅增长了不到2个百分点。

从20世纪90年代中期至今，我国下岗失业的总人数增加，城镇登记失业人数急剧攀升，2009年起已经超过900万人，登记失业率也在4%以上。根据2011年的调查数据，在18~60岁的城镇失业者中，参加养老保险的占33.3%，参加医疗保险的占69.6%，享有城镇最低生活保障的占5.7%，而参加失业保险的仅占2.4%。这说明有相当部分的失业人员得不到失业保险的救助。

调查数据表明，2011年度18～60岁城镇就业者参加工伤保险的仅占19.2%，和2008年的14.3%相比，提升幅度也不明显。

（三）就业压力得到一定缓解，非正规就业者劳动权益保障值得高度重视

1. 企业改制造成的失业现象明显减少，青年就业难问题逐渐突出

就目前情况看，就业压力得到一定程度缓解。首先，就业失业问题在所有社会问题中的严重程度有所下降。在2006年中国社会状况综合调查（CSS2006）中，就业失业问题的严重程度在所列社会问题中排名第2位，有32.5%的人选择此项；2008年则排名第4位，有26.0%的人选择此项；而其在2011年排名第5位，有24.2%的人选择此项。其次，就业失业问题作为人们家庭日常生活主要压力来源的普遍程度有所下降。在2006年中国社会状况综合调查（CSS2006）中，32.3%的家庭面临因家人无业、失业或工作不稳定造成的生活压力，2008年这一比例上升到40.1%，而2011年这一比例则下降到21.3%。2011年中国社会状况综合调查（CSS2011）的数据显示，目前城镇经济活动人口中，没有工作但能工作且在找工作的城镇常住人口占5.9%。

值得关注的是，失业人群特征正在出现新的变化：20世纪90年代中期以来，因企业破产、改制等造成的下岗失业问题趋于缓和，而近年来青年学生毕业后的就业难问题逐渐突出。

第一，就失业原因看，因单位原因（如破产、改制、下岗/内退/买断工龄、辞退等）失业的比例下降，而因毕业后没有工作而失业的比例上升。2011年中国社会状况综合调查（CSS2011）的数据显示，在失业人群中，因单位原因失业的占14.8%，而2008年的这一比例为36.4%；2011年因毕业后未工作而失业的占17.5%，而2008年的这一比例为9.1%（见表4）。

第二，就失业群体的年龄分布看，30岁以下人群的比例有所上升，而40岁及以上人群的比例有所下降。数据显示，失业群体中，30岁以下人群占38.2%，而2008年的这一比例为32.6%；2011年失业群体中，40岁及以上人群占34.0%，而2008年的这一比例为38.9%。

第三，就失业群体的学历构成看，高中及以上学历人群的比例上升，而初中

表 4　失业群体的失业原因

单位：%

项　目	2008 年 （N=261）	2011 年 （N=106）
已离/退休	3.6	3.6
毕业后未工作	9.1	17.5
料理家务	14.2	13.9
因单位原因（如破产、改制、下岗/内退/买断工龄、辞退等）失去原工作	36.4	14.8
因本人原因（如家务、健康、辞职等）离开原工作	20.1	27.8
承包土地被征用	1.8	1.9
其他	14.8	20.3
合　计	100.0	100.0

及以下学历人群的比例下降。2011 年调查的失业群体中，初中及以下学历人群占 56.7%，而 2008 年的这一比例为 66.2%；2011 年失业群体中，高中及以上学历人群占 43.3%，而 2008 年的这一比例为 33.8%。单就失业群体中大专及以上学历人群所占比例看，2008 年为 7.5%，而 2011 年为 12.3%。

第四，伴随着下岗失业问题缓和青年就业难问题突出，就失业时间看，长期失业人口的比例下降，而短期失业人口的比例上升。2011 年中国社会状况综合调查（CSS2011）数据显示，失业群体中，失业时间在半年及以下的占 34.1%，半年到一年的占 12.3%，而一年及以上的占 53.6%；而在 2008 年的调查中，失业时间在半年及以下的占 24.5%，半年到一年的占 5.9%，而一年及以上的占 69.7%。因此，从今后再就业工作的角度看，一方面，因长期失业导致失业者就业能力减弱而产生的再就业培训需求会保持稳定；另一方面，因短期失业导致的失业者对再就业信息、再就业指导等再就业服务需求会有所上升。

2. 劳动者权益保障稳步提高，非正规就业亟待法律保护

从企业职工签订劳动合同情况看，目前在各类企业职工中，签订劳动合同的比例在 60% 左右。其中，签订固定期合同的比例约为 41.1%，签订无固定期合同的比例约为 13.8%。比较而言，国有及国有控股企业和三资企业职工签订劳动合同的比例较高，且与 2008 年相比，签订无固定期限劳动合同的比例上升幅度较大；集体企业职工签订劳动合同的比例上升较快；而私营企业职工签订劳动合同的比例有待提高（见表 5）。

表5 各类企业职工签订劳动合同情况

单位：%

劳动合同类型	国有及国有控股企业		集体企业		私营企业		三资企业		合计	
	2008年(N=248)	2011年(N=235)	2008年(N=69)	2011年(N=40)	2008年(N=851)	2011年(N=697)	2008年(N=115)	2011年(N=41)	2008年(N=1283)	2011年(N=1013)
固定期限合同	66.2	56.3	46.0	53.7	35.4	34.0	82.8	62.8	46.5	41.1
无固定期限合同	18.8	25.9	10.5	13.1	7.9	9.3	3.2	23.4	9.8	13.8
试用期合同	0.0	1.7	0.0	2.9	0.1	0.8	0.0	4.6	0.1	1.3
其他	1.1	0.0	0.0	5.2	0.0	0.2	0.0	0.0	0.2	0.3
没有签	12.9	16.0	42.9	25.1	56.1	54.9	14.2	9.2	43.0	42.9
不清楚	0.9	0.0	0.0	0.0	0.4	0.8	0.0	0.0	0.4	0.5
合计	100.0	100.0	100.0	100.0	100.0	100.0	100.0	100.0	100.0	100.0

从企业职工享有社会保障情况看，目前在各类企业职工中，57.9%的人享有养老保险，84.5%的人享有医疗保险，35.4%的人享有工伤保险，31.3%的人享有失业保险，19.9%的人享有生育保险。与2008年相比，各类企业职工享有社会保障的比例总体上有不同程度的提高（见表6）。

表6 各类企业职工享有社会保障情况

单位：%

社会保险	国有及国有控股企业		集体企业		私营企业		三资企业		合计	
	2008年(N=248)	2011年(N=235)	2008年(N=69)	2011年(N=40)	2008年(N=851)	2011年(N=697)	2008年(N=115)	2011年(N=41)	2008年(N=1283)	2011年(N=1013)
养老保险	80.2	78.3	62.2	70.8	33.4	48.8	58.5	88.4	46.3	57.9
医疗保险	87.3	93.9	87.0	88.5	67.5	80.3	72.3	100.0	72.8	84.5
失业保险	58.1	52.3	28.3	40.2	12.1	21.5	35.6	72.7	24.0	31.3
工伤保险	48.5	56.2	36.2	39.8	23.7	26.7	49.2	65.7	31.4	35.4
生育保险	25.1	29.4	11.5	21.0	4.0	15.3	17.5	45.4	9.7	19.9

非正规就业规模呈现增长态势。2008年中国社会状况综合调查（CSS2008）显示，被调查者中非正规就业数量占全部非农就业人数的49.8%，而2011年这

一比例上升到60.4%。其中，在非正规单位就业的比例，2008年为51.0%，而2011年上升到67.1%；在正规单位就业但未签订劳动合同的比例，2008年为49.0%，而2011年下降到32.9%。从非正规就业群体的构成看，27.9%的是城镇户籍人口，而72.1%的是农村外来务工人员。随着正规单位的劳动用工行为逐渐规范，非正规单位就业在非正规就业者中所占比例大幅上升。

除了缺乏劳动合同保障外，非正规就业群体与正规就业群体在享有社会保障情况方面也差异明显。就社会养老保险看，正规就业人群享有养老保险的比例为76.5%，而非正规单位就业人群为29.3%，正规单位无劳动合同就业人群为34%。但在失业、工伤、生育等社会保险方面，正规就业人群的享有比例均较高，而非正规就业人群则极低（见表7）。

表7 不同就业类型人员享有社会保障情况

单位：%

项　　目	正规就业 （N=1087）	非正规单位就业 （N=1120）	正规单位无劳动合同就业 （N=551）
养老保险	76.5	29.3	34.0
医疗保险	91.6	80.7	79.0
失业保险	45.6	2.2	5.4
工伤保险	46.1	2.6	10.7
生育保险	27.6	1.2	4.2

因此，从目前情况来看，虽然非正规就业提供了大量就业机会，缓解了社会就业压力，但非正规就业群体缺乏必要的制度性保护也是不争的事实。一方面，其劳动者权益得不到保护，非正规就业中的劳动关系因缺乏明确的法律规定，而处于社会政府部门的服务与监管范围之外；另一方面，一些用工单位以非正规就业形式用工，逃避其为职工缴纳社会保险费的义务，致使该群体无法参与到社会保障体系中。随着非正规就业规模的日益扩大，规范非正规就业的劳动关系已成为当务之急。

二　城市化问题分析

改革开放以来，随着政策引导和市场对资源配置作用的逐步增强，中国的城

市化进程明显加快。据国家统计局2010年第六次全国人口普查主要数据公报，目前中国城镇人口比重为49.68%。以目前的人口城市化速度，2011年城镇居民的比例将超过农村居民，这标志着中国数千年来以农村人口为主的城乡人口结构发生了逆转，可以说是中国现代化进程中的一件大事。但另一方面，目前中国的城市化也存在着地方政府过度干预下的"行政城市化"、城市高速扩张下的"房地产城市化"、农村劳动力进入城市流动务工的"隐性超城市化"和农村居民在城市居住却无法享受市民待遇的"半城市化"等问题。因此，在肯定目前城市化进程取得初步成效的同时，清醒认识目前城市化进程中存在的各类复杂现象是十分必要的。

（一）非农就业已成为主流，户籍制度改革滞后导致的半城市化现象突出

1. 近三成农业户籍人口已居住在城镇，非农就业人口超过务农人口

调查结果显示，伴随着近年来的城市扩张和农村人口大规模向城镇流动，目前18岁以上的人口中，有19.7%的是具有农村户籍但居住在城镇的人口，这一数量相当于近三成（29.7%）的农业户籍人口数，或近四成（39.4%）的目前城镇常住居民的数量（见表8）。这一结果表明了城镇化过程对农业人口的巨大吸引力。

表8　城乡居民的户籍分布

单位：%，人

户　　籍	居于城镇 （N=3228）	居于农村 （N=3230）	总计	总人口
农业户口	19.7	46.6	66.3	4285
非农业户口	30.2	3.4	33.7	2173
总　　计	50.0	50.0	100.0	6458

城市化的基点是职业的非农化。农村人口大量转化为城镇人口，获得非农劳动经营领域中的收益是主要驱动因素。从当前在业人口的职业分布来看，目前职业人群中非农就业者的比例已高出农业劳动者。完全从事非农工作的在业人口比例为46.6%，完全从事农业劳动的在业人员占40%，兼务农业和非农职

业的人员占13.4%。农业户籍的在业人口中，纯粹务农者的比例已经下降到39%，有近1/3的农业户籍者已不再从事农业劳动，已转换为非农就业人口（见表9）。

表9 在业人员中的户籍分布

单位：%，人

户籍	只从事非农工作 （N=2161）	以非农为主业 （N=369）	以农业为主业 （N=251）	只从事农业劳动 （N=1852）	总计	总人口
农业户口	20.3	7.4	5.3	39.0	72.0	3333
非农业户口	26.4	0.5	0.1	1.0	28.0	1299
总计	46.6	8.0	5.4	40.0	100.0	4632

2. 半城市化人口面临着劳动保障和社会保障覆盖不足等困境

虽然城市化取得了飞速的发展，但也要看到，工作和居住在城市中的农业户籍者大多处于"半城市化"状态，即成为城市中的非农就业人口或常住人口，但难以像本地的非农户口居民那样分享到城市化带来的城镇居民的社会待遇。调查结果显示，半城市化人口享受各类社会保障的比例明显低于全城市化人口。[①]如表10所示，就养老保险而言，全城市化人口的享有率为63.1%，而半城市化人口仅为30.2%，还不足前者的一半；其医疗保险享有率似乎和全城市化人口相差不大，但其中81.1%的人享有的是"新农合"，享受城镇职工医保和城镇居民基本医保的仅占17.6%，而在全城市化人口中享有上述两项医保的比例合计为81.2%。半城市化人口中大多数人工作和居住在非户籍所在地的城镇，即便是参加了"新农合"，在享受医疗保障方面既靠不上城镇，也靠不上农村。其余在失业保险、工伤保险、生育保险等方面的待遇享有，也和全城市化人口相去甚远。在业人口中的半城市化人口，在劳动权益保障方面也远落后于全城市化人口，劳动合同签约率为37.9%，而前者为75%[②]。

---

① 在调查中我们把工作和居住在城镇中的农业户籍者称为"半城市化人口"，把非农户口且居住在城镇的人口称为"全城市化人口"，把农业户籍且居住在农村的居民称为"农村人口"。

② 劳动合同签约率以受雇人员为基数。在表10中全城市化人口中受雇人员N=881，半城市化人口受雇人员N=362。

表10 城市化程度不同的人口在社会保障和劳动保障方面的享有率比较

单位：%

社会和劳动保障	全城市化人口 （N=1811）	半城市化人口 （N=1097）	农村人口 （N=3189）
养老保险	63.1	30.2	25.6
医疗保险	81.2	79.1	89.9
失业保险	22.7	4.8	1.9
工伤保险	21.0	7.9	3.3
生育保险	21.0	7.9	3.3
劳动合同签约率	75.0	37.9	—

进一步分析农村劳动力全家迁往城镇的情况，我们可以看到，在有家庭成员进城务工的农村劳动力家庭中，全家均迁移到城镇居住的占39.8%，而部分家庭成员在城镇居住的占60.2%。也就是说，有超出60%的农村外出务工劳动力面临着家庭成员分离的痛苦。而在全家均迁移到城镇居住的农村外出务工劳动力家庭中，还存在着家庭成员在不同城镇务工居住的情况，因此存在家庭分割现象的农村劳动力家庭应在60%以上。居住地因素是目前城市化进程不稳定的主要原因，以家庭成员分离为代价的农村劳动力个人向城镇的流动，无法维持实质意义上的城市化。以部分农村劳动力流入替代另一部分农村劳动力的回流，在总体上保持了城市化率的增长，但对于务工农村劳动力而言，他们只是参与了城市化建设，而未能分享城市化成果。而就业因素则突出了目前中国城市化进程的初级、快速、高流动性特点。

（二）城乡居民之间存在着比较显著的社会距离，部分外来人口不能完全实现社会融入

在城市化高速发展的过程中，城市中的农村外来务工人员的数量不断增加。一方面，农民工在城市里打工解决了城市中劳动力短缺的问题；而另一方面，农民工对城市有限的公共资源的使用引起部分城市居民的不满，由此产生了对农村外来务工人员的排斥。调查显示，在很多问题上，城市居民和农村居民的态度有着一定的分歧，而这种分歧正反映出这两个利益群体在社会心理上的差异。

1. 部分城市居民对农村外来务工人员仍然存在一定的社会排斥心理

首先，就全国范围而言，在农民工进城就业问题上，61.45%的城市居民

认为，农村外来务工者只要愿意就可以来，不应对其有任何限制。另有 29.04% 的城里人认为，只有在有足够工作机会的时候，才能允许农村外来人口在城里工作。当然，也有 8.79% 的城市居民认为，要严格控制流入城市的农村外来务工人员的数量；还有 0.72% 的城市受访者认为，不应当允许农村外来务工人员在城市工作。较之城市受访者，75.56% 的农村人认为，不应对进城谋求工作的农村务工者有任何限制，只有 22.10% 的农村受访者认为，应当把是否有足够工作机会作为是否允许农村外来人口在城里工作的前提条件（见图5）。

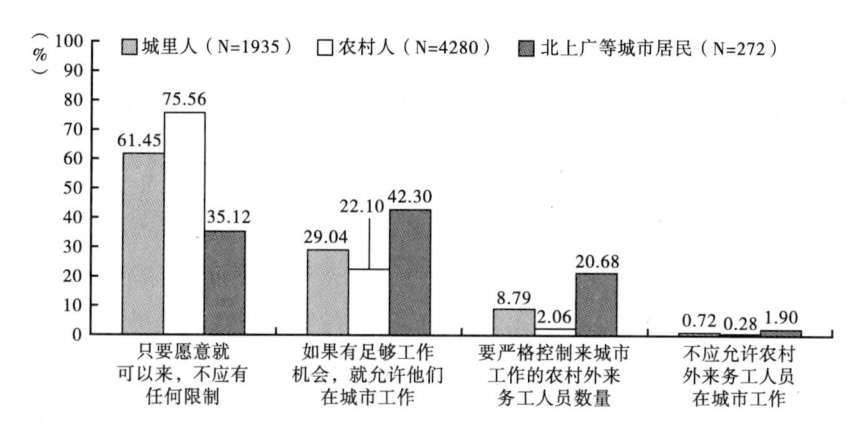

图5 对农村外来务工人员在城市工作的态度

当我们进一步分析流动人口比重较大的地区，例如北京、上海、广州、深圳、汕头，不难发现，这些地区的城市居民和全国其他地区的居民在社会心态上，尤其是在对待农村外来务工人员的态度上，存在着显著的差异。在上述五城市，仅有约 35% 的城市居民认为，不应对农村外来务工者到城市工作有任何限制；高达 42.30% 的城市居民认为，在谈论是否允许农村人进城务工这一问题时，应当考虑到城市有限的就业资源，并应把是否有足够的工作岗位作为是不是可以让农村人进城务工的先决条件之一；还有 20.68% 的城市居民认为，要严格控制城市里的农村外来务工人员的数量。

由此可见，因为我国经济发展不平衡，大量农村外来人口不断涌入较为发达的大城市。一方面，"大城市人"和"农村人"频繁的日常接触加强了"大城市人"心理上的优越感，并在一定程度上转化为对农村人的社会排斥心理；另一方面，在低端劳动力市场，农村外来务工人员与大城市居民在就业上形成了竞争关系，从而使得部分利益受到影响的大城市居民对农民工进城务工产生了比较严重的抵触情绪，对整个农民工群体形成了比较强烈的心理排斥。

其次，对于是否允许农村外来务工人员在城里购房这一问题，从全国范围来看，城里人和农村人的看法也存在着一定的差异。调查显示，72.73%的城里人认为不应限制农村务工人员在城里购房；而持这一态度的农村人则比城里人高出近10%，达到81.18%。20.82%的城里人把有固定工作作为允许农民工在城里购房的前提条件，更有5.89%的城里人认为，要严格控制农民工在城里购房（见图6）。

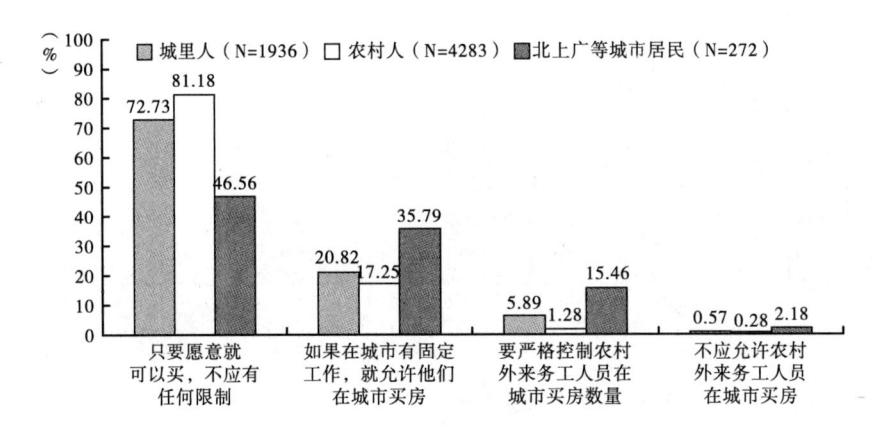

图6 对农村外来务工人员在城市购买住房的态度

当我们对北京、上海、广州、深圳、汕头的城市居民进行分析时，调查数据显示，有35.79%的城市受访者认为，只应当允许在城里有固定工作的农村外来务工者在城里购房；还有15.46%和2.18%的城市居民分别认为，要严格控制，甚至不允许农民工在城里购房。这一结果说明，对于是否可以让农民工在城市买房这个问题，大城市居民，较之中小城市的居民，表现出更为不宽容的态度，从而反映出更为强烈的社会排斥心理。

对于是否允许农村外来务工人员的子女在城里上公立中小学这一问题，从全国范围来说，城里人和农村人的态度基本一致，82.90%的城里人和87.75%的农村人均认为不应限制外来务工人员子女在城里上公立学校；另外有12.86%的城里人和10.17%的农村人认为可以允许农村外来务工人员子女在城里上公立中小学，但要对其家庭条件作一些限制。由此可见，大多数城里人对于农民工子女的教育问题还是抱着比较宽容的态度。不过，仍然有3.51%的城里人认为，只应当允许农村外来人员的子女到务工子弟学校上学，更有0.72%的城里人比较极端地认为，不应当允许农村外来人员的子女到城里学校上学。这种社会排斥心态在北京、上海、广州、深圳、汕头等流动人口较多的大城市居民中更为普遍。有22.94%的大城市居民认为，要对在城市公立学校上学的农民工子女的家庭条件有所限制；更有近10%的大城市居民认为，农民工的子女只应当到务工子弟学校上学，抑或留在原籍的农村上学，不要到城市里来挤占城里人的教育资源（见图7）。

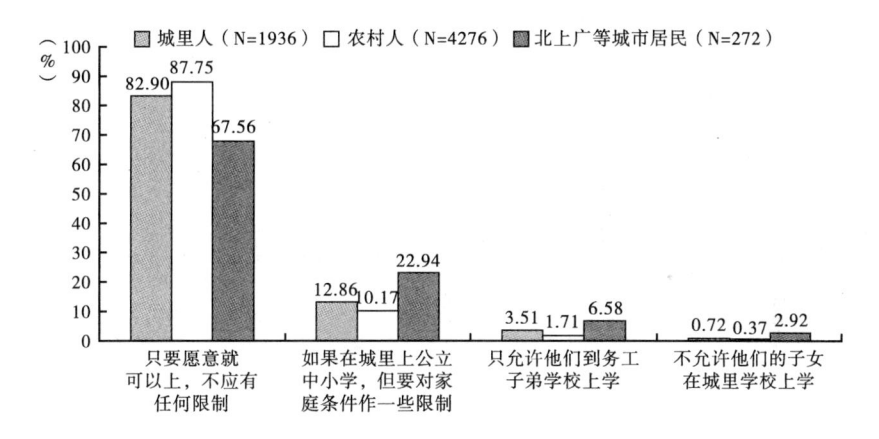

图7 对农村外来务工人员子女在城市上公立中小学的态度

2. 城乡居民之间存在着比较显著的社会距离

调查数据也显示，尽管身份上的城乡差异对居民浅层次的交往没有太大影响，但是在深层次的交往中，城乡居民之间还是存在着比较显著的社会距离。

在调查中，我们分别询问了城市居民之间、农村居民之间，以及城乡居民之间的交往意愿，其中包括是否愿意与对方一起聊天、一起工作、成为邻居、成为亲密朋友、结为亲家。这些活动背后体现出的是社会距离的远近。调查结果表明，有93.60%的城市受访者表示愿意与其他城里人一起聊天，有92.83%的城市受访者表示愿意与农村人一起聊天；94.38%的城市受访者表示愿意与其他城里人一起工作，89.31%的城市受访者表示愿意和农村人一起工作。城里人表示愿意与其他城里人或者农村人成为邻居或者亲密朋友的比例也基本没有太大差异。平均来说，只有8%左右的城市受访者表示不愿意与农村人有上述交往。由此可见，在一般层次的交往中，城里人对于交往对象的城乡身份没有太多区分。然而，当问到是否愿意与农村人结为姻亲，只有71.09%的城里人表示愿意与农村人结为亲家，近20%的城市居民表示不愿意与农村人成为亲家，还有10.84%的受访者表示不好说。（见表11）

表11 城乡居民的社会距离测量

单位：%

选项	作为城里人，您是否愿意与城里人有下列交往（N=1938）			选项	作为城里人，您是否愿意与农村人有下列交往（N=1938）		
	愿意	不愿意	不好说		愿意	不愿意	不好说
聊天	93.60	4.59	1.81	聊天	92.83	5.83	1.34
一起工作	94.38	3.61	2.01	一起工作	89.31	8.11	2.58
成为邻居	94.94	3.51	1.55	成为邻居	88.70	8.77	2.53
成为亲密朋友	91.94	4.86	3.20	成为亲密朋友	87.40	8.99	3.62
结成亲家	87.20	3.82	8.98	结成亲家	71.09	18.07	10.84
选项	作为农村人，您是否愿意与城里人有下列交往（N=4290）			选项	作为农村人，您是否愿意与农村人有下列交往（N=4290）		
	愿意	不愿意	不好说		愿意	不愿意	不好说
聊天	72.93	22.76	4.31	聊天	97.16	2.38	0.47
一起工作	74.40	19.84	5.76	一起工作	95.90	2.98	1.12
成为邻居	74.36	20.07	5.58	成为邻居	97.96	1.61	0.63
成为亲密朋友	73.76	19.85	6.39	成为亲密朋友	96.74	2.17	1.10
结成亲家	68.07	19.81	12.12	结成亲家	88.46	5.24	6.29

说明：表中"愿意"包括"很愿意"和"比较愿意"两种回答；"不愿意"包括"不太愿意"和"很不愿意"两种回答。

由此可见，尽管大多数城市居民在日常交往中已经不再有因为城乡身份差异而造成的社会交往偏好，但是，当涉及建立深层次的社会关系，例如结为姻亲时，还是只有不到3/4的城市居民能够接纳农村人作为自己的家庭成员。可以看出，在城市化进程中，虽然城市居民对农村居民的群体偏见有所消除，与农村居民的互动不再为原有城市身份带来的优越感所阻碍，但从主观而言，一定程度的社会歧视仍然存在，社会距离仍然有待缩小。

调查数据还显示,当以农村人为受访者时,有相当一部分农村人会因为交往对象的城乡身份差异而产生交往偏好。具体而言,在农村受访者中,愿意与其他农村人聊天、一起工作、成为邻居、成为亲密朋友、结为亲家的比例比愿意和城里人有上述交往的比例平均高出约20%。这说明,有相当数量的农村居民对城市居民有一定的心理距离。

3. 部分外来人口对于流入地缺乏归属感,不能完全实现社会融入

城市化过程不仅意味着对城市空间的改造升级,更意味着城市居民心理上的城市化。对于流动人口来说,对流入地的文化的认同感和身份上的归属感,在一定程度上体现出这一群体心理上的社会融入程度。而流动人口是否能够实现社会融入,应该成为我们衡量城市化的重要指标之一。

为了了解外来人口在心理层面的归属感,我们询问了受访者"您认为您是属于本地人还是外地人"这一问题。调查数据显示,在没有当地户口的受访者中,50.4%的受访者认为自己是外地人,47.8%的受访者认为自己是本地人。

结合受访者在现居住地(本县、市、区)的居住时间,数据显示,在当地居住五年以内的没有当地户籍的受访者中,36.71%的人已经认同自己属于本地人,而61.6%的认为自己是外地人;在当地已经居住五年以上十年以内的没有当地户籍的受访者中,有47.52%的人认为自己是外地人;而在当地已经居住长达十年以上的没有当地户籍的受访者中,认为自己是外地人的比例还是高达38.5%(见图8)。

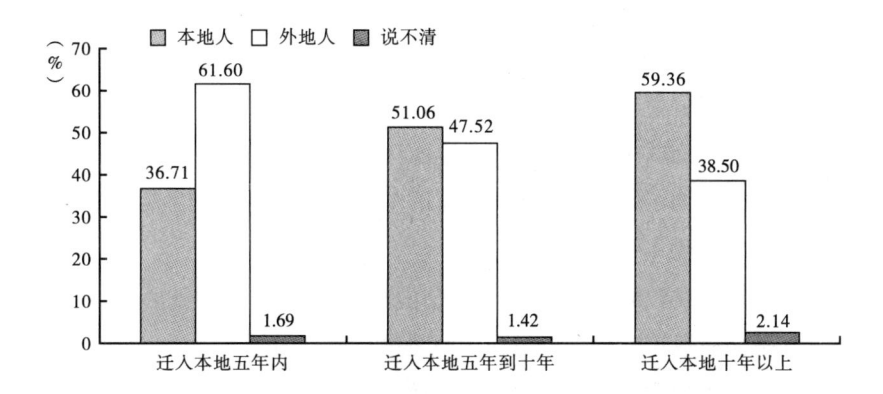

图8 外来人口是否认同自己属于本地人(N=659)

由此可见，尽管在外来人口中，有一部分人群在其现居住地已经居住了较长的时间，有了稳定的工作和生活，基本实现了经济上的融入，但是，他们并没有完全认同"本地人"的身份，还没有真正实现心理上的融入。而只有实现心理层面的社会融入和对本地身份的认同，外来人口才能更加积极地加入到城市建设中，才能更广泛地参与公共事务的决策和管理，从而实现建立和谐社会的目标。

4. 城市化并未带来公民社会，公民的社会参与总体水平较低

与城市化进程相伴而生的应该是公民现代性的增强。而公民现代性的重要组成部分是公民广泛的社会参与行为，特别是通过参与社会团体实现制度化、组织化的社会参与。然而，调查显示，虽然我国的城市化已经步入快速通道，但是城市人口的增加和城市规模的扩大并没有带来公民社会的发展。

在城市受访者中，只有4.5%的人参加了民间社团，其中包括志愿者组织、业主委员会、环保组织等。而在农村，参加民间团体的比例仅为1.7%。但是，我们也看到，当问到今后是否打算参加民间团体时，16.5%的城市受访者给出了肯定的回答。由此可见，如果提供更多的参与渠道，建立更有效的激励机制，可以相应地激发公民的社会参与热情，提高其社会参与的积极性。

数据还显示，随着原有乡村社会结构的瓦解，以亲缘和地缘为基础的社会团体，例如宗亲会和同乡会，也在逐渐缩减：在城市，只有1.6%和4.5%的受访者表示参加了宗亲会和同乡会；在农村，这一比例也只有2.6%和3.6%。

当然，随着高等教育的普及，以同学关系为基础发展起来的校友会成为众多受访者社团参与的首选。在城市受访者中，有22.2%的人表示参加了校友会，29.8%的受访者表示今后会继续参加或者打算参加校友会。另外，联谊组织，例如文体娱乐团体、互联网团体，也成为人们社团参与的重要载体。有10.8%的城市受访者表示参加了联谊组织，17.8%的受访者表示今后会继续参加或者打算参加联谊组织（见表12）。

总体而言，上述数据表明，我国公民还没有形成经常性的社会参与。究其原因，一方面是公民意识的缺失，另一方面是参与渠道的匮乏。社会组织尤其是以社会服务和社会管理为目标的民间组织，还没有形成规模。因此，在城市发展的过程中，首先应当大力倡导公民精神，动员公民参与各方面的社会生活，有效扩

表12 城乡居民的社会参与情况

单位：%

项 目	城市居民(N=1937)		农村居民(N=4292)	
	目前您参加了下列哪些团体？	您今后打算参加下列哪些团体？	目前您参加了下列哪些团体？	您今后打算参加下列哪些团体？
宗教团体	2.4	4.1	5.0	6.4
宗亲会	1.6	2.5	2.6	4.2
同乡会	4.5	8.3	3.6	7.6
校友会	22.2	29.8	9.0	14.7
联谊组织	10.8	17.8	4.2	10.6
民间社团	4.5	16.5	1.7	9.6
职业团体	5.3	12.7	3.3	11.9

说明：联谊组织如文体娱乐团体、互联网团体等；民间社团如志愿者组织、业主委员会、环保组织等；职业团体如商会、农村合作组织、专业学会、行业协会等。

大社会组织的规模和影响力。其次，应当培育社会服务类和社会管理类社团的发展，这是实现和谐社会、促进社会进步的核心动力之一。这类公益型社团组织的参与，既有助于促进公民与政府之间的良性互动，形成对政府制约的长效机制，也有助于加强公民的社会责任感和提升相互之间的信任度，化解公众之间的利益冲突，建立互信互惠的人际关系。因此，培育公益型社团组织，培养公民意识和公民精神，应当成为我国城市的重要软件建设内容之一。

三 城乡居民的社会态度

（一）公众关注的社会问题的变化情况

1. 与日常生活密切相关的物价、看病和收入差距问题依然最为公众所关注

2011年调查中询问了公众对当前我国最为严重的社会问题的看法。调查结果表明，公众选择最多的前三项问题是"物价上涨"（59.5%）、"看病难、看病贵"（42.9%）和"收入差距过大，贫富分化"（31.6%）。选择这三类问题的公众比例都超过三成。排在上述三类问题之后的是"贪污腐败"（29.3%）、"就业失业"（24.2%）、"住房价格过高"（24.0%）等问题（见表13）。

表13 社会问题综合排序比较（2006年、2008年、2011年）

单位：%

社会问题类别	2011年(N=6465)		2008年(N=7137)		2006年(N=7061)	
	百分比	排序	百分比	排序	百分比	排序
物价上涨	59.5	1	63.5	1	—	—
看病难、看病贵	42.9	2	42.1	2	56.2	1
收入差距过大,贫富分化	31.6	3	28.0	3	32.4	3
贪污腐败	29.3	4	19.4	6	27.5	4
就业失业	24.2	5	26.0	4	32.5	2
住房价格过高	24.0	6	20.4	5	13.1	7
养老保障	16.6	7	17.7	7	25.9	5
食品安全	15.9	8	—	—	—	—
教育收费	10.9	9	11.4	9	19.3	6
环境污染	10.3	10	11.8	8	9.8	9
社会治安	8.4	11	9.0	10	12.9	8
进城农民工受到不公平待遇	5.3	12	3.7	11	7.8	10
征地、拆迁补偿不公	5.2	13	2.9	12	3.8	11
雇主与员工的矛盾	1.6	14	2.1	14	2.1	12
其他	1.2	15	2.3	13	0.9	13
说不清	13.4	—	11.5	—	8.7	—

2. 主要的民生问题严重程度有所下降，腐败问题和房价高企成为公众新的关注点

与中国社会状况综合调查2006年度、2008年度调查结果相比，可以发现这样的趋势：对民生问题的关注度虽然一直保持在高位，但认为它是最为严重的社会问题的比例明显下降。比如"看病难、看病贵"问题，在2006年度有56.2%的公众认为严重，但在2011年和2008年下降到42%左右；"就业失业"问题在2006年有32.5%的公众认为严重，到2011年和2008年该数值分别下降到24.2%和26%；"养老保障问题"在2006年为25.9%，到2011年和2008年下降了8~9个百分点；"教育收费问题"2006年为19.3%，2011年和2008年下降了大约8个百分点。

但同时也看到，对"贪污腐败"问题的关注度有明显上升，自2008年的19.4%上升到2011年的29.3%，高了10个百分点；"住房价格过高"问题的严重程度有不断上升趋势，自2006年的13.1%上升到2008年的20.4%和2011年的24.0%（见表13）。

3. 城乡居民之间对社会问题的关注仍然有较为明显的差距

由于城乡二元结构的存在，城乡居民之间对社会问题的关注仍然有较为明显的差距。2011年数据显示，前三项"物价上涨"、"看病难、看病贵"、"收入差距过大，贫富分化"问题的排序在城乡居民之间相同，不过乡村居民关注"看病难、看病贵"问题的比例高于城镇居民（见表14），显示出城乡之间在获得医疗服务上仍然存在差距。此外，城镇居民更多关注"住房价格过高"、"食品安全"问题，乡村居民更多关注"养老保障"问题。

表14 社会问题综合排序的城乡居民比较（2008年、2011年）

单位：%

社会问题类别	2011年城镇 比例	排序	2011年农村 比例	排序	2008年城镇 比例	排序	2008年农村 比例	排序
物价上涨	59.5	1	59.5	1	63.5	1	64.6	1
看病难、看病贵	37.8	2	48.0	2	40.1	2	45.0	2
收入差距过大，贫富分化	31.6	3	31.6	3	28.6	5	28.2	3
住房价格过高	31.5	4	16.3	7	30.5	4	11.1	9
贪污腐败	29.5	5	29.1	4	21.3	6	18.6	5
就业失业	27.4	6	21.1	5	34.7	3	19.4	4
食品安全	20.3	7	11.2	9	—	—	—	—
养老保障	13.2	8	20.0	6	17.7	7	18.5	6
环境污染	10.7	9	9.9	10	12.8	8	11.5	8
教育收费	10.2	10	11.3	8	11.4	9	11.9	7
社会治安	8.6	11	8.0	11	9.3	10	9.5	10
征地、拆迁补偿不公	5.1	12	5.2	13	2.3	11	3.3	12
进城农民工受到不公平待遇	4.0	13	6.7	12	2.0	12	5.2	11
雇主与员工的矛盾	1.6	14	1.5	14	1.3	13	2.7	14
其他	1.2	15	1.2	15	1.2	14	3.2	13
说不清	7.9	—	19.1	—	4.4	—	17.8	—

城乡居民在近三年来对各类社会问题的关注程度有升有降，城镇居民相比2008年对"贪污腐败问题"的关注程度提高了，对"就业失业问题"的关注程度则有所下降。农村居民相比2008年对"贪污腐败"、"住房价格过高"问题的关注程度提高了，对"物价上涨"问题的关注程度则有所下降。

(二) 公众对地方政府的满意度评价

公众对地方政府各项工作的评价在大多数项目上是满意的,但相比2008年对涉及公开、公平、公正的工作项目的满意率下降了。调查中我们请公众对现住地地方政府的11项工作作出评价(见表15),在所列举的11项工作中,有8项工作的满意率(好评率)超过不满率(差评率)。公众对地方政府在"提供义务教育"、"提供医疗卫生服务"、"打击犯罪,维护社会治安"、"为群众提供社会保障"、"发展经济,增加人们的收入"、"保护环境,治理污染"这6项工作的满意率都超过50%。"提供义务教育"得到的评价最高,近八成的公众对此项工作评价为很好或比较好。

表15 公众对现住地地方政府各项工作的评价(2011年)

单位:%

工作项目	满意率	不满率	不清楚
提供义务教育	78.0	16.1	5.9
提供医疗卫生服务	68.1	28.1	3.9
打击犯罪,维护社会治安	65.9	28.6	5.6
为群众提供社会保障	60.5	32.9	6.6
发展经济,增加人们的收入	56.5	35.8	7.7
保护环境,治理污染	56.1	37.7	6.2
扩大就业,增加就业机会	47.7	37.0	15.3
依法办事,执法公平	42.9	44.4	12.6
为中低收入者提供廉租房和经济适用房	38.6	35.2	26.1
政府信息公开,提高政府工作的透明度	37.1	44.1	18.9
廉洁奉公,惩治腐败	33.3	51.6	15.1

说明:对各项工作的评价包括"很好"、"比较好"、"不太好"、"很不好"、"不清楚"五个选项。满意率是选择"很好"和"比较好"的百分比之和,不满率是选择"不太好"和"很不好"的百分比之和。

有三项工作的"不满率"超过"满意率",其中"廉洁奉公,惩治腐败"在不满率与满意率之间的差距较大(18.3%),"政府信息公开,提高政府工作的透明度"在不满率与满意率之间的差距为7%,"依法办事,执法公平"在不满率与满意率上的差距不大。公众在这三项工作上对地方政府有较高的期待。

与2008年的数据相比,按照满意率的由高到低排序,前5项工作的排序与2008年的调查结果是一致的。地方政府在教育、医疗卫生、维护治安、社会保障和发展经济方面得到多数居民的好评。但是在"政府信息公开,提高政府工作的透明度"、"廉洁奉公、惩治腐败"、"依法办事,执法公平"三项上,2011年的公众满意率显著低于2008年的满意率,公众对地方政府公开、公正、公平方面的不满增加(见表16)。

表16　公众对现住地地方政府各项工作满意率的比较(2011年、2008年)

单位:%

工作项目	2011年满意率	2008年满意率	2011年不满率	2008年不满率
义务教育	78	78.5	16.1	15.7
医疗卫生服务	68.1	71.2	28.1	24.8
打击犯罪,维护社会治安	65.9	70.1	28.6	26.2
社会保障	60.5	62.0	32.9	31.1
发展经济,增加人们的收入	56.5	61.0	35.8	32.0
保护环境,治理污染	56.1	56.5	37.7	38.9
扩大就业,增加就业机会	47.7	54.1	37.0	32.5
依法办事,执法公平	42.9	56.6	44.4	33.4
为中低收入者提供廉租房和经济适用房	38.6	43.3	35.2	30.7
政府信息公开,提高政府工作的透明度	37.1	57.2	44.1	27.8
廉洁奉公,惩治腐败	33.3	48.3	51.6	38.6

公众对地方政府某项工作的评价高低与他们对此项工作的了解程度是相关的。满意率由高到低排序的前6项工作,公众对它们的了解程度都较高,公众"不清楚"此项工作的比例都低于8%;相反,满意率较低的工作项目中,公众对它们的了解程度也较低,公众"不清楚"的比例都超过12%(见表17)。这在比较城乡居民评价地方政府工作时更为明显。表17显示,不论对城镇居民,还是对农村居民,随着满意率水平下降,不清楚的比例是上升的。城乡居民对地方政府工作的评价之间存在一定差异,城镇居民对"扩大就业,增加就业机会"、"为中低收入者提供廉租房和经济适用房"这两项工作的满意率显著高于农村居民,相应的,城镇居民对这两项工作不清楚的比例显著低于农村居民。

表17 城乡居民对地方政府的评价中满意率与不清楚比例的比较

单位：%

工作项目	城镇满意率	城镇不清楚比例	农村满意率	农村不清楚比例
提供义务教育	77.5	5.9	78.5	5.8
提供医疗卫生服务	65.9	4.6	70.2	3.3
打击犯罪，维护社会治安	64.0	4.2	67.7	7.0
为群众提供社会保障	60.4	7.0	60.5	6.2
发展经济，增加人们的收入	56.8	7.6	56.2	7.9
保护环境，治理污染	56.7	4.0	55.3	8.5
扩大就业，增加就业机会	51.2	12.3	44.0	18.3
为中低收入者提供廉租房和经济适用房	46.3	16.8	31.1	35.5
依法办事，执法公平	40.9	11.6	44.9	13.6
政府信息公开，提高政府工作的透明度	36.9	16.8	37.1	21.0
廉洁奉公，惩治腐败	31.3	13.9	35.3	16.2

Report on People's Wellbeing and Urbanization in China, 2011

Li Wei Fan Lei Zhang Liping Diao Pengfei Cui Yan

Abstract：In 2011, government put more emphasis on the importance of social construction, which requires us to ensure and improve people's livelihood. During this period, people are better off in terms of their income level, and enjoy markedly improved quality of life. Meanwhile, life pressure is relieved to some extent, and the coverage of social security system is further expanded. However, there are some social problems which pose serious threat to our society's stability, such as the rising prices on necessities, the insufficiency of hospitals and medical services, the unreasonably high medical expenditure, and the widening gap in income distribution. Furthermore, people show great concern about the ineffectiveness of government's anti-corruption campaign. China's fast urbanization process will have far-reaching impact on China's social development in the future. However, there are some factors that may obstruct China's urbanization. For instance, the Hukou regulation and urban residents' discrimination against peasant workers make it difficult for the rural labor to integrate into the urban society. Moreover, in order to build up a civil society, it is crucial to broaden the channel for people's social participation, and cultivate citizens' spirit of service and sense of social responsibility. And it is necessary to establish a society of trust which is essential to resolve social conflicts.

Key Words: People's Wellbeing; Social Construction; Urbanization

B.9
2011年中国城市居民生活质量指数报告*

袁岳 张慧**

摘　要：2011年中国居民生活质量调查发现，城市居民总体生活满意度基本平稳，未来信心度微升，但低收入家庭值得特别关注；收入增长缓慢、物价、房价、养老等民生问题未得到根本解决，城市公众经济压力感较大，消费信心爬升缓慢；社会诚信缺失的问题一定程度上存在，并影响到了生活安全感；公众对腐败问题和贫富分化问题有较强感知，底层群众依靠自身努力改变生活的信心不足。但公众对政府解决这些问题的信心度增强。

关键词：生活质量指数　生活满意度　未来信心度　因素影响力

一　城市居民总体生活满意度基本平稳、未来信心度微升

5级量表赋值方法下，2011年城市居民总体生活满意度分值为3.53分。较2010年略有提升（3.41分→3.53分），与2006年和2008年基本持平（2006年为3.45分，2008年为3.51分）。在2002～2011年的10年间，城市居民生活满意度虽有波动但总体平稳（见图1）。

比较历年城市居民对生活满意度各项指标的评价分值发现：① 2011年城市

---

* 本报告的数据来自2011年10月针对北京、上海、广州、武汉、成都、沈阳、西安、大连、厦门、济南10个城市进行的入户调查，受访者年龄在18～60岁之间。每个城市成功样本量不低于300个，共获得3173个成功样本；调查采取多阶段随机抽样方法；数据结果已根据各地实际人口规模进行加权处理，在95%置信度下抽样误差为±0.99%。调查样本基本构成情况：男性49.5%，女性50.5%；16～25岁15.4%，26～35岁27.6%，36～45岁27.6%，46～55岁24.3%，56～60岁5.1%；小学及以下学历2.4%，初中学历17.4%，高中/中专/技校学历40.6%，大专学历26.6%，本科及以上学历12.9%，另有0.1%拒绝回答学历问题。

** 袁岳，零点研究咨询集团董事长；张慧，零点研究咨询集团指标数据副总经理。

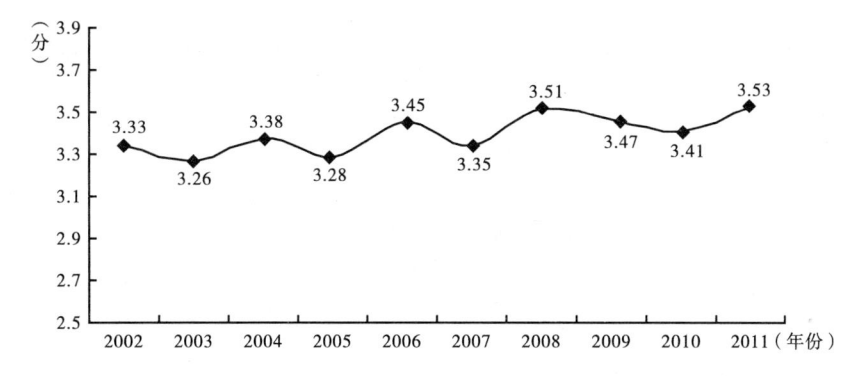

图1　2002～2011年城市居民总体生活满意度变化趋势

说明：图中数据为基于5级量表的得分，5分表示非常满意，1分表示非常不满意。

资料来源：2010年以及之前的数据来自零点研究咨询集团历年《中国城市居民生活质量指数报告》，2011年数据来自零点研究咨询集团2011年度调查。除有特别说明，下文中出现的各年度数据来源与此相同，不再重复。

居民对自身经济状况、社保状况、职业状况和休闲娱乐生活等方面的满意度较2010年均有一定幅度的提升；②养老忧虑度有所提升，物价波动承受力和消费信心基本持平；③城市居民对未来生活的信心微升，包括对自己的未来竞争力、未来收入增长和生活改善等的预期；④对政府管理的信心度依然维持在较高位，虽然对政府管理经济事务和国际事务的信心度较2010年略有下降，但对政府管理社会事务的信心度有抬升（见表1）。

表1　2006～2011年影响城市居民总体生活满意度的主要指标得分情况

单位：分

指　标	2011年	2010年	2009年	2008年	2007年	2006年
休闲娱乐生活满意度	3.44	3.18	3.41	3.32	3.55	3.30
职业状况满意度	3.57	3.28	3.58	3.49	3.35	3.45
个人经济状况满意度	3.32	3.21	3.14	3.16	3.17	3.34
个人社保保障满意度	3.52	3.26	3.51	3.39	3.10	3.34
国家经济状况评价	3.60	3.65	3.64	3.55	3.65	3.62
物价波动承受力	3.17	3.13	3.33	3.15	3.19	3.37
消费时机认同度	2.93	2.89	3.00	2.95	2.99	3.05
消费信心指数	3.29	3.25	3.26	3.22	3.26	3.33
未来养老忧虑度	3.57	3.25	2.83	2.97	2.79	2.96
未来竞争力预期	3.38	3.34	3.20	3.22	3.42	3.20

续表

指 标	2011年	2010年	2009年	2008年	2007年	2006年
未来收入乐观度	3.75	3.50	3.32	3.45	3.45	3.58
未来生活乐观度	3.55	3.37	3.29	3.36	3.45	3.43
国家国际地位感	3.73	3.78	3.88	3.83	3.71	3.70
社会治安安全感	3.60	3.60	3.62	3.53	2.61	3.58
政府管理经济事务信心度	4.11	4.17	4.23	4.15	4.04	3.86
政府管理国际事务信心度	4.18	4.29	4.36	3.91	4.10	3.80
政府管理社会事务信心度	3.80	3.63	3.85	3.65	3.74	3.50

说明：（1）表中数据为基于5级量表的得分。对于养老忧虑指标，分值越高表示忧虑程度越高，对于其他指标，分值越高表示满意度或信心度越高。

（2）2006年数据的修正：为了保证历年样本年龄范围的一致性，我们剔除2006年数据库中少量60岁以上样本，并对2006年的数据结果进行了统一修订。因剔除样本量很小，数据修订对相关结论和趋势没有影响。

二 城市低收入家庭的生活现状和未来生活信心值得关注

城市居民的生活感受与家庭收入水平密切相关。高家庭收入群体对当前生活有更高的满意度，对未来生活也有着更高的信心度，低家庭收入者则反之。城市低收入家庭的生活现状和对未来生活的信心值得关注。

第一，城市低收入家庭面对较大的经济压力，对生活中各项开支的压力感受均明显高于中等收入和高收入群体，特别是在基本生活用品、医疗和休闲娱乐这些方面，压力感受的差别更大（见表2）；第二，城市低收入家庭有着较低的生活满意度，对于自己的职业状况、社保状况、经济状况，以及休闲娱乐状况的满意度都明显低于中等收入群体，更低于高收入群体；第三，城市低收入家庭对于未来的信心明显不足，包括对自己未来竞争力、未来增加收入、提高生活水平的可能性等的预期，都明显低于中等收入和高收入群体，而对于养老的忧虑程度则偏高；第四，城市低收入家庭对于一些国家宏观指标的评价均偏低，包括国家经济状况、国家国际地位感，以及对于政府的管理信心等（见表3）。

表2　2011年城市不同家庭收入水平者在生活各方面的压力感

项　目	基本生活用品	房价	医疗	子女教育	养老	休闲娱乐
低收入	3.34	4.37	4.01	3.67	3.75	3.52
中等收入	3.25	4.31	3.95	3.79	3.71	3.44
高收入	2.72	4.16	3.62	3.49	3.19	3.03

说明：表中数据为基于5级量表的得分，分值越高表示该项费用带来的经济压力越大。

表3　2011年城市不同家庭收入水平者在生活满意度各主要指标上的得分情况

项　目	低家庭收入者	中等家庭收入者	高家庭收入者
总体生活满意度	3.28	3.57	3.79
休闲娱乐生活满意度	3.22	3.46	3.69
职业状况满意度	3.36	3.60	3.74
个人经济状况满意度	3.05	3.35	3.63
个人社保保障满意度	3.41	3.53	3.68
国家经济状况评价	3.49	3.62	3.71
物价波动承受力	2.90	3.21	3.44
消费时机认同度	2.78	2.96	3.00
消费信心指数	3.11	3.32	3.45
未来养老忧虑度	3.70	3.61	3.09
未来竞争力预期	3.14	3.42	3.61
未来收入乐观度	3.58	3.78	3.87
未来生活乐观度	3.39	3.56	3.83
国家国际地位感	3.63	3.75	3.83
社会治安安全感	3.47	3.61	3.76
政府管理经济事务信心度	4.05	4.13	4.17
政府管理国际事务信心度	4.09	4.20	4.25
政府管理社会事务信心度	3.73	3.81	3.92

说明：表中数据为基于5级量表的得分。对于养老忧虑指标，分值越高表示忧虑程度越高；对于其他指标，分值越高表示满意度或信心度越高。

三　物价、房价问题持续受到高度关注，食品药品安全问题最让人担心

纵观2006~2011年城市居民关注的社会问题发现：①物价和房价问题持续

受到高度关注,在2011年城市居民关注的社会问题榜单中,物价问题和房价问题以高提及率(分别为61.1%和54.4%)稳居第一位和第二位。在2007年、2008年、2010年、2011年,物价问题均位列关注榜榜首,而对房价问题的关注度近5年来均在前三位;②食品药品安全问题是让老百姓感到最不安全的问题。2008年的三鹿事件,导致该年度食品药品安全问题的受关注程度仅次于物价问题。而在2011年,食品药品安全问题依然不能让百姓感到安全,位居关注榜第三位。③贫富分化和腐败问题成为公众切身感受的问题,2007~2011年间,腐败和贫富分化问题持续进入公众的关注视野,提及率均在15%左右(见表4)。

表4 2006~2011年城市居民关注的社会问题比较

单位:%

2011年		2010年		2009年	
物价	61.1	物价	48.6	房价	33.9
房价	54.4	房价	39.1	医疗	32.5
食品药品安全	23.1	医疗	37.5	就业	29.3
就业	22.7	就业	28.2	物价	23.3
医疗	16.3	社会保障	25.0	社会保障	22.8
社会保障	15.3	食品药品安全	18.9	反腐败	17.6
反腐败	14.5	贫富分化	13.9	食品药品安全	16.7
贫富分化	13.5	教育改革	11.2	贫富分化	15.3
2008年		2007年		2006年	
物价	70.4	物价	67.6	社会保障	30.6
食品药品安全	33.6	房价	28.6	经济发展水平	29.0
房价	29.5	医疗	24.1	环境保护	28.4
社会保障	24.4	社会保障	20.9	就业	24.4
就业	22.1	食品药品安全	20.6	人口老龄化	23.5
医疗	16.8	就业	17.4	房价	19.9
反腐败	11.9	贫富分化	17.3	人口数量	16.6
贫富分化	11.5	反腐败	16.8	青少年教育	15.3

说明:表中数据为关注率,按照关注程度使用限选三项的答法计算得出;本表仅列出提及率超过10%的社会问题。

四 养老忧虑度呈上升趋势,养老压力成经济压力感的首要来源

第六次全国人口普查数据显示我国老龄化进程在逐步加快,60岁及以上人口占全国总人口的13.26%,65岁及以上人口占8.87%,分别比2000年上升2.93个百分点和1.91个百分点。迅速扩大的老年人口规模对基本养老费用的支付提出了高要求,但尚不发达的国家经济对此的承受能力较弱,政府在提高养老保障的额度和加大覆盖面上存在困难。

在整个社会的养老压力加大的背景下,普通公众对于养老问题的忧虑程度越来越高。2011年,城市居民的养老忧虑度分值为3.57分。并且不同年龄段群体,在这个问题上没有表现出显著差异,18~30岁的青年人、31~45岁的中年人和46~60岁的中老年人,养老忧虑度分值分别为3.52分、3.57分和3.54分。用百分比来衡量,年轻人对于自己今后的养老问题表示忧虑的比例为53.6%,与中年人和老年人的这一比例(均为56%)相差不大。纵观2007~2011年的五年数据发现,城市居民的养老忧虑度呈上升趋势,5年的分值趋势为2.79分→2.97分→2.83分→3.25分→3.57分。

养老压力成为城市居民经济压力感的首要来源。2011年度调查研究显示,影响城市居民"痛苦指数"的六大因素中,经济因素是影响"痛苦感受"的首要因素(影响力达44.54%);而进一步看经济压力感的六大主要影响因素,养老压力的影响力占首位,超过休闲娱乐旅游、医疗、子女教育、生活用品及住房因素的影响力(见表5)。

表5 影响城市居民经济压力感的因素及其影响力大小

单位:%

项 目	百分比	项 目	百分比
养老经济压力	22.4	子女教育费用	16.4
休闲娱乐旅游费用	18.0	生活用品物价	14.7
医疗费用	16.5	房价	11.9

说明:影响力大小通过结构方程式计算得出。

对老年人来说，养老忧虑集中在医疗负担和生活照料方面。零点研究咨询集团的《2011年中国城市老年人生活状况调查报告》指出，老年人对当前及未来生活的最大担忧首先是医疗负担（48.4%），生活照料问题也是他们很担忧的问题（21.3%的担心无人照料，外出不便；18.6%的担心日常生活无人照料）（见图2）。

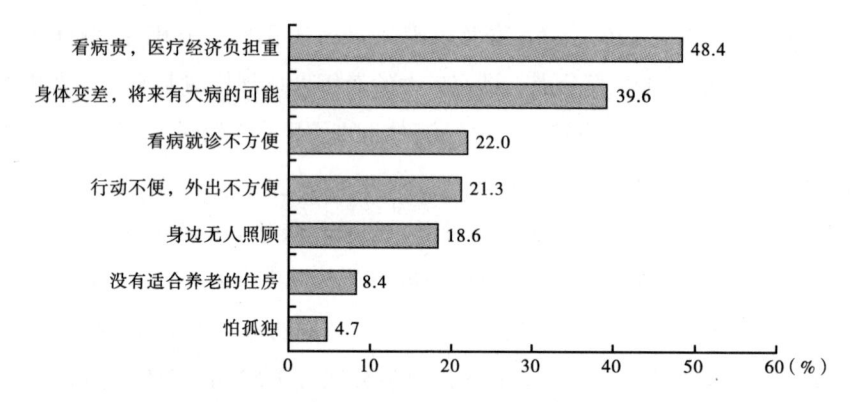

项目	百分比
看病贵，医疗经济负担重	48.4
身体变差，将来有大病的可能	39.6
看病就诊不方便	22.0
行动不便，外出不方便	21.3
身边无人照顾	18.6
没有适合养老的住房	8.4
怕孤独	4.7

图2　老年人对当前及今后生活最担忧的问题

目前养老保障尚不健全，医疗社会化改革还在进行中，公众在通胀压力下，个体解决养老问题的能力有限，由此导致较高的养老压力和忧虑。这迫切需要寻求对养老问题的系统性解决方案，把国家经济发展的巨大成就转换成国民的切身福利。

五　消费信心爬升困难，超半数家庭计划未来一年"减少消费"

据国家统计局2011年11月9日公布的数据，10月份居民消费价格指数（CPI）同比上涨5.5%。而2011年前三季度，CPI同比上涨5.7%。其中，6~9月的CPI同比上涨幅度均超过6%，7月份更是达到6.5%，远超过3%的警戒线。

随着CPI的持续居高难下，物价问题再次成为本年度调查中城市居民关注的首要社会问题。调查数据同时显示：2011年度，城市居民物价波动承受力依然较低，与2007年、2008年、2010年的水平基本相当，低于2009年和2006年的水平（见图3）。

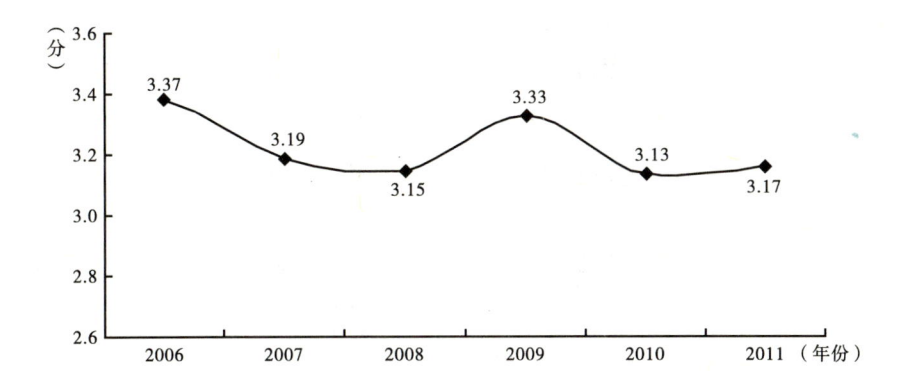

图3 2006～2011年中国城市居民物价波动承受力变化趋势

说明：图中数据为基于5级量表得分，分值越高承受力越强，5分表示完全可以承受，1分表示完全不能承受。

城市居民个人经济状况感知和消费时机认同度均没有实质性提升，对国家经济状况的感知还出现轻微回落，再加上通胀压力和养老压力等，消费信心指数呈现缓慢爬坡状态（见表6）。调查显示，超过半数家庭（52.4%）计划未来一年要减少消费。

表6 城市居民消费信心指数历年比较

时间	个人经济判断	消费时机认同度	国家经济判断	消费信心指数
2003年	3.1	2.60	3.49	2.97
2004年	3.1	2.69	3.59	3.13
2005年	3.1	2.78	3.66	3.15
2006年	3.34	3.05	3.62	3.31
2007年	3.17	2.99	3.67	3.27
2008年9月	3.15	2.95	3.58	3.19
2008年12月	3.08	2.54	3.36	3.00
2009年10月	3.13	2.96	3.64	3.24
2010年10月	3.21	2.89	3.65	3.25
2011年11月	3.32	2.93	3.60	3.29

说明：消费信心指数通过个人经济状况评价、国家经济状况评价和消费时机认同度三项指标来反映。
资料来源：2008年12月份的数据来源于零点研究咨询集团2008年12月份完成的《城市居民2009年生活预测报告》；其他2010年及之前的数据来自零点研究咨询集团历年《中国城市居民生活质量指数报告》，2011年数据来自零点研究咨询集团2011年度调查。

六 城市居民大多视自家生活处于富裕和贫穷中间的"一般水平",自视贫穷者缺乏通过自身努力改善生活的信心

自家的生活水平在当地处于什么水平?2011 年度调查结果表明,城市居民的自我判断呈现典型的"两头细、中间粗"的结构。具体来讲:①认为自家非常富裕和非常贫穷的比例均很低,分别为 0.4% 和 1.2%;②认为自家比较富裕和比较贫穷的比例均占两成多,分别为 26.1% 和 20.2%;③多数人(52.2%)认为自家生活水平在当地处于贫富之间的"一般水平"(见图 4)。

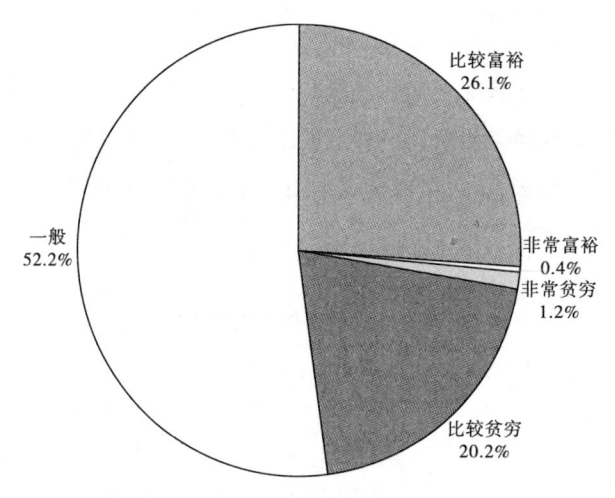

图 4 2011 年城市居民判断自家生活水平与当地整体水平的关系

对于那些认为自家生活水平在当地处于贫穷状态的受访者,我们进一步询问"你觉得依靠自己的努力脱贫致富的可能性有多大"时,结果表明:累计有近七成(69.2%)"穷人"认为依靠自己的努力改变贫穷状态的可能性不大(12.5% 的认为可能性非常小,56.7% 的认为可能性比较小),即便在 18~30 岁的年轻群体和 31~45 岁的中年群体中,也分别有 63.7% 和 69.6% 的人不相信依靠自己的努力可以改变自己的生活(见表 7)。但是,那些认为自家生活水平在当地处于相对富裕状态的受访者,在被问及"你觉得你周围贫穷的人依靠他们自己的努

力脱贫致富的可能性有多大"时，有77.9%的人认为这种可能性是比较大或非常大的。

上述自视贫穷者缺乏改善生活的信心，可能与他们对贫穷的归因[①]相联系。

表7 生活相对贫穷的人觉得依靠自己努力脱贫致富的可能性

单位：%

选 项	18~30岁	31~45岁	46~60岁	总体
非常小	4.6	12.1	19.3	12.5
比较小	59.1	57.5	53.9	56.7
一 般	20.2	17.1	15.8	17.5
比较大	14.7	11.5	10.2	12.0
非常大	1.4	1.8	0.8	1.3
总 计	100.0	100.0	100.0	100.0

表8 生活相对富裕的人觉得周围贫穷者依靠自己努力脱贫致富的可能性

单位：%

选 项	18~30岁	31~45岁	46~60岁	总体
非常小	0.5	0.5	0.7	0.5
比较小	4.9	7.9	5.2	6.3
一 般	13.9	14.4	18.4	15.2
比较大	63.2	59.7	60.1	60.8
非常大	17.5	17.5	15.6	17.1
总 计	100.0	100.0	100.0	100.0

当社会倾向于认为贫穷是社会原因而不是个人原因，"贫穷者"特别是年轻的"贫穷者"，逐渐失去依靠自己努力而改变生活状况的信心时，低收入群体或将形成普遍的阶层无助感，失去积极改变现状的希望和动力。

---

① 零点研究咨询集团的《2010年中国居民生活质量指数报告》中指出了人们在贫穷归因时的三大主要特征：①倾向于将贫穷归因于不可控的外界环境因素，如社会制度和社会风气，而不是自我层面的，特别是自我层面的可控因素，如努力程度、具备的知识和技能等。②相比于他人对贫穷者的贫穷原因分析，贫穷者在对贫穷进行自我归因时，会更多地归因于社会和环境因素，更少地归因于"不努力"和"缺乏知识技能"等自我因素。③"贫穷是社会原因而不是个人原因"的归因模式，在年轻人和城市居民中更为普遍。

七 与社会诚信相关的欺诈行为，对城市居民生活安全感有很大影响作用

本年度调查结果表明，超过六成人对当前生活的安全性有所担心（9%的很担心，54.4%的比较担心）。在这个问题上，不同收入阶层和不同年龄段群体没有表现出差异。可以说，各个群体在生活中都有潜在的不安全感（见图5）。

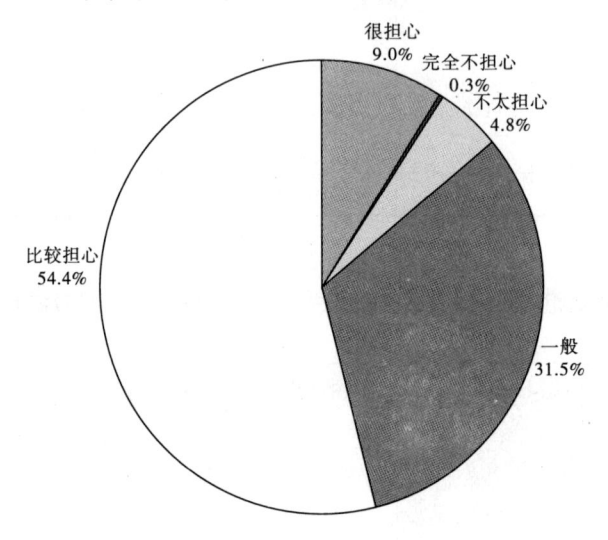

图5 2011年城市居民对生活安全问题的担心程度

调查中列举了社会生活中八种可能给人们的生命财产安全带来威胁的事件，让受访者分别评价自己对这八种问题的担心程度。数据显示：城市居民对食品药品安全问题的担心程度居首位（5分制下达4.04分），其次是假冒伪劣商品（3.98分），再次是社会中的各种骗局（3.88分）。这三类事件的共同特点是：都是人为造成的，且都与社会诚信相关（见表9）。

然而，利用结构方程式计算方法，计算出这八种因素对于城市居民总体生活安全感的影响程度（即权重值）时，我们发现突发性伤害事件（权重值14.9%）、流行性疾病（权重值14.7%）和自然灾害（权重值14.2%），对总体安全感的影响程度较大。这些事件的共同特点是：不可预测性，对生命安全的极大威胁性，且个体缺乏防御这些事件的能力或者是能力很弱（见表9）。

表9 城市居民对八种危及生命财产安全事件的担心程度及其实际影响程度

单位：分，%

事 件	担心程度	对安全感的影响程度
食品药品安全	4.04	10.8
假冒伪劣商品	3.98	12.4
社会中的各种骗局	3.88	12.3
环境污染	3.83	12.0
流行性疾病	3.52	14.7
突发性伤害事件（如电梯事故、交通事故等）	3.48	14.9
自然灾害	3.42	14.2
社会治安	3.3	8.6

说明：表中的数据为基于5级量表的评分，分值越高表示担心程度越高，5分为最高分，表示非常担心。

由此可见，实际影响人们安全感的因素与人们感知到的影响因素是不同的。虽然那些个体难以预测和预防且一旦发生会造成巨大伤害的不可抗性事件对城市居民的生活安全感会产生较大影响作用，但这些事件的发生频率毕竟较低，对居民的生活安全影响范围有限。而那些与社会诚信相关的欺诈行为，则随时可能在我们身边发生，让人提心吊胆却防不胜防，这些才是真正影响城市居民生活安全感的重要因素。

八 城市居民普遍认为社会道德水平在下降，但对未来道德水平持乐观态度

城市居民对道德在社会生活中的重要性有很高的认同，10分制下（分值越高表示越重要），对道德重要性的评价分值达到了8.28分。

调查同时发现：城市居民认为中国社会的整体道德水平呈下降趋势。城市居民对20世纪70年代、80年代、90年代以及当前这四个时期的道德水平的评价分值分别为8.00分、7.53分、7.04分、6.31分。进一步分析则发现，年轻人对四个年代的道德水平的评价均高于其他年龄段（见表10），高收入者对四个年代的道德水平的评价高于其他收入水平者。

表10 不同年龄段群体对不同年代社会道德水平的评价比较

单位：分

年龄段	20世纪70年代	20世纪80年代	20世纪90年代	当前
18~30岁	8.04	7.60	7.14	6.35
31~45岁	8.00	7.52	7.03	6.30
46~60岁	7.96	7.48	6.96	6.30
总 体	8.00	7.53	7.04	6.31

说明：表中数据为基于10分制的评价分值，分值越高表示道德水平越高。

在评价未来5~10年内中国社会的道德水平时，近六成（59.8%）受访者评价乐观，认为未来社会的道德水平会提高，16%的受访者则不太乐观，他们认为道德水平会进一步下降（见图6）。相对而言，拥有较高家庭收入的人对未来的道德水平更为乐观，认为未来道德水平会提高的比例达到66.8%，高于平均水平。

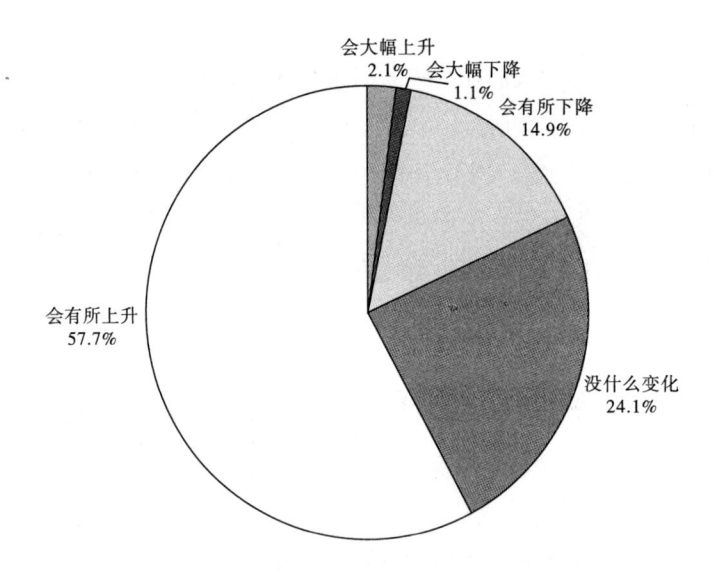

图6 2011年城市居民对未来社会道德水平走势的判断

九 国家宏观经济发展成就感与个人微观获益感之间持续存在的差距在缩小

比较历年的调查数据发现：总体看来，城市居民对个人经济状况的评价呈稳步上升趋势，但对个人经济状况的感受始终低于对国家宏观经济发展成就的感受（见图7）。

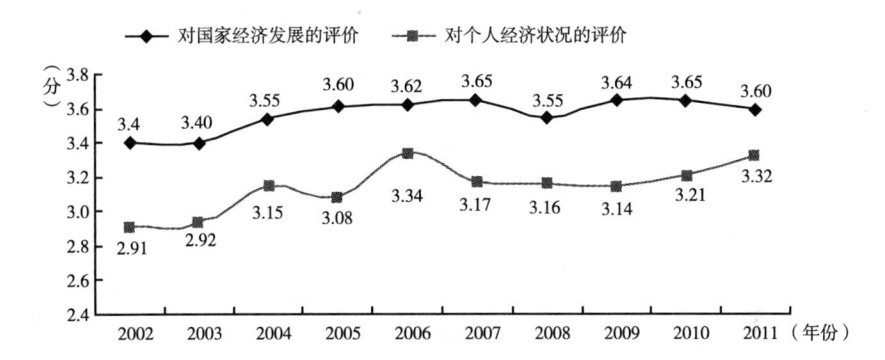

图7 2002~2011年城市居民评价国家经济状况和个人经济状况

说明：图中数据为基于5级量表的得分，5分表示认为经济状况非常好，1分表示认为非常不好。

同样，城市居民在预期国家未来经济发展和个人未来生活时，对于国家经济发展的信心度均高于对个人生活水平提升的信心度。根据我们2003~2011年间的调查数据，2003~2005年，这一差距并不显著，从2006年开始，差距开始明显，且呈逐年加大趋势，到2009年这一差距达到最高水平，其后逐渐有所下降，但2011年的差距水平仍高于2006年，与2007年基本持平（见图8）。

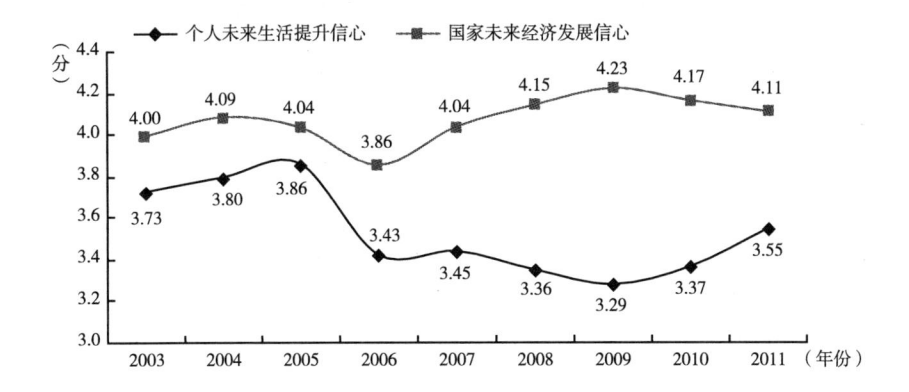

图8 历年城市居民国家经济发展信心和个人未来生活水平提升信心的变化趋势

说明：图中数据为基于5级量表的得分，5分表示非常有信心，1分表示完全没信心。

本年度调查中，54.5%的受访者认为，自己的家庭是中国改革开放的获益者。需要引起注意的是：近四成（38%）城市居民认为改革开放并没有给自己带来最终获益，因为改革开放给自己带来的好处和使他们遭受的损失相当，利弊基本抵消。更有7.6%的民众表示，改革开放使自己蒙受了或多或少的损失（见表11）。

表11 2010～2011年城市居民对于自身改革获益的判断

单位：%

选 项	2010年	2011年	选 项	2010年	2011年
遭受了很大的损失	0.6	1.2	得到了一些好处	47.7	51.2
遭受了一些损失	6.7	6.4	得到了很多好处	5.3	3.3
有好处也有损失,二者相当	39.8	38.0	总 计	100	100

十 公众对政府反腐、解决贫富分化问题和改善社会风气的信心度有所抬升

比较历年数据发现，城市居民对于政府管理经济事务和国际事务的信心度一直高于对政府管理社会事务的信心度。2011年，这一特征仍未改变，但对于政府管理经济事务和国际事务的信心度微降，而对于政府管理社会事务的信心度微升（见图9），具体表现在对政府反腐败、解决贫富分化问题、改善社会风气这几方面的信心度均有所抬升（见图10）。

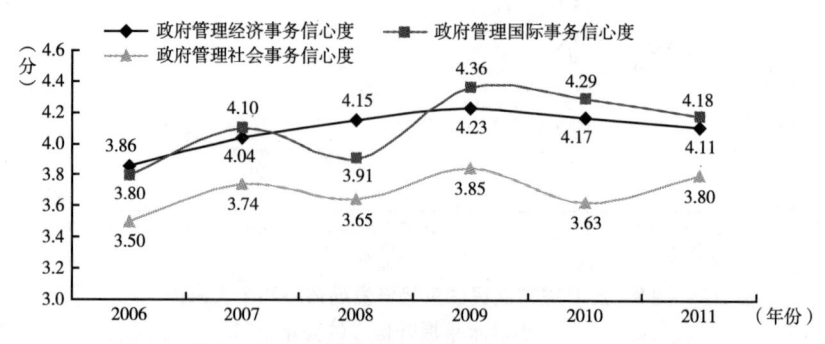

图9 2006～2011年城市居民对政府管理信心度的变化趋势

说明：图中数据为基于5级量表的得分，5分为最高分，表示信心度非常高。

	2008年	2009年	2010年	2011年
搞好社会治安	3.91	4.05	3.95	3.98
反腐败	3.45	3.74	3.37	3.64
改善社会风气	3.73	3.91	3.61	3.79
解决就业问题	3.51	3.78	3.61	3.84
解决贫富分化	3.32	3.53	3.22	3.67
应对灾难事件	3.94	4.15	4.00	3.90

图10 2008~2011年城市居民对政府管理各项社会事务信心度的比较

说明：图中数据为基于5级量表的得分，5分为最高分，表示信心度非常高。

本年度调查中，我们调查了城市居民对于各类机构的信任情况，结果表明：政府是公众最为信任的机构（52.4%），与其他机构和行业相比，有很大的优势。我们认为，这是对政府管理信心度的最好诠释（见图11）。

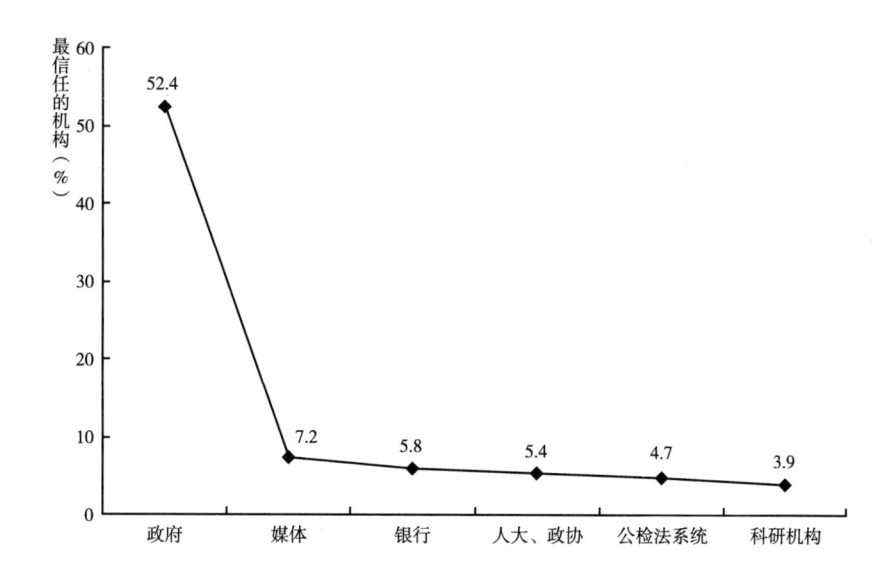

机构	政府	媒体	银行	人大、政协	公检法系统	科研机构
最信任的机构(%)	52.4	7.2	5.8	5.4	4.7	3.9

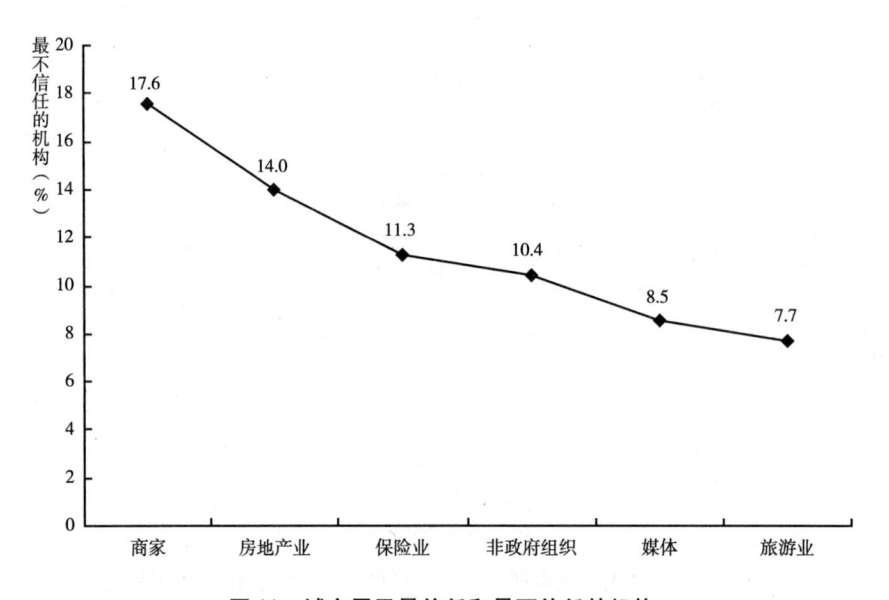

图 11 城市居民最信任和最不信任的机构

资料来源：在参与评价的 14 个机构中，仅列出提及率最高的前六位。

十一 经济压力和生活安全感的不足是城市居民痛苦的重要因素

近年来，"幸福指数"在社会经济发展中的意义越来越被重视，毫无疑问，这对于转变"GDP 至上"的发展理念、促进经济增长方式转变、缓和社会矛盾都是有利的。痛苦和幸福是一对反义词。当上上下下都在追寻幸福、计算幸福指数时，我们关注当前社会生活中，哪些因素使人感到痛苦，因为消除痛苦是达到幸福的第一步。

本次调查中，我们列举了八个方面的因素（见表12），向受访者询问"您觉得当今社会哪些方面的问题最让人痛苦"和"您觉得哪些方面的有利条件最让人幸福"这两个问题。调查结果发现：经济条件是影响痛苦感受的首要因素，安全感居第二位，提及率达分别为 31.7% 和 21.4%；情感满足是使人感到幸福的首因（23.7%），其次是经济条件（16%）。

比较各因素的满足与否对痛苦和幸福的影响程度发现：它们对痛苦和幸福的

影响程度并不是对等的。①经济和安全感上的不满足对痛苦的影响程度,远高于它们的满足对幸福的影响程度。也就是说,对于多数人来说,这两个条件得到了满足,不一定必然幸福,但得不到满足,却会痛苦。②情感满足对幸福的提拉作用,远高于情感不满足所带来的痛苦程度。③政府管理和社会大环境因素,对于个体幸福程度的提拉作用不可小看。

表12 各种因素对"痛苦感"和"幸福感"的影响程度

单位:%

选项	对痛苦影响度	对幸福影响度
经济条件:是否有钱,各方面的经济压力大不大、物价是否合理等	31.7	16.0
安全感方面:社会治安、食品药品安全、流行病、自然灾害、环境污染等	21.4	8.0
自身条件:包括身材长相、健康、出身背景、知识技能等	12.5	14.5
情感满足:婚姻家庭是否美满、是否受尊重、是否有友谊、能否实现自我价值等	11.6	23.7
个人社会条件:职业状况、社会保障状况、是否有社会资源等	11.5	13.0
社会大环境方面:包括社会稳定性、公平公正性、社会风气等	5.0	8.1
政府管理方面:包括政府是否关心百姓、对政府是否有信心等	3.8	7.2
日常生活方面:包括生活是否便利、环境是否宜居等	2.4	9.6

经济和安全感上的不满足是痛苦的主要来源。而本文前面已经分析指出,经济压力的来源多样,但养老的经济压力排在首位;生活中有天灾有人祸,但人祸特别是与诚信缺失相关的各种欺诈行为,对于老百姓的生活安全感产生着更为直接的负面影响。

本次调查中,我们还研究了爱情、友情、尊重感和自我实现几个方面对于痛苦感受的影响情况,发现,不能获得尊重对痛苦的影响程度最大(29.7%),其次是不能实现自我价值(27.6%),再次是失去友谊(24.3%),而爱情的影响程度(18.4%)排在最后。

而社会大环境中,社会公平性(25.8%)和社会道德水平(23.1%)对痛苦的影响程度远大于国家宏观经济发展水平的影响程度(11%)。

结束语

岁末之际,我们从普通老百姓的视角来盘点过去的一年,总体感受是,问题不少,但信心依旧。社会保障体系尚不完善,教育、医疗、养老的个人负担较重，物价、房价居高难下，老百姓的经济压力不小，消费能力提高和消费预期改善都存在一定的困难，低收入家庭的现状更加值得关注；腐败和贫富分化问题已成为公众明确感知的问题，国家经济发展成就未能惠及全体民众，而底层群众依靠自身努力改变现状的信心不足；社会诚信和社会道德方面存在一定的问题，并且已开始影响到老百姓的生活基本安全感……调整经济结构推动经济再上新台阶，调控物价、房价，调整收入分配体系，建设和发展社保体系，扩大消费需求，反腐败，净化社会风气，重建社会诚信等，无不需要政府的大智慧，才能系统稳妥地推进和解决。令人欣喜的是，尽管问题多多，公众对于政府的管理信心依然维持在较高位，特别是对于政府反腐败、解决贫富分化问题、改善社会风气等方面的信心度，较之以往有较大的提升。这既是对政府的信任，更是对政府的希望！

Report on 2011 Survey on Quality of Life for Chinese Residents

Victor Yuan   Zhang Hui

Abstract：The results of 2011 Chinese Residents' Quality of Life Survey show that, the overall life satisfaction of urban residents remains stable over the year, and they are somewhat confident in their future life. However, we should pay more attention to low income families. Livelihood issues such as slow increase of income, rising prices on necessities, soaring housing price and pension issues have not be substantially addressed. Urban residents feel a high economic pressure that is hard to be relieved, and their consumption confidence only rises in a slow pace. Moreover, urban residents suffer from the declining social morality, which has greatly influenced their sense of security and mutual trust. In addition, the public have a strong perception of corruption and polarization between the rich and the poor. And people at the bottom social hierarchy are unconfident in terms of changing their life through their own efforts. However, they still show increasing confidence in the government and believe that government will find solutions to various social problems.

Key Words：Index of Quality of Life； Overall Life Satisfaction； Confidence in the Future； Influencing Factors

B.10 劳动力市场的变化及"招工难"问题调研报告

张 翼 刘影翔*

摘 要：本文通过对近期发布的一系列数据资料的分析指出：快速发生的人口结构变化，以及劳动力增量数量的回落，在改善就业环境的同时，造就了农民工"短缺"的大环境。教育分流所导致的初中文化程度劳动力增量的萎缩，以及劳动密集型企业对初中文化程度劳动力的刚性需求之间的矛盾，进一步激化了"民工荒"问题。另外，中西部地区的经济加速也增大了其劳动力需求，这就导致了东中西部地区之间的"招工竞争"。农民工劳动用工合同签约率的低下、大量劳务派遣工的存在，以及某些制造业工资水平的相对低下，也在某种程度上降低了企业对农民工的吸引程度。面对当前的招工难趋势，要进一步优化劳动用工环境，提升工资水平，以实有人口配置城市公共资源，增加企业对农民工的吸引力。

关键词：人口结构 招工难 实有人口 制造业

2011年初发生的"招工难"，实际上是2003年以来"招工难"现象的继续。回溯起来，2003年应该是劳动力市场——尤其是农民工劳动力市场的划时代之年。在此之前，农民工往往被视为城市劳动力的"蓄水池"。在此之后，农民工从整体上提升了其与雇主讨价还价的能力——如果企业开出的工资达不到预期，或者企业的劳动用工环境欠佳，农民工就可以"以脚投票"，重新选择自己的老板、重新选择自己打工的城市——这最终也会影响流动区域与各个区域流动人口

---

* 张翼，中国社会科学院社会学研究所研究员；刘影翔，中国社会科学院研究生院人口与劳动经济系博士生。

的分布。

农民工劳动力市场的这种变化，更加强化了企业的"招工难"趋势。最近几年，春节过后的"民工荒"问题愈演愈烈：不仅在东部沿海地区出现了"抢工"现象，就是在中西部地区，有些省市政府部门也开始出手干预"农民工的流动"，希望本地农民工能够就近就地就业，首先满足本省本市之所需。这使中西部地区与沿海地区对农民工的争夺越来越趋于激烈。

那么，为什么作为第一人口大国的中国会发生"招工难"？当前发生的"招工难"只是一个季节性的或阶段性的"难"，还是会长期持续？国家应该采取哪些措施以缓解或克服"招工难"问题？

一 劳动力市场的变化及"招工难"的成因

为什么中国会发生"招工难"？对这一问题的不同回答，会直接影响到各地政府部门的劳动就业政策及企业发展战略。尤其是在制定中长期发展战略时，必须关注导致这一问题的根本原因。细究起来，"招工难"的主要原因有以下几个方面。

1. 人口结构的变化，使"招工难"首先表现为总量供给增幅的降低

自20世纪70年代将计划生育纳入"五年规划"以来，中国的出生率就开始逐步下降：首先是非农户籍人口在"一对夫妇只生育一个孩子"政策约束下的下降，然后是农业户籍人口出生率自80年代开始的下降——到2010年，中国人口出生率已经下降到11.90‰，死亡率在人口老化的过程中逐渐上升到7.11‰，自增率开始下降到4.79‰，从趋势上看，仍然处于下降的态势——事实上，自2003年开始，中国人口的自增率就低于死亡率。虽然某些人口学家预测在2005年左右中国会显现"第四次人口出生高峰"或"人口出生小高峰"，但截止到2010年底，这个被预测的"人口出生高峰"还未曾显现。

从图1所展示的趋势可以明显看出，中国人口金字塔底部的收缩态势。在1953年和1964年人口普查时，人口性别年龄结构图是名副其实的"金字塔"形状。但在1982年第三次人口普查时，则出现收缩之态势——少儿人口——尤其是10岁以下少儿人口开始缩减。但在20世纪80年代"生育高峰"影响下，0～4岁人口出现了增加。故1990年第四次人口普查显示的金字塔底部有所扩展。

但在90年代的人口政策趋于稳定之后,金字塔底部又开始收缩——从2000年人口普查所显示的金字塔形状中可以明显看出:少儿人口出现了持续性收缩态势。

进入21世纪之后,中国人口金字塔底部的收缩态势也极其明显。比如说:2002年全国出生人口1647万,2005年全国出生人口为1617万,2008年全国出生人口1608万。2008年死亡人口为935万,出生人口减去死亡人口后净增人口仅673万。中国人口的增速进一步放缓了。2009年全年出生人口1615万,死亡人口943万,净增人口672万。

虽然中国人口在惯性下仍趋增长,但新生人口数却会在波动中趋于下降。表1为我们展示了"2009年千分之一人口变动抽样调查"统计的各年龄段人口数据。该数据显示:中国0~4岁年龄段人口占比男女合计仅为5.16%,5~9岁人口占比为5.41%,10~14岁年龄段人口占比为6.30%,15~19岁年龄段人口占比为7.17%。由此可以看出,在人口金字塔底部,年龄段越小,人口占比越低。故中国人口不仅在收缩,而且处于快速收缩中。这意味着每年新生成的劳动力人口,会较上年减少。

表1 2009年中国各年龄段人口所占比重

单位:%

年龄段	在总人口中所占比重	年龄段	在总人口中所占比重
0~4	5.16	50~54	7.24
5~9	5.41	55~59	6.79
10~14	6.30	60~64	4.78
15~19	7.17	65~69	3.44
20~24	7.52	70~74	2.79
25~29	6.48	75~79	1.93
30~34	6.76	80~84	1.01
35~39	9.10	85~89	0.41
40~44	9.64	90~94	0.10
45~49	7.93	95+	0.03

资料来源:依据2010年《中国统计年鉴》表3~7整理。

从图1可以看出:我国未来劳动力人口的增长额呈现非常明显的下降态势。这就是说,现在的"用工荒",实际是劳动力总量供给——尤其是18岁左右劳动力人口历年供给趋于减少的结果。这就是说,除结构性因素之外,总量供给额

的有限性，应该是主要原因。当然，还有人预测说中国农村仍然有"大量"剩余劳动力，但真正考察农村劳动力人口的年龄结构就会发现，绝大多数40岁以下的劳动力已经"外出"务工了。现在，已经很难从农村再找到如劳动力"蓄水池"那样的农民工了。

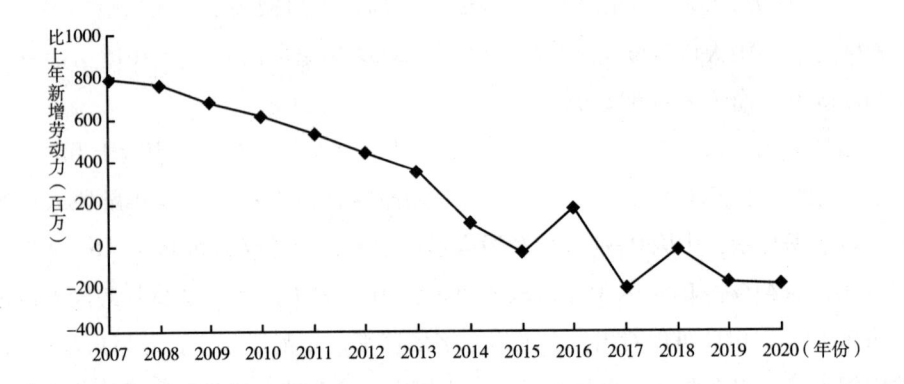

图1 中国未来15~64岁劳动力人口的变动状况

2. 劳动力供给结构变化，强化了"招工难"问题

面对"招工难"问题，有些人认为是"招技工难"而不是"招普工难"。但事实上，现在的招工难是"普工荒"与"技工荒"的"双重荒"。为什么大学生就业难而农民工又强烈地表现为短缺性的"用工荒"呢？

其中的一个主要原因，是劳动力的教育分流在很大程度上使"初中"文化程度劳动力趋于严重短缺。但中国制造业使用的劳动力，主要是以初中文化程度劳动力为主的年轻劳动力。

从2010年12月完成的流动人口动态监测调查数据可以明显看出（见表2）：不管是男性还是女性，制造业中使用的农民工，绝大多数都是"初中"与"小学"文化程度的农民工。比如说，在纺织、服装、鞋帽制造业中，男性农民工"初中"文化程度占比达到69.18%，"小学及以下"文化程度占比达到10.58%，二者相加其占比接近80%；在女性农民工中，"小学及以下"文化程度占比20.50%，"初中"文化程度占比66.58%，二者相加超过87%。所以，该类制造业中女工的短缺程度更严重。

从其他制造业内部所使用农民工的学历结构中也可以看出，"初中"文化程度与"小学及以下"农民工仍然是用工的主体。但九年义务制教育的推行，已经

表2 农民工在不同类型制造业中的分布

单位：%

性别	文化程度	请问您所在的企业是什么类型的制造业企业								总计
		纺织\服装\鞋帽制造	木材加工\造纸\体育用品\办公用品\工艺首饰及家具制造	化学原料\化学纤维\家庭洗浴\生物\医药等制造	建筑材料及玻璃等制造	各种工程机械\动力设备\电气等制造	通信\计算机\仪器仪表及其他电子\元器件制造	船舶\汽车\摩托车\仓储机械\兵器及零配件制造	食品制造	
男	小学及以下	10.58	13.96	6.26	17.98	9.87	5.65	12.62	16.40	10.71
	初中	69.18	61.33	56.61	53.56	54.93	43.88	55.77	55.97	58.48
	高中	13.47	15.42	15.64	15.10	15.82	24.44	17.55	14.08	16.61
	中专及以上	6.77	9.28	21.49	13.37	19.38	26.03	14.05	13.55	14.21
	小计	100	100	100	100	100	100	100	100	100
女	小学及以下	20.50	22.35	16.97	24.73	23.47	8.32	27.21	25.57	18.56
	初中	66.58	52.26	62.62	50.54	40.61	53.85	52.94	50.46	58.80
	高中	6.84	12.29	7.41	8.82	12.28	17.52	10.34	12.79	10.59
	中专及以上	6.08	13.10	13.00	15.91	23.63	20.31	9.51	11.19	12.06
	小计	100	100	100	100	100	100	100	100	100

资料来源：103个城市流动人口监测调查。

使小学毕业后就进入劳动力市场的人数微乎其微。这就是说，小学未毕业或者小学毕业就进入劳动力市场的劳动力，我们基本可以忽略。初中毕业进入劳动力市场的劳动力数量，也在高中阶段教育招生的扩张中迅速降低了。从图2可以看出，自2006年开始，初中毕业生的数量，就从波动上升开始迅速下降——这是

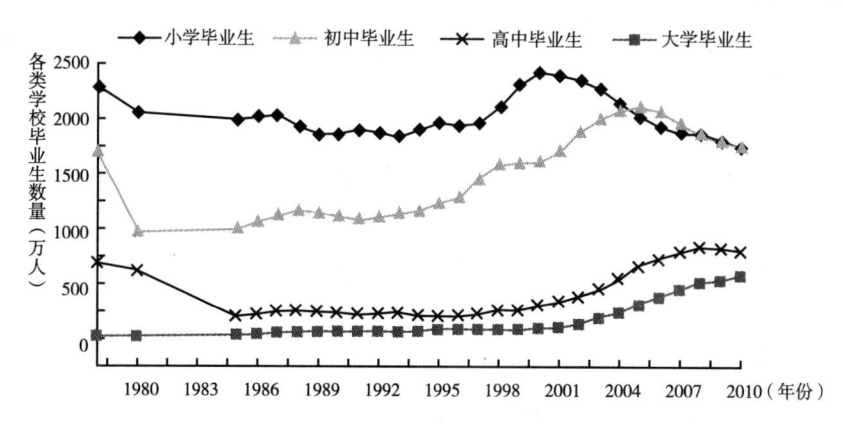

图2 1980年以来各级各类学校毕业生人数的变化状况

资料来源：根据2011年《中国统计年鉴》表9~20整理。

继小学毕业生数量连续下降6年后的一个必然现象。当然，图2所表现的另外一个趋势是：普通高中毕业生的数量，也开始缓慢下降了。

但在初中毕业生数量下降的同时，随着中等教育——尤其是中等职业学校教育招生人数的上升，初中毕业生的升学率也大大上升。

2007年总共毕业了2070万初中生，但该年却有840万初中生进入了普通高中学习，有810万进入了中等职业学校学习，故可能进入劳动力市场的初中生只有420万人。

2008年总共毕业了1933万初中生，但该年却有837万进入了普通高中学习，有812万进入了中等职业学校学习，故可能进入劳动力市场的初中生只有284万人。2009年中等职业教育招生已经达到874万人，普通高中招生已经达到830万人，两者相加达到1704万人。

2009年初中应届毕业生仅仅为1797.7万人。这就是说，在扣除了升学进入"普高"与"中职"的1704万人之后，有可能进入劳动力市场的初中毕业生仅余下了93.7万人。

2010年初中毕业生则下降到了1750.4万人。但普通高中招生为836万人，中等职业教育招生为868万人，二者相加达到1704万人——使可能进入劳动力市场的初中毕业生缩减到不足50万人。

因此，在2011年，估计可能进入劳动力市场的初中毕业生已经没有多少人了。在这种情况下，劳动密集型企业要想继续雇用以初中毕业生为主的劳动力，就不得不面临新增劳动力迅速下降的约束。如果GDP的增长率仍维持在9%左右，到2012年春节之后，企业对年纪较轻的农民工的竞争，将进一步加剧。

3. 劳动力市场对较低文化程度劳动力的需求仍然旺盛

从表3可以看出，在整个2010年，劳动力市场对"初中及以下"文化程度劳动力和接受过中等教育劳动力的需求极其旺盛。比如说，在第一季度和第四季度，对"初中及以下"文化程度劳动力的求人倍率分别高达1.15和1.13。这预示着：受春节影响的第一季度，普工是非常缺的；在一年合同期满之后的第四季度，普工也是极其缺乏的。在2011年第一季度，劳动力市场中"初中及以下"文化程度劳动力的求人倍率高达1.21；在2011年第二季度，也维持在1.15。

表3　2010～2011年不同文化程度劳动力求人倍率比较

时间	初中及以下	高中	职高/技校/中专	大专	本科	硕士及以上
2010年第一季度	1.15	1.08	1.27	0.88	0.88	—
2010年第二季度	1.09	1.08	1.1	0.87	0.78	0.68
2010年第三季度	1.05	1.08	1.29	0.89	0.73	0.67
2010年第四季度	1.13	1.10	1.35	0.89	0.78	0.71
2011年第一季度	1.21	1.14	1.35	0.93	0.84	0.98
2011年第二季度	1.15	1.16	1.36	0.95	0.85	0.91

资料来源：中国人力资源市场信息监测中心：2010年第一季度至2011年第二季度部分城市公共就业服务机构市场供求状况分析。

当然，劳动力市场对接受过一定技能训练的职高/技校/中专毕业生的需求更为旺盛。比如说，从2010年第四季度到2011年第二季度，这一类别劳动力的求人倍率甚至高达1.35及以上。但大专及以上文化程度者的求人倍率，却全部低于1。而与前几年不同的是：市场对大专文化程度劳动力的需求似乎有所增长，但本科文化程度劳动力的求人倍率仍然较低，到2011年第二季度，只有0.85。这就是说，大学生的就业难问题，在一定时期内将仍然持续存在。

表3说明，第一，初中及高中阶段劳动力的供给短缺是持续性的短缺，而不仅仅是季节性和暂时性的短缺；第二，大学生的就业难问题，不仅表现为毕业季——第三季度的就业难，而且是全年性的持续性就业难。中国企事业单位白领就业岗位的供给量远远小于大学生数量的供给量。

4. 中西部地区经济增速加快，拉动了内地用工需求的增长

2010年，全社会固定资产投资278140亿元，比上年增长23.8%（扣除价格因素，实际增长19.5%）。其中，东部地区投资增长22.8%，中部地区增长26.9%，西部地区增长26.2%。从这里可以看出，中西部地区的增速，要高于东部地区。

另外，中国沿海地区的产业升级也迫使一部分在沿海地区缺少竞争力的企业向中西部地区迅速转移。与此同时，一些高端国际产业也开始跨过东部地区而直接落户中西部地区。中央政府主导的西部大开发战略、中部崛起战略和东北振兴战略等，也刺激了内地的经济增长。这都增加了中西部地区的用工需求。内地用工需求的提升，使流动人口的流动模式发生了从单元集中向多元集聚的转变。在

金融危机的影响下,这种变化更加明显。

可以说,20世纪的最后20年,中国流动人口的流向,主要表现为从乡村到城市、从中西部地区到东部沿海地区的流动特点。在东部沿海地区,"环渤海湾经济带"、"长三角"地区与"珠三角"地区,成为农民工的主要流入地,有50%~60%跨省流动的农民工流入了这些地区。但在产业转移——尤其是在低技术劳动密集型产业自沿海向中西部地区转移的影响下,农民工出现了就近就地转移的趋势。虽然"环渤海湾经济带"、"长三角"与"珠三角"地区仍然是流动人口的主要流入区域,但中西部地区的吸纳能力也已大大增强了。

另外,"长三角"——尤其是上海市关于建设现代服务业、先进制造业、国际金融中心和国际航运中心的战略目标①,"珠三角"地区改革发展规划纲要(2008~2020年)②中对发展服务业、先进制造业、高新技术产业等的强调,以及北京市中长期科学和技术发展规划纲要(2008~2020年)③对创新与科技的重视,都强化了对劳动力人力资本的要求。从这里可以看出,伴随沿海地区产业升级速度的提升,原来集聚于这些地区的低端产业,将首先向本区域内的欠发达地区,然后向劳动力资源比较丰富的中西部内陆地区转移。这自然会拉动人力资本较高的劳动力向沿海转移,而迫使人力资本较低的劳动力回流中西部。

表4 东中西部地区岗位空缺与求职人数的比率

时间	东部	中部	西部
2010年第一季度	1.07	1	1.01
2010年第二季度	1	0.98	1.01
2010年第三季度	1.01	0.96	0.95
2010年第四季度	1.02	1.02	0.97
2011年第一季度	1.09	1.05	1.07
2011年第二季度	1.08	1.07	1.04

资料来源:中国人力资源市场信息监测中心:2010年第一季度至2011年第二季度部分城市公共就业服务机构市场供求状况分析。

---

① 参见国发〔2009〕19号《国务院关于推进上海加快发展现代服务业和先进制造业建设国际金融中心和国际航运中心的意见》。
② 参见 http://news.qq.com/a/20090108/000727.htm。
③ 参见 http://policy.tech110.net/html/article_382244.html。

从表4可以看出，东部地区的求人倍率为1及以上；中西部地区的求人倍率在2010年第一季度超过或等于1，但在其他季度，则在1左右。在2011年的第一季度和第二季度，不管是东部地区，还是中西部地区，其求人倍率都高于1。这就是说，中西部地区劳动力在家门口找工作的难度不仅大大降低，而且，各地求人倍率这一数据的差距已经很小了。

5. 制造业平均收入水平较低，对农民工缺少吸引力

从前文的分析可以看出，制造业使用的劳动力，主要是年轻的初中及以下文化程度农民工。调查发现，与农民工从事的其他行业相比较，制造业农民工的月收入仍然偏低。但绝大多数以劳动密集型企业为主的制造业是严格以订单组织生产的企业。所以，其工期的拖延会带来严重的亏损。因此，春节之后的劳动力雇工竞争，往往以制造业为主要推手。

在制造业工人的劳动收入达不到预期值的情况下，有经验的农民工往往四处流动，依企业给出的工资的高低而决定去留，这更加深了劳动力市场对农民工的需求程度。

从表5可以看出，除住宿餐饮业、农林牧渔业和社会服务业外，农民工在制造业中的工资是比较低的，总计平均只有2158.90元。而其在建筑业的收入却会达到2742.33元，在仓储与交通运输业中也达到了2962.82元。

表5 农民工就业行业月收入比较

单位：元

文化程度	制造业	采掘业	农林牧渔业	建筑业	电煤水生产供应业
小学及以下	1978.70	2142.64	1350.15	2841.32	2085.87
初中	2148.26	2611.07	1999.49	2620.42	2060.32
高中	2299.15	2194.35	2113.75	3048.34	2370.99
中专及以上	2321.30	2632.79	2018.84	3168.01	5251.02
总 计	2158.90	2410.88	1753.33	2742.33	2482.88
文化程度	批发零售业	住宿餐饮业	社会服务业	金融保险地产业	仓储与交通运输业
小学及以下	1730.86	1709.46	1694.42	2145.97	2135.62
初中	2145.16	1920.60	1894.49	2501.07	3082.66
高中	2390.69	2839.58	2325.88	3245.92	2586.71
中专及以上	2403.76	2310.07	3366.05	3612.54	3710.36
总 计	2209.91	2084.30	2122.67	3281.96	2962.82

资料来源：2010年流动人口监测抽样调查。

为什么制造业农民工的收入会如此之低呢？我们知道，以出口为主的外向型劳动密集型制造业企业，在国际市场拿到的订单，实际是我国企业互相恶性竞争后拿到的低利润订单。尤其是中小型制造业对低技术、低附加值订单的恶性竞争，使其只有控制农民工的用工成本才可能维持微薄的利润。在生产成本的控制之下，农民工工资的上涨空间并不大。

6. 东中西部各地农民工收入差距缩小，就近就地转移同样挣钱

为什么农民工流动到城市去打工？除其他因素的影响外，提高收入是其最重要的目的。因此，对农民工而言，哪里收入高，自然就去哪里务工经商。到2010年底的时候，农民工的收入状况如何呢？

表6为我们提供了比较详细的数据。对于男性而言，"小学及以下"文化程度农民工在东部的月收入（包括了其加班收入）为2242.57元，在中部为1919.32元，在西部为1987.83元。"初中"文化程度农民工在东部的月收入为2402.54元，在中部为2105.35元，在西部为2137.07元。"高中"文化程度农民工在东部的月收入为2578.50元，在中部为2117.16元，在西部为2123.23元。"中专及以上"文化程度的农民工在东部的月收入为3144.29元，在中部为2258.76元，在西部为2209.93元。

表6 受雇农民工月收入的东中西部比较

调查年份	文化程度	男性			女性		
		东部	中部	西部	东部	中部	西部
2010	小学及以下	2242.57	1919.32	1987.83	1857.24	1377.40	1443.65
	初中	2402.54	2105.35	2137.07	1916.49	1497.39	1557.39
	高中	2578.50	2117.16	2123.23	2198.45	2280.17	2125.82
	中专及以上	3144.29	2258.76	2209.93	2375.05	2253.83	2283.65

说明：汇总过程中只纳入了受雇农民工的个案。
资料来源：2010年和2011年流动人口监测抽样调查。

对女性而言，在"小学及以下"农民工中，其在东部的月收入为1857.24元，在中部为1377.40元，在西部为1443.65元。"初中"文化程度农民工在东部的月收入为1916.49元，在中部为1497.39元，在西部为1557.39元。"高中"文化程度农民工在东部的月收入为2198.45元，在中部为2280.17元，在西部为2125.82元。"中专及以上"文化程度的农民工在东部的月收入为2375.05元，在中部为2253.83元，在西部为2283.65元。

从这里可以看出，只要是受雇于企业而赚取工薪的农民工，其在东部、中部和西部之间的收入差距已经大大缩小了。除男性"中专及以上"组东部显著高于中西部外，其他各组的差距都不到500元。如果减除掉交通成本，再考虑到东部地区的消费开支会高于中部和西部地区，这些差距实际已经微乎其微了。

因此，受雇农民工在东部地区与中西部地区之间收入差距的缩小，是农民工不愿意长距离流动的另外一个极其重要的原因。这一方面显示了农民工就业市场的一体化过程，另一方面也显示了东部地区产业升级速度还不够快，仍然在同一个水平上与中西部地区竞争，这让东部地区更迫切地感受到"用工荒"。

7. 有固定期限劳动合同易于促使农民工离职流动

尽管企业面临招工难困境多年，但它并没有延长与农民工签订的劳动合同年限。当然，从根本就不签订劳动合同到逐渐开始签订劳动合同，有了一定的进步。但只签订有固定期限的劳动合同本身，不能将已经雇佣的农民工稳定在企业之中。

从表7可以看出，在中部地区和西部地区，农民工"未签订劳动合同"的比重分别高达56.13%和52.56%。东部地区与农民工签订劳动合同的比重较高，但主要是"有固定期限"的劳动合同——这一比例高达55.52%。在"无固定期限"劳动合同中，东部地区企业的签约率只有8.77%，中西部地区也分别为11.48%和10.44%。

表7 东中西地区农民工劳动合同签订情况

单位：%

就业地区	有固定期限	无固定期限	完成一次性工作任务	试用期	未签订劳动合同	不清楚	总计
东部	55.52	8.77	0.88	1.19	30.81	2.83	100
中部	25.66	11.48	0.72	1.14	56.13	4.86	100
西部	29.70	10.44	1.09	1.21	52.56	5.01	100

资料来源：2010年流动人口监测调查。

我们在访谈中得知，有固定期限劳动合同的到期日往往是年底。合同到期之后，农民工又不得不回家过春节。春运期的一票难求使某些合同到期的农民工不得不及早回家。这样，很多农民工在每年12月与来年1月根本没有就业。这就是说，农民工一年的就业时间可能只有10个月左右，而不是12个月。这既影响了他们的收入，也使企业难以完成生产任务，每年在春节后出现周期性的"招工难"问题。

由于劳动力供给总量的下降，这种周期性发生的"招工难"问题会集中凸显。这样，对企业来说，免去了给农民工的带薪假，但工人的技术水平却难以累积；对农民工来说，劳动岗位很不稳定，但有机会重新自主选择雇主。但长此以往，"招工难"问题总是难以避免。

二 如何应对"招工难"问题

根据第六次人口普查，中国2010年15～64岁劳动力人口占总人口的比重，已经历史性地达到了74.5%——这预示着中国已经进入人口红利的峰值阶段。在此阶段之前，利用"廉价劳动力"维持的企业生产，能够得到新增劳动力的支持，在此阶段之后，廉价劳动力时代必将终结。在这种情况下，为应对"招工难"问题，我们就必须做好以下几项工作。

1. 提高城市化水平，提高农民工的市民化率，以实有人口配置城市公共资源

中国之所以存在有史以来规模高达1.7亿左右农民工的跨区域流动，一个重要原因在于户籍制度的约束。在城镇与城市地方保护主义政策的集体排他性约束之下，城市与城镇没有将流入的农民工视为"永久性居民"，而视其为"暂住居民"并以"暂住证"将其与当地户籍居民相区别。虽然近期有些地区（如成都）取消了暂住证而使用了"居住证"——居住证是暂住证的升级——比暂住证增加了一些福利内容，但仍然与户籍簿不能相提并论。农民工进入城市——即使已经长期在城市生活并在城市购买了住房，甚至于其本身就出生在城市、上学在城市，却仍然需要办理暂住证或居住证，不能与户籍居民享受同等的城市公共服务。在本质上，城市仍然将农民工只作为劳动力而未作为居民对待。尤其是在大城市与中等城市，城市政府在本质上只希望利用农民工的人口红利求得经济增长，却不愿在社会建设上扩容以覆盖非户籍人口。

近期各大城市出台的一系列涉及重大利益问题的政策配置，亦在继续强化户籍对"外地人"的排斥功能。对于绝大多数农民工而言，无论如何努力和奋斗，其在现行制度框架下一辈子也无法转变为城市户籍居民。这不仅强化了劳动力市场的分割功能，而且还阻碍了农民工"在城市的就近就地就业"，使其不得不处于流动状态。从表8可以看出，不管是在东部地区，还是在中西部地区，都有10%左右的农民工在打工所在的城市居住了十几年。在打工地居住6~10年的农民工，在东部地区达到19.12%，在中部地区达到16.00%，在西部地区达到17.72%。在打工地居住2~5年的农民工，在东部地区达到48.44%，在中部地区和西部地区均达到54.73%。这就是说，有80%左右的农民工其实是"长期"居住在打工地的，而只有20%左右的农民工属于"流动人口"。因此，政府部门需要做的事情是：尽可能在近期不折不扣地落实中央提出的"实有人口"管理与服务政策，而不再是户籍人口或常住人口的管理与服务政策。而一旦使用了"常住人口"的概念，城市部门为增加人均GDP而采取的基本做法是少报或瞒报农民工的人数。

表8 农民工进城务工时间分布

单位：%

就业地区	您来本城市多少年了					总计
	16年及以上	11~15年	6~10年	2~5年	最近1年或不到1年	
东部	3.28	6.72	19.12	48.44	22.43	100.00
中部	3.00	5.63	16.00	54.73	20.64	100.00
西部	3.86	6.47	17.72	54.73	17.22	100.00

面对企业的招工难，在北京、上海这样的大城市，政府部门在竭尽全力"调控"人口，企业却在想尽办法招用农民工。具有调控偏好的政府与市场偏好的企业在对待农民工问题上的矛盾局面，进一步强化了"用工荒"的社会影响。

所以，在城市化需要快速发展以加速中国社会转型的时期，在大城市地方政府难以改革现行户籍制度的矛盾心理期，中央政府应该出台一系列措施，稳定"实有人口的城市化"水平，促进农民工的市民化进程，以社会保险制度的完善、以城市公共福利与公共服务设施的均等化配置，提高流动农民工的市民待遇水平，加强城镇和城市对农民工的吸引力，加强农民工对就业地的认同心理，解决农民工子女的上学与入托问题，使农民工能够安心就业，并完善农民工转化为产业工人的机制,缓解老龄化日趋严重背景下城市的劳动力短缺问题。一句话,城市社会建设的区隔与歧视状况不改变,企业的招工难问题就不可能解决。

2. 加大劳动用工执法力度,优化用工环境,提高农民工的收入和社会保障水平

虽然近期农民工的劳动环境有所改善,但超时加班问题仍然很突出。因此,2011年某些企业在招工过程中主动打出了"免费上三险"、"每月休息4天"、"每天加班不超过1小时"的广告。这就是说,即使"用工荒"这样严重,能够"上三险"、能够每月休息4天或每天加班不超过1小时仍然被作为吸引农民工就业的"待遇",而不是企业落实劳动法的义务。所以,要吸引更多的农民工到城市就业,城市政府部门的做法,不应该是到车站拦截农民工,而应该是强化劳动执法检查,督促企业严格落实劳动法,督促企业与农民工签订劳动合同并提升"无固定期限"劳动合同的签约率,使农民工在8小时劳动中获得应得的报酬,而不是依靠加班来增加自己的收入。

只有在企业层面优化了劳动环境,才可能既为企业积累技工数量,节约企业的培训成本与招工成本,又可以降低农民工在"有固定期限"劳动合同到期后的转岗转业成本,提升企业的竞争能力,使其在国际市场上具有更强的讨价还价实力。如果雇用农民工劳动的企业仍然不与农民工签订劳动合同,或者仍然签订的是"有固定期限"的劳动合同,那么,每逢"年底年初","用工荒"问题仍然会频繁出现。

3. 指导东中西部之间的分工协作,缓解劳动力资源的相互争抢

在金融危机的打击之下,东部沿海地区劳动密集型产业开始大规模向内地转移。为发展中西部地区的经济,内地各省份都出台了承接产业的战略规划。如安徽成立了皖江承接产业转移示范园区、广西成立了桂东承接产业转移示范园区、重庆成立了沿江承接产业转移示范区。有些地区的产业承接园区虽未曾获批,但内地各个经济区的规划,却也刺激了当地的产业投资。比如说,成渝经济区、关中—天水经济区、甘肃兰—白核心经济区、江西鄱阳湖生态经济区、图们江区域合作开发区等,也成为新的经济增长引擎,成为吸纳劳动力就业的地方经济核心区域。

但这些新的经济开发区在承接转移来的产业时,基础还比较薄弱。因此,这些地方的中小城市承接到的产业中,低技术低附加值产业还占有很大比重。

而东部地区,在率先发展了30多年之后,虽然转移出去了某些产业,但由于劳动密集型产业仍然具有较高的利润,故在新投入的产业中,劳动密集型产业仍然较多。这就导致东部与中西部地区在同一层次竞争劳动力。

因此,中央政府需要在宏观上指导东部地区转移出低技术低附加值的劳动密集型企业,并在新企业的审批与发展定位上,鼓励与支持其引进先进制造业,着力发展对国民经济具有深远影响的装备制造业,使东部地区与中西部地区分工协作,化解东部地区与中西部地区之间在低附加值劳动密集型企业用工方面的恶性竞争。

而中西部地区承接的产业,也应该考虑未来的发展前途与中国劳动力供给的结构变化趋势,有意识地提升产业技术水平与自动化水平,淘汰高消耗、低产出的企业。

4. 提高劳动生产率,优化劳动力市场的供求匹配

虽然"用工荒"会形成倒逼机制,迫使企业加快技术升级和产能改造步伐,消化成本,追逐利润,但企业自发的这种被动转型速度,仍然不适应于中国教育扩张所造成的农民工人力资本的迅速提升。只有通过国家投入建立有效的激励机制,才能引导企业迅速提升技术含量,在生产的自动化和机械化进程中节约用工数量,一方面提高员工的工资待遇,另一方面降低人工劳动消耗。

另外,根据《国家中长期教育改革和发展规划纲要(2010~2020年)》,"十二五"和"十三五"时期中等教育与高等教育的招生规模仍会扩张。这样,新生小学文化程度与初中文化程度劳动力会从现在的增速放缓最终演变为负增长——这意味着"十二五"和"十三五"时期流动劳工的主力将迅速转变为中等文化程度者。也就是说,从现在开始,小学与初中文化程度农民工将仅仅是劳动力市场的存量。如果企业继续以廉价劳动力设计生产流水线,那意味着从开业那天起就失去招工竞争力。因此,只有以中等教育劳动力设计企业的劳动力岗位,我们才能满足提升了人力资本的劳动力的择业需要。

当然,企业研发部门与管理人员岗位的创造,也是劳动力战略设计的题中应有之义。毕竟,大学生的就业难问题,今后会长期存在。

5. 密切监测农民工的流动趋势,做好农民工就业服务

现在,农民工的择业渠道,基本为自主择业。从表9可以看出,受政府部门的帮助或信息支持而找到工作的比率,不管是在东部地区,还是在中西部地区,都不足1%。"自己找到"工作的百分比仍然在50%左右。依靠"本地熟人"、"家属/亲戚"、"同学/朋友/同乡"等找到工作的比例也很高。

表9　农民工在城市与城镇的择业获助途径分布

单位：%

区域	政府部门	社会中介	本地熟人	家人\亲戚	同乡\朋友\同学	网络	传媒广告	自己找到	其他	总计
东部	0.44	5.08	6.40	16.67	20.16	1.37	0.51	47.98	1.37	100
中部	0.46	0.95	11.12	18.27	12.34	0.41	0.36	54.36	1.72	100
西部	0.78	1.07	11.49	15.68	13.42	0.41	0.64	54.52	1.99	100

因此，如果政府部门能够在信息提供方面，更为便捷地服务于农民工，在农民工与企业之间建立起信息桥，那么，农民工会极大地缩短择业时间，在一定程度上缓解"用工荒"问题。

6. 改善企业劳动关系，建立常态培训机制

建立现代企业制度的关键，是改变原有企业组织方式，使企业与职工共享经济增长成果，提高农民工的收入，使企业受雇职工产生对企业的认同感，产生同呼吸共命运的那种相互依赖的感情。企业不能仅仅将农民工视为雇员，而应该尊重他们的劳动，尊重他们的创造力。让职工能够参与企业的管理，建立技术人员、管理人员和企业主与普通工人的沟通渠道，以人性化的方式设计企业管理理念，最大限度地改善企业内部的劳动关系，建立和发展和谐的劳动关系，开展工资集体协商，落实国家有关职工休息休假的规定，使广大职工实现体面劳动。要从根本上建立法律对劳动者权益的保护机制，保障职工与企业能够形成完善的讨价还价制度。

当然，劳动关系建设的另外一项内容，应该是企业拿出部分利润，通过税前列支用于企业员工的技能培训，提高技术工人的比重，稳定职工队伍。

最后，政府部门要鼓励企业实行职工持股计划，鼓励企业在改善工作环境的同时，也改善职工的居住等生活环境。

Report on the Situation of Labor Market and the Outbreak of "Recruitment Crisis"

Zhang Yi　Liu Yingxiang

Abstract：The paper analyzes a series of recent data to demonstrate that, although the overall employment situation is improved, both dramatic change of population structure and the decreasing rate of labor increment contribute to the shortage of labor supply. Moreover, since a significant percentage of youth still want to pursue their education, which leads to further shrinkage of peasant workers who only finished their junior high school education. On the other hand, there is an unbalanced labor supply and demand for the labor intensive industry, which exacerbates the current situation of labor shortage. Additionally, the accelerating rate of economic development in central and western China also contributes to the increasing demand for all level of workers. Therefore, employers from eastern and mid-western China have to compete for workers in the process of recruitment. Meanwhile, factors such as lack of labor contract protection, the misuse of labor dispatch contract, and the low salary in traditional manufacturing industry, also make those entry and middle level jobs unattractive to peasant workers. Facing those challenges, government should step up and make effort to improve working environment and push for higher salaries for peasant workers. In the meantime, government should allocate public resource in urban area based on the real number of urban dwellers instead of "registered residents". On the other hand, business sector also needs to make some improvement to attract peasant workers.

Key Words: Population Structure; Recruitment Crisis; Real Population; Manufacturing Industry

B.11
"80后"及"80后"知识精英调查报告

李春玲 朱迪*

> **摘 要:**"80后"是"改革开放的一代",他们的出生和成长伴随着改革开放步伐的推进,目前他们正在走向社会并且开始成家立业的生命历程。基于抽样调查数据,本文重点描述了"80后"中的知识精英群体的人口特征、就业机会和收入、家庭和消费以及社会政治态度,深入分析了"80后"知识精英群体的就业机会、收入和社会政治态度的影响因素。
>
> **关键词:**"80后" 社会变迁 就业机会 社会态度

在当代中国社会变迁进程中,20世纪80年代出生的一批人注定不会是默默无闻的一代,也不会是安逸无为的一代。他们的出生和成长伴随着改革开放的前进步伐,作为第一代独生子女,他们受到父母和长辈众星捧月般的呵护,享受着经济增长和科技进步带来的前所未有的丰富多彩的物质生活,剧烈的制度变革和社会变迁也为他们提供了巨大的发展空间和机会,但同时他们也不得不面临着他们的父辈所不曾遭遇的竞争、风险和不确定性。

"80后"一代的社会形象随着他们的成长阶段而不断变化,幼年时他们被专家和媒体称为"在'蜜罐'里成长的小皇帝";少年时期他们又被认为是自私、叛逆、脆弱、没有责任感的"垮掉的一代"。进入21世纪以来,互联网的迅猛发展造就了一批"80后"作家和"网络风云人物",他们成为"80后"新的形象代言人,他们通过网络语言表达对成人社会文化权威的蔑视、对成人社会信条

---

* 李春玲,中国社会科学院社会学研究所研究员;朱迪,中国社会科学院社会学研究所博士后。

的大胆冒犯，他们的反叛精神、目空一切的气势和狂傲大胆的言论，都让文化权威们退避三舍，让成人社会精英心生畏惧。然而，在2008年，"80后"的社会形象徒然出现了一个大反转，在汶川地震和北京奥运会期间，他们成了"具有爱国精神"、"有爱心"、"有奉献精神"和"具有责任感"的一代人，他们似乎与主流价值和主导意识形态顺利融合了。最近三年，当越来越多的"80后"步入社会、成家立业之时，"80后"们又成了焦虑与压力之下的"蜗居族"、"蚁族"、"房奴"和"孩奴"。

"80后"社会形象的流变折射出这一代人的生存状态的变化。不仅如此，即使在相同的成长阶段，"80后"中的不同群体也有着不一样的生存状态，他们从来也不是一个一成不变、铁板一块的群体。当前，"80后"人群开始在社会经济各个领域崭露头角，尤其在网络舆情和大众媒体领域，他们所发出的声音时常引领着社会情绪的走向，他们的境况和社会心态不仅对当前的社会稳定产生影响，而且对中国社会的未来走向也有影响。在"80后"当中，大学生及大学毕业生一直是最为活跃、最有影响力的群体，而其中的精英分子——名牌大学（"985"高校）的学生——可能是未来中国社会各领域的领军人物，他们的境况更值得关注。

一　"80后"的数量及不同群体的社会特征

（一）"80后"的人口特征

2005年的1%人口抽样调查数据显示，"80后"总人数约为2.04亿，占全国总人口的15.4%。其中，76.9%出生于农村，23.1%出生于城市；69.2%持有农业户口，30.8%持有非农户口；31.1%生活在城市，16.8%生活在小城镇，52.1%生活于农村。由此看来，"80后"中的多数是农村青年，不过，真正从事农业生产劳动的仅占18%。

虽然人们常说"80后"是"独生子女"一代，但是只有19.1%的"80后"是独生子女，其中，在城市，49.1%的"80后"是独生子女；在农村，只有10.2%的"80后"是独生子女。在80.9的非独生子女当中，有39.9%的人另有一个兄弟姐妹，25.2%的人另有两个兄弟姐妹，15.8%的人另有两个以上的兄弟姐妹。

(二)"80后"内部的群体差异

"80"后人口中存在比较明显的群体差异(见表1)。在整个"80后"人口,最引人注目的两个群体是"80后"农民工(或称新生代农民工)和"80后"大学生。初步估计,"80后"人口中的44%为农民工,20%为大学生。关于"80后"农民工的具体数量,没有准确的统计数据,一些学者估计,在目前约1.49亿的农民工当中,约60%是新生代农民工(包括"80后"和"90后"农民工),由此估计,新生代农民工约有8900万人。"80后"大学生约有4100万人,其中,在校大学生约1900万人(占46%),大学毕业生约2200万人(占54%)。

表1 "80后"内部群体差异

项 目	"80后"总体	"80后"农民工	"80后"大学生	"985"高校"80后"大学生	"985"高校"90后"大学生
城镇户口比例(%)	22.9	0.0	67.8	51.9	63.2
独生子女比例(%)	19.1	9.3	48.0	42.8	52.1
平均受教育年限(年)	10	9.5	>15	>15	>15
党员比例(%)	2.5	3.1	10.3	43.1	7.7
父亲职业(%)					
管理人员	3.2	1.1	8.3	12.2	16.4
专业人员	2.9	1.1	8.3	13.0	18.7
办事人员	6.5	1.1	11.5	12.4	15.0
个体自雇	8.2	9.1	11.5	15.7	16.4
工人	23.8	15.1	29.8	11.1	9.3
农民	51.5	71.5	25.2	30.3	18.1
无业	3.9	1.1	5.5	5.3	6.1
父亲受教育年限(年)	6.7	6.3	8.3	9.5	10.6

说明:"80后"大学生和"985"高校大学生的城镇户口比例中指的是其上大学前的户口身份。
资料来源:表中数据来自2005年1%人口抽样调查数据、中国社会科学院社会学研究所2006年和2008年全国抽样调查数据、中国社会科学院社会学研究所青少年与社会问题研究室2010年6所"985"高校在校生和毕业生抽样追踪调查数据;其中,2010年6所"985"高校在校生和毕业生抽样追踪调查数据取自2010年开始追踪调查6所"985"高校(中山大学/南京大学/华中理工大学/西安交通大学/吉林大学/重庆大学)的4655位2003~2010年毕业生,有关调查方法和数据情况的详细说明参见李春玲和吕鹏撰写的《"80后"大学毕业生的就业状况》(汝信、陆学艺、李培林等主编《2011年中国社会形势分析与预测》,社会科学文献出版社,2011)。

(三)"80后"知识精英

表1的数据显示出"80后"中的不同群体具有一些不同的社会特性。"80后"农民工与"80后"大学生的出身背景极为不同。即使在大学生群体中,"985"高校大学生与普通大学学生的家庭背景也有明显差异。在接受调查的6所"985"高校学生中,来自管理人员、专业人员家庭的比例明显高于普通大学学生,而来自工人和农民家庭的比例远低于普通大学学生。由此可见,未来的社会精英的生成深受家庭背景因素的影响,而且这种影响可能还有增强趋势。"985"高校的"90后"学生的家庭出身背景比"80后"更优越,来自管理人员和专业人员家庭的"90后"的比例比"80后"更高,而来自工人和农民家庭的比例则更低。

"985"高校大学生群体的另一个突出特点是极高的党员比例。43.1%的"80后"在校生是党员,其中,25.2%的本科生是党员,63%的硕士生是党员,74.6%的博士生是党员。在6所"985"高校2003年以来的毕业生当中,有50%是党员,其中,40%的本科毕业生是党员,69.1%的硕士毕业生是党员,72.3%的博士生是党员。虽然大部分党员学生声称他们入党的主要目的是为了方便找工作,在他们看来,入党就如同获得某种资格证书(如英语六级考试证书等),然而,分析表明,入党的过程以及就业后在工作单位中的党员身份似乎对个人的态度和行为有着某种微妙的影响或制约。一般而言,党员大学生大多是学校中的优秀分子——学业成绩较好的学生、学生干部、社团活动积极分子或其他类型的社会活跃分子。

二 就业状况及影响因素

(一)"80后"就业率

大学扩招无疑是"80后"成长历程中的一个重大事件,这一政策使这一代人享有了前所未有的上大学的机会数量,但同时也使他们面临着前所未遇的就业竞争压力。农民工的就业竞争压力似乎不如大学毕业生那么沉重,相反,"民工荒"现象使他们在工作机会面前有一定的选择余地;当然,还有大批游离在城镇与乡村之间的农村青年因不愿意接受农民工类型的工作而处于失业或就业不稳定状态。根据2005年1%人口抽样调查数据,有18.2%的"80后"青年既不在学校读书也未工作。分城乡看,城市"80后"中既不在学校读书也未工作的人占20.6%,小城镇"80后"中这样的青年占24.3%,农村"80后"中这样的青年占15.1%。与此同时,18.2%的"80后"大学毕业生处于未工作状态。"985"高校毕业生处于未工作状态的比例高于大学毕业生中的这一比例,为23.9%,但其中大多数是在为考研、出国、参加专业资格考试做准备,或者正在接受专业技能培训,真正处于失业状态(正在找工作和什么事也不做)的人仅占5.1%。

(二)影响"80后"大学毕业生就业状况的主要因素

作为名牌大学的毕业生,"985"高校毕业生并不担心没有就业机会,他们要考虑的是能否找到令自己满意的工作。在大学毕业生就业难问题日益严重的背景之下,许多人声称,要找到一份好工作并不取决于大学文凭,而是取决于家庭背景尤其是父母的社会关系。但是,对于"985"高校的毕业生来说,家庭背景对于获取一份好工作的作用并不太大。对"985"高校毕业生调查数据的深入分析显示,包括父亲的职业地位、父母的文化水平和父母的月收入在内的家庭背景因素对于他们在毕业后获得第一份工作、寻找第一份工作的时间以及失业的可能性都没有太大影响。大学毕业生最想进入的工作单位是外资企业和国有部门(包括国有企业、政府机关和国有事业单位),而"985"高校毕业生进入国有部门和外资企业的机会也没有受到家庭背景的影响。另外,无论来自城市还是乡村,都不会影响大学毕业生的第一份工作的获得,只不过来自城市的毕业生比来自农村的毕业生有更大的机会进入外资企业。

对第一份工作的获得有明显影响的因素是性别、党员身份和学历。男性比女性具有明显优势,"985"高校男性毕业生就业率显著高于同类高校女性毕业生的就业率,不过男女的失业率没有差异,也就是说,女毕业生就业率虽低于男生,但并不意味着她们就更多地处于失业状态,她们大多数在准备考试、接受培训等。男毕业生比女毕业生更可能进入国有部门,但在进入外资企业的机会上,没有性别差异。党员毕业生的就业率低于非党员,但失业率没有差异,即党员毕业生更多可能去准备进一步的求学机会。党员毕业生进入国有部门的可能性显著高于非党员。学历对第一份工作的获得有明显影响，但并非学历越高就业率越高，相反，与本科毕业生相比，硕士和博士毕业生处于待业状态的可能性更高，而且找工作的时间更长，不过，就进入国有部门就业而言，博士毕业生的机会显著大于硕士毕业生，硕士毕业生的机会又明显高于本科毕业生。实际上，"985"高校的博士毕业生绝大多数进入了国有部门。博士毕业生进入国有部门的比例为89.7%，硕士毕业生和本科毕业生的相应比例为57.2%和48.3%。"985"高校毕业生进入国有部门的比例远远高于大学毕业生的平均水平。根据全国抽样调查数据，只有20.4%的"80后"大学毕业生的第一份工作是在国有部门。

"80后"大学毕业生的学业成绩对第一份工作的获得具有明显影响，但并不是学业成绩越好的人就业机会越多。数据分析显示，毕业生的专业课成绩、在学校时学习的勤奋程度和外语水平对就业率、失业可能性、找工作时间长短都有显著影响。但这种影响是负相关的，毕业生的学业成绩越好，就业的可能性越低，待业的可能性越高，找工作的时间越长，这可能是因为学业成绩好的毕业生愿意花更长的时间寻找一份满意的工作，或者有更强烈的意愿继续求学、参加资格考试及接受专业培训。不过，学业成绩对工作单位类型的选择正相关，专业课成绩好的人更可能进入国有部门，而外语水平高的人更可能进入外资企业，但有意思的是，学习勤奋的人进入外资企业的概率低于学习不那么勤奋的人。

（三）初职月薪的影响因素

虽然家庭背景因素对"985"高校毕业生的就业机会影响不明显，但对其收入水平影响很大。第一份工作的月收入高低受到家庭背景的强烈影响。数据分析显示，父母的文化水平和月收入水平越高，毕业生第一份工作的月收入也越高。但令人比较吃惊的是，在父母文化水平和收入水平相同的情况下，管理人员和专业人员的子女的初职月收入要低于其他阶层的子女。另外，来自城市的毕业生的收入略低于来自农村的毕业生。性别和党员身份对第一份工作的收入水平影响不大。就学历水平而言，硕士毕业生的初职月收入明显高于本科毕业生和博士毕业生。另外，学业成绩对收入水平的影响也十分明显，毕业生的专业课成绩越好，外语水平越高，其第一份工作的月收入就越高；但是学习勤奋者的月收入却略低于学习不那么勤奋的人，看来死读书不见得会有高收入。

综合上述情况来看，"80后"想要取得"985"高校的文凭而成为未来社会精英的后备人选，出身背景因素十分重要，但获取了"985"高校文凭的人不用担忧就业机会，家庭背景甚至学业成绩都不会对他们的就业机会产生多少影响；然而，想要获得高收入的工作，家庭背景及学业成绩就变得重要了。

三 婚姻、家庭及生活状况

（一）恋爱与婚姻

除了就业问题外，现阶段"80后"所关注的另一大问题是恋爱结婚和建立家庭。在6所"985"高校的毕业生中，74.3%的人在接受调查时尚未结婚，24%的人初婚，1.7%的人已经离婚；同时还有13%的人已有子女，另外有17.4%的人未谈过恋爱。在这个知识精英群体中，存在着"剩男剩女"现象。在26岁以上（1985年之前出生）的毕业生当中，未结婚的比例是51.8%，而从未谈过恋爱的比例为10.3%。虽然人们的通常印象是"剩女"多于"剩男"，但实际上"剩男"与"剩女"相差不多，大龄女毕业生未婚比例（51.6%）与大龄男毕业生未婚比例（51.9%）几乎相同，而未谈过恋爱的大龄男毕业生的比例（11.2%）还高于大龄女毕业生中的相应比例（8.9%）。

（二）购房与"房奴"

许多"80后"认为拥有自己的住房是结婚的前提条件之一。"985"高校毕业生中，有25.6%的人购买了自己的住房（自己拥有产权），这一比例与他们的已婚（及离婚后再婚）比例接近。其中，71.5%的已婚（初婚）者购买了自己的住房，10.2%的未婚者购买了自己的住房。购买了自己住房的人当中，64.9%的人正在还购房贷款，平均月供为2474.91元，占其个人月收入（5045.84元）的49%，占他们家庭每月日常开支（5893.79元）的42%。这的确是比较沉重的经济负担，可称得上是处于"房奴"状态。不过，多数毕业生认为他们的父母会在这方面给予他们帮助，62%的毕业生称他们购买住房得到了（或将会得到）父母的资助，其中，5.8%的人由父母给他们买房，28.9%的人由父母付部分房款，27.6%的人由父母提供少量的经济资助，29%的人的父母不能提供资助，另外8.6%的人不知道父母是否会资助他们购房。除了在购房方面依靠

父母以外，超过 1/5（22.7%）的毕业生还以其他方式接受父母的经济资助，其中，未婚者接受资助的比例为 28%，已婚者接受资助的比例为 7.3%；独生子女接受父母资助的比例为 30.6%，非独生子女接受资助的比例为 17.3%。

另外，11.8%的"985"高校毕业生拥有私人轿车，这一比例高于"80后"的平均水平（7.6%）。

（三）消费支出

调查数据显示，"985"高校毕业生平均每月日常总开销约为 2622 元。图 1 显示了毕业生日常消费的构成情况。日常饮食是最大的开销项目，每月约为 646 元；开支最少的是水电煤气和电话费用。值得注意的是，他们平均按揭贷款（包括房贷、车贷等）的月供较多，约为每月 509 元，仅次于饮食支出，体现了"80后"知识精英的超前消费倾向。房屋租金也占每月常规支出的很大比重，约为 378 元。按揭月供和房屋租金这两项开支大大超过了娱乐交往、交通费用以及用于子女的开销。有房子的毕业生的按揭贷款月供平均为 1778 元，说明房子的购买大大增加了"985"高校毕业生的日常支出。对处于事业起步阶段的大学毕业生而言，住房支出是个主要的负担。

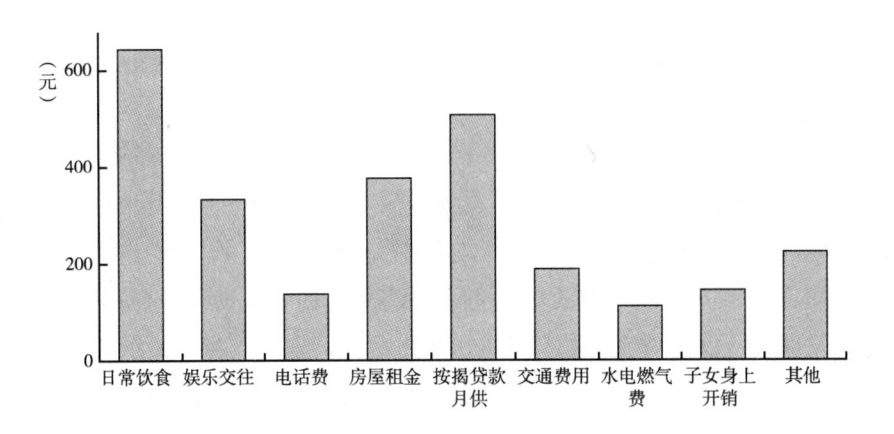

图 1 "985"高校毕业生平均每月日常开销

图 2 显示的是"985"高校大学毕业生除日常开销外的其他支出。费用最高的两项是购买化妆品、理发等仪容修饰费用和服装费用，分别为年均 1604 元和 1405 元，体现了大学毕业生在生活方式和生活态度方面的重要改变，即"80

后"大学毕业生比前几代大学毕业生更加注重个人品位的培养和个性的追求。除个人发展方面的开支外，补助父母及兄弟姐妹也是"80后"大学毕业生每年开支的重头戏，约为917元，反映了孝敬父母、照顾"自己人"的传统价值观对"80后"一代仍有影响。而培训考证、旅游、医疗保健等支出则所占比重较小，一个可能的原因是，对于年轻的大学毕业生来说，这些消费需求不那么紧迫；另一个可能的原因是，住房、饮食等方面的支出过高，制约了毕业生们在事业自我提升和放松休闲方面的花费。

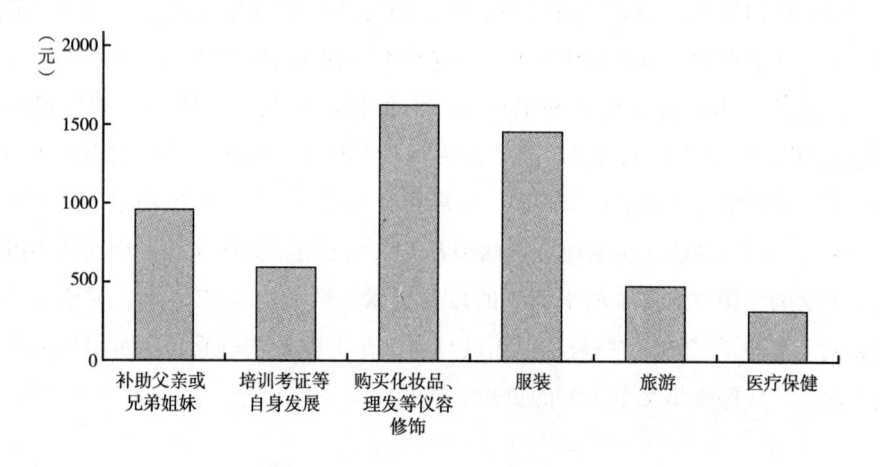

图2　"985"高校毕业生平均每年除日常开销之外的其他支出

对于日常开支的影响因素进行深入分析的结果显示，收入、年龄、有无子女以及目前居住地对毕业生日常开支有显著影响。在有无子女和居住条件相同的情况下，收入、年龄越增长，日常支出也会越高。如果把"80后"大学毕业生按年龄分为25岁以下、25~30岁以及31岁及以上三个组，那么，31岁及以上年龄组的"80后"大学毕业生的日常支出水平最高，25~30岁年龄组的日常支出水平居中，25岁以下年龄组的日常支出水平最低。在收入、年龄相同的情况下，如果有子女且居住在北京、上海和广州，每月日常支出也会增加。上大学之前来自农村、乡镇和县城的毕业生的日常支出水平，比来自省会及直辖市的毕业生的日常支出水平要低；但来自普通城市的毕业生的日常支出水平反而比来自省会及直辖市的毕业生的日常支出水平要高。不过，统计分析结果表明，除了来自农村的毕业生的日常支出显著较低外，其余分组之间的差别并不显著。

四 个人现状及社会现状满意度

(一) 个人现状满意度

"985"高校毕业生是"80后"群体中的幸运儿,他们不用承受太大的就业压力,生活状态比较稳定,那么他们是否对个人的现状也感到比较满意呢?调查数据显示,2.2%的"985"高校毕业生对自己的现状"很满意",9.7%的人"满意",37%的人"较满意",26.8%的人"较不满意",17.5%的人"不满意",6.8%的人"很不满意"。总体来说,接近半数的人表示满意,另有略超过半数的人表示不满意。

就业状态和生活状态都影响着个人的现状满意度。分析结果显示,有工作的人比没有工作的人满意度更高,月收入越高满意度越高,获得职务晋升有效地提高了满意度,在国有部门工作的人的满意度高于在外资企业和私营企业工作的人。在生活状态方面,个人及家庭消费水平并不能提高满意度,但是有房有车却能有效地提高满意度,有没有房贷对满意度没有影响,由此看来,"房奴"们虽然有经济压力,但他们是"痛并快乐着",做"房奴"总比没有房子要强。另外,女性毕业生的满意度高于男性毕业生;独生子女的满意度高于非独生子女;结婚没有提高满意度,而且来自城市与来自农村的毕业生的现状满意度没有差别。

(二) 居住区社会环境满意度

就业和居住的地区不同也会影响人们的满意度。6所"985"高校毕业生分布于全国各地,目前居住于"北上广"地区(北京、上海和广州)的占30.1%,居住于其他直辖市和省会城市的占27.9%,其余42%居住于其他地区。历年毕业生就业地点的比较并未显示出"逃离北上广"的趋势,相反,就业于其他地区("北上广"和其他直辖市、省会城市以外地区)的毕业生所占比例略有下降。这意味着,大城市的房价和生活成本上涨并未使"985"高校毕业生选择离开大城市,这些精英分子更加集中地留在大城市。深入分析的结果显示,居住于不同地区的毕业生对当地社会环境的满意度不同。居住于"北上广"大都市的

毕业生对个人发展机会和社会道德风气的满意度最高，而居住于其他直辖市和省会城市以外地区的毕业生在这两个方面的满意度较低。然而，对于居住地的人居环境的评价则相反，居住于"北上广"大都市的毕业生对当地的人居环境满意度最低，其他直辖市和省会城市次之，其他地区的毕业生的满意度最高。个人收入水平也影响社会满意度，收入水平越高，对于人居环境、道德风气和个人发展机会的满意度越高。家庭消费水平对于这几方面的满意度的影响不明显。

（三）对政府工作的满意度

相对于"80后"人口中的其他群体，"985"高校毕业生对社会政治问题和政府的执政能力更为关注。在对"政府工作"进行评价时，1.3%的毕业生选择"很好"，5.4%的人选择"好"，33.7%的人选择"较好"，34.4%的人选择"较差"，12.9%的人选择"差"，12.3%的人选择"很差"。在评价居住地的"政府工作"时，1.8%的人选择"非常满意"，4.8%的人选择"很满意"，42.4%的人选择"满意"，32.7%的人选择"不满意"，10.1%的人选择"很不满意"，8.2%的人选择"非常不满意"。这也就是说，大约40.4%的毕业生总体上对"政府工作"作出了正面评价，49%的毕业生对居住地"政府工作"表示满意，而略超过半数的毕业生则不同程度地表示不满意。有各种因素影响着毕业生对政府工作的满意度。首先，家庭出身背景对这方面的满意度有影响，出身于农民家庭或父亲无固定职业的人对政府工作较为不满；来自农村家庭的人对政府工作的满意度低于来自城市家庭的人；收入较高的人对政府工作的满意度低于收入较低的人；女性对政府工作的满意度高于男性；党员身份的毕业生对政府工作的满意度高于非党员毕业生；毕业生的年龄越大，其对政府工作的满意度越高。十分重要的是，网络行为与这方面的满意度存在明显的关联性，每天上网时间越长的人，对政府行政作为的满意度越低，经常上网浏览新闻和博文的人、经常上网聊天的人、经常上网写博客的人，与不经常从事这些行为的人相比，对政府工作的满意度更低。网络的发达促使人们更加批判性地看待政府的行为，这也提醒各级政府应当重视网络这个信息渠道，努力改进执政方式，提高人民对政府工作的满意度。当然，在网络社会中，也需要网民增强公民意识和提高对信息的辨识能力。

五 政治意识与国际观

（一）对国家前途和成就的评价

"985"高校毕业生对于国家前途非常有信心，在回答"您对未来中国社会前途是否有信心"这一问题时，14%的人选择"很有信心"，28.5%的人选择"有信心"，33.7%的人选择"较有信心"，选择"较没信心"、"没信心"和"很没信心"的人所占比例分别为14.9%、4.8%和4.1%。党员毕业生的信心比非党员毕业生更高；在国有部门工作的毕业生的信心高于在其他领域就业的人；网络行为对毕业生的国家信心略有影响，每天上网时间越长，信心越低；经常写博客的人对国家的信心低于不写博客的人；不过，经常上网浏览新闻和博文有助于提高对国家前途的信心。

"985"高校毕业生对于过去30年中国所取得的成就给予极高的评价，超过94.8%的毕业生对"中国改革三十年结果的总体评价"是"很好"、"好"和"较好"，只有极少数人给予否定的回答。党员身份和就业于国有部门对于这方面的态度有显著影响，党员比非党员更高地评价改革30年的成就，就业于国有部门的人对改革30年的评价也高于就业于其他领域的人。上网行为也对改革成就评价有所影响。经常泡论坛的人对改革成就的评价略低，但经常上网浏览新闻和博文的人以及经常写博客的人则对改革成就更多地表示肯定，而每天上网时间与改革评价没有关联。其他因素，如收入水平、消费水平、出身背景、性别和年龄等，对这方面的态度没有影响。

（二）国际观

近十年来，随着中国经济的快速增长，中国的国际地位迅速提高，尤其2008年金融危机爆发以来，中国在国际社会的各个领域发挥着越来越重要的作用；与此同时，世界经济政治格局的变动与中国国家利益相关的矛盾冲突有所显现。"80后"正是在中国崛起的大背景之下成长的，"80后"知识精英有更多的渠道了解世界格局的变化以及中国的国际地位状况，他们对国际格局的看法也将影响中国未来的发展方向。

多数"985"高校毕业生（83.7%）认为西方势力在压制中国。对于"您是否认为以美国为代表的西方国家总是想要遏制中国的发展"这一问题，25.5%的人选择"很同意"，28.8%的人选择"同意"，29.4%的人选择"较同意"，11.2%的人选择"较不同意"，3.3%的人选择"不同意"，1.7%的人选择"很不同意"。大部分的个人特征因素（包括性别、年龄、家庭背景、工作单位、党员身份、收入水平等）都对这一态度没有显著影响。只是父亲为管理人员和办事人员的人，对这一观点的认同度略低。另外，经常上网浏览新闻和博文的人则更强烈地赞同这一说法。

对于另一问题"您是否认为今后中国在国际上应该更加坚决捍卫自己的利益"，97.7%的"985"高校毕业生系选择"很同意"、"同意"和"较同意"。

六 简要总结

综合上述数据分析结果，可以对"80后"知识精英群体的特征作下述几点总结。

第一，"80后"精英群体的形成受到家庭背景因素的强烈影响，个人能否进入"985"高校从而成为未来社会精英的后备人选受到家庭的社会地位、经济地位和文化资本极大的影响。虽然获得"985"高校文凭之后的就业过程受家庭背景因素的影响减弱，但是对于收入较高的工作的获得而言，家庭背景还在发挥作用。"80后"一代在某种程度上传承了父辈的教育地位和经济地位。

第二，大部分的"80后"成员承受着严重的就业竞争压力和购房结婚的沉重负担，而"80后"知识精英们在这两方面的压力较轻，基本上，他们的就业机会和就业选择较多，工作和收入相对稳定，结婚者购房比例较高，而且房贷与收入和消费的比例适中。

第三，"985"高校毕业生有极高的比例进入国有部门就业，同时，他们中的党员比例非常高，这两个特征对"80后"知识精英的社会政治态度产生了明显影响，在国有部门工作并拥有党员身份的"80后"对现存体制的认同程度较高。

第四，"80后"是网络的一代，网络对他们的生活状态和思想观念具有极大影响；就"80后"知识精英而言，网络的影响更突出。在"985"高校毕业生中,仅有1.5%的人在调查时间的上一周没有上网,26.9%的人上网3小时以下,24.1%的人上网3~5小时,19.4%的人上网5~8小时;28%的人上网8小时以上。数据分析已经显示出网络对其社会政治态度的影响,但很难确定其影响是正面还是负面的。

The "Post – 1980 Generation" and Its Elites

Li Chunling   Zhu Di

Abstract: The generation born in and after 1980 (the "post – 1980 generation") has witnessed dramatic social changes since the 1978 reforms. Concomitant with social and economic development, the young members of the post – 1980 generation have moved from their childhood to adulthood in the last 30 years, and have stepped into the most important phase of their lives. The paper, based on survey data, focuses on the elite group of the post-1980 generation, and examines their demographic characteristics, employment situation, personal income, family life, consuming behaviors, and their political attitude. Meanwhile, the paper also analyzes factors which contribute to the level of satisfaction with personal and social situations. Further, the political attitude of the "post-1980 generation" is also discussed.

Key Words: "Post-1980 Generation"; Social Change; Employment Opportunities; Social Attitude

B.12
汶川灾区居民生活恢复重建情况监测报告（2008~2011）*

何光喜　石长慧　张文霞　马缨　赵延东**

> **摘　要：** 本文基于在汶川地震灾区进行的三次居民入户问卷调查数据分析，全面描述了"5·12"汶川大地震发生三年以来，灾区居民在住房、就业、农村生活、医疗卫生、社会资本和社会心态等方面的恢复重建情况，并分析了他们对政府和重建政策的评价与需求。
>
> **关键词：** 汶川地震　居民调查　重建恢复

2008年9月，在"5·12"汶川大地震发生近四个月后，国务院正式下发《汶川地震灾后恢复重建总体规划》，明确提出了灾区恢复重建工作的目标、原则和具体要求，标志着地震灾区大规模灾后恢复重建工作的开始。2011年是规划颁布三周年及预定重建目标任务基本完成之年，10月14日，四川省人民政府

---

* 本文主要数据来源于国家科技部委托、中国科学技术发展战略研究院承担的汶川地震灾区居民系列入户调查。该调查的课题组成员有：赵延东（负责人）、王奋宇、杨起全、何光喜、石长慧、刘京、张艳明、马缨、张文霞、薛姝、孔欣欣、樊立宏、邓大胜、王东明。调查得到国家"十一五"科技支撑计划课题"重大自然灾害的社会科学响应研究"支持，挪威外交部捐助了部分研究经费，挪威FAFO应用国际研究所在研究设计和抽样设计方面提供了重要技术支持。在调查实施过程中，科技部办公厅、社发司、国际合作司以及四川省科技厅、四川省科技促进发展研究中心给予了大力支持。西南交通大学公共管理学院、绵阳师范大学、四川大学公共管理学院的师生们承担了艰苦的实地数据收集工作。李强、卢阳旭、黄娅娜、李睿婕、黄璜等对本文也有贡献，在此一并致谢。

** 何光喜，科技部中国科学技术发展战略研究院，副研究员；石长慧，科技部中国科学技术发展战略研究院，助理研究员；张文霞，科技部中国科学技术发展战略研究院，副研究员；马缨，科技部中国科学技术发展战略研究院，副研究员；赵延东，科技部中国科学技术发展战略研究院，研究员。

新闻办公室发布《关于"5·12"汶川特大地震灾后恢复重建情况的通报》（以下简称《通报》），全面介绍了灾后恢复重建工作完成情况。据统计，截至2011年9月30日，四川省纳入国家总体规划的29692个重建项目已完工29300个，占重建任务的98.68%；累计完成投资8568.46亿元，占规划总投资的98.96%。震后三年，全省成功解决灾区近540万户城乡群众的住房问题。规划重建的3001所学校已完工2978所，1362个医疗卫生机构重建项目已完工1359个，还布局建成了一批社会福利院、社区服务中心、集贸市场等民生设施。城镇和新农村建设方面，38个重点城镇建设全部形成主体功能，需恢复重建的366.2公里城镇道路全部完工，37座城镇水厂（供水站）全部完工，39个乡村供水工程基本建成，灾区农村661.7万人饮水困难问题得到较好解决。

《通报》中一系列宏观层面的统计数据，使我们对灾区重建工作的进展有了一个总体的了解。但灾区重建的最终目标应该是帮助灾区居民恢复正常的社会生活，这些大规模的投入和工程实施，对灾区居民的实际生活产生了怎样的影响？灾区居民生产生活的实际恢复情况如何？他们又如何看待和评价灾区的恢复重建工作？要回答这些问题，需要来自灾区农户和居民层面的微观数据。

为真实了解灾后重建三年以来灾区居民的生活状况，更加全面、准确地评估灾区重建恢复情况，2011年7月，中国科学技术发展战略研究院受科技部委托，在汶川地震灾区开展了"汶川地震灾区居民重建情况监测调查"。此次调查采取随机抽样方法，对抽取的灾区居民进行入户问卷调查。调查的主要目标是全面了解灾区群众震后三年来生产、生活的恢复情况，调查内容覆盖了住房及基础设施、基本人口学信息、教育、医疗健康、劳动就业、农业生产、家庭经营、社会支持和社会参与、社会态度与评价等多个方面，力求准确、生动、全面地描绘灾区居民的生活、生产图景和社会心态。实地调查工作于7月5日至8月10日期间展开，调查区域覆盖了成都市、德阳市、绵阳市、广元市和阿坝藏族自治州的30个受灾县（市、区）①；其中，极重灾县（市、区）11个，重灾县（市、区）19个。最后一共调查了195个社区（村、居委会、城市社区）中的4875户居

---

① 调查抽样采取按人口规模成比例概率抽样（PPS）的方法，覆盖的30个县市包括：成都市的都江堰、彭州、崇州、大邑；德阳市的旌阳区、绵竹、什邡、中江、罗江、广汉；绵阳市的涪城区、游仙区、北川、平武、安县、江油、梓潼、三台；广元市的利州区、朝天区、元坝区、青川、剑阁；阿坝州的九寨沟、松潘、汶川、理县、茂县、金水、黑水。

民，成功访问了3841户，访问成功率为78.8%。调查结果可以推论30个受灾县（市、区）约2300万人口。

这次调查是自2008年"5·12"地震发生以来，中国科学技术发展战略研究院课题组在灾区使用同样的抽样方法和研究工具进行的第三轮调查。2008年7月，课题组开展了"汶川地震受灾群众需求快速调查"，完成了对3652户居民的访问；2009年7月，课题组进行了"汶川地震灾区居民重建恢复情况调查"，成功访问了4037户居民。[①] 早在2004年，课题组还在一项覆盖西部11个省、市、自治区的"中国西部省份社会与经济发展监测研究调查"中，对四川全省范围内随机抽取的4400户居民进行过一次生活状况调查，其抽样方法和调查内容与这三次调查也比较接近。[②] 这样，我们就获取了灾区在震前常态时期、震后一个月、震后一年和震后三年这样四个时间点的数据，对这些数据的解读，有助于我们更好地描绘和理解灾区居民恢复重建的动态过程。下面我们将从住房和居住条件、就业和劳动力市场、农业生产与农村生活、健康和医疗服务、社会资本以及社会心态重建等几个方面，描述灾区居民生产生活的恢复情况，以及在此过程中需要进一步关注的问题。

一 住房和居住条件恢复

住房重建是灾后恢复重建的首要任务。2011年的调查数据显示，灾区住房重建工作基本完成，绝大多数居民已经居住在永久性住房中，居住条件比震前明显改善，农村地区改善尤为明显。与此同时，调查中也发现了住房重建中值得关注的一些问题。

1. 灾区住房重建多种方式并举，已经基本完成重建任务

2011年调查结果显示，灾区79.8%的农村家庭、62.8%的城镇家庭的住房已恢复重建。重建方式多种多样，具体有修复加固原住房、重建新住房、购买安

---

① 关于这两次调查的情况，分别参见王奋宇等《汶川地震灾区居民的生活状况与政策需求调查报告》，载于《2009年中国社会形势分析与预测》，社会科学文献出版社，2008；赵延东等《汶川地震灾区居民重建恢复情况调查报告》，载于《2010年中国社会形势分析与预测》，社会科学文献出版社，2009。

② 关于此次调查的情况，参见王奋宇等《西部人民的生活——中国西部省份社会与经济发展监测研究数据报告》，中国统计出版社，2006。

居房或经济适用房、购买商品房、租廉租房等。采取何种方式，因居民受灾程度、居住地区等情况而异。农村地区以新建（买）为主，41.2%的家庭采用了这种方式；其次是加固修复原住房（38.6%）。城镇地区则以加固修复原住房为主（47.2%），新建住房为辅（仅15.6%）。

多样化的重建方式保证了灾区住房重建工作的顺利完成。截至2011年7月，99.4%的灾区居民已经居住在永久性住房中。对比2008年和2009年的情况，可以看到灾后永久性住房重建进展迅速，已经达到了保证居民"安居"的目标（见图1）。

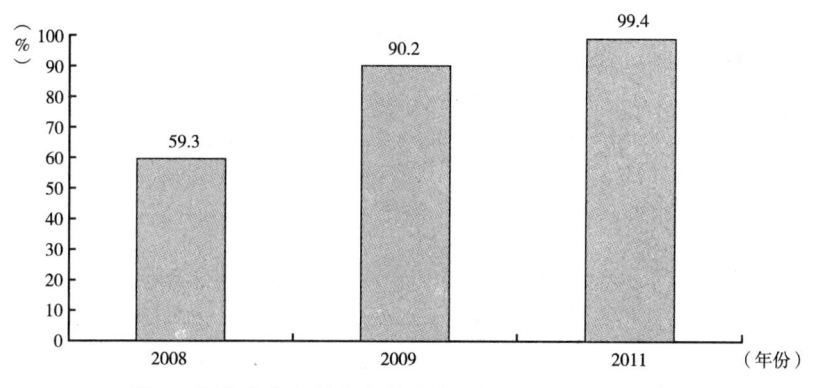

图1 居住在永久性住房的家庭比例（2008～2011年）

2. 政府在住房重建中发挥了重要作用，同时能够吸纳居民积极参与重建工作

政府在住房重建过程中发挥了至关重要的作用，其中最重要的是提供重建资助。在加固修复原住房的家庭中，80%的家庭获得了政府补贴，户均补贴额度约3000元；在新建住房家庭中，81%的家庭获得了政府补贴，户均补贴额度约2.2万元。

值得注意的是，政府在大力支持住房重建工作的同时，还特别注意了保证居民的自主性的问题。在选址、施工方案（图纸）和施工方式的选择方面，灾区居民均扮演着主导性的角色。加固修复原住房的家庭中，由居民自己决定方案和施工方式的占了89.1%。新建住房的家庭中，完全由居民自己选址、决定方案和施工方式的占58.1%，由政府统一选址、统一确定方案/图纸并统一组织施工的占14.6%，双方共同决定的占27.3%。

3. 吸纳居民参与重建决策能够有效加快重建速度和提高居民对住房的满意度

调查结果显示，无论是加固修复还是新建住房，由居民主导或参与的重建，速度均明显快于完全由政府主导的重建。以新建住房为例，我们把完成住房重建的时间划分成五个时段：震后6个月内、6~12个月、12~18个月、18~24个月，以及24个月以上，然后比较采用不同重建模式的家庭在每个时段内完成重建的比例。结果显示，选址、方案/图纸和施工方式均由居民自家决定的"居民主导模式"新建住房速度最快，而由政府统一选址、统规重建方案/图纸并完全由政府施工的"政府主导模式"速度最慢（见图2）。

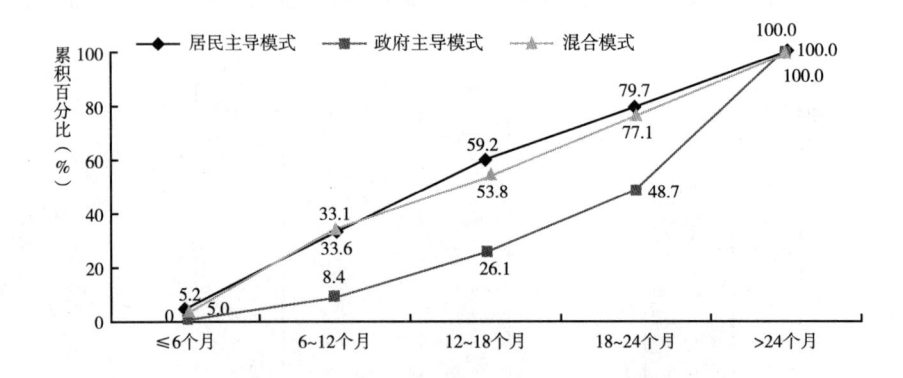

图2 不同重建模式的家庭完成新房重建的时间

居民对住房重建的参与程度越高，对新住房的满意度也越高。以新建住房家庭对新建住房施工质量的评价为例，"完全自家施工或请施工队施工"的家庭中表示对施工质量满意的比例高达89.4%，"由政府介绍或指定施工队施工"的家庭中表示满意的比例只有73.7%，而"完全由政府组织施工"的家庭中表示满意的比例则低至61.3%。这给我们的启示是，在灾后住房重建问题上，应该充分发挥灾区群众的主动性和能动性，保证群众对重建决策的充分参与。

4. 灾区居民的居住条件有所改善，农村地区的改善尤为明显

住房恢复重建的完成，在很大程度上改善了灾区居民的居住条件。居民住房的基础设施和居住条件大大改善，城乡差距明显缩小。以安全饮用水源、冲水厕所、卫生的生活垃圾处理方式等三项指标为例①（见图3）：当前使用安

---

① 安全饮用水源包括自来水、有盖的井/压水井、瓶/桶装水以及统一供应的开水等；卫生的垃圾处理方式指除"随意丢弃"、"倒在露天垃圾堆"以外的垃圾处理方式，包括"自家烧/埋掉"、"放在固定地方，有人定时清理"以及"丢到公共垃圾箱"等。

全的饮用水的灾区家庭比例达到88.1%，比2009年（80.0%）提高了8.1个百分点；农村的这一比例也高达85.2%。使用可以冲水的厕所的家庭比例为56.7%，比2009年（37.3%）和2008年（29.6%）大幅提高；农村更是从2008年的15.4%上升到47.6%。采用卫生的生活垃圾处理方式（倒在露天垃圾堆或随意丢弃）的家庭比例从2009年的46.5%升至73.6%，农村则从32.7%升至66.7%。

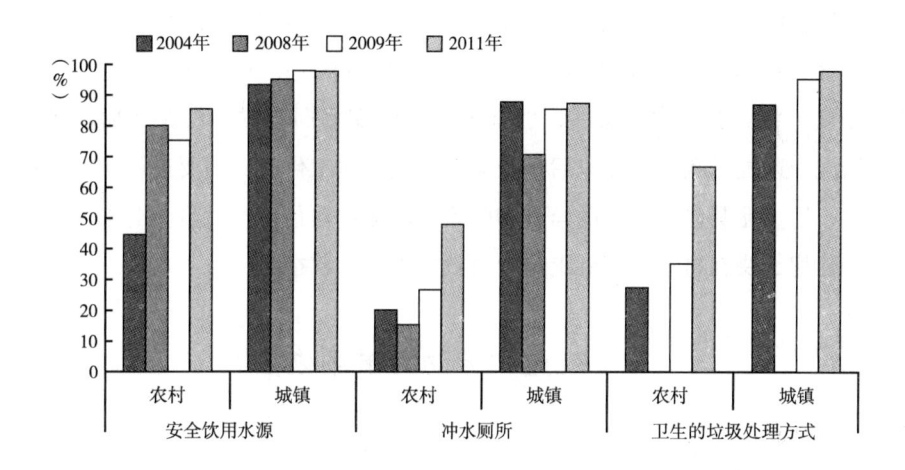

图3 灾区居民居住条件的变化情况（2004~2011年）

说明：2008年调查中未询问垃圾处理方式问题，因此无该年数据。

此外，随着住房重建的完成，居民居住的便利程度也有明显提高。94.3%的居民认为目前居住地的生活比灾前"更方便了"或"差不多"，比2009年提高了15个百分点。

5. 调查中也发现了住房重建过程中存在的一些值得关注的问题

一是住房重建给部分家庭带来了比较沉重的债务负担。截至2011年7月，65.9%的震后新建住房家庭有借贷负债，比其他家庭（25.0%）高了40多个百分点。有负债的家庭负债额为户均4.6万元，近一成负债家庭的负债额在10万元以上。这或许意味着，今后在制定灾后重建规划时，应充分考虑经济状况较差家庭所面临的困难，尽量避免"一刀切"式的时间要求，允许部分生活困难居民以租住、借住等方式过渡，在较长时间内解决住房问题。对已经出现的债务负担问题，可考虑通过救助、优惠利率等方式缓解负债家庭的经济压力。

二是灾区部分住房仍然存在一定的安全隐患。调查结果显示，15.4%的灾区家庭现住房在震后受到过余震、泥石流、山体滑坡等次生灾害的损坏，山区的这一比例更高达20.7%。震后新建住房遭受次生灾害的比例略低，但也达到13.5%。这可能是因为部分灾后住房重建工作由于时间的限制，对于地质条件、气候条件估计不足，未能完全避免新房经受次生灾害之苦。此外，在问到自家住房震后有没有增加防震措施的时候，39.2%的家庭明确表示知道住房震后增加了有效的防震措施（如加钢筋、圈梁结构、浇筑、加固地基等），但也有51.8%的家庭回答其住房并没有增加防震措施。值得注意的是，那些仍居住在"严重"或"中度"损毁住房中的家庭，也有40.1%的家庭回答震后没有增加任何有效防震措施。这提示我们，在以后涉及灾后住房重建工作时，还要进一步加强对住房规划、质量尤其是安全性的监管和验收，确保重建住房的质量。对于存在安全隐患的住房，要在排查的基础上采取有效的加固改善措施。

二 就业和劳动力市场恢复

灾区震后的就业形势经受着地震破坏和全球性金融危机的双重压力，但也面临大规模灾后重建带来的机遇。调查结果显示，灾区的总体就业形势已从上述冲击中恢复过来，就业质量有所提高。同时，灾区的劳动力市场也发生了结构性的变化和调整。

1. 灾区总体就业情况不断改善，城乡就业出现不同的变化趋势

灾区经济活动人口①中愿意工作、正在寻找工作、如果有工作能够立即参加工作但目前没有工作的人，所占比例从2008年的2.3%下降至2009年的1.9%，2011年进一步下降到1.5%，已接近2004年的水平（1.3%）。

但更细致的分析显示出城乡就业的不同变化趋势。城镇地区想工作、能工作却没有工作者的比例从2004年后即处于持续的下降过程，从2004年的6.4%下降至2008年的5.9%、2009年的4.3%，2011年进一步降至3.3%。与之相比，农村地区上述比例虽然在各阶段均一直低于城镇，但相比2004年升高明显，随

---

① 指16周岁及以上、有劳动能力参加或要求参加社会经济活动的人口，包括就业人口和失业人口。

后虽也有所下降，2011年更降至1.2%，但仍比2004年时高了1倍多。这或许在一定程度上反映了近年来城乡一体化的趋向。相关部门也应当把农村地区就业问题逐步纳入未来公共政策的关注视野。

2. 农业吸纳就业的重要性明显下降

调查结果显示，以农业生产、自雇佣和个体户为代表的各种灵活就业形式成为吸纳灾区就业人口的主渠道。目前，此类从业者占到灾区就业者总数的75.3%，农村地区更高达79.6%，城镇地区也超过了半数，远高于震后初期的2008年和2009年，与2004年的水平基本持平。

进一步的分析显示，此类就业的内部结构已经发生重大变化，主要表现为农业吸纳就业能力的大幅度萎缩，农业就业所占比例从2004年的58.5%下降至当前的41.4%，下降了17.1个百分点，相应的，非农业的自雇佣和个体经营活动吸纳的劳动力所占比例却上升了17个百分点。这种变化反映了近年来城乡产业结构的总体变化趋势。决策者应充分重视非农业自雇佣和个体经营活动在吸纳就业方面的重要作用，为自雇佣和自我创业创造良好的环境。

此外，异地就业和劳务输出仍是吸纳灾区劳动力的重要渠道。2009年，到四川省外就业者一度占灾区就业者总数的16.9%，2011年这一比例有较大幅度回落，但仍占10.6%，与2008年地震刚发生时基本持平。

3. 就业收入和工作满意度有所提高

灾区就业质量继续提升，具体表现在两个方面：一是灾区就业收入水平比2009年有所提升。不包括农业和家庭经营活动从业者，粗略估算下灾区就业者当前月均工作收入约为1196元，比2009年（979元）增长了约22%。二是就业者对当前工作的总体满意度进一步提高。2011年，78.5%的就业者对自己的工作表示"非常满意"或"比较满意"，比2009年（75.4%）略有提高，比2004年（62.1%）明显提高。

4. 灾区劳动参与率仍处于较高水平，但近年来出现了降低的势头

劳动参与率（Labor Force Participation Rate）是经济活动人口占劳动年龄人口的比率，用来衡量人们参与经济活动的状况。[①] 2011年，灾区总体劳动参与率为

[①] International Labour Office (editor), 2004, *Key Indicators of the Labour Market: Book and Interactive Software*. Routledge.

76.1%。其中，男性为84.5%，女性为77.7%；农村地区为85.5%，城镇为61.8%；城镇女性最低，仅为52.1%。与世界上大多数国家相比，上述比例相对较高。

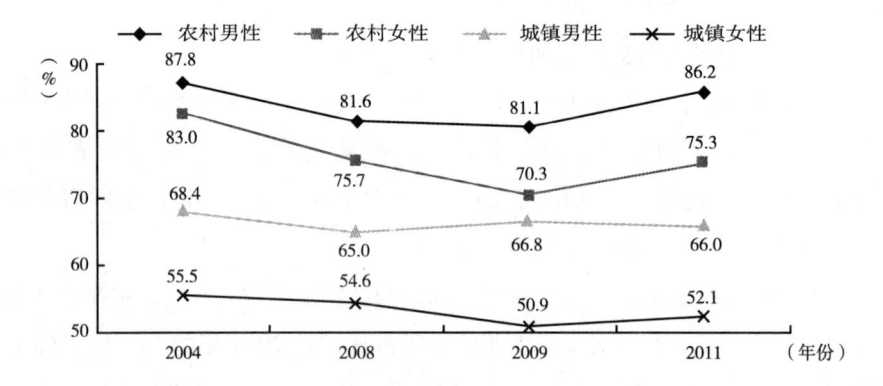

```
农村男性   农村女性   城镇男性   城镇女性
(%)
90   87.8                                86.2
         81.6      81.1
80   83.0
         75.7               75.3
70   68.4         70.3
              65.0    66.8    66.0
60
     55.5  54.6
50         50.9   52.1
     2004  2008  2009  2011  (年份)
```

图4　灾区劳动参与率的变化情况

但值得注意的是，近年来灾区劳动参与率有降低趋势，女性尤其是农村女性尤为明显。在震前的2004年，灾区的劳动参与率高达81.2%，2008年震后降至74.9%，2009年进一步降至72.9%，2011年虽然回升至76.1%，但未能恢复到2004年时的水平。其中，农村女性劳动参与率从2004年的83.0%降至2009年的最低点（70.3%），约下降了13个百分点，2011年虽略有恢复，但比2004年时仍低了约8个百分点。劳动参与率的变化原因非常复杂，在一定程度上反映出灾区潜在劳动力供给的变化。

三　农业生产与农村生活

恢复农业生产和农村居民生活水平是灾区经济重建的重要内容。本调查的结果显示，灾区农业生产和农村生活的恢复重建取得了明显成效，目前灾区农业生产总体稳定，农村基础配套设施和公共服务较以前更为完善，农民生活水平较震前有较大提高。但与此同时，灾区农户务农意愿降低、组织化程度较低等问题也制约着灾区农业的进一步发展，而住房重建带来的集中居住模式也提高了农民的生活成本，带来了新的治安和环境问题。

1. 灾区农业生产活动总体稳定，但农业用地损失问题依然突出

灾区的农业生产活动情况总体稳定，93.9%的农业家庭在震后仍从事农业生产。受灾较重地区的农业生产恢复速度相对较慢，在受灾最严重的阿坝地区，有13.3%的农业家庭震后尚未恢复农业生产活动。

灾区农户因灾损失农地的情况仍比较突出，22.2%的农户农地数量比震前有所减少。这些农户中，约70.0%的家庭目前拥有的耕地数量比震前减少1亩以上。灾后重建是灾区耕地占用的重要原因，39.5%的灾后耕地受损农户由于重建项目占地所致。因重建项目占地致使耕地减少的农户中，43.5%的人是因基础设施重建失地，42.0%的人因住房重建失地，15%的人因工业园区建设失地。但灾区在重建过程中也实施了一定的土地修复和再分配措施，约16.8%的土地受损农户震后接受了耕地再分配，这在一定程度上弥补了受损农户的耕地损失。

2. 务农意愿降低、农业技术支持不足和组织化程度较低是灾区农业未来发展的制约性因素

除耕地减少外，还有其他一些微观因素可能对灾区农业未来的发展形成制约。首先，农户务农意愿降低，6.1%的农户因种种原因在灾后退出农业生产活动，超过七成从事粮食生产和经济作物种植的农户不愿继续扩大生产规模。其次，农户科技需求没能得到充分满足，45.9%的农户迫切希望得到技术支持和指导。最后，灾区农民专业经济合作组织基础比较薄弱，仅4.4%的农户参加了农民专业合作社、农技协等合作组织，绝大多数农民仍处于一家一户经营的小农经济中。

3. 灾后农村社区集中居住现象普遍，居住条件明显改善，农民生活满意度提高，但也出现了生活成本上升、农业生产生活不便等新问题

调查结果显示，在灾后重建了住房的农户中，大约有1/3的家庭由传统的分散居住改为集中居住在单元楼房中。集中居住后人均居住面积虽有所减少，但在住房的抗震、隔音效果以及设施条件等方面都较原来的住房为好。同时，在幼儿上学、日常看病、休闲健身、购买生活用品等方面都比震前更加方便快捷。在集中居住社区，随着现代家用电器和厨卫设施的广泛使用和物业管理的引入，城市生活方式得以快速普及。

农业收入的增长和居住条件的改善，大大改善了灾区农民对生活的主观感受。调查结果显示，近半数（47.6%）灾区农村家庭感觉生活水平比震前更高，37.8%的家庭认为与震前生活水平差不多，认为变差的不足15%。

虽然集中居住带来了生活上的诸多便利，但也有一些伴生的问题应引起注意：首先是生活成本大幅提高。集中居住后农民消费方式与城市居民的趋同，使

得水、电、气费,光纤费、网费,停车费及物业管理费等生活成本大幅上升。其次,集中居住也给农业生产带来了诸多不便。调查结果显示,11.0%的农民感觉自己晾晒粮食和其他经济作物受到影响,11.7%的农民还不能很好地适应生活空间变小对家畜、家禽养殖带来的制约。最后,住进单元楼房之后,邻里之间互动减少,传统的亲密关系开始变得疏离,由于社区人口流动加剧,许多社区的治安状况有所恶化。这些问题在未来的农村社区建设中应予以足够重视。

四 健康与医疗服务

本次调查结果显示,灾区居民的总体健康状况已经基本恢复至震前水平,心理健康状况也逐年恢复,但部分人群仍存在较为严重的心理障碍。灾区的医疗保障覆盖率较高,但仍有待提高。

1. 灾区居民总体健康状况良好,基本恢复到震前水平

我们对灾区居民总体健康状况的测量采用了自评的方法。2011年调查结果显示,68.5%的灾区居民认为自己的健康状况总体上"很好"或"比较好"。从历年的自评结果来看,2008年震后初期灾区居民的自评健康状况最差,认为"很好"或"比较好"的比例比2004年低了近15个百分点。可见,地震的确对灾区居民的健康状况造成了一定影响。但这一影响的持续时间不长,从2009年开始,灾区居民的健康状况已经恢复到震前水平,目前基本维持在2009年的水平(见图5)。

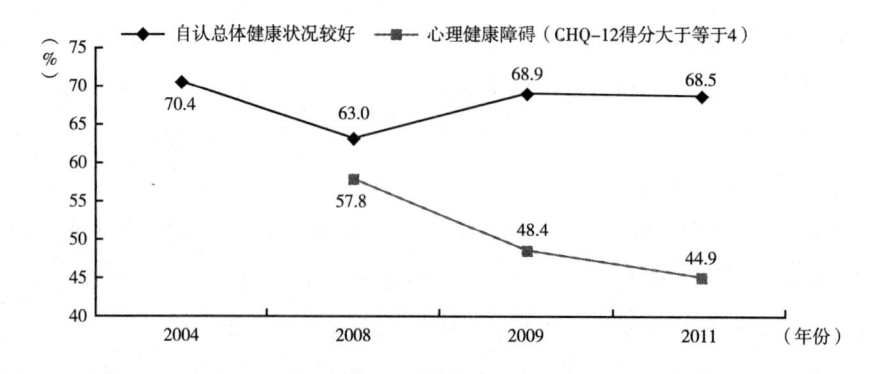

图5 灾区居民总体健康和心理健康的变化情况(2004~2011年)

2. 灾区居民心理健康逐步好转

此次调查中对心理健康的测量采用了 CHQ-12 量表。① 这套量表是由台湾学者郑泰安在国际上比较流行的一般健康量表（GHQ）的基础上，结合中国文化特点经本土化研制而成的。在评估地震灾害对人们心理健康影响的研究中，该量表的有效性得到了验证。

调查结果显示，2008年、2009年、2011年的调查中，存在心理障碍（CHQ-12 得分4分及以上）的人口比例逐年下降，说明灾区居民的心理健康状况逐年趋好（见图5）。

3. 灾区医疗保障体系建设稳步推进，但覆盖率和保障水平仍有较大提升空间

灾区的医疗保障覆盖了绝大部分人口，2011年调查显示93.6%的居民都有某种形式的医疗保障，与2009年（94.0%）基本持平，这主要得益于"新型农村合作医疗"在农村地区的大幅推广。值得注意的是，虽然城镇户口居民医疗保障的覆盖率（86.4%）比2009年（79.2%）有明显提高，但仍有13.6%的人没有任何形式的医疗保障。从保障水平来看，多数保障仍处于"不充分"的保障状态。2010年医疗花费在3000元及以上且有某种医疗保障的人中，只有43.5%的人报销过医疗费用；花费在5000元以上的，只有51%的人报销过。报销过医疗费的居民，医疗报销大约能减轻其约1/3的医疗费用负担。这要求灾区今后的医疗保障体系建设应进一步关注城镇困难群体等重点"缺保"人群，实现保障的无缝覆盖。同时，还要致力于建设更高效、便捷的医疗保障报销体系，逐渐加大医疗报销的比例和范围，对老年人、残疾人、慢性病患者等特殊群体，考虑降低报销门槛，提高报销比例，切实减轻他们的医疗负担。

五 社会支持与社会参与

灾后重建三年来，灾区居民积极自助互助，积极参与灾后重建的公益性活动，灾区社会团结程度和信任程度明显增强。大灾之后，灾区的"社会资本"

---

① 需要说明的是，CHQ-12 并非一个诊断性的量表，得分越高只表示存在心理障碍的可能性越高。为方便表述，我们取"CHQ-12 得分4分及以上"作为"存在心理健康障碍"的指标，来看灾区居民的心理健康变化情况。

得到进一步提升。

1. 灾区社会支持逐渐恢复常态，亲戚朋友取代政府成为主要支持来源

2011年的调查数据显示，有3.9%的灾区居民得到了"提供生活用品"的支持，10.0%的得到了"给钱或借钱"的支持，4.0%的得到"修建和加固房屋"的支持，5.1%的得到"照顾家人"的支持，还有17.9%的得到"一起聊天、宽心"的精神支持。与2008年和2009年相比，灾区居民获得社会支持的比例有所下降。中国有句古话叫"救急不救贫"，在灾后快速反应的紧急阶段，灾区居民们会更多地得到来自外界的支持，而随着灾区重建工作的顺利开展，灾区社会生活逐渐恢复常态，在得到社会支持上也就不会像灾害刚发生时那么普遍了。从社会支持的重点看，灾后支持种类的变化有一种基本趋势，就是直接的物质支持（如提供生活用品、住所等）下降比较明显，而在经济发展上的支持（如借钱）和精神方面的支持（如宽心聊天）则仍保持了较高的水平，这也从一个侧面说明灾区人民的生活重心已由生存转为对更高品质生活的追求。

灾区居民获得社会支持的多种渠道中，亲戚朋友成为主要支持来源。2008年和2009年的调查数据均显示，在灾后紧急救援和早期恢复阶段，政府是灾区居民最重要的社会支持来源（2008年有60.4%的受灾居民认为政府是自家重要的支持来源，2009年这一比例为55.7%）。2011年，政府的支持度明显下降，只有8.7%的受灾居民认为政府提供的帮助最重要，而亲戚朋友则取代政府成为灾区居民最重要的社会支持来源（34.8%的居民认为亲友支持最重要）。亲戚朋友这些基于血缘、亲缘、业缘和地缘的非正式支持网络是对以政府为代表的正式社会支持的有力补充，随着灾后重建活动的结束，灾区居民的生活逐渐恢复常态，非正式社会支持在居民的社会生活中扮演的角色也越来越重要。

2. 灾区居民积极参与公益性重建活动，社会自组织能力稳步提高

灾区居民在恢复重建过程中得到了各级政府及社会各界的大力支持，在获得他人帮助的同时，他们也积极展开自救和互助活动，以自己的实际行动为灾区的恢复重建工作作出贡献。在其他地区遭遇灾害的时候，汶川地震灾区的居民积极地以自己的实际行动回报社会。2011年接受调查的灾区居民中，有61.9%的人在过去两年中为玉树、舟曲、盈江或其他受灾地区捐过钱物。2011年的调查数据还显示，30.8%的灾区群众在过去一年中曾经无偿帮助他人，39.4%的灾区居民在过去一年中曾经参加巡逻、打扫卫生、捐钱捐物、献血、修桥修路等公益性活动。与2009年相比，虽然帮助他人的总体水平和参与公益活动的比例均有所下降（帮助他人的比例下降11.2个百分点，参与公共活动的比例下降了3.7个百分点），但总体比例仍维持在较高水准。

村/居委会等基层组织依然是大多数公益行动的组织者，59%的居民参加的公益行动是由这些基层组织来组织开展的。NGO等（3.6%）和个人无组织（7.9%）的公益活动越来越多地出现在灾区，同时，自发组织的公益活动依然有较高比例，达14.3%，超过政府（8%）和单位（9.7%），是第二重要的公益活动组织形式。通过灾后重建，灾区的社会自组织能力已经恢复甚至有所提升。这对于提高灾区对未来灾害的预防能力以及提高灾区可持续发展能力无疑都是一笔宝贵的财富。

3. 灾区居民的社会团结程度和信任程度保持在较高水平，对基层政权的信任度有所回升

2009年的调查中，88.1%的灾区群众认为，自己所在村或社区的居民在地震后更为团结了，2011年的调查结果中这一比例虽稍有下降，但也依然维持在82.7%的较高水平。此外，72.1%的灾区居民认为所在社区/村的干群关系比震前更好了，这些都说明灾后重建过程中，灾区居民保持了较高程度的社会团结。

灾区的总体信任水平亦保持在较高水准，但是对不同对象的信任[①]在灾后呈现一些有趣的变化趋势。由图6可以看到，总体来说，灾区居民的信任在2008年达到最高水平，在2009年和2011年略有下降，但大体上仍高于灾前（2004年）的水平。具体而言，对熟人（家人）的信任从2004年到2008年基本没有太大变化，均保持在最高水平；而对警察、医生、法官、国内新闻等的信任在2008年达到高点后则逐渐下降；对陌生人（包括商人、外地人）的信任水平在2008年达到高点、2009年略有下降后，2011年又出现回升势头。虽然受灾居民总体的信任水平保持在较高水平，但对熟人关系之外的制度性信任水平还不够稳定。

我们还特别考察了灾区居民对不同级别的政府的信任情况，结果显示，灾区群众对中央政府的信任程度一直以来是最高的，对省政府，县、市政府，乡/镇/

---

① 我们以4分制测量居民的信任水平，4分代表完全信任，1分代表完全不信任，得到针对不同对象的平均信任分数。

街道政府和村干部/社区干部的信任度依次递减。但是2011年的调查数据显示，灾区群众对村干部/社区干部的信任度较2009年有所提高，表明基层政权在抗震救灾、灾后重建工作中的表现获得了灾区群众的肯定，使群众对基层政权的信任度有所提高。

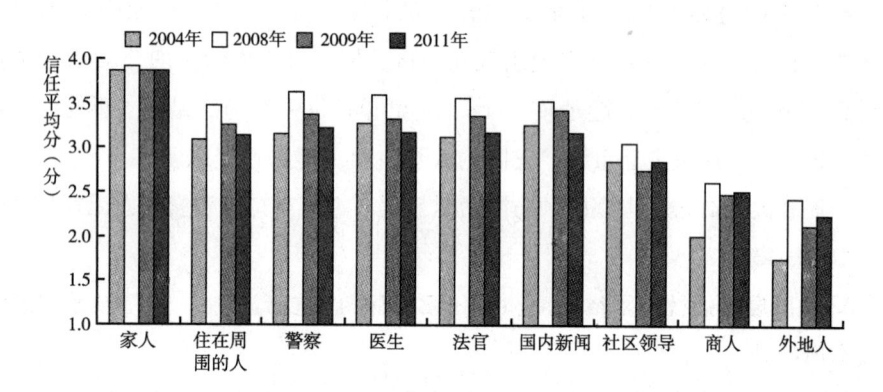

图6 灾区居民信任水平的变化情况（2004~2011年）

六 社会心态与政策评价

随着灾后重建工作的逐步完成，灾区居民自力更生的能力和意识都有了很大程度提高，对重建政策的需求重点更多地转向生活水平的提高和个人发展方面。目前灾区社会心态整体较平稳，生活满意度和社会安全感都很高，对基层政府满意度也有所回升，但贫困问题仍然不容忽视。

1. 居民生活恢复情况良好，对生活现状的满意度高，对未来充满信心

调查数据显示，绝大多数灾区家庭的生活水平已经恢复到震前水平。47.7%的家庭认为自己目前的生活水平比震前还好，37.8%的家庭认为与震前差不多，认为不如震前的仅占14.5%，比2009年认为自家的生活水平尚未恢复到震前水平的比例（35.2%）降了约20个百分点。

生活水平的恢复和持续提高使得灾区居民的生活满意度进一步提高，对未来的信心进一步增强。82.1%的灾区居民对自己当前的生活表示满意，这一比例高于2009年（79.8%）。64.4%的居民认为未来一年生活会变好，比2009年（60.8%）进一步提高；认为会变差的只占3.8%，比2009年（7.5%）降低了。

该调查数据反映出灾区居民对未来生活的态度更加积极乐观。

2. 灾区居民对贫困和贫富差距问题的感受仍然比较突出

虽然总体生活水平有所恢复或提高，但灾区的贫困问题仍比较突出，大家对贫富差异拉大的忧虑加深。2011年调查中有近六成（58.8%）灾区居民认为所在地区的贫困问题"非常严重"或"比较严重"。42.8%的农村家庭和27.5%的城镇家庭有债务负担，75.3%的欠债家庭的债务负担源于买房、修房。

超过七成（72.8%）的灾区居民认为所在社区的贫富差距过大问题"非常严重"或"比较严重"。值得注意的是，与2009年相比，认为贫富差距扩大和缩小的居民比例都明显增加，这说明对贫富变化趋势看法的分化程度进一步加深了。

3. 灾区居民对各级政府重建工作的满意度较高，对重建工作的公平性基本认可

灾区居民对政府重建工作的总体满意度较高，对基层政府的满意度出现回升态势。85.7%的居民对灾后重建工作总体上表示"很满意"或"比较满意"。对各级政府的满意率再次呈现"层级越高，满意度越高"的规律，同时出现了对高层级政府满意率下滑和对基层政府满意率回升的新情况。例如，对省政府的满意率从2008年的98.1%、2009年的97.5%降至93.5%，对"乡镇/街道"、"社区/村、居委会"的满意率却比2009年有所回升，几乎达到2008年的水平（见图7）。这可能与基层干部在灾后重建过程中提高政策执行能力、在一定程度上缓和了基层干群关系有一定的关系。这可以从72.1%的居民认为自己所在村（社区）干群关系比震前更好了那里得到印证。

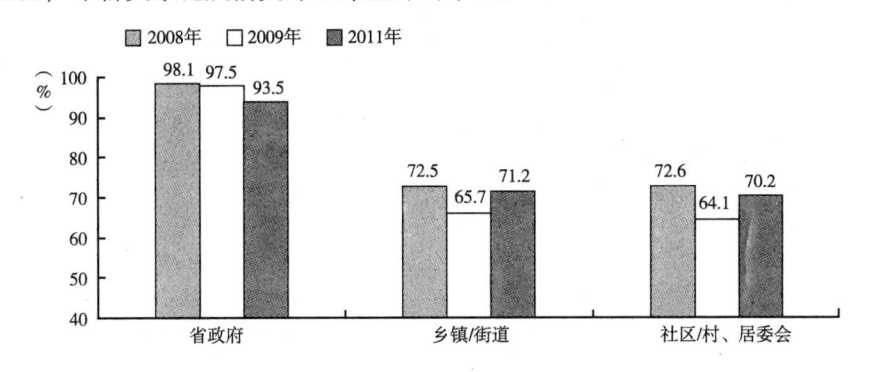

图7 灾区居民对各级政府重建工作表现的满意率

灾区居民对重建政策执行的公平性基本认可，87.6%的居民认为灾后板房的分配"非常公平"或"基本公平"，83.6%的居民认为食物、水、衣物等救援物资的分配比较公平，对住房重建补贴款分配公平的认可比例相对较低，但也达到75.4%。值得注意的是，居民对重建中不公平现象的容忍度有所降低，2011年调查中只有65.2%的居民愿意容忍重建工作中出现的不公平，比2008年（71.6%）和2009年（67.4%）均有所降低。这说明，随着灾后重建的重点由生存转向发展，人们开始更加关注各种社会不公平现象，对不公平的容忍度大大降低。

4. 灾区居民对政策支持的依赖性大幅降低，政策需求重点转变

当被问到"您最需要政府给以什么样的政策帮助"时，63.1%的居民表示"不需要政府任何帮助"。这个比例是2009年（14.2%）的4倍多，是2008年（7.0%）的9倍。这表明大部分灾区居民已经走出地震带来的阴影，开始更多依靠自身力量建设美好家园。

随着灾后重建工作的逐步完成，居民对住房、基础设施建设等硬件条件的需求大幅下降，需求重点更多转向生活水平的提高和个人发展方面。例如，对维修道路、房屋重建、农田水利建设、通水电煤气等"硬件"内容有需求的居民比例大幅减少，对生活补贴、提供社会保障、改善医疗服务、提供就业机会、提供技能培训等"软件"内容的需求则明显增加（见图8）。在大规模灾后重建工作基本完成后，政府需要及时调整工作重点，充分考虑居民的需求，为灾区的发展和振兴提供更好的政策环境。

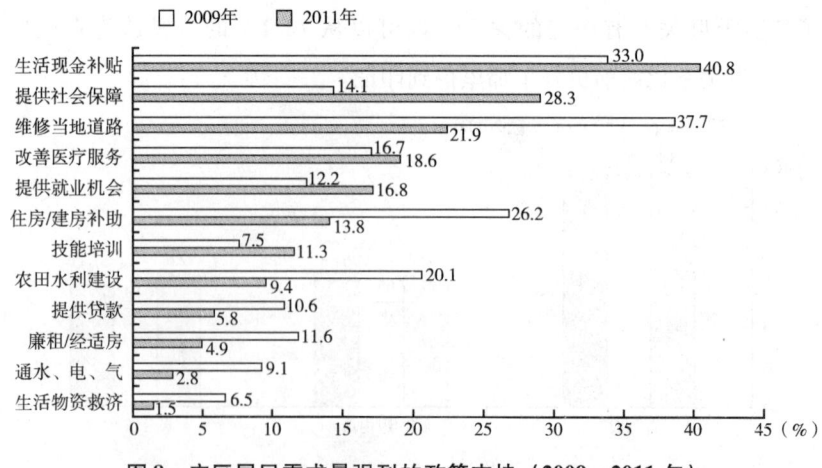

项目	2009年	2011年
生活现金补贴	33.0	40.8
提供社会保障	14.1	28.3
维修当地道路	21.9	37.7
改善医疗服务	16.7	18.6
提供就业机会	12.2	16.8
住房/建房补助	13.8	26.2
技能培训	7.5	11.3
农田水利建设	9.4	20.1
提供贷款	5.8	10.6
廉租/经适房	4.9	11.6
通水、电、气	2.8	9.1
生活物资救济	1.5	6.5

图8 灾区居民需求最强烈的政策支持（2009～2011年）

Monitoring Society Reconstruction and Evaluating Residents' Lives in Wenchuan Earthquake-affected Area: 2008 − 2011

He Guangxi　Shi Changhui　Zhang Wenxia　Ma Ying　Zhao Yandong

Abstract: Based on a three-wave questionnaire survey in Wenchuan earthquake-affected area, the paper makes a comprehensive description of people's living condition in Wenchuan. The paper presents detailed information on Wenchuan's housing and infrastructure reconstruction, local residents' employment status, their recovery of agricultural production, and local medical care provisions. The paper also studies local residents' social capital and their social attitude. Moreover, people's evaluation on government's policies and their needs for future homeland reconstruction are also discussed.

Key Words: Wenchuan Earthquake; Household Survey; Recovery and Reconstruction

专题篇
Reports on Special Subjects

B.13
2011年中国互联网舆情分析报告

祝华新 单学刚 胡江春*

摘 要：2011年，以动车事故为契机，更多社会群体登上网络舆论平台，对政府的公共治理进行审视和监督。"微博打拐"和小学生"免费午餐"在民间和政府的良好配合下推进，展示了依托于互联网的民间"自组织"力量的成长，以及政府的包容。随着微博客的舆论能量爆发，政府在动车事故后对其加强了管理，网络舆论的力度趋于平缓。

关键词：微博客 网络舆论 网络热点

2011年10月13日在中国互联网发展史上留下了浓重的一笔。这一天，国家互联网信息办公室召开"积极运用微博客服务社会经验交流会"。此前，微博客网站一直没有获得政府颁发的正式运营牌照，均属于"测试版"。在郭美美与红

---

* 祝华新，人民网舆情监测室秘书长；单学刚，人民网舆情监测室副秘书长；胡江春，人民网舆情监测室舆情分析师。

十字会风波、温州动车事故中，微博客骤然爆发的舆论能量，引起了政府有关部门的忧虑，网上甚至出现了微博客还能存活多久的议论。此次会议虽然没有允诺微博客的运营资质"转正"，但肯定了境内50余家微博客网站的积极作用，希望党政机关和党政领导干部"以更加开放自信的态度"，开设微博客、用好微博客。这表明政府经过长久考虑，对于微博客带来的利弊得失，得出了初步结论，对互联网的建设和发展继续坚持"积极利用、科学发展、依法管理、确保安全"的基本方针。

互联网是把双刃剑，有利有弊，但显然利大于弊。刚刚迎来90周年诞辰的中国共产党，对于以微博客为代表的网络舆论，采取了倾听和包容的态度，对网上经常传出的刺耳杂音也表现出可管可控的自信。这样的认知和姿态，对今后一个时期网络舆论的健康发展具有深远意义。

一 年度20件网络热点事件和年度网络流行语

截至2011年6月，中国网民规模达到4.85亿人，网民每人每天平均上网时间2.7小时，表明互联网已经成为覆盖率仅次于电视的大众传媒。中国的互联网普及率攀升至36.2%[①]，持续高于世界平均水平，但与美、英、日、韩等国（均超过70%）相比并不算十分突出。而中国网络舆论场的强度，放眼全世界也找不出第二家。2011年网络舆论力度骤然增强，上网"发声"的阶层更为广泛，网民自觉、持续地关注着中国现实社会的各种热点事件。特别是"7·23"动车追尾事故和郭美美事件，这两大网络热点，引发网上网下人声鼎沸，大概只有2003年孙志刚案和2009年邓玉娇案件可以与之媲美。

（一）2011年网络热点事件

2011年的热点事件，主要涉及对突发公共事件的"围观"、公权力监督、公民权利保护、社会公德伸张等一系列社会深层矛盾，以及民众敏感的、容易受伤的社会心理，体现了中国网民积极的社会参与意识，特别是对社会公正的强烈渴望。

---

① 中国互联网络信息中心：第28次中国互联网发展状况统计，2011。

由于微博用户人数快速上升,经常聚焦于时事内容,2011年的网络帖文数量大大高于往年,从表1也可以看出,事件热度在很大程度上取决于微博发帖数量。

表1 2011年度20件网络热点事件

	事件	天涯社区	凯迪社区	强国社区	新浪微博	腾讯微博	合计
1	"7·23"动车追尾	7288	1849	1348	2823515	6842000	9676000
2	佛山小悦悦事件	351532	2114	1563	4501634	2881871	7738714
3	日本9.0级地震	131616	4908	851	3804683	3546262	7488320
4	郭美美事件	5799	2348	2973	3832538	3500651	7344309
5	深圳大运会	1640	796	643	2006881	5135881	7145841
6	利比亚政局	7468	10003	26708	3384789	3185887	6614855
7	药家鑫案	35476	4651	11688	1862120	2112162	4026097
8	乔布斯去世	7552	171	951	2864872	588667	3462213
9	上海地铁追尾	2883	228	330	1707264	1141302	2852007
10	各地房产限购	3633	2054	3273	1534204	647099	2190263
11	抢盐风波	38961	870	704	691650	1204947	1937132
12	免费午餐计划	3867	844	381	969750	381358	1356200
13	李娜法网夺冠	2071	261	1054	285161	974071	1262618
14	神舟八号发射升空	1057	30	394	52562	833042	887085
15	钱云会案	295747	1054	3025	512894	12238	824958
16	故宫失窃系列事件	3071	39	2541	476694	178956	661301
17	上海染色馒头事件	990	601	592	239955	340967	583105
18	刘志军案	865	808	256	381473	180368	563770
19	双汇瘦肉精	1530	79	677	177170	377005	556461
20	微博打拐	213	202	309	292877	131615	425216

说明:(1) 舆情热点一般是指较为具体的事件。对于庞大且笼统的事件,也只选取其中具体的事件。
(2) 以上数据中,天涯社区、凯迪社区、强国社区为主帖数,新浪微博和腾讯微博为主帖和转帖总和。
(3) 此数据通过设置多个关键词,多途径、全文搜索得出统计结果,存在一定误差。
(4) 随着网络热点事件的发展,有可能衍生出网络新词,存在一些帖子并不是讨论该事件本身而是引用网络新词的状况,这里也一并计入。
(5) 以上数字不包含已被社区管理员从根目录彻底删除的帖子,但包括删除后还存在"快照"的帖子。
(6) 20件事的时间跨度从2010年11月9日始,统计数据截至2011年11月9日24时。

位居前五名的网络热点事件中,有3件为国内事件,1件为国际事件,1件为中外交流事件(深圳大运会)。同时,前十名中有3件国际事件。由此可以看出,中国网民的视野日益开阔,更加国际化。

在20大热点事件中，帖子超过50万条的热点事件有19项，其中发帖超过100万条的事件有13项，超过500万条的有6项（见表1）。而2010年，在统计口径基本一致的情况下，在20大热点事件中，帖子超过5万条的热点事件有13项，其中超过10万条的事件有7项，超过100万条的仅2项。由此可见，对热点事件发表看法的网友人次大幅增加。

（二）网络流行语

与往年相比，2011年的网络流行语以各种极短时间内被高频复制的文体见长，它们与新闻事件、社会现象及电影、娱乐节目等紧密相连。网友往往借题发挥，或围观起哄，或针砭时弊，或宣泄内心压力，在原文本的基础上创造出更为丰富的内涵。网络流行语是感知和研判国民心态的坐标。这里分析其中有代表性的几种网络流行语。

1. 淘宝体

最初见于淘宝网卖家对商品的描述，因其"亲切又腻歪"的语言魅力和情感黏度在网上走红。2011年7月，南京理工大学向录取学生发送"淘宝体"录取短信："亲，祝贺你哦！你被我们学校录取了哦！亲，9月2号报到哦！录取通知书明天'发货'哦！亲，全5分哦！给好评哦！"7月8日，上海徐汇警方的"淘宝体"逃犯通缉令引起网友浓厚兴趣。8月10日，郑州市交通巡警将"淘宝体"用于交通安全宣传。与其他网络流行体爆红后逐渐降温相比，"淘宝体"表现出顽强的生命活力。在人际关系脆弱和社会整体诚信度下降的情况下，人们通过这样亲切的言语释放内心的焦虑，获取某些真实的温情。

2. 撑腰体

佛山2岁女孩小悦悦被两辆车碾压、18名路人"视而不见"事件曝光后，网上出现这样一条微博："北大副校长：'你是北大人，看到老人摔倒了你就去扶。他要是讹你，北大法律系给你提供法律援助，要是败诉了，北大替你赔偿！'"网友据此演绎出各种版本，"撑腰体"迅速走红网络。"撑腰体"走红，反映出中国社会在小悦悦事件中刺心的道德痛感。网民呼唤人性与良知的回归，呼唤法律和公众为道德撑腰，提示人们社会并不缺向善的渴望，缺少的是如何为良善提供有力的后援。

3. 拼爹

自从 2010 年河北大学交通肇事案中出现肇事者称"我爸是李刚",2011 年又出现了"我爸是局长"、"我爸是科长"等类似言论。有网友将近年来 4 个热点事件中的李双江、李刚、王军、卢俊卿并列为"四大名爹"。连《人民日报》也郑重发文探讨"拼爹"现象。"拼爹"流行,让父爱蒙尘,"爸爸"被物化成人际交往的资本、人生进阶的工具。"拼爹"背后,是社会流动的停滞、底层社会缺乏向上流动的通道,是机会均等和社会公正的缺失。

4. Hold 住

2011 年 8 月 9 日,台湾电视综艺节目《大学生了没》中,一位名叫 Miss Lin 的女士以其搞笑的妆容、做作的英语和丰富的肢体表演,逗乐了现场观众。表演结束时,她自信地说了一句:"就算我搞错 Party,整个场面我要 Hold 住!"她被网友称为"Hold 住姐",7 分钟的表演视频上网 11 天,点击即突破 100 万次。在英语中,"Hold"有抱、坚持、握住、掌控等意思。"Hold 住"就是指面对各种状况都要稳住、淡定,从容大气地应对一切,也有给力、加油的意思。

5. 高铁体

动车追尾事故发生后,7 月 24 日晚铁道部发言人在新闻发布会上被问到"为何救援宣告结束后仍发现一名生还儿童"时,称"这只能说是生命的奇迹",被问到为何要掩埋车头时,称"至于你信不信,我反正信了"。这些发言引起了网友对铁道部动车事故善后处置的质疑和愤怒,网友借"高铁体"广泛造句,表达对突发事件信息不公开的抱怨特别是对政府公信力的质疑。

6. 蓝精灵体

动画片《蓝精灵》25 年前首次来到中国,成为一代人的童年记忆。2011 年 8 月,《蓝精灵》3D 大片登陆中国,引发网友"集体怀旧",在各大论坛和微博出现了改编"蓝精灵体"主题歌热,或"吐槽"、"晒苦",或"调侃"、"幽默"。如加班版"蓝精灵体"唱道:"在那公司里面楼梯旁边有一群加班帝,他们热情又痴迷,他们敏捷又仔细。他们十几小时加班加点考验着身体,他们每月工资菲薄不给力。"这些歌词创作和传播群体,大多是"80 后"、"70 后",一群三十而立、自认为社会压力最大的人表示,"既有儿时温暖的回忆,又共鸣了当下的心情"。

7. 咆哮体

2011年3月间,"咆哮体"迅速在网络走红。它没有固定的格式或内容,就是带许多感叹号的字、词或者句子,还有伤不起、有木有(有没有),感觉有人在你耳边"咆哮",畅快淋漓地表达了自己的情感。网上还出现了各种各样的咆哮体生成器。如音频版咆哮体、视频版咆哮体,通常大声呼喊"有木有",并配上凌乱的字幕。尽管"咆哮体"文字在视觉上有冲击力,但其实攻击性并不强,更多是网友乐观自嘲的表现,属于集体狂欢式的宣泄和娱乐,是对生活苦痛的减压。

二 网络言论载体的新变化

近年来,中国互联网业界出现了自2000年以来的又一个大发展时期,一大批互联网公司在美国上市。资本市场的强劲介入,有力地推动了网络舆论载体和传播方式的变化。另外,社会转型期各种矛盾在积累和叠加,互联网成为社会压力的"出气口",各种表达利益诉求者、维权者、爆料者都被逼上网"发声",以期引发大众关注和政府介入,呈现舆论压力超过法律威慑力的局面。2011年网络舆论载体,延续了微博影响力持续壮大,论坛、博客、新闻跟帖式微的局面,不过也有些新的动向。

(一)微博大行其道

过去两年间,微博极大地影响着互联网舆论的广度和力度。"精英"与草根同台,草根的诉求一经名人转发,便能成为舆论热点;媒体和记者纷纷开通微博账户,在这里找到第二"发声"通道和与受众的互动平台;商业机构尝试"微博营销";政府组织也开始借助微博平台,塑造亲民形象,倾听民意。

2011年的微博延续了强劲增长的势头,用户数量从2010年底的6311万个剧增至2011年6月底的1.95亿个(现已突破2亿个),成为用户增长最快的互联网应用模式。连江西抚州"5·26"爆炸案肇事者,也了解微博的威力,一口气在新浪网、腾讯网、凤凰网和天涯社区开通了4家微博,倾诉自己的遭遇。

除新浪、腾讯、搜狐、网易四大门户网站之外,人民网、新华社、央视等新闻媒体以及天涯、Tom等社交媒体也推出了自己的微博,"百度i贴吧"、"google+"

也都具有微博性质，甚至一些地方性、行业性门户网站也顺势推出了微博平台。目前微博平台以新浪、腾讯两家独大，注册用户都已突破2亿个。不过，实时冲动型的"微博直播"，因缺少审核和沉淀而容易让似是而非的流言传布，让某种剑走偏锋的情绪蔓延，因此，微博的公信力经常受到质疑。

（二）社交网站（SNS）显示社会动员潜力

社交网站（SNS）允许用户创造个人页面，列出好友名单和自由发表评论。在中国，人人网、占座网、海内网、蚂蚁网、一起网、开心网、360圈等SNS网站大量涌现。人人网2011年5月登陆美国纽约证券交易所，成为全球首家上市的社交网站。社交网站具有大众传播和私人通信的双重特性，信息只在个人圈子里流转，具有较强的私密性，不便于站方和政府监管。因此，在突发事件中，在其他开放式传播的站点屏蔽相关信息后，社交网站将成为敏感信息传播的主渠道。

2011年，从英国伦敦大骚乱、美国"占领华尔街"运动，到西亚北非"茉莉花运动"，社会化媒体都起到了某种社会动员作用。在国内，这种现象同样存在。2011年5月30日，因为对传言牧民因抗议煤矿开采而殒命一事的不满，呼和浩特市发生街头骚乱，各网站对此事件的帖文进行了屏蔽，但大量的信息还是出现在人人网上。在大连PX"集体散步"事件中，相关信息也在其他网站和搜索引擎被严格管控，却在社交网站中得到了广泛传播。

（三）论坛/BBS丧失网络舆论"霸主"地位

微博客的兴起，首先冲击了前些年论坛/BBS在网络舆论中的"霸主"地位。这是因为，在微博时代，网友的表达和阅读趋于碎片化；同时，论坛管理也过于严苛，而微博把关的尺度相对宽松。微博成为网络事件的重要发源地和最抢风头的舆论发酵平台。爆料信息从论坛/BBS转入微博平台后，爆料出处逐渐模糊。2011年10月发生在湄公河的中国船员遇害事件，国内最先是由网友在天涯社区爆料，事件披露后，微博上大量相关信息涌入，事件当事人也通过微博发布信息，而天涯社区最先披露这一事实则在媒体报道中被"忽略"。一直喜欢在论坛上寻找新闻线索的传统媒体记者，也开始从各大论坛转入微博。

论坛/BBS的"意见领袖"继续大规模流失，不少人转战微博，或退守个人博客，或前进到境外的"推特"（Twitter）。原创思想性帖文的减少，使得包括天涯社区在内的一些资深论坛上的帖文的"含金量"下降，与"口水化"的草根新闻跟帖趋同。

比较而言，地区性 BBS 不太悲观，凭借独特的地方内容特色，以及对同城社交资源的整合能力，在一定程度上避免了微博的冲击。而诸如户外运动、旅游、摄影这样的专业小众论坛，基本上未受到微博的冲击。

当人们需要对某个热点事件作出全面、深入、理性的了解和分析时，论坛/BBS 仍然有着不可替代的作用。论坛/BBS 所具备的整合、分类、深度挖掘等优势，能对纷繁杂乱的舆论进行梳理和价值引导，信息时效性虽不如微博，但沟通的有效性较高。

（四）移动互联崭露头角

中国手机网民规模为 3.18 亿人，在网民中的比例高达 65.5%[①]，可以随时随地上网发布和浏览信息、发表和分享意见。无线上网便于人们利用碎片化的时间参与舆情讨论，而且可帮助城镇低收入人群以及农民工加入网络舆论场。

伴随移动互联时代到来，借助移动终端和网络互动社区，随时、随地、随人的"公民报道"成为可能，正在深刻改变社会舆论的生成机制。尤其在突发公共事件中，在官民冲突、警民冲突、城管与摊贩冲突、交通事故乃至群体性事件现场，任何一个在场的人都可能一转身，上网发送文字、图片、视频，给政府的事件处置及舆情应对带来挑战。

2011 年出现的"随手拍"活动，把移动互联的功效发挥得较为充分。春节期间，微博发起"随手拍解救乞讨儿童"活动。随后，网上出现了"随手拍解救大龄女青年"等活动，接着，又有网友发起"随手拍政府大楼"的活动。

移动终端在突发事件"现场直播"的优势，也让其他媒体望尘莫及。以"7·23"动车事故为例，7 月 23 日 20 时 34 分发生追尾，21 时 01 分 D3115 次动车乘客"Sam 是我"发出第一条微博："童鞋们快救救偶吧！！！偶所乘坐的 D3115 次动车出轨叻！！！偶被困在近温州南的半路上叻！！"直到 23 点 22 分，该网友用微博报平安："我已安全撤离事故区到达安全地，谢谢大家的关心……希望在事故现场生还的旅客多保重！！！伤者要坚持住！！！"

---

① 中国互联网络信息中心：第 28 次中国互联网发展状况统计，2011。

在上海"9·27"地铁追尾事件中,交通管理部门和救援人员利用手机传播现场信息,赢得了公众的信任,未给谣言留下生存空间。上海申通地铁集团在第一时间致歉的诚恳态度、较强的舆情应对能力,其官方微博"上海地铁"(粉丝112万人①)及时的信息通报,受到了公众认可,给事故的善后处置营造了良好的舆论环境。

(五)博客不温不火,轻博客夹缝求生

前几年互联网界曾踌躇满志地宣称,让上亿人写博客。随着微博的迅猛发展,不免让人感觉博客"未老先衰"。但是,有数据表明博客依然不温不火地在自己的轨道上运行,其关注度并未出现大规模下滑。在各类网络应用中,博客/个人空间的使用率为65.5%,远高于微博40.2%的使用率。② 这说明经过几年的发展,博客已经逐渐形成了稳定的形式及受众群体。当微博火热吸引众人眼球时,博客却回归了其作为个人空间的本色。在博客中,超短篇幅的博文和哗众取宠的"标题党"少了,个人心情的描绘多了,理性思维多了,博客在平静中实现着去杂存真,信息深度日渐提高。

博客的亮点,首先在于一些"公共知识分子"拒绝微博的碎片化写作。比如对于网络热点议题,不少网友形成一个习惯,登录著名博客,看看博主们是怎么说的。其次,一些特定专业领域的民间观察家的博客积累了相当的人气。最典型的是在财经领域,博客一直保持着高于微博的热度;科技、医疗等领域的专业博客也未受到微博热浪的影响。再次,对于较为年轻的网民来说,QQ空间因为与QQ聊天软件高度黏合,私密性和娱乐性较强,在博客类网站中用户群高居榜首。

一个新的迹象是各大微博站点都与自己旗下的博客打通,用户在博客上发表博文,就会简洁地显示到微博平台上。由于微博限定在140字以内,在一些问题上很难用如此短的文字分析情况、总结观点,因而聪明的网友们在微博简明扼要地叙述事件、亮明观点,然后在博客进行详细阐释。微博成了博客的招牌,而博客和文字图片工具成了微博展示长文的手段。微博反哺了博客人气。

---

① 如未特别说明,本报告所说的均指新浪微博的粉丝。
② 中国互联网络信息中心:第28次中国互联网发展状况统计,2011。

2011年,"轻博客"开始活跃。有人打比方说:博客像一本书籍,微博则是一张报纸。"书籍"充满智慧却太旧,"报纸"满是新意却尚显浅薄。能否有一个既有表达力和专业性,又简单便捷的社交工具呢?于是有人想到了"杂志"的比喻,而这种"杂志"就是轻博客。它既可以像博客般长篇大论,又可以像微博将新锐观点传播到四面八方,同时也融合了时下的各种互联网技术应用,包括图片、视频以及各种优化工具。轻博客站点"点点"在半年间吸引了100多万用户,新浪、网易等商业门户网站也适时建起了自己的轻博客。但从目前看,轻博客还不大可能取代微博。

三 从网络舆论看社会矛盾的新发展

2011年的互联网舆情,在层出不穷的突发事件和某些看似"躺着也中枪"的偶然遭遇中,触及了现阶段资源配置、利益分配、廉政、城乡融合、民众政治参与等社会深层问题。能不能较好地协调和处理各种利益冲突,是我国面临的一个重大现实课题和最紧迫的任务。

(一)社会各阶层上网"喊话"

在网络媒体越来越发达的"大众麦克风"时代,公众的话语权实现了空前的普及,社会各阶层都已经习惯于在网络上"喊话"、表达个人观点。一些社会事件一旦上网曝光,网络舆论就成为事件发展的最重要推手。

现阶段行政监督机制低效,法律作为利益调节的底线保障也时有失灵,传统媒体的舆论监督功能持续弱化,新闻的"异地监督"受到遏制,互联网也就成了弱势群体表达利益诉求的几乎唯一顺畅通道。一人爆料维权,众人"围观",互联网成为弱势群体展示伤痕和相互取暖的地方,也经常变成倾泻"仇官"、"仇富"等负面情绪的"垃圾箱"。

传统的"公共知识分子"借助互联网频繁发言,关注时事政治,热衷于"观念启蒙",延展其影响力。"公共知识分子"在网上发言时十分自信甚至自负,但对社会的冲击力其实有限,如把微博视为异己反对力量的大本营,这显然是误判。

动车追尾事故成为一个契机,推动中等收入阶层集体登上网络舆论平台。这个阶层过去一般不介入时政议题。但往年的职业病、矿难等热点事件伤害的都是低收入群体，而此次动车事故却伤害到中等收入阶层，不仅因为他们是动车乘客的主体，也因为铁道部为急于恢复通车而出现严重的事故处置不当，侵犯到以中产阶层为代表的社会主流人群的安全感和尊严。

以演艺明星为代表，中等收入阶层变得激动起来。在"7·23"动车事故中，一些演艺明星的舆论影响力，整体超过传统的学者、作家群。中产阶层对公权的质疑和离心倾向，值得为政者警思。

高收入阶层，如一些房地产商人、投资家等，也在网上十分活跃，其微博粉丝都在百万人以上。他们虽不像"公共知识分子"那样具有完整的政治诉求，却是很多公共议题的热心参与者，以成功人士的身份诠释和强化现代价值观、情感，对年青一代网民有很强的人格感染力。

2011年连一些官方背景人士和机构也找到互联网"发声"，试图推动解决体制内难以处理的问题。10月，网友"御史在途"（湖南省纪委干部）微博叫板长沙县领导。11月11日，工业和信息化部主管的《人民邮电报》和其官方微博共同发声，反驳中央电视台对中国电信、中国联通涉嫌价格垄断的报道是"混淆视听，误导公众"。

（二）政府公信力弱，网上争论就多

2011年11月初，网友爆料，美国驻华大使馆的监测站显示北京空气污染已达"危险"水平，但北京市环保局同期数据显示，北京的空气污染水平为"三级轻微污染"，双方数据的反差引发争议。孰是孰非是个很专业的问题，姑且不论，但从网上舆论的倾向性看，美国使馆的数据得到了更多网民的认同。

在温州钱云会非正常死亡案中，尽管目前完整的证据链支持这是一场集中了太多巧合的交通事故，但多数网民就是不相信。在目前官民关系紧张的大背景下，钱云会案被网民"合理想象"和无限放大，成为草根民众维权无望和基层政权"黑恶化"的标本。这样的妖魔化印象不消除，对基层官民关系将起到恶劣的示范效应。此案也有一个亮点，就是温州地方政府包容一些知名网友组成"公民调查团"，进村实地勘察。虽然网友调查对此案还留有诸多疑点，但无一人公开支持网上的基层干部涉黑谋杀假说。

在突发事件中，网民渴求真相、"全民侦探"，与一些政府部门试图掩盖真相的拉锯战，远没有结束。在一些地方，政府信息不公开依然是常态，公开是例外。近年来年轻干部晋升，即使被证明符合组织程序，也一再受到网民质疑。浙江省委组织部长在微博上感慨，政府部门陷入"塔西佗陷阱"的尴尬，即"一旦失去公信力，无论说真话还是假话，做好事还是坏事，都会被认为是说假话、做坏事。修复和提振政府的公信力，是舆情应对的关键。

（三）社会诚信成年度最热议题

2011年，由郭美美事件引发的红十字会形象危机，小悦悦事件引发的社会冷漠之争，一次又一次地重创社会伦理道德。

"郭美美Baby"以"红十字会商业总经理"的微博炫富，引爆了公众对官办慈善组织的质疑和深深失望。本来在微博，转发数通常高于评论数，因为转发用鼠标即可，评论则需敲击键盘。但在中国红十字会官方微博，发布红十字会秘书长答博友问时，转发数4.5万次，评论数高达23.6万条。

小悦悦的街头惨祸，更是震惊了全国。截至11月10日，仅新浪微博相关帖文，在事发不到一个月内就突破450万条，而2010年很多热点事件的微博才几十万条。

近年来，三鹿"毒奶粉"事件、双汇"瘦肉精"事件、上海"染色馒头"事件、唐骏学历"造假门"，以及街头扶老人被讹诈的案例频出，各个领域诚信危机现象愈演愈烈。人民网舆情监测室2011年9月发布的一项"舆论信心指数"调查表明：面对是否扶摔倒老人的话题，多数受访者表示自己会扶起跌倒老人，但对于是否鼓励自己的孩子扶起老人，却表现得消极迟疑，而对于社会诚信的整体印象，受访者也是非常不乐观。

（四）社会矛盾对抗性在网上网下都有所增强

2011年，在一些地方，社会矛盾的对抗性加剧，从县域到省城，一个小小的摩擦，如车辆剐蹭，甚至一则谣言，都可能导致街头瞬间的民众聚集。整个社会的容忍度和包容度下降。大连PX项目引发群体聚集和临沂"陈光诚事件"引发探访热潮，表明网民对公共事务的关切开始溢出互联网，成为现实社会的某种行为艺术，以"集体散步"、"集体旅游"等方式，向政府表达民众诉求。5月26日发生的抚州爆炸案，则标志着近年来的民众维权到了某个"拐点"，从被强拆的业主唐福珍自焚、农民工职业病患者"开胸验肺"，民众选择了玉石俱焚的暴力表达。

这种对抗性的加剧,在网络虚拟社会也有体现。热点事件中,网络舆论的"标签化"情况越来越严重。比如在药家鑫杀人案审理过程中,由于其父亲曾是部队派驻军工企业的军代表,因而他被贴上"官二代"、"军二代"的标签,网民唯恐药父干预司法,因而不问青红皂白对其进行咒骂,甚至扬言"药家鑫与法律,药家鑫与中国,只能活一个!"

在现阶段,总体来看,社会矛盾的激化,还不具备社会全面对抗性质。对于网下的过激行动乃至暴力表达,必须依法管理;另外,政府也不能罔顾网络汹汹民意,或麻木不仁或一味打压而不正面回应,基层政府需要表现出政治家的气度胸怀和远见卓识。

(五) 经济形势严峻,导致热点事件爆发的地区差异缩小

2011年,热点事件爆发的地区差异有所缩小。一方面,中西部地区的热点事件仍然频出;另一方面,在经济最发达的广东省,6月份在不到半个月之内接连发生了"潮安事件"和"增城事件"两起震惊全国的重大群体性事件,浙江省湖州市织里镇也在10月底发生了暴力抗税事件。

传统上,东南沿海地区经济相对发达,人民生活水平较高,政府公共治理的理念和技巧也较先进,很多问题都能被及早发现、妥善处置。但是,2011年以来,受国际经济大环境的影响,国内的经济形势也趋于严峻,通货膨胀加剧,就业形势吃紧,导致发达地区的弱势群体,特别是外来务工人员基本生活困难,外来民工不能分享本地经济发展的成果,与本地人及政府的矛盾激化,从而极易引发大规模的社会事件。在网络上,这些事件也具备广泛的传播力和一定的传染性,打破地域限制,影响全社会的舆论环境。

四 政府舆论危机应对与社会管理创新

(一) 互联网的"倒逼"机制

中央提出社会管理创新,要以解决"影响社会和谐稳定突出问题"为突破口,网络舆论就是监测和研判这些"突出问题"最新鲜、最丰富的信息源,借助互联网唤醒和激活我们的体制机制,改进公共治理,撬动民间社会,促进官民

沟通，是当前成本最小、风险最低的政治体制改革举措。①

改革开放以来，互联网作为个人、民间组织之外的第三种社会力量，改变着传统的"强政府弱社会"格局，尤其是日益发展的微博，已经成为倒逼政府转型的最大社会推手。② 2011年9月，中共中央办公厅、国务院办公厅印发《关于深化政务公开加强政务服务的意见》，要求抓好重大突发事件和群众关注热点问题的公开，客观公布事件进展、政府举措、公众防范措施和调查处理结果，及时回应社会关切。这表明，中央对重大事故的态度是不包庇、不隐瞒，要让社会关心的问题得到正面的回应，而绝对不是让社会上出现的批评声音沉没下去。

（二）提升政府的舆情理念和媒体素养

近年来，政府在突发事件应对和舆论危机管理方面的最大进步，就是逐渐认同了一个观念，即事件处置第一位，舆论引导第二位。在突发事件中，媒体和互联网既不是事件的起点，也不是终点，诚恳回应民众利益诉求是根本。以"7·23"动车追尾事故为例，如果说出现了公共危机，那么第一责任人是铁道部，其事故处置不当是根本，其次才是检讨媒体、互联网的管理和"舆论引导"的问题。

公共治理，说到底是政府超然于不同利益群体之上，以公开、公平、公正为准则，妥善进行资源配置和利益分配，化解社会矛盾。对于转型期错综复杂的"问题"，既要弄清"怎么看"，更要明确"怎么办"。"怎么看"是舆论引导，"怎么办"就是解决问题。"怎么看"固然重要，但"怎么办"更为关键。处理热点事件，不能过度依赖"通稿"式文宣和灌输式"舆论导向"，而需多个部门携手联动，解决实际问题，化解现实矛盾。

目前多数政府部门遭遇突发事件和舆论质问时，已经习惯于双管齐下：一边对媒体报道和互联网舆论"灭火"与"造势"，一边迅速解决舆论关切的实际问题，安抚当事人，甚至在事发24小时内即对不当作为的官员"问责"。

---

① 祝华新：《网络舆论倒逼中国改革》，《中国改革杂志》2011年第10期。
② 汪玉凯：《微博促进政府转型》，新浪财经频道"智慧城市与社会管理创新经验交流会"发言，2011。

（三）政务微博拓展官民互动空间

从2010年起党政机关和企事业单位纷纷开设机构微博，2011年，政务微博的发展"提速"，不仅数量大幅增长，而且在微博使用能力和技巧上也有了长足的进步。本来微博属于网友个人发布信息和意见的"自媒体"，政府和领导干部把它变成了"网上机关报"，一种与民众互动的"公媒体"，把党的"群众路线"延伸到互联网。到9月，仅在新浪网上，就有超过12000个政务微博，覆盖大陆所有省级行政区域。

在政务微博中，公安微博最为活跃。据公安部9月26日在北京召开的公安微博研讨会统计，各级公安机关在新浪网、腾讯网开设的政务微博已经有4000多个，经过认证的民警个人工作微博则有5000多个。北京市公安局的"平安北京"微博开通一年来，已收到网友评论留言18万多条，广东省公安厅微博的关注者已突破440万人。

（四）构建"网上统一战线"，与社会"自组织"力量合作

如果说政府已经习惯与市场经济背景下的"新社会阶层"（非公有制经济人士和自由择业知识分子）合作，那么，在互联网"大众麦克风时代"，政府还得习惯与一个对公共治理"指手画脚"、"说三道四"的"新意见阶层"共处，构建"网上统一战线"。

2011年，依托于互联网，知名学者、记者等发起两场声势浩大的"微公益"活动，均得到政府积极回应。一是"随手拍解救儿童"活动。该活动的微博1月开通，到11月已累计发布各类信息近6000条。公安部对此作出了积极回应，各地公安机关对网友发布的信息进行核实和处理，随后公安部启动全国范围的打拐专项行动，实现了网友微博与警务微博、网络线索与线下出警的互动。二是为小学生提供"免费午餐"的网络公益项目，该项目现已为百所小学两万名孩子提供了午餐。10月26日，国务院常务会议决定，从2011年秋季学期起，启动实施农村义务教育学生营养改善计划。中央财政为680个县（市）约2600万在校生，按照每天3元的标准，提供营养膳食补助。

网络"意见领袖"和社会"自组织力量"在传统体制的缝隙中生长，得到了政府的包容和回应。虽然有些时候，他们的声音与政府不尽一致，但总体上

看,他们是政府重要的合作伙伴。无论是眼前的"维稳",还是长远的"公民社会"建设,政府需要与他们联手,一起来解决中国复杂的社会问题。

五 网络舆论的生态治理

政府依法管理互联网,制止网上黄赌毒泛滥,规范和打击网络"水军",堵截恐怖势力借新媒体兴风作浪,积累了丰富经验,也留下了一些值得总结的思考。一个核心问题是,不断强化政府的行政管理职能,让政府扮演全知全能的网络警察角色,以"有形的手"强力扑杀网上各种"有害信息",还是充分尊重网络传播规律,更多地以"无形的手"调节网络舆论生态,发挥互联网自我净化的功能,推动网民在网络社区实现"自律"和"自治"。总的来说,在互联网舆论方面,单一威权手段更容易激起网民的抵触心理。对于"未知超过已知"的互联网,更需要找到自身的制衡力量。

(一)"微博辟谣",健全网络舆论对冲机制

互联网信息传播,能量越大,责任也越大。特别是在微博上,一些未经证实的传言、恶意炒作和谣言也传播开来。2011年,网上就出现了武侠小说家金庸的第二次"病故"、广州眼癌女婴的母亲闹市跪行救助、"宁可为妓、绝不为师"的杭州"西子可儿"、"南昌大桥数百人自杀"等谣言,给公众与社会和谐带来困扰。如何廓清意见表达和侵权等不法行为的边界,维系网上清明理性的讨论氛围,是一个值得探讨的问题。

针对这个问题,一些网站运营方、民间机构和专业人士已经行动起来,借助调查研究和专业知识,甄别网上流传信息,以微博账户进行"辟谣",为某些情绪化的舆论热点降温,让意气风发的"意见领袖"发声时多了一份谨慎。从积极的角度看,网络舆论场应该形成这样的制衡和对冲机制。

5月18日,互联网成立了微博"辟谣联盟"。此事在网上一直争议不断。支持者认为,微博似乎已成为假新闻的最大滋生地,需要一个核实求证的力量存在。反对者则认为,"微博辟谣"本身就是个伪命题,是用传统思维来框定新事物,总认为某一个人可以成为真相的把握者、揭示者,但是这种人是不存在的。在探寻过程中,有的时候有一些偏差是非常合理的,不该用"辟谣"方式去阻

塞、打击公民揭示真相的热情，否则将不利于揭示真相。更多的网友则希望，辟谣需同时针对民间的"谣言"和某些政府部门掩盖真相的"谎言"，有时"谎言"恰恰是"谣言"赖以滋生的土壤。

新浪网在2011年岁末设立了"微博辟谣"官方账户，现已发布约250条辟谣信息，粉丝62万个。新浪辟谣小组每天收到的求证和举报信息过百条，忙的时候甚至需要30多个人同时工作。造谣者被证伪后将暂停发帖和"被关注"功能。

说到底，健康的网络舆论生态，有赖于提高网民的媒介素养和社会责任感。武侠小说作家金庸两次"被死亡"的谣言，发端于微博，也迅速消解于微博；日本地震后的中国抢盐风波中，微博成了辟谣的主力。可见，网民的自我管理、网络的自我净化功能发挥得好，有助于克服公权的缺位和越位。对政府来说，只有允许不同声音彼此竞争，才能让网络的自我净化机制效能最大化。

（二）鼓励网络人群分流、议题分化

微博的媒体特征和时政色彩过强，让网络舆论显得过于干燥，甚至带有某种火药味。在互联网特别是微博平台上，能否引导网络话题的均衡分布、张弛有度，是消减这种火药味的一个关键。应当在时政话题之外，增加日常生活和社会交往方面的内容，减少网络上的火药味和对抗性。

设法调节和改善网民的空间分布，倡导网友社群的多元化，也是消减网络舆论的火药味的重要途径。比如，包容和鼓励激进网友从某些封闭式的讨论圈子如"墙外"的微博客"推特"转身，回归国内公开的言论平台；在微博客的冲击下留住论坛/BBS和个人博客网民，鼓励在思想文化层面深入探讨的BBS和博客原创帖文；鼓励微博多链接相关新闻报道和博客帖文，克服碎片化信息的局限性。另一个重要途径是，引学术文化之丰沃甘泉，灌溉文化土层相对贫瘠的互联网。鼓励学术界、出版界等传统文化精英更多地"触网"，给碎片化的网络信息和好勇斗狠的网络口水战，带来深厚的文化积淀。

网络科普也是培植国民科学理性的重要手段。民间科学传播公益团体"科学松鼠会"，相信科学对于普通大众来说，就像味道鲜美却又不方便吃的坚果，而他们要像松鼠一样，把科学坚果外层的硬壳剥掉，把味美的果肉献给大众。其圈子成员联手建立的科普博客，曾入围"2008年全球华文部落格最佳博客奖"，

其官方微博粉丝有43万人，在豆瓣网也设立了讨论组，还有一个关联网站"果壳网"。中国科学院则开设了科学传播门户"中国科普博览"微博，中国地震局主办了"中国地震科普网"微博，只是影响有待扩大。

（三）鼓励不同阶层的人群上网自由讨论

现阶段，网民约占全国人口的1/3。其中，上网发帖、回帖的，占网民数的31.7%，占全国总人口的10.6%。也就是说，经常上网"发声"的，只有约一成的中国人；而近九成中国人在网上是"无声"的。网民还带有偏向年轻、高学历、低收入、城镇人口的特征。

为促进网络舆论的健康发展和覆盖全社会的民主政治，需要鼓励不同阶层的人群都上网，表达利益诉求，开展平等对话。目前中国社会的两极，中高层领导干部、中高收入人群普遍习惯于上网"看帖不回帖"，而农村留守人口"386199部队"也缺少上网表达的机会。只有鼓励广泛协商对话，才能为社会去塞求通、活血化淤。

实践表明，允许不同声音的充分表达和自由讨论，将有利于网络舆论的生态平和。

（四）记者的"自媒体"账户管理

面对网络"自媒体"的挑战，传统媒体顺应潮流，在博客特别是微博开通了官方账户，发布或预告传统媒体上刊登的内容，以及传统媒体上没有发表的新闻信息和评论。记者更是纷纷涌上微博，不仅为获取新闻线索，而且通过自身掌握的信息优势对外传播信息、发表观点，扩大自身影响力。由此带来一个新的问题，即记者在"自媒体"上发言，不受传统媒体发稿一套严格的审核流程的制约，带有较大的主观随意性。目前一些经过实名认证、标注从业媒体的记者微博，虽然声明自己的言论与所在单位无关，但是受众通常不会把记者与其所在媒体截然分开。

一些体制内媒体着手研讨制定记者微博使用规范，基本思路是：标注媒体名称的记者微博，以及传统媒体的官方微博，需经过本单位备案同意，其所发表的言论应对所在媒体负责。

（五）把网络舆论能量引向制度化参与

2011年7月间，成都64岁的退休老太胡丽天，从2003年开始报名参加省、市各类听证会23场，被网民称为"听证专业户"。然而，有细心网友调查统计了成都历次听证会的报名人数，发现胡丽天很有可能不是"政府的托儿"，而是听证会的感召力太小，以致参与者总是一群退休老年人。还有网友反思，老太太是"建设性地参与问题"，而网上有些人是"除了批评无所行动"。

2011年，一些草根百姓和知识分子在微博上宣布自荐参选人大代表，引起基层政府的担忧。但在云南曲靖市，市政府的官方微博"微博曲靖"，6月17日打破常规，发帖介绍本市一位自荐参选的市民蔡馥敏。47岁的蔡馥敏开设博客、微博客，关注家庭、教育、医疗、劳动就业等问题，并自警道："我们每一位想为国为民分忧的人士，很多时候，先看看法律法规，不要随意而为。"网友称赞：曲靖市委、市政府包容基层民主的尝试，有利于重构新中国基层政权的神经末梢，融洽官民关系，最终有利于基层维稳。

从根本来说，疏通公民现实的政治参与途径、健全法制，有利于减轻网络舆论关注时政所承载的社会压力。

六 2012年网络舆情展望

（一）微博客到达巅峰，部分网友回归BBS和博客

微博经历了两年多狂飙式的发展，也凸显出其自身的一些硬伤。平台不均衡，推广发展基本靠资本支撑，一旦运营商的资金不足，势必会对其发展速度造成影响，目前微博巨头新浪的财报已经显示出这样的隐忧，而微博的信息空心化趋势使得其衰退存在可能。为了增加自己的粉丝数，不少网友都选择了尽可能多地增加关注者并增加转发量，这样的信息爆炸已经远远超过了个人的信息承受极限，从而使关注流于形式化。运营商的推广力度一旦减弱，对民众的微博热情必然会造成较大影响。

微博用户以碎片化的时间追踪碎片化的信息，微博140个字无法承担讲述完

整事实的功能,更何况,只有那些极具冲击力的信息才能吸引眼球。这也从另一个方面造成了微博舆论环境流于猎奇、浮躁和盲目,人们来不及考证,或者无法考证事实及其来源,使得谣言和非理性情绪大行其道。基于以上原因,人们将会重新认识到论坛/BBS和博客的优势,为了深度思考和情感沉淀而回归,同时轻博客会在2012年进入大众视野。

(二) 网上社交娱乐更加广泛,移动互联助力发展

社交是网络生活的重要内容,而网络的发展为人们的社交提供了越来越多的渠道和方式。越来越多的网络平台承载了社交功能。与此同时,移动互联网的发展使得这种社交方式越发便捷,LBS(基于地理位置的服务)会异军突起。目前在推客、切客、微客,各种"潮人"通过移动互联网实现着自己的梦想。米聊、微信、口信等的出现开始挑战中国移动的飞信业务,移动互联网领域的竞争日益激烈。各种移动应用也使得人们的移动生活更加丰富多彩,随着3G网络质量的提高和资费的下调,移动互联的人数会在2012年大幅增加,从而出现电脑上可以做的,在手机上同样都可实现。与此同时,云技术和三网融合的推进也给人们的生活带来了无限想象。

(三) 传统媒体发展变革,全媒体时代加速到来

网络时代,传统媒体面临挑战,单一依靠一种传播方式生存越发困难,报纸推出PAD版,电视台开到了网上,广播也加强了网络互动,越来越多的传统媒体开始组建传媒集团,向全媒介进军,介入数字出版、网络电台、电视商城以及杂志礼品等。而传统媒体本身,为了跟互联网"争夺眼球",也在根据自身特点对内容进行深度耕耘,互动性增强。同时,随着广电系统规范和限制娱乐节目的政策在新的一年里执行,电视节目的可看性必将受到一定的影响,会使部分电视受众转向网络,通过网络视频集中观看节目。

(四) 网络问政持续推进,舆情热点继续升温

预计今后几年,随着社会矛盾的发展和政府社会管理的创新,各类网络热点将持续升温,民众通过网络考问政府部门的频次和深度日益增加,迫使政府不断提升回应速度和回应质量。网络"围观"正在改变着中国。2012年,中国、美

国、俄罗斯等重要国家都将进行政府换届,世界经济也很难在短时间内回暖,阿拉伯世界的动荡"多米诺骨牌"效应尚未完结,这些都将引发中国民众对国内国际政经话题的关注。而挂在年轻人嘴边的"2012"(玛雅传说中的"世界末日")担忧,在错综复杂且日益加深的社会矛盾面前,可能成为一种并非虚拟的话题,在网络上还会有各种谣言和恐慌的反应,并有可能蔓延到现实中来。

Analysis on Internet-based Public Opinion in China, 2011

Zhu Huaxin　Shan Xuegang　Hu Jiangchun

Abstract: In 2011, the high-speed rail accident presented an opportunity for more social groups to participate in various online discussions. And internet-based political participation becomes a new forum for average citizens to evaluate and supervise government's administration. For instance, both the campaign against child trafficking through mini-blog and the "free-lunch plan" demonstrate that government and civil groups can work together to solve social problems. In order to stimulate similar cooperation, it is important to facilitate the capacity-building of the internet-based civil groups on the one hand; and on the other, government needs to show its tolerance and gives more latitude to those civil groups. It can be seen that, under the pressure of online opinions from mini-blog, government strengthened its regulation on high-speed rail and adopted a series of measures to ensure railway safety.

Key Words: Mini-blog; Internet-based Public Opinion; Hotspots of Internet

B.14
"十二五"开局之年的城乡社会救助

唐钧 刘蔚玮[*]

摘 要： 本文总结回顾了2011年社会救助制度的实施现状，并根据2011年的经济发展形势，重点分析了通货膨胀因素对社会救助的影响和对低保家庭的冲击，认为低保标准在当前经济形势下明显偏低，应该建立健全救助标准与物价上涨挂钩的联动机制，同时提出体现适度普惠的福利思想是社会救助制度的发展方向，并强调了向大众普及社会救助理念的意义。

关键词： 社会救助 通货膨胀 适度普惠

2011年是"十二五"规划的开局之年。在年初的"两会"上，温家宝总理在部署2001年的工作时指出：要稳步提高城乡居民最低生活保障标准。完善补贴制度，建立健全社会救助和保障标准与物价上涨挂钩的联动机制，绝不能让物价上涨影响低收入群众的正常生活。完善城乡低保制度。将孤儿养育、教育和残疾孤儿康复等纳入财政保障范围。继续推进残疾人社会保障体系和服务体系建设。

温家宝总理对与社会救助和最低生活保障相关的工作的部署，是2011年社会救助工作的重点，旨在减少通货膨胀对低收入群体的影响，同时也体现近年来在中国悄然崛起的"适度普惠的社会福利"的政策思路，已经对中国社会保障制度的深化改革发生了实质性的影响。

一 2011年社会救助制度的实施现状

从民政部的官方网站（http：//www.mca.gov.cn）已经公布的与2011年社

---

[*] 唐钧，中国社会科学院社会学研究所研究员；刘蔚玮，北京工业大学人文社科学院社会工作系助理研究员。

会救助制度发展相关的文献资料和统计数据可以大致了解这项制度的基本走势。

（一）2011年社会救助制度的实施现状

1. 城镇居民最低生活保障制度

截至2011年第三季度，在城镇居民中，共有1135万户2269万人获得了最低生活保障待遇。与2010年同期相比，户数略有增加，增加的幅度为0.35%；人数却有所减少，减少的幅度为0.92%。

城镇的平均低保标准为月人均278元，平均补差为月人均207元。与2010年同期相比，平均低保标准和平均补差都有较大幅度的提高，前者提高了15.83%，后者提高了26.22%。

2. 农村最低生活保障制度

在农村居民中，共有2609万户5267万人获得了最低生活保障。与2010年同期相比，农村低保对象的户数和人数都有所增加，前者增加了6.49%，后者增加了3.54%。

农村的平均低保标准为月人均135元，平均补差为86元。与2010年同期相比，平均低保标准和平均补差均有大幅度的提高，前者提高了22.73%，后者提高了38.71%。

3. 农村五保制度

农村五保对象共有531万户554万人。其中，集中供养的是175万户179万人；分散供养的是357万户374万人。与2010年同期相比，基本持平。

在农村"五保对象"中，集中供养的年人均支出是2715元，分散供养的年人均支出水平是1724元。集中供养的支出有所增加，增加的幅度是19.08%；分散供养的支出有所减少，减少的幅度是13.37%。

4. 城乡医疗救助制度

在城市中，共有358万人次享受了医疗救助；在农村，共有834万人次享受了医疗救助。与2010年同期相比，无论城乡，得到医疗救助的贫困人口都有成倍的增长，前者增加了103.41%，后者增加了112.76%。

医疗救助制度还资助876万城市贫困人口参加了城市居民基本医疗保险，资助了2864万农村贫困人口参加了新型农村合作医疗。与2010年同期相比，受资助参加城市居民医保和新农合的人数都有所增加，前者增加了5.42%，后者增加了10.75%。

（二）2011年社会救助制度实施的特点

回顾十多年来的发展趋势并进行比较，2011年社会救助制度在实施中表现出以下几个特点。

1. 城镇低保对象的数量呈现减少的趋势

自从2001年城镇低保的资金改由中央财政加大支持以后，一直到2009年，城市低保对象人数的发展轨迹呈现两个波峰。2001~2003年为第一个波峰，保障人数从1171万人快速增长到2247万人。但2004年跌至2205万人，接着再逐年增加，2006年恢复到2240万人。然后继续增长，到2009年出现第二个波峰，达到2346万人。2010年，城镇低保对象又下降到2311万人，但还在2300万人以上。2011年第三季度是2269万人，以此推测全年，有可能跌破2300万人（见表1）。

表1 2001~2011年城镇低保人数的变化状况

单位：万人，%

年份	2001	2002	2003	2004	2005	2006	2007	2008	2009	2010	2011
保障人数	1171	2065	2247	2205	2234	2240	2272	2335	2346	2311	2269
年增长率	—	76.4	8.8	-1.9	1.3	0.3	1.4	2.8	0.5	-1.5	-1.8

说明：表中2011年的数据截至第三季度。
资料来源：民政部网站。

对比2010年和2009年城镇低保对象的具体分类（见表2），可以发现：在七大类低保对象中，2010年有四类低保对象都有9万~17.4万人的下降幅度，有一类对象基本持平，有两类对象有所增加。其中"在职人员"和"登记失业人员"的减少，可能与当年的"40、50"人员现在已经是"50、60"人员，亦即进入退休年龄相关，因为低保对象中相当一部分人虽然没工作岗位或没有稳定的工作，但有养老保险待遇，当他们进入退休年龄后，就可以领取养老金。因此也就不再享受低保待遇。而城镇低保对象中"在校生"和"其他未成年人"的

减少，可能与现在的"少子化"有关。当然，这也与近年来民政部门狠抓社会救助，实施规范化相关。

表2 2010年与2009年低保对象分类比较

单位：万人

低保人群	2009年	2010年	两年对比
在职人员	79.0	68.2	-10.8
灵活就业人员	432.2	432.4	0.2
老年人	333.5	338.6	5.1
登记失业人员	510.2	492.8	-17.4
未登记失业人员	410.9	419.9	9.0
在校生	369.1	357.3	-11.8
其他未成年人	210.7	201.2	-9.5

资料来源：民政部网站。

2. 农村低保对象的数量仍然保持上升趋势

农村低保对象的数量的发展趋势比较简单，自2007年全覆盖以来一直保持着上升势头，到2010年为止的四年中增加的幅度都比较大。从2011年第三季度的数据看，虽然仍有增长，但速度可能趋缓（见表3）。

表3 2001~2011年农村低保人数的变化状况*

单位：万人，%

年份	2007	2008	2009	2010	2011
保障人数	3566	4306	4760	5214	5267
年增长率	—	20.8	10.5	9.5	0.1

说明：表中2011年的数据截至第三季度。
资料来源：民政部网站。

3. 城镇低保对象人数增加得益于财政投入的增加

城镇低保人数的增加，显然与财政投入，尤其是中央财政投入相关。自2001年以来，中央财政的投入在支出的低保资金中所占比例一直最高，除2001年和2002年外，所占比例基本上都在60%~70%之间。低保人数增加的第一个峰值，显然是财政投入的增加，尤其是中央财政投入连续两年翻番所致。然后，财政投入的增加进入一个平稳期，低保对象也始终维持在2200多万人。直到2008年财政投入大幅增加，低保对象也随之突破2300万人。之后，财政投入和低保人数的增加再度趋于平缓。

如果说城镇低保的财政投入和人数激增的第一个波峰是这项制度突破"资金瓶颈"的信号，那么，城镇低保的财政投入和人数激增的第二个波峰应该与世界金融风暴相关。其特点是财政投入增加，尤其是中央财政投入剧增，中央财政占整个财政投入的比重从60％增加到70％以上（见表4）。

表4　2001~2010年城镇低保财政投入的变化状况

单位：亿元，%

项　目	2001年	2002年	2003年	2004年	2005年	2006年	2007年	2008年	2009年	2010年	2011年
财政投入	42	109	151	173	192	224	277	393	482	495	429
年增长率	—	159.5	38.5	14.6	11.0	16.7	23.7	41.9	22.6	2.7	—
中央财政投入	23	46	92	105	112	136	161	267	359	366	—
中央财政占比	54.8	42.2	60.9	60.7	58.3	60.7	58.1	67.9	74.5	73.9	—
年增长率	—	100.0	100.0	14.1	6.7	21.4	18.4	65.8	34.5	1.9	—

说明：2011年的数据截至第三季度。

资料来源：民政部网站。

在2010~2011年，保障人数有所下降，但财政投入却在较高水平上趋稳，这显然是为了帮助低保对象应对高通胀。

4. 农村低保对象人数增加也应归因于财政投入的增加

农村低保的发展轨迹与城镇低保非常相似，在"全覆盖"后，便突然遭遇世界金融风暴的袭击，所以财政投入和保障人数也表现出剧增的趋势。2010~2011年，农村低保的财政投入也在较高水平上趋稳，应该也是为了帮助低保对象抵御高通胀（见表5）。

表5　2001~2011年农村低保财政投入的变化状况

单位：亿元，%

项　目	2007年	2008年	2009年	2010年	2011年
财政投入	104	222	345	445	406
年增长率	—	113.5	55.4	29.0	—

说明：2011年的数据截至第三季度。

资料来源：民政部网站。

二 通货膨胀和社会救助

2011年,通货膨胀是社会关注的热点。在"两会"报告中,温家宝总理就把"物价上涨压力加大"列为"没有根本解决"的"群众反映强烈的问题"之一。他指出:"当前,物价上涨较快,通胀预期增强,这个问题涉及民生、关系全局、影响稳定。要把稳定物价总水平作为宏观调控的首要任务。"

(一) 物价上涨对低保家庭生活的冲击

2011年的物价上涨仍然十分引人注目。据国家统计局提供的数据:居民消费价格1~9月的涨幅同比为5.7%;而与人民生活最为密切相关的"食品类"消费价格的涨幅是12.5%,"居住类"消费价格涨幅为6.0%。

对于低保对象而言,物价上涨对他们的冲击更大。《城市居民最低生活保障条例》规定:"城市居民最低生活保障标准,按照当地维持城市居民基本生活所必需的衣、食、住费用,并适当考虑水电燃煤(燃气)费用以及未成年人的义务教育费用确定。"《国务院关于在全国建立农村最低生活保障制度的通知》也规定"农村最低生活保障标准由县级以上地方人民政府按照能够维持当地农村居民全年基本生活所必需的吃饭、穿衣、用水、用电等费用确定",从这个意义上说,城乡低保对象的日常消费支出是被政府计划好的,甚至没有回旋的余地。物价上涨,他们会首先受到影响。

2011年1~9月,城镇的平均低保标准为月人均278元,农村为135元,2010年底这两个数据分别为251元和117元。如果按"居民消费指数"城市5.5%、农村6.2%计算,城市的标准增加到265元,农村的标准增加到124元,就可以满足需求。但是,低保家庭的生活方式与普通居民是不一样的,在国家统计局规定的8类居民生活必需品中,"食品类"和"居住类"是低保家庭必不可少的,而这两项涨幅最大;其他如"衣着类"、"家庭设备用品及维修服务类"、"交通和通信类"、"娱乐教育文化用品及服务类"、"烟酒及用品类"、"医疗保健和个人用品类"等六项涨幅比较小,但这些项目对低保家庭而言,一般影响倒不是那么大。因此,不能完全按"居民消费指数"计算。如果按低保家庭的恩格尔系数为60%和"食品类"的涨幅12.5%来计算,城镇应该为282元,农村应该为152元,目前的标准还是低了一些。

(二) 城镇低保标准明显偏低[①]

比较城镇居民的月人均可支配收入与低保标准，可以发现低保标准之低。就全国的平均数而言，低保标准仅占一般居民家庭的人均可支配收入的15%。在全国31个省、自治区、直辖市中，这一比例只有5个地区是超过20%的，包括西藏、天津、黑龙江、江西和青海；在16%～19%之间的有15个地区，包括北京、河北、山西、内蒙古、辽宁、吉林、湖北、海南、上海、安徽、山东、贵州、陕西、甘肃、宁夏；在15%及以下的有11个地区，包括河南、湖南、广东、广西、江苏、浙江、福建、重庆、四川、云南、新疆。其中最高的是西藏，最低的是广东和福建。

按照欧盟的规定，社会救助标准应该在社会平均收入的50%～60%之间。即使是在社会救助方面一贯比较保守的美国，社会救助标准也会在社会平均收入的33%上下。现在中国的数字为15%，仅为欧盟标准的1/3～1/4、美国标准的1/2弱。

从表6国内各地区的数据比较可以发现，低保标准占城镇居民人均可支配收入的比重在第一档的（即超过20%的），除了天津和黑龙江外，都是中西部地区的省市区；广东、江苏、浙江、福建等东部地区的省市区，却都在第三档（即15%及以下）；而北京和上海处于中档，北京是18%，上海是16%。以上的统计分析说明，除少数省市区外，计算"低保标准占城镇居民人均可支配收入的比重"这个指标时，"城镇居民人均可支配收入"数值的高低起着决定性的作用，这是否说明经济发达地区在低保标准上更趋于保守，而很多经济欠发达地区则顾及低保标准所起到"保底"的作用？

表6　2011年6月各地区城镇居民可支配收入与低保标准的比较

单位：元，%

地区	月人均可支配收入	低保标准	比重	地区	月人均可支配收入	低保标准	比重
全国	1840	270	15	河南	1502	218	15
北京	2706	480	18	湖北	1581	266	17
天津	2144	474	22	湖南	1586	231	15
河北	1518	289	19	广东	2317	270	12

[①] 农村的情况因为找不到合适的数据，所以没能作类似的比较，下同。

续表

地 区	月人均可支配收入	低保标准	比重	地 区	月人均可支配收入	低保标准	比重
山 西	1442	265	18	广 西	1581	230	15
内蒙古	1672	326	19	海 南	1585	265	17
辽 宁	1672	311	19	重 庆	1731	259	15
吉 林	1460	241	17	四 川	1565	223	14
黑龙江	1252	257	21	贵 州	1381	235	17
上 海	3064	505	16	云 南	1523	215	14
江 苏	2290	345	15	西 藏	1316	356	27
浙 江	2805	397	14	陕 西	1558	301	19
安 徽	1559	272	17	甘 肃	1222	203	17
福 建	2163	249	12	青 海	1172	256	22
江 西	1423	301	21	宁 夏	1348	230	17
山 东	1850	303	16	新 疆	1276	184	14

资料来源：国家统计局网站，民政部网站。

（三）2011年国内各地区调整最低生活保障标准的努力

在2011年初的"两会"报告中，温总理提出，要稳步提高城乡居民最低生活保障标准，绝不能让物价上涨影响低收入群众的正常生活。根据"两会"精神，随着2011年物价上涨不断创新高，各地区也频频传来城镇居民的最低生活保障标准得到调整和提高的"利好"消息。

从"社会救助网"获得的数据中，可以看到从2010年9月到2011年9月一年中全国各地区低保标准的调整频度和幅度（见表7）。

在36个省会城市和计划单列市中，自2010年9月到2011年9月的一年中，城镇低保标准调整过两次的有北京、太原、长沙、海口、西宁5个城市，从没调整过的有福州、武汉、南宁、青岛、宁波5个城市，其余26个城市，包括天津、石家庄、呼和浩特、沈阳、长春、哈尔滨、上海、南京、杭州、合肥、南昌、济南、郑州、广州、重庆、成都、贵阳、昆明、拉萨、西安、兰州、银川、乌鲁木齐、大连、深圳、厦门，都进行过一次调整。从调整的时间和频数看，2011年6月公布的数据为准，有14个省市区进行了低保标准的调整；其次为2011年3月，有9个；再次为2010年12月，有8个；还有5个是2011年9月公布的。从调整幅度幅度看,最大的一次是乌鲁木齐 2010 年 12 月公布的数字,从 156 元调整到 256 元,提高了整 100 元。

表 7　2010 年 9 月到 2011 年 9 月 36 个城市低保标准调整的频度和幅度

单位:元

城　市	低保标准					城　市	低保标准				
	2010 年		2011 年				2010 年		2011 年		
	9 月	12 月	3 月	6 月	9 月		9 月	12 月	3 月	6 月	9 月
北　京	430	430	480	480	500	广　州	410	410	410	480	480
天　津	450	450	450	480	480	南　宁	300	300	300	300	300
石家庄	265	265	340	340	340	海　口	320	330	352	352	352
太　原	282	302	302	330	330	重　庆	260	290	290	290	290
呼和浩特	340	340	380	380	380	成　都	300	300	300	300	330
沈　阳	340	380	380	380	380	贵　阳	240	240	300	300	300
长　春	305	305	350	350	350	昆　明	255	255	255	310	310
哈尔滨	310	310	360	360	360	拉　萨	310	310	310	360	360
上　海	450	450	450	505	505	西　安	230	360	360	360	360
南　京	400	400	400	400	500	兰　州	278	278	278	306	306
杭　州	440	440	440	525	525	西　宁	203	213	213	238	238
合　肥	280	280	320	320	320	银　川	230	230	230	265	265
福　州	320	320	320	320	320	乌鲁木齐	156	256	256	256	256
南　昌	300	300	300	350	350	大　连	380	380	380	420	420
济　南	360	360	360	400	400	青　岛	350	350	350	350	350
郑　州	300	300	300	300	340	宁　波	440	440	440	440	440
武　汉	360	360	360	360	360	深　圳	415	415	415	450	450
长　沙	270	320	320	320	350	厦　门	330	330	350	350	350

资料来源:中国社会救助网。

历次调整后,低保标准最高的,2010 年 9 月和 12 月是天津和上海,450 元;2011 年 3 月是北京,480 元;2011 年 6 月和 9 月是杭州,525 元。低保标准最低的,2010 年 9 月是乌鲁木齐,156 元;2010 年 12 月和 2011 年 3 月是西宁,213 元;2011 年 6 月和 9 月也是西宁,238 元。

从 2011 年 9 月的数据看,低保标准在 500 元及以上的有北京、上海、南京、杭州 4 个城市;在 499～400 元的有天津、广州、济南、大连、宁波和深圳 6 个

城市；在399～300元的有石家庄、太原、呼和浩特、沈阳、长春、哈尔滨、合肥、南昌、福州、郑州、武汉、长沙、南宁、海口、成都、贵阳、昆明、拉萨、西安、兰州、青岛、厦门22个城市；在299元以下的有重庆、西宁、银川、乌鲁木齐4个城市。

根据媒体报道，2011年10～11月，又有一些城市对低保标准进行了调整：重庆从290元提高到320元；长春从350元提高到375元；石家庄从340元提高到375元。

从以上统计数据可见，低保标准若从绝对数看是发达地区的标准高，除福州、青岛、厦门3个城市的低保标准在320～350元外，低保标准在400元以上的10个城市都在东南部沿海地区。

（四）建立健全救助标准与物价上涨挂钩的联动机制的努力

在2011年初的"两会"报告中，温总理提出要建立健全"社会救助和保障标准与物价上涨挂钩的联动机制"。3月，国家发改委、民政部、财政部、人力资源和社会保障部、统计局五部委就联合发出通知，部署各地社会救助和保障标准与物价上涨挂钩的联动机制的建设工作。据媒体报道，有记者作了统计，发现目前全国31个省区市已提前"完成任务"，都建立了"联动机制"。其中，有22个省市区是以CPI涨幅作为启动联动机制的条件。

虽然目前各地区都已经在考虑根据物价上涨的幅度调整低保标准，这是一大进步，然而，如前所述，以"居民消费价格指数"作为调整的依据，这样的政策思路仍然是有缺陷的。"居民消费价格指数"中，"食品类"和"居住类"，与低保家庭最为利益攸关，但同时又是物价上涨幅度最大的。如果按全部八类来决定调整的时机和计算调整的幅度，其他作用有限的六类会大大"稀释"作用最大的两类的影响，实际上会使调整的幅度偏小。多年积累，就造成了低保标准仍然越来越偏低的发展趋势。

北京、上海和广州等城市在设计低保标准的调整机制时，都从技术上考虑了这个问题。具体的做法概括起来有以下两种：其一，在八类"居民消费价格指数"中，用加权的方式重点强调"食品类"和"居住类"的影响。其二，通过专门向低收入群体采集数据的方式，建构一个"低收入群体的消费指数"，以实事求是地反映他们的实际生活状况。另外，还有一个方法，即用"居民消费价格指数"和"社会平均收入"构成一个综合指数,作为低保标准调整的依据。目前这种方法还没有进入实际运用的层面,但可以考虑。

三 "适度普惠"和社会救助制度的发展

近年来,建立"适度普惠"的社会福利制度的思想一定程度上已经在社会保障学界取得了共识。同时,这种政策设计和制度安排的价值理念也已经渗透到政府有关部门的工作中。2011年"两会"上温总理的报告中,也已经诠释了类似的理念。例如,"将孤儿养育、教育和残疾孤儿康复等纳入财政保障范围",实际上已经是一个针对孤儿这个群体的"适度普惠"的社会福利安排。这种社会保障方式在国际上被称为"社会津贴"(Social Allowance)。

发展社会津贴制度是出于这样的政策思考:社会救助的实施一定要有个前提条件,就是"家庭经济调查"。然后在制度实施的过程中,还需要对低保对象进行跟踪调查,以随时了解其家庭经济状况是否有好转。若有好转,家庭人均收入超过当地低保标准的,就要取消其最低生活保障待遇。

但是,社会救助的对象实际上有两大类,一类是有劳动能力的,还有一类是无劳动能力的,如老人、孤儿、重度残疾人和重病人。因为生理状况和社会境遇决定了他们的生活不会有太大的变化,这部分人被获准得到低保待遇后,对他们继续跟踪调查似乎并没有必要。所以,淡化乃至取消对他们的追踪调查,使其演变成为长期津贴,是合理的选择。最终,可以取消对他们的"家庭经济调查",只要本人取得了法定资格,就可以享受社会津贴。

其实,"家庭经济调查"和追踪调查也是需要行政成本的,取消对这类对象的"家庭经济调查"和跟踪调查能大量节约行政成本。还有,从现代社会的价值观念而言,对"家庭经济调查"的"羞辱性"一直是有争议的,取消对无劳动能力的保障对象的"家庭经济调查",将其转变为社会津贴制度,在价值判断上也可以算是一个社会的进步。

现在,由中央财政出资对66.5万孤儿提供社会津贴和社会服务。据媒体报道,中央财政于年中下拨了2011年度孤儿基本生活费中央补助资金,对东、中、西部的补助标准分别由2010年的每人每月180元、270元、360元提高到200元、300元、400元。补助资金总额为25亿元,共有65.5万名孤儿将从中受益。

实际上，此前的"新农保"，虽然名为"保险"，但如果要从理论上去深入探讨，对60岁以上的老人提供的每月55元的"社会保险费"，其实质就是"社会津贴"。

从上述这些政策思路和制度安排再推而广之，对重残人和重病人，其实也可以采取这种保障方式，在当前"残疾人社会保障体系和服务体系"建设中，应该超越社会救助直接选择社会津贴。再进一步，按国际惯例，对单亲母亲也可以考虑使用这种保障手段。这一类的制度，实际上就是"适度普惠"福利思想的具体体现，这应该是中国的社会保障制度今后发展的方向。

四 向社会大众普及社会救助理念

推动中国社会保障制度的发展，还需要向大众普及社会救助的理念。虽然社会救助和最低生活保障制度在中国实施已经将近20年，但相关的价值理念和制度安排在中国社会中还不十分普及。究其原委，可能是因为在中国，政策总被认为是政府的事情，普通公民非事到临头通常是不会关注的。

以农村贫困线为例，2011年"两会"上，有政协委员把用于农村扶贫的贫困线与农村低保标准混为一谈。年中，在中央电视台播放的谈话节目中，更有嘉宾把农村贫困线当做城市低保标准大加挞伐，实在是"自摆乌龙"。

据媒体报道，2011年"两会"期间，有政协委员在提案中称：中国的贫困线标准低得让人惊讶。在2009年将贫困线上调至人均年收入1196元之前，贫困线标准为785元，按2005年汇率折算每天收入只有0.57美元，与世界银行确定的1.25美元标准差距极大。太低的贫困线让过亿居民人为"被脱贫"，建议现有贫困线应至少提高至2400元以上。其实，中国农村贫困线实际上有两种，一种是国家统计局提供的，2009年的标准是1196元。这条贫困线是用"马丁法"计算的，即先按满足每人每天摄入热量2100大卡的需要计算出一个"食品菜单"，包括所需食品的品种和数量；再根据这张菜单和市场价格计算出所需支出的资金，这样就得出一个"食品贫困线"。然后，找出食品消费低于这条线的人群，再计算这个人群各方面的平均支出，通常包括食品、衣着、居住、交通、日用杂支、教育、医疗和通信等方面，再将各方面的计算结果加总就得出"消费贫困线"。2009年的标准1196元应该就是这样计算出来的。说明一下，"马丁法"是国际上常用的测算贫困标准的方法。

国家扶贫办通常是用国家统计局提供的贫困线作为扶贫工作的操作性标准。提案中提到的2009年以前的贫困线785元，可能是2006年或2007年计算的农村绝对贫困线。根据这个标准，2006年的农村贫困人口是2365万人。具体的做法是，把人均收入在贫困标准以下的县定为"国家级贫困县"，然后由政府拨款进行扶贫。近年来的扶贫政策有个变化，就是一定三年不变，2006~2008年是一个扶贫周期，2006年定下的贫困县，在此周期中不管县里的人均收入如何变化，即使超过贫困线，也仍然能够继续得到扶贫资助。这里应该包含着"扶上马送一程"的意思，即在几年中能够将扶贫的成果巩固一下，使之不再返贫。

2009年，中国启用新的贫困标准1196元，贫困人口从2008年的1479万增至4300多万。对这个变化可以这样理解：2008年时，已经将原先划定的贫困人口脱贫了1/3强，于是重新划定贫困线，将标准提高到1196元，贫困人口也随之增加，于是再开始下一轮的扶贫。

在中国，除了贫困人口集中的贫困县以外，其实各地都还有少量的贫困人口，即使是最富裕的地区也不能例外。对于这些贫困人口，政府采取了农村低保的方式保障他们的最低生活需要。因此，在中国，除了上述用于扶贫的贫困线之外，还有一种农村贫困线，这是民政部门用于实施农村低保的贫困线，由各省自己制定，在实施中各自按本地的贫困标准开展工作。如前所述，2011年截至第三季度，农村低保的平均标准是135元，人均补差（即以保障标准减去实际收入）为86元。

总而言之，政府在努力实施城乡低保政策的同时，应该采取各种手段，宣传社会救助的价值理念和制度安排，让社会大众了解和支持社会救助制度。随着庞大的社会工作人才队伍的建设和发展，这支队伍也可以成为政府的社会救助部门进行宣传和从事实际工作的助力，可以争取他们的配合和合作。

Urban and Rural Social Assistance Program at the Beginning of the Twelfth Five-Year Plan

Tang Jun   Liu Weiwei

Abstract: The paper reviews the situation of the social assistance program and the minimum living standard security system in 2011. Considering the economic situation of

2011, the paper analyzes the influence of inflation on the social assistance system and the poor families. Based on the analysis, the paper suggests that current minimum living standard security system is too low in today's economic situation. It is crucial to establish a linkage mechanism between rising prices and the social security and assistance system. At the same time, the development of the minimum living standard security system should be consistent with the ideology of "moderate general welfare". Additionally, it is important to educate the general public that social assistance system has a significant place in modern society.

Key Words: Social Assistance; Inflation; Moderate General Welfare

B.15
2011～2012年中国反腐败体系的建设和发展

文盛堂*

摘　要：中国目前的反腐败工作紧密结合惩治和预防腐败体系建设，加大力度惩防亵渎公权、贪污贿赂等腐败行为，并取得了新的成效，使腐败现象在一定程度内得到遏制；同时预防腐败工作稳步推进，中外反腐败国际合作不断加强。惩防腐败体系建设在推进勤政保民生、推动廉政促发展方面发挥着重要作用。今后应加强廉政文化建设，兼收并蓄，培育勤政廉政文化新的"生长点"，以进一步推动反腐倡廉建设。

关键词：肃贪反贿　惩防渎职　勤廉文化

改革开放以来，中国从靠运动反腐走向以制度反腐，探索了中国特色的反腐倡廉道路，实现了理论认识上从"反腐败斗争"到"反腐倡廉建设"、目标设定上从"实现党风根本好转"到"把腐败现象减少到最低程度"、原因分析上从"剥削阶级思想的腐蚀"到"缺少对权力的制约"、基本思路上从"开展群众运动"到"遵循社会主义法制进行综合治理"的四大转变。当前中国惩防腐败建设工作取得明显成效，但问题仍较突出；防治力度加大，但腐败现象易发多发；群众对反腐败的期望值不断上升，但腐败现象短期内难以根治。反腐倡廉形势依然严峻，惩防腐败的任务依然艰巨。

一　惩防腐败建设取得新的成效

当前，惩治和预防腐败体系建设的各项任务有序推进并取得阶段性成果。国

---

* 文盛堂，最高人民检察院高级检察官。

家统计局的民意调查结果显示，2003～2010年，人民群众对反腐败的满意度从51.9%提高到70.6%；认为消极腐败现象得到不同程度遏制的比例，从68.1%上升到83.8%。国际社会也对中国目前的反腐败工作给予了较积极的评价。"透明国际"公布的2010年度全球腐败指数报告中，中国"清廉度"在178个国家和地区中排名第78位，比2009年上升1位，清廉指数由1993～1996年的2.43，逐步回升到2010年的3.5。腐败蔓延的势头在一定范围内得到遏制，反腐倡廉建设取得新的成效。

目前，有关方面正在积极筹划启动2013～2017年惩防腐败体系建设工作规划的调研起草工作，为《建立健全惩治和预防腐败体系2008～2012年工作规划》后续阶段及实施完毕后的惩治和预防腐败体系建设提供指导。

回顾中国共产党十七大以来在惩防腐败工作中所取得的成效，突出地表现为两大方面。

（一）依照法纪惩治腐败成效显著

1. 惩治职务犯罪取得阶段性的新成果

2008年1月至2011年7月，全国检察机关共依法查办职务犯罪案件121410件157447人，其中县处级以上要案9335人，国家机关工作人员利用人事权、行政审批权、行政执法权和司法权等实施职务犯罪案件68171人；提起公诉94747人；法院作出有罪判决86684人。[①] 2009年9月以来，查办工程建设领域职务犯罪案件16204件19743人，其中大案11612件，要案1720件，涉案总金额40亿元。如杭州市原副市长许迈永受贿、贪污、滥用职权案和苏州市原副市长姜人杰受贿案，都是当前城市建设领域一些领导干部滥用权力牟取私利的典型腐败案，两名罪犯都是曾经担任主管城建工作的政府领导，2011年7月19日，最高人民法院宣布对许迈永、姜人杰依法执行死刑。2008～2009年查办涉农贪污贿赂犯罪案件15427件20431人，涉案金额21.5亿元。2008年以来查办贪污贿赂犯罪大案67968件，占立案总数的71.6%，其中百万元以上大案5221件，千万元以上大案391件；查办渎职侵权犯罪重特大案件12434件，占立案总数

[①] 引自2011年9月30日最高人民检察院党组副书记、常务副检察长胡泽君在全国惩治和预防腐败体系建设工作会议上的发言中公布的数据。

的46.9%；县处级以上要案9335人，占立案人数的5.9%。办案中注重深挖犯罪，2008年以来通过办案发现职务犯罪的"案中案"32751件，占立案总数的34.5%。

2. 严肃查办违反党纪政纪案件的各项工作深入推进

2011年6月22日，中共中央外宣办的新闻发布会公布：2010年全国纪检监察机关共立案139621件，结案139482件，给予党纪政纪处分146517人，涉嫌犯罪被移送司法机关5373人。同时透露，2011年2月，中央纪委对铁道部原部长刘志军涉嫌违纪违法问题进行立案调查。目前，刘志军案件仍处于调查阶段，调查结束后，将会向社会公开结果。

3. 查处经济责任等违法违纪问题取得新进展

据审计署披露，自1999年实施经济责任审计至2011年6月，审计机关共对全国43万多名领导干部进行了经济责任审计，其中省部级党政领导干部和中央企业领导人员150多名。经审计共发现7600多名领导干部存在以权谋私等问题而被移送纪检、监察和司法机关；各级党委和干部管理监督部门参考审计结果免职、降职和撤职1.6万人。[①]

4. 查处国土资源领域的腐败案件不断深入

2011年1~9月，全国共有1.6万件违法用地行为被立案查处，违反国土资源法律法规的1964名责任人被移送司法和纪检监察机关追究责任，其中71人已被追究刑事责任。最高人民检察院、国家反贪总局统计数据表明，2009年1月至2010年8月，全国检察机关立案查处国土资源领域职务犯罪案件1978件，其中贪污贿赂犯罪1715件，渎职犯罪263件。在这些案件中，大要案1371件，涉及县处级以上干部要案186人。2010年9月至2011年9月底，全国检察机关查办国土资源领域职务犯罪案件961件1334人，涉案金额3.2亿元。[②]

涉土犯罪的官员前"腐"后继。人民日报社人民论坛问卷调查中心2010年4月的调查结果显示：国土局长、交通厅长、公安局长、县委书记、组织部长等成为官场十大高危岗位，而国土局长位列十大高危岗位之首。同年10月26日，

---

① 数据引自2011年7月8日人民网、《人民日报》。
② 数据引自2011年10月31日《检察日报》。

北京市第一中级法院依法公开审理了国土资源部原巡视员、中国国土资源报社原总编辑刘允洲涉嫌受贿案。① 从 2005 年 12 月国土资源部原部长田凤山被判处无期徒刑，到 2011 年以来该部原副部长李元、地籍管理司原副司长温明炬、原处长沙志刚等纷纷落马，涉土犯罪再次备受关注。素有"土地奶奶"之称的原辽宁省抚顺市顺城区土地管理局副局长罗亚平，因"三最"（在全国级别最低、贪污数额最大、手段最恶劣）而"三罪"并罚（贪污罪、受贿罪、巨额财产来源不明罪），被依法执行死刑。

（二）科学推进预防腐败体系建设

1. 在全面预防腐败中突出重点

国家"十二五"规划提出"开展社会领域防治腐败工作"。2011 年，国家预防腐败工作确定了七个要点：着力推进预防腐败制度建设；全面推行廉政风险防控管理和行政权力运行监控机制建设；深化政务公开；深入开展社会领域防治腐败工作；做好应对《联合国反腐败公约》履约审议机制工作，深化预防腐败国际合作与援助；积极开展预防腐败宣传教育；进一步完善预防腐败组织领导机制。

目前，虽然因社会转型而出现的体制漏洞、利益诱惑、腐败分子道德沦丧等都是腐败产生的重要原因，但不容置疑的是，在规则不健全的情况下对权力监督制约不力是导致腐败的主因。社会上有关"上级监督有些远、同级监督有些软、下级监督不太敢"的说法，比较客观地反映了当前权力监督确实存在某些方面的缺位和相当程度的弱化，这无疑为权力的滥用及腐败的滋生留下可乘之机。因此，预防腐败工作在基于顶层设计方面通盘考虑的同时，还要强化对权力的内部制约与外部监督，并整合力量利用科技防控腐败问题的发生。截至 2011 年 10 月 31 日，全国已有 11 个省的 247 个检察院正式获编制管理部门批准设立职务犯罪预防局，另有 74 个检察院正在拟设筹备申办中，这就进一步加强了预防腐败的专门机构和队伍建设。

2. 全面部署廉政风险防控机制建设

中央纪委、国家监察部及国家预防腐败局在深入调研论证并征求意见的

---

① 法庭审理查明，被告人刘允洲利用职务之便收受请托人住房一套，接受宝马 X3 轿车一辆，收受对方好处费 10 万元。

基础上组织起草了《关于加强廉政风险防控的指导意见》（以下简称《指导意见》），这是当前预防腐败的一项重要机制建设。据统计，全国31个省（区、直辖市）中已经开始部署廉政风险防控工作的有21个、试点的有10个；55个中央纪委、监察部派驻机构驻在部门中，已在机关开始部署的有15个、试点的有12个，在系统开始部署的有17个、试点的有8个。同时，部分国有企业、金融机构、高校等企事业单位也启动了廉洁从业风险防控工作。今后各地各系统和各单位将按照《指导意见》的要求，结合实际查找廉政风险点，并建立相应的防范制度；根据有可能出现的廉政风险建立相应的问责机制。有关专家也指出，现有廉政风险防范机制体系框架因缺乏外部监督的参与，而容易流于形式，因此必须引入外部监督。而目前检察机关实行的特约检察员、人民监督员制度较好地破解了这一难题。如检察机关报经党中央批准并报告全国人大常委会建立的人民监督员制度，自2003年开展试点到2010年全面推行，先后从社会各界选任人民监督员3万多人。人民监督员主要监督查办职务犯罪案件和防范司法腐败，有效促进了检察权按照人民的意志依法运行。

截至2011年7月，人民监督员共监督案件35514件，提出不同意检察机关原拟定意见的1653件中，检察机关采纳908件，占54.93%，使得这些案件的依法处理更加公正、合情、合理。人民监督员对检察机关执纪执法、队伍建设等提出各类意见、建议28412件，促进了人民检察事业科学发展。实行人民监督员制度体现了决策民主化从理念形态通过公民参与检察转化为具体形式，有利于推动勤政廉政和防控腐败风险，促进社会主义公民社会的自发成长和民主法治的进程。

3. 中外反腐败国际合作正在加速编织"反腐网络"

"加强反腐败国际交流合作"是国家"十二五"规划的明确要求。作为《联合国反腐败公约》的主要参与国，中国不仅发起成立了国际反贪局联合会，还积极加入反腐败国际组织，参加和举办反腐败国际会议，开展双边、多边反腐败国际司法合作，已与68个国家和地区签订了106项各类司法协助条约。2011年10月，国际反贪局联合会主席、中国首席大检察官、最高人民检察院检察长曹建明出席在摩洛哥马拉喀什举行的第五次年会暨会员代表大会，并先后在开、闭幕式上致辞表示：国际反贪局联合会将一如既往地为各国、各地区反贪执法机构

开展资产追回国际合作做好服务，搭建平台。同时也愿意与各国、各地区反贪执法机构一道建立信息共享、情报交换机制，增强快速反应能力，共同构建畅通、可靠、互信的资产追回国际合作渠道。中央纪委、国家监察部、国家预防腐败局已与五大洲90多个国家和地区反腐败机构开展了友好交往，与10个国家的相关机构签署了交流合作协议。同时，中国先后加入了《联合国反腐败公约》、亚太经合组织反腐败组、亚太地区反腐败行动计划等合作机制，并承办了APEC反腐败研讨会等重要国际会议，开展了多个国际性项目合作，取得了丰硕成果。2008年以来，全国检察机关缉捕在逃职务犯罪嫌疑人4263人，采取引渡、遣返、劝返等方式将外逃贪官缉拿归案50余人，有力打击和遏制了贪官外逃行为。

二 惩防渎职侵权违法犯罪，保障民生

近年来尤其是2011年以来，中国惩防渎职侵权违法犯罪、着力依法保障民生的力度得到空前强化。

（一）建立查处重大复杂渎职侵权违法犯罪联席会议制度

中央纪委、中央政法委、中央组织部、最高人民法院、最高人民检察院等九部门于2011年9月26日宣布：建立查处重大复杂渎职侵权违法犯罪联席会议制度。联席会议的主要任务是：分析研究反渎职侵权工作形势，提出惩治和预防渎职侵权违法犯罪工作任务和查办案件重点，协调解决工作中的重大问题，组织开展对惩治和预防渎职侵权违法犯罪中突出问题的调查和督促检查。这是深入贯彻落实中央有关文件和重要决策，加大惩治和预防渎职侵权违法犯罪工作的又一重大举措。中央纪委常委、最高人民检察院党组副书记、副检察长邱学强在宣布会上讲话表示：检察机关将根据会议部署，进一步加强与联席会议各成员单位的联系配合，加强对贯彻落实中央有关文件的指导，始终把加大查办案件力度作为首要任务，下大力气落实已出台的各项工作制度，抓紧完成尚未办结的各项工作，努力推进惩治和预防渎职侵权违法犯罪工作取得新的成效。

惩治和预防渎职侵权违法犯罪之所以被摆到如此重要的议事日程上,是因为中国目前渎职侵权违法犯罪频发并越来越严重地危害国计民生。① 贪污贿赂等腐败行为主要是破坏廉政,而渎职侵权腐败行为则在破坏廉政的同时,既损害勤政又危害民生,进而祸害经济社会发展。即使是一些不肥官员腰包的渎职侵权腐败,其个案造成的社会经济损失与公民生命财产安全危害也往往比贪贿案件大得多。如监管官员玩忽职守、滥用职权、徇私枉法等不作为、乱作为的失职惰政、渎职怠政、违职滥政的行为,日益严重地危害食品药品安全、工程建设质量、防治疫情、生态环境与保护、国土资源和农业耕地安全、检验检疫查核出证等方面,越来越多地造成各种严重破坏和人身伤亡的后果,并导致公共利益遭受重特大损失,严重阻碍经济社会科学发展。2008年以来,检察机关立案查办渎职侵权犯罪案件26520件35556人,为国家挽回直接经济损失200.6亿元,其中重特大案件12434件、县处级以上要案1149人,涉及行政执法人员13400人、司法人员6681人;参与重大安全生产等事故、事件调查7432起,立案查办事故背后的渎职犯罪3488人。

(二) 综合防治渎职侵权犯罪,努力推进勤政保民生促发展

当前,中国处于跨越"中等收入陷阱"时期。综观以往落入"中等收入陷阱"国家的主要特征有贫富分化、腐败多发等,这些特征在当今中国亦不同程度地显现。而渎职腐败对民生和经济社会发展的危害愈来愈严重,若治理不力必将直接阻碍我国跨越"中等收入陷阱"。在关于"中等收入陷阱"的调查中,对6575名网友与分领域的50位专家学者两个群体的调查结果对比分析显示,虽然网友组与专家组对同一问题选项的选择比例不尽一致,但在对最可能诱发中国陷入"中等收入陷阱"的因素、可能掉入陷阱的最大诱因、哪类问题若不能有效解决最可能诱使中国陷入"中等收入陷阱"等一系列问题的回答中却惊人一致:腐败现象是最大的危险!而且针对"您认为跨越陷阱,最大的忧虑在哪里"这一问题,专家与网友的看法比较接近,结果显示:选择比例最高的是"腐败导

---

① 我国刑法规定的渎职侵权职务犯罪达40多种,其中职务侵权主要表现为非法拘禁或搜查、刑讯逼供、暴力取证、虐待被监管人、报复陷害、破坏选举等利用职权侵犯公民人身或民主权利的行为,而30多种渎职犯罪行为可综合分为滥用职权、玩忽职守、徇私枉法和其他失职渎职等类。

致政府公信力下降"。① 而及时建立查处重大复杂渎职侵权违法犯罪联席会议制度，形成党纪政纪和司法的整体合力与综合功能，持续深入、切实有效地治理渎职侵权腐败行为，既高度契合了人民群众的意愿和要求，又有利于应对跨越"中等收入陷阱"的严峻挑战。

伴随社会分工的精细化和市场监管的专门化，公民只能依靠国家对市场的依法监管来实现公平公正的待遇。但近年来，地道的"国产"甚至有些地方的"土产"家具、卫浴、地板、瓷砖、服装等商品打着洋品牌的幌子挟洋自重欺骗国人，几乎已成业内"潜规则"而将广大消费者蒙在鼓里。如2011年曝光的"意大利产"达芬奇家具有的竟是"纯中国土产"，进保税区"公海一日游"之后变身天价洋奢侈品。达芬奇"假洋货"公然长期在市场上招摇撞骗，而自1998年出现在中国或"出口转内销"以来，在报关查验、出入境检验检疫、生产、销售等各环节都缺失监管，且13年未"遭遇"执法部门的质量抽检，这就是破译中国"达芬奇密码"后所发现的"奥秘"。这种市场监管缺位、失职本身就是"不作为"的渎职腐败，而类似渎职行为背后还会隐藏以权谋私、权钱交易、徇私枉法等腐败问题。根据国家扩大内需的要求，加大党纪、政纪和司法机关的办案力度，依法妥善处理转变经济发展方式中出现的渎职侵权违法犯罪案件，有效遏制"劣币驱逐良币"现象已成当务之急。2011年3月10日，检察机关部署集中查办民生领域渎职侵权犯罪案件专项工作，重点查办案件的着力点对准放纵制售假冒伪劣食品、药品和假冒伪劣种子、农药、化肥以及其他商品等严重危害民生、侵犯民利的八个方面的渎职侵权犯罪，到2011年7月底，4个多月里就查办案件2492件3370人。

任何社会的发展都要以民生为前提。推进城镇化建设是加快推进现代化建设的重大战略任务，但在城镇化的前期发展过程中，有的地方违背农民意愿暴力拆迁、强迫农民"离土上楼"、"农民被市民"等违法犯罪问题屡禁不止，时有发生。今后将有数亿农民陆续向市民转变，政府务必高度关注"农转非"过程中

---

① 2010年7月7日人民网报道：《人民论坛》杂志在人民论坛网、人民网等做了关于"中等收入陷阱"的问卷调查，6575名网友参与调查；此外，《人民论坛》记者还分领域调查了50位专家学者。针对"您认为跨越陷阱，最大的忧虑在哪里"这一问题专家与网友的调查结果比较接近，累计（总计6625人）显示：比例最高的是"腐败导致政府公信力下降"，占总人数的80%。

的征地拆迁、农民权益保障、落实惠农政策等领域的腐败犯罪，依法促进城镇化建设健康发展。近年来屡见不鲜的强制拆迁致使人身伤亡事件，虽然大多并非国家机关工作人员直接利用职权实施的侵权行为所致，但分管此项工作的官员及从事拆迁工作人员难辞其咎，负有失职不作为或渎职乱作为之责。监察部、国土资源部、住房和城乡建设部、国务院纠风办等四部门会同有关省、自治区纪检监察机关和纠风部门对2011年上半年发生的11起强制拆迁致人伤亡案件进行调查处理，其中属于违法违规强拆致人伤亡的6起，属依法依规组织拆迁但现场处置不当等致使人员伤亡的5起。共给予党纪政纪处分和行政问责57人，其中副省级1人，市厅级4人，县处级20人，乡科级及以下32人。涉嫌犯罪移送司法机关处理31人。

为了提高全民依法同渎职侵权违法犯罪作斗争的积极性，最高检察院举办全国检察机关惩治和预防渎职侵权犯罪成果展览并在全国巡展，在全社会引起强烈反响。据不完全统计，全国共有4.4万多家单位、178万人次参观展览。在强化惩防渎职腐败的同时，检察机关着力强化自身依法履职的新举措，强化内部监督制约，坚决反对特权思想和霸道作风，切实纠正执法方式简单、不作为、乱作为等问题，健全监督制约机制，促进提高理性、平和、文明、规范执法的水平。

三　加强廉政文化建设，育勤养廉

文化是人类文明史的发展标志，在当今世界的综合国力竞争中文化更是日益凸显其作用。联合国教科文组织曾提出："发展最终应以文化概念来定义，文化的繁荣是发展的最高目标。"中华文化是华夏民族的血脉和炎黄子孙的精神家园，然而近代以来源远流长的中华文化却处于弱势状态，许多仁人志士深刻认识到务必虚心学习域外的科技文化、制度文化尤其是先进思想文化。随着新文化运动的兴起，中国人民终于走上了民族复兴和振兴中华文化之路。而今中国经济转轨、社会转型及利益格局转变带来思想和价值观念的深刻变动，尤其是传统与现代、本土与外来、先进与落后的文化并存，既为中国社会注入空前的活力，也带来错综复杂的矛盾和前所未有的挑战，如以权谋私、权钱交易、贪赃枉法、渎职侵权等危害民生民利、破坏经济社会发展的严重腐败现象屡禁不止，反腐倡廉任重道远，当代中国再次处于迫切需要发挥文化先导作用的时期。在此形势下，中共十七届六中全会提出"努力建设社会主义文化强国"的战略目标，在确立核心价值观的基础上凝聚兴国之"魂",奠定全民共遵的思想基础和社会公德,为促进全社会的文化认同绘就"文化自觉→文化自信→文化自强"的战略蓝图。在反腐倡廉建设中,要顺应国家推动文化大发展大繁荣的大趋势,培植当代中国廉政文化新的"生长点",弘扬中华文化中的勤政廉政、仁政德政、法治善治等精神,赋予其民主法治、公民参与的新内涵,创新当代中华勤廉文化。

(一) 继承传统瑰宝,弘扬"廉政文化"

中华文化源远流长,早在百家争鸣的春秋战国时期就璀璨辉煌,其中的廉政文化不仅精华远远多于糟粕,而且是与时偕行并丰富自新的鲜活遗产。尤其是倡导仁、德、勤、廉的思想精华和价值精髓,经5000余年的汰选考验而历久弥新,如治国要求大道之行、天下为公,居安思危、有备无患;理政要求勤于政事、励精图治,反腐倡廉、蠲浊扬清;执法要求处断平允、量刑得当,教刑相辅、奖惩并用;用人要求选贤任能、德才兼备,舍短取长、不拘一格;修身要求慎独律己、谦恭正直,不逐名利、明廉知耻等。鉴治乱兴亡之迹而承前启后,谋长治久安之策亦继往开来。2011年11月,国家公务员局发布《公务员职业道德培训大纲》,要求"十二五"期间对全体公务员进行职业道德轮训,必修内容包括中国古代如何加强"官德"修养。"官德"具有引领公共道德的导向价值,"官德"既是官员必须恪守奉行的"制度伦理",又是"职业规范"的权力操守。历史和事实证明:仅仅依靠官员的道德自律或单纯依赖官制的法纪他律,均不足以有效规范官员言行,必须"将官德内化于心、以官制外践于行"才能卓见成效。当今在我国"官制"基本完善的基础上,对官员强化包括古代官德在内的职业道德培训,体现了弘扬中华廉政文化中"为政以德"的传统,值得肯定。

(二) 兼收并蓄,开拓创新"勤廉文化"

文化具有人文教化的特殊功能。一定社会总是以其核心价值主导的文化来教化人心、规范言行、矫正不轨。因此,我国新时期预防腐败犯罪的要务之一,就是在弘扬民族文化的同时着力矫治亚文化,努力创新符合社会主义核心价值体系的主导文化——包括文化养廉育勤机制,创新多元一体的中华勤廉文化。

目前,腐败现象如同社会瘟疫严重侵蚀各国的政治、经济和文化,影响社会稳定、阻碍经济发展、造成资源浪费、导致分配不公、毒化社会风气,尤其是随着全球化、科技化、信息化的快速发展,跨境涉外的腐败犯罪日益成为全球公害,因而预防腐败犯罪也是各国履行《联合国反腐败公约》应尽的国际义务,更需要互相学习和借鉴其成功经验。我们要以本土文化为根基,吸收融合先进的外来文化,科学地借鉴他国在繁荣经济的同时保持廉洁的成功经验,兼容并蓄地创新中华勤廉文化,使我国惩防腐败体系建设不断地在继承中发展,在改革中创新,在治本中高效。

国学大师张岱年先生曾说,延续五千年的大民族必定有一个在历史上起主导作用的基本精神、民族延续发展的思想基础和内在动力,这就是中华精神。中华精神集中表现为《周易》中的两个命题:"天行健,君子以自强不息;地势坤,君子以厚德载物。"前者是奋斗精神,后者是兼容精神,这就是使我们的民族生生不息地从时代的发展和文化环境中吸取新的营养丰富、发展自己的精神。根据社会主义初级阶段预防腐败犯罪的需要,对我国的文化传统既不能全盘否定,又不能抱残守缺。要全面认识和系统地探讨传统文化发展、繁荣和流变的历史过程,进行科学的扬弃和超越,取其精华、去其糟粕,批判地继承历史文化遗产,借鉴吸收域外一切先进的文化成果。总之,要立足于挖掘中华传统文化宝库,但要"古为今用"而不食古不化;要虚心学习域外文化精华,但要"洋为中用"而不全盘西化;要兼收并蓄、博采众长,但要"为我所用"而不囫囵吞枣。唯有如此,才能通过对传统文化和现代文化、本土文化和外来文化的全面整合与系统研究,选优择善、取长补短、推陈出新,承前启后地科学创新和继往开来地重构有效预防腐败的中华勤廉文化新体系。

2011 -2012: The Establishment and Development of China's Corruption Prevention and Punishment System

Wen Shengtang

Abstract: In the new era, China's anti-corruption strategy is to scientifically design policies in order to reinforce the corruption prevention and punishment system.

Therefore, we have strengthened the law enforcement in order to penalize malpractice and bribery in a more timely and effective manner. All the efforts have already demonstrated some effects, and the extent of government corruption has been contained. At the same time, with the steady progress of the campaign of corruption prevention, international cooperation on anti-corruption has been improved. The primary goal of the establishment of anti-corruption system is to promote government's integrity and guarantee people's well-being. Further, anti-corruption system is also an important component that affects our social and economic development. In the following years, we should make more efforts to promote a social culture of integrity and honesty. By integrating past experience with modern ideologies, it is essential for us to foster policy innovation and build up the culture of honesty and righteousness. This strategy will lay a solid foundation for tomorrow's capacity-building on anti-corruption system.

Key Words: Anti-corruption; Punishing and Preventing Corruption; Promoting the Culture of Government Integrity; Cultural Innovation

B.16
民间借贷风险：
现状、成因及社会影响*

黄燕芬 辛洪波**

摘　要：在中国二元金融体制下，民间借贷是一把"双刃剑"，其对推动实体经济尤其是中小企业发展起着重要的积极作用，但也会产生不可忽视的风险和隐患。2011年以来，由于国家实施紧缩的货币政策，中小企业融资难问题凸显。民间借贷规模迅速膨胀、借贷利率屡创新高，呈现非理性发展的趋势，并最终导致民间借贷案件频出、资金链断裂事件不断发生。民间借贷风险已成为影响中国经济健康稳定的重要因素。

关键词：民间借贷风险　金融制度　中小企业　经济转型

2011年，一场以"高利贷崩盘"、"私营企业老板欠债外逃"为焦点新闻事件的民间借贷危机波及浙江、福建、江苏、内蒙古、广东等地，迅速成为社会各界关注的焦点。此次民间借贷危机的骤然爆发，使得学术界和决策层重新思量民间借贷的作用、定位以及未来发展方向等核心问题。

一　中国民间借贷的现状与风险

民间借贷是相对于正规的银行信贷而言的，主要指非金融机构的社会个人、企业及其他经济主体之间进行的以货币资金为标的的价值让渡及本息还付（吴

---

* 本文得到教育部"211工程"三期子项目"中国特色的公共管理与公共政策学科平台建设"的资助。
** 黄燕芬，中国人民大学公共管理学院教授；辛洪波，中国人民大学公共管理学院博士研究生。

国联，2006）。民间借贷风险是指民间借贷行为中，借款人无法清偿到期债务的偿债风险以及由偿债风险引发的其他风险。具体而言，中国民间借贷风险主要以规模风险、价格风险、结构风险、违约风险四种形式呈现，这四种风险交织在一起，使中国目前的民间借贷市场存在巨大的潜在危机。其中最突出的问题是，相当比例的民间借贷资金没有进入实体经济，而是流入"钱生钱"的投机性利益链条中。

（一）民间借贷的规模风险：规模巨大，扩张明显

新中国成立后，政府禁止所有的民间借贷，由国家全面垄断金融借贷，任何民间金融机构均是非法的；20世纪80年代初，随着民营经济的发展及其融资需求的增大，民间借贷率先在浙江省出现，随之在福建、广东、江苏等地兴起。近年来，随着民营经济对非正规金融渠道融资需求的不断扩大，民间借贷规模日益膨胀，客观上已成为中国信贷市场不可忽视的重要力量，同时也蕴涵着相当大的潜在风险。

2004年以来，中国民间借贷规模急剧膨胀。官方和一些研究机构对几年来中国民间借贷总规模进行了估算。据中央财经大学课题组估算，2003年全国民间借贷总规模可达7405亿~8164亿元（李建军等，2005）。据花旗银行估计，到2004年底，中国民间借贷规模约为9000亿元（杨光，2004）。2005年中国人民银行的调查结果显示，当年全国民间融资规模达9500亿元（石朝格、赵彤刚，2006）。2006~2009年，据中金公司估计，全年民间借贷总额分别可达1.7万亿元、1.9万亿元、2.1万亿元、2.1万亿元（毛军华、罗景，2011）。从2010年起，民间借贷出现更大规模的增长，据中国人民银行调查数据，2010年第1季度末中国民间借贷余额为2.4万亿元，而中金公司估计的全年民间借贷总额则为3.2万亿元（毛军华、罗景，2011）。2011年，民间借贷规模继续扩张，虽然各机构对中国民间借贷的规模作出了不同估计，但他们所估计的民间借贷总量规模都极为巨大。瑞银证券研究报告称，目前中国民间借贷市场的真实规模至少应有2万亿元，甚至可能会达到4万亿元（王涛，2011）；中金公司研究报告估计，2011年中期民间金融规模为3.8万亿元（毛军华、罗景，2011）；而中信证券研究报告则认为，目前中国民间借贷市场总规模超过4万亿元，约为银行表内贷款规模的10%~20%（朱琰等，2011）。

当然，由于经济发展水平、民间资本规模以及民间借贷市场发展程度不同，各地民间借贷规模存在较大差异。作为民间投资最为发达的地区，浙江温州和内蒙古鄂尔多斯的民间借贷规模十分引人关注。

民间借贷一直在温州民营企业信贷市场中扮演重要角色，在20世纪90年代中期以前，甚至占民营企业全部资金来源的1/3（吴国联，2006）。近年来，温州民间借贷规模平稳增长，根据中国人民银行温州市中心支行测算，2001年温州市民间借贷规模约为350亿元，2002年、2003年与2001年基本持平，2004年末的规模比2003年大约增长17%，为410亿元（郑振龙等，2009）。2009年，中国人民银行温州市中心支行的监测数据则显示，年末温州民间借贷总规模为750亿元左右；2010年6月的调查数据显示，温州民间借贷规模大约为800亿元，约占正规金融规模的16%（中国人民银行温州市中心支行课题组，2011）。2011年的最新监测数据显示，温州民间借贷市场处于阶段性活跃时期，市场规模约为1100亿元，占全市银行贷款的20%（吴国联，2011）。

近年来由于房地产行业和煤炭行业的井喷式发展及民间资本规模不断扩大，鄂尔多斯民间借贷市场一片繁荣，据有关调研估计，鄂尔多斯民间借贷规模至少在2000亿元以上，远高于当地同期银行信贷总规模，成为支撑鄂尔多斯煤炭行业、房地产行业的主要资金来源（高和投资，2011）。另外，从"中富公司案"、"苏叶女案"、"祁有庆案"和"梅良玉案"等民间借贷资金链断裂案件的涉案金额看，鄂尔多斯隐蔽状态下的民间借贷规模巨大，面临着与温州一样的风险甚至是危机。

（二）民间借贷的价格风险

在中国，高利率的民间借贷属于高利贷行为，是不受法律保护的。央行2002年颁布的《中国人民银行关于取缔地下钱庄及打击高利贷行为的通知》规定：民间个人借贷利率由借贷双方协商确定，但双方协商的利率不得超过中国人民银行公布的金融机构同期、同档次贷款利率（不含浮动）的4倍。超过上述标准的，则界定为高利借贷行为，不受法律保护。但2011年以来，受银行信贷紧缩政策的影响，中国民间借贷市场供需两旺，借贷利率一路走高，平均年利率超过20%（朱琰等，2011），部分地区曝出的最高利率令人瞠目。

根据中国人民银行温州市中心支行的监测数据，2003~2010年，温州地区监测到的民间借贷利率水平一直在13%~17%的区间内波动（吴国联，2011）；2011年，受资金供求关系的影响，温州民间借贷利率进入上行通道，前四个月的借贷利率分别为24.14%、24.81%、24.43%和24.60%（钟士取，2011）；最新监测数据显示，6月份温州民间借贷综合利率水平为24.4%，折合月息超过2分，比2010年6月上升了3.4个百分点（吴国联，2011）。由于民间借贷市场远非价格统一的市场，各子市场的利率价格差距很大。社会融资中介的放贷利率为40%左右，而一般社会主体之间的普通借贷利率平均为18%，小额贷款公司的放款利率则接近20%。而鄂尔多斯的民间借贷利率一般则在月息3%，最高月息可达4%~5%。

（三）民间借贷的结构风险

目前，民间借贷在资金来源、借贷形式以及资金流向等方面表现出新的特征，在借贷规模持续扩大、借贷利率显著上升的背景下，民间借贷风险更加错综复杂。

一是资金来源多元化。在传统的民间借贷行为中，资金来源主要是私营企业主和普通家庭的闲置资金等。目前，民间借贷的资金来源已发生明显变化，自然人、企业法人、上市公司、商业银行、公益基金、风险投资基金等都参与其中，其中被公众诟病最多的是上市公司和商业银行。根据上市公司公布的半年报等材料，截至2011年8月31日，有64家上市公司涉及委托贷款业务，贷款总计170亿元，其中大多流向中小制造企业和房地产企业。商业银行主要通过承接委托贷款、销售理财产品等方式，开展表外业务，部分资金直接或间接流向民间借贷市场。据中国人民银行温州市中心支行估计，在温州市1100亿元的民间借贷总额中，有10%自银行信贷资金间接流入（吴国联，2011）。另外，在自然人放贷方面，部分地区居民放贷参与率惊人，资金来源涉及面甚广。据报道，在江苏省泗洪县石集乡，总人口为2.3万余人，共5800多户，其中有1740户参与民间借贷，占全乡总户数的30%左右（中央电视台，2011）。

二是放贷形式多样化。在传统的民间借贷市场中，主要有直接借贷、"钱背"、"钱庄"、"合会"等形式。在目前的民间借贷市场上，借贷形式五花八门，传统的基于亲缘关系的直接借贷模式所占比重下降，社会融资中介、专业放债人和中介人等扮演越来越重要的角色。社会融资中介机构主要包括小额贷款公司、典当行、寄售行、担保公司、投资公司、私募股权投资基金以及网络借贷平台

（如"人人贷公司"）等，这些机构通过直接或间接、公开或隐蔽的方式参与民间借贷。据统计，目前温州各类担保公司、投资公司、寄售行、典当行、旧货调剂行等共 1000 多家，其中部分机构假借经营之名，违规放贷，获取高额佣金和利息（吴国联，2011）。在江苏泗洪等地，出现专业放贷人，通过为借贷双方牵线搭桥、拆借资金直接放贷等方式，获取中介费和利差。

三是资金流向分散化。近年来，由于制造业利润空间下降，民间借贷资金流向开始分散，突出表现为逐步转向房地产、煤炭等高利润行业以及投机性领域。以温州市为例，温州 1100 亿元民间借贷资金中，用于一般生产经营的仅占 35%，用于房地产项目投资或集资炒房的占 20%，停留在民间借贷市场上的占 40%，投机及不明用途的占 5%，进入实体经济尤其是一般生产经营的资金比例大大降低，投机成分明显增加（吴国联，2011）。在鄂尔多斯，民间借贷是支撑鄂尔多斯煤炭行业、房地产行业的主要资金来源，民间资本占房地产业的比例可能达到 30%~40%，而占煤矿行业的比例则高达 60%~70%（高和投资，2011）。

（四）民间借贷的违约风险

2011 年，随着"温州私营企业老板跑路"、"泗洪全民高利贷崩盘"、"鄂尔多斯民间借贷危机"等新闻事件的曝光，部分地区的民间借贷违约风险开始浮出水面，并受到政府的高度重视和社会各界的广泛关注。温州地区的民间借贷违约事件最先爆发，根据新闻媒体报道，2011 年以来温州累积发生"私营企业老板跑路"事件 80 余起，部分事件涉案金额数亿元。"泗洪全民高利贷崩盘"事件更是震惊全国，泗洪县处于经济欠发达地区，但高利贷波及参与者众多、利率高，高利贷崩盘产生较严重的社会问题。"中富公司案"、"苏叶女案"、"祁有庆案"和"梅良玉案"等重大案件的出现表明，鄂尔多斯的民间借贷也面临大规模的违约风险。如果中小企业的经营状况得不到改善，随着国家宏观调整政策，尤其是房地产调整政策的继续执行，民间借贷的违约风险很可能会进一步放大。

二 中国民间借贷风险的主要成因

民间借贷风险形成原因较为复杂。概括地说，体制、政策、管理、社会等四个方面的影响因素，构成民间借贷风险的主要来源。

（一）体制因素

体制方面的原因主要涉及信贷体制、投融资体制两个方面。

在信贷体制方面，现行二元信贷体制造成了资金价格扭曲。中国目前的信贷体制具有明显的二元特征，正规金融机构在发放贷款时具有明显的所有制倾向，偏向于向国有经济部门发放贷款，而民营经济中的中小企业很难从正规金融机构获取足够的贷款，只能转向民间借贷市场融资。同时，由于国家对正规金融市场实行利率管制，而民间借贷利率根据市场供求关系自由浮动，国有企业的融资成本远低于中小企业。虽然近年来中小企业从正规金融体系获取贷款的额度和所占比例有所提升，但仍无法改变中小企业获取贷款与其国民经济地位不相匹配的现状。二元信贷体制的存在，导致社会资金出现错配以及资金价格的扭曲。

在投融资体制方面，最大的问题是民间资本投资渠道有限，难以进入能源、通信等高利润的垄断行业。虽然2010年5月份国务院出台的《关于鼓励和引导民间投资健康发展的若干意见》（"新国36条"）鼓励民间资本进入一般竞争性领域，但各地实际实施效果不理想，民间资本在这些投资领域中仍面临"弹簧门"、"玻璃门"。在实体经济赢利空间小、银行储蓄利率偏低、通货膨胀率居高不下、A股市场长期疲软、房地产行业遭遇政策调控等背景下，民间资本实际可选择的投资渠道十分有限。因此，在中小企业面临融资困难、对民间借贷资金需求量大增的情况下，民间资本必然大量涌入民间借贷市场。

（二）政策因素

为应对国际金融危机对国内经济的冲击，中国于2008年实施"四万亿投资计划"，该计划对推动经济快速走出国际金融危机的影响、保持经济稳定增长起到积极作用，但也带来明显的经济过热。为防止经济过热，2010年货币政策从适度宽松转为稳健，进入2011年，中央银行开始实行紧缩的货币政策，货币总供给的增速快速放缓，M1、M2同比增速一直下滑。货币政策的快速趋紧，直接传导到信贷市场，各商业银行被迫控制信贷额度，中小企业获取贷款变得更加艰难，民间借贷市场成为中小企业"最后的救命稻草"。中小企业对民间借贷市场融资需求的增加，导致民间借贷"量价齐飞"，借贷规模不断扩大，借贷利率急剧攀升，违约风险也无形增加。

（三）管理因素

导致民间借贷风险的管理因素主要表现在三个方面。

一是民间借贷无法可依。目前中国法律对合法的民间借贷和非法吸收公众存款界定不清，民间借贷行为及其管理缺乏法律依据。虽然中国《刑法》第176条、1998年7月国务院247号令颁布的《非法金融机构和非法金融业务活动取缔办法》、《合同法》、1991年发布的《最高人民法院关于人民法院审理借贷案件的若干意见》、1999年发布的《最高人民法院关于如何确认公民与企业之间借贷行为效力问题的批复》等法律法规中均涉及民间借贷行为，但合法民间借贷与非法集资之间的法律边界等问题并没有得到解决，对民间借贷主体权责、法律责任、政府监管等关键问题更无说明。目前中国人民银行对民间借贷的界定仅限于"民间借贷是正规金融的有益补充"、"民间借贷具有制度层面合法性"等一般性论述，缺乏管理的法律依据。

二是民间借贷管理缺位。由于缺乏法律依据，各级政府对民间借贷一直采取放任不管的态度。目前只有温州等少数民间借贷市场发达地区建立起对民间借贷市场的日常监控机制，大部分地区的民间借贷市场运行情况仍难以掌握。从实际管理情况看，对民间金融机构的监管权分布在不同的部门，如典当行由商务部系统监管，小额贷款公司由金融办监管，融资性担保公司则由省、自治区、直辖市人民政府实施属地管理，监管主体的多头运作造成监管混乱，使得政府对民间借贷的事前管理、日常监控能力严重不足，只能被动地处理民间借贷违约事件，民间借贷风险难以得到有效控制和化解。

三是地方政府不作为。地方政府一般认为，民间借贷可以补充地方经济发展所需资金，从而可促进地方经济发展；即使本地区发生金融风险，中央政府也会理所当然地承担相应的救助责任。由于国家开始实施货币紧缩政策以及地方政府债务风险积聚导致地方政府投资能力下降，为保持本地区GDP等经济指标的增长，地方政府客观上希望民间资本大量进入投资领域，弥补中央和地方政府投资规模下降造成的缺口。因区域金融风险的外部性以及民间借贷带来的好处，地方政府对民间借贷一般采用默许甚至纵容的态度，缺乏监管的主观意愿。如鄂尔多斯、泗洪、温州等地政府均过于强调民间借贷对地方经济发展产生的积极影响，忽视了其带来的巨大风险。

（四）社会因素

一是社会诚信体系缺失。当前社会诚信缺失问题依然相当突出。在传统民间信用体系遭遇危机、对社会成员的约束能力不断下降的背景下，尚未形成正式的、契约型的社会诚信体系。民间借贷主要依赖于血缘、亲缘、地缘等民间信用体系，在社会整体信用水平下降、社会诚信体系不完善的情况下，民间借贷的违约率也必然会上升。温州等地近年的民间借贷违约率明显高于20世纪八九十年代。

二是民众逐利心增强。随着市场经济的发展，民众的逐利心理不断增强，集中表现为加强对个人财富的管理，使其流向获利空间最大的领域，以最大化个人收益。资本逐利本无可厚非，但如果忽视投资风险则可能造成惨重的投资损失。在温州、泗洪、鄂尔多斯等地爆发的民间借贷危机中，某些放贷中间人暴富起到的财富效应，使得个体参与者往往忽视投资风险，将放贷视为个人财富快速增加的捷径；而企业也因主业利润低下，转而进入民间借贷市场，通过放贷赚取利差。对利润的过度追求以及对风险的忽视，导致部分个人和企业行为短期化，助推民间借贷市场迅速膨胀。

三 民间借贷风险的经济社会影响

（一）增加经济运行风险，影响实体经济持续健康发展

民间借贷市场的"非理性繁荣"，无论从短期、中期还是长期来看，都会对实体经济产生不良影响，影响经济持续健康发展。

从短期看，由于民间借贷利率过高，绝大部分中小企业赢利水平低于借贷利率，从民间借贷市场融资将面临巨大的偿还压力，民间借贷往往成为压垮中小企业的"最后一根稻草"。另外，由于温州等地一系列企业主"跑路"事件的发生，民间借贷市场可能出现资金供给的恐慌性收缩，从而对中小企业的正常融资和生产经营产生影响，恶化中小企业生存状态，伤及实体经济。

从中期看，由于相当比例的民间借贷资金流入房地产、大宗商品等领域，一旦房地产、大宗商品等价格下降，这部分借贷资金的违约概率将大幅度提升，进

一步恶化目前的民间借贷风险；同时，投机性市场上的资金链断裂，反过来会增强对资产价格下降的预期。到年底，由于企业将进入本财务年度的资金结算期，部分中小企业可能面临更大的资金偿债压力和破产风险。

从长期看，民间借贷侵蚀实体经济利润，不利于中小企业的资本积累和长期发展。更重要的是，民间借贷不合理发展会引致越来越多的资金流出实体经济，强化经济行为的投机性和功利性，由于民间借贷多为短期借贷，中小企业难以获得长期稳定的资金开展技术研发等基础性工作，不利于中小企业的转型、升级和核心竞争力培养，从而对国家经济结构调整和经济发展方式转型产生阻碍作用。

（二）积聚金融风险，影响金融秩序稳定

民间借贷风险正在不断积聚，并已对中国信贷市场、储蓄、银行、资本市场产生一定的消极影响，若不能得到有效控制，将导致相当规模的民间借贷资金链断裂，进而引发难以预测的金融风险，威胁国家金融安全。

首先，民间借贷市场"量价齐飞"，导致国家对社会信贷总量和利率的管控政策部分失灵，造成资金市场畸形发展、效率低下，借贷成本和风险增大，货币政策效果大打折扣。

其次，民间借贷市场的繁荣对正规金融机构储蓄形成"挤出效应"。2011年9月份前半个月，工行、农行、中行、建行四大国有商业银行存款出现罕见天量负增长，三季度16家上市银行存款总额比二季度末大幅减少了952.65亿元（乔加伟，2011）。

再次，民间借贷与商业银行存在千丝万缕的联系，甚至部分银行资金直接流入民间借贷市场，增加银行风险。在温州等地，部分银行资金直接参与民间借贷市场，如果借贷企业到期无法偿还，将形成银行坏账，影响银行经营业绩和经营安全。

最后，资本市场低迷一定程度上受到民间借贷需求扩大的影响。2011年社会资金大规模撤离A股市场，主因是A股市场自身疲软，但民间借贷市场吸走大量资金也是客观因素之一。

（三）影响国家经济政策制定和执行，削弱宏观经济调控效果

民间借贷市场是一个社会经济活动中自发形成的体制外金融市场，它游离于国家金融监管体系之外，中国人民银行等政府机构难以准确掌握其资金规模、价

格、流向等实际运行情况，因而存在不可忽视的潜在危害。

首先，民间借贷市场客观上已成为中国金融体系的重要组成部分，但因无法准确掌握其实际运行情况，可能使国家制定的货币政策等宏观经济政策难以反映市场真实情况，影响政策的准确性以及政策目标的可及性。

其次，国家的资金配置在正规金融体系与民间借贷市场之间存在此消彼长的关系，当实施紧缩性货币政策时，必然会有更多的资金流向民间借贷市场，进入国家着重调控或限制发展的行业领域，继而削弱国家的宏观调控能力和政策效果。例如，国家从2010年开始控制社会信贷总额，调控房地产价格，防止经济过热，但由于大量的民间资本通过民间借贷市场流向房地产行业，缓解了房地产企业的资金压力，导致实现房地产价格调控政策目标的难度加大，影响调控效果。

（四）破坏民间信用体系，引发社会信用危机

信用体系是确保市场经济正常运行的基础性制度，而企业和个人是社会信用体系中最重要的微观主体。民间借贷行为多依赖于亲缘、地缘等民间信用，部分依赖借贷中介等社会信用形式，缺乏规范的借贷流程和手续。2011年以来，温州等地许多中小企业经营困难，难以偿还到期债务本息，不少企业主、借贷中间人选择"跑路"等极为不负责任、不讲信用的方式逃避偿债责任，甚至出现不少借贷中间人"卷款逃跑"的恶性事件。

这些不守信行为必然产生极为不良的示范效应，降低个人与个人之间、个人与组织之间以及组织与组织之间的信任度，削弱民间信用对市场经济主体行为的约束作用，甚至造成新的社会信任危机以及更多的信用违约行为，增加市场主体之间的交易成本，破坏市场经济秩序。另外，部分商业银行工作人员和政府工作人员直接参与到民间借贷的利益链条中，对商业银行和政府的公信度产生了不良影响。

（五）增添社会不稳定因素，破坏当地社会和谐

民间借贷市场的运作机制不规范，但波及面广，内在风险较大，一旦资金链断裂，必然导致参与者利益受损，恶意讨债事件、借贷纠纷频发，引起社会不稳定。20世纪80年代，温州地区曾因高利贷崩盘，出现大量的违法行为和刑事案件。近年来，随着民间借贷市场规模扩大，高利贷、非法集资以及违约行为增

加，部分地区由民间借贷引发的法律纠纷和不法事件不断增加。2005～2010年6月，中国非法集资类案件超过1万起，涉案金额上千亿元，以每年增加2000起、集资额增加200亿元的规模快速扩张（刘皓伟、彭予，2011）。2011年，此类案件继续快速增加，上半年，在温州、内蒙古、深圳、武汉等民间借贷较为活跃的地区，当地法院接到的民间借贷纠纷案件激增三成左右（杨井鑫，2011）。在江苏泗洪等地区，已经发生数起由非法讨债引起的刑事案件。近年来民间借贷引发的各类案件数量迅速增加、涉案金额不断扩大，甚至引发社会群体性事件，已经成为影响当地社会稳定和社会和谐的重要因素。

四 关于防范中国民间借贷风险的政策建议

（一）渐进式推进金融体制改革，逐步建立与社会经济发展相适应的金融体系

民间借贷市场的"非理性繁荣"和中小企业融资难问题同时出现，表明中国现行的正规金融制度已经难以适应中国社会经济发展的需要，要进一步提高金融制度对经济发展的推动作用，应逐步推进中国金融体制改革，改变二元金融结构。

首先，要将民间借贷纳入正规金融体系，以此为基础培育面向中小企业的政策性银行和区域性银行，通过建立中小型金融机构推动民间借贷规范化、阳光化，形成多元化、多层次的金融服务体系。

其次，要加大商业银行业务创新和管理创新的步伐，开发符合中小企业需求的业务和产品，进一步提高中小企业贷款在商业银行贷款总额中的比重，从规模和内容两个方面创新正规金融机构业务模式。

再次，在条件成熟时适时推进利率市场化改革，消除资金价格的"双轨制"，通过市场机制决定资金价格，提高资金的使用效率，减少市场投机行为。

最后，开拓中小企业融资渠道，鼓励小企业发行集合票据、集合债券，积极稳妥发展私募股权投资和创业投资等融资工具，优化中小企业融资结构。

（二）制定民间借贷法律制度，加强对民间借贷的监管

制定完善的民间借贷法律制度，使民间借贷行为有法可依，是确保民间借贷

市场健康有序发展的必备条件。政府应尽快出台相关法律法规，明确非法集资和合法民间借贷之间的法律边界，赋予在合法利率水平内进行的民间借贷行为以合法地位，打击非法集资、金融传销等非法行为，并就借贷主体、借贷利率、借贷方式、监管主体、法律责任等作出明确规定。新制定的民间借贷法律制度，可先选择民间借贷市场较发达的地区试行。

要防范民间借贷风险，政府必须履行相应的监管职责，改变目前对民间借贷市场监管缺位的局面。首先，要建立监管组织体系，地方政府应确定统一的监管机构或成立专门的组织机构，对民间借贷市场进行管理。其次，建立科学的、常态化的民间借贷跟踪监测体系，及时掌握民间借贷市场的真实情况。再次，对于民间借贷，应区别对待、分类管理：对合理、合法的民间借贷予以保护；对投资咨询公司、担保公司等机构的借贷活动，要依法加强监督和引导；对非法吸收公众存款、非法集资、高利转贷、金融传销、洗钱、暴力催收导致的人身伤害等违法犯罪行为，应严厉打击。

（三）增强中小企业支持力度，拓宽民间资本投资渠道

从资金供求两方面分析，民间借贷风险出现的直接原因是中小企业融资难和民间资本缺乏投资渠道并存，因此，化解民间借贷风险的直接措施是增强对中小企业的支持力度和拓宽民间资本投资渠道。在国家对中小企业的支持方面，短期内应该继续通过加大信贷支持、拓宽融资渠道、降低融资成本、加大税收扶持力度、扩大专项资金规模等方式，缓解其融资压力、降低其经营负担；长期来看，国家应通过财政政策、税收政策、产业扶持政策等组合拳，帮助中小企业实现产业结构升级，提高其自主创新能力和核心竞争力。在拓宽民间资本投资渠道方面，应进一步推动落实"新国36条"，引导民间资本进入一般竞争性领域，为民间资本创造良好的投资环境。

（四）建立健全社会征信体系，加强居民金融风险意识

良好的社会信用是经济社会健康发展的前提，党的十七届六中全会提出，"把诚信建设摆在突出位置，大力推进政务诚信、商务诚信、社会诚信和司法公信建设，抓紧建立健全覆盖全社会的征信系统，加大对失信行为的惩戒力度，在全社会广泛形成守信光荣、失信可耻的氛围"。防范民间借贷风险，除依赖于法

律法规及政府监管之外,还需要完善的社会征信体系对个人和组织行为进行约束。社会征信体系的建立,将有助于将民间借贷依赖于民间信用转向依赖社会信用,提高民间借贷行为的信用度。同时,进一步加强金融与法律知识宣传教育,提高民众金融与法律素质,增强金融风险意识和风险识别能力。注意舆论导向,对民间借贷的潜在风险进行必要提示,使社会公众清醒认识到高收益中潜藏的高风险,防止发生民间借贷高利贷化倾向引发风险事件。

参考文献

高和投资:《中国民间资本投资调研报告:鄂尔多斯篇》,《高和投资研究报告》2011年4月。

李建军等:《中国地下金融规模与宏观经济影响研究》,中国金融出版社,2005。

刘皓伟、彭予:《江苏贫困县民间非法集资风靡,放贷造就宝马之乡》,新浪网,2011年9月11日。

毛军华、罗景:《山雨欲来风满楼,中国民间借贷分析》,《中金公司研究报告》,2011年10月8日。

乔加伟:《千亿元存款流向之谜:主要流入高息民间借贷市场》,2011年11月1日《21世纪经济报道》。

石朝格、赵彤刚:《宏观紧缩民间借贷多,期货私募基金也活跃》,2006年9月4日《中国证券报》。

汪涛:《温州是中国第一张倒下的多米诺骨牌吗?》,《瑞银证券研究报告》,2011年10月11日。

吴国联:《温州金融生态透析》,上海三联书店,2006。

吴国联:《对当前温州民间借贷市场的调查》,《浙江金融》2011年第8期。

杨光:《花期银行研究预测中国民间金融规模近9000亿》,网易商业报道,2004年12月31日。

杨井鑫:《民间借贷风险显现,部分地区纠纷案激增超三成》,每日经济新闻网,2011年6月10日。

郑振龙等:《金融制度设计与经济增长》,经济科学出版社,2009。

中国人民银行温州市中心支行课题组:《温州民间借贷利率变动影响因素及其监测体系重构研究》,《浙江金融》2011年第1期。

朱琰等:《民间借贷市场风险研究》,2011年10月17日《中信证券研究报告》。

钟士取:《温州市中小企业融资及民间融资现状的调查》,《金融发展评论》2011年第7期。

中央电视台:"宝马乡"噩梦:高利贷崩盘全民追债,《新闻1+1》,2011年9月16日。

The Risks of China's Private Lending: Situations, Causes and Social Impact

Huang Yanfen   Xin Hongbo

Abstract: Under the current dual-structural financial system, private Lending is a double-edged sword. One the one hand, private lending promotes the advancement of real economy; and especially, it plays a positive role in stimulating the development of small and mid-sized enterprises. However, on the other hand, private lending also brings significant risks and potential hazards to the stability of our economy. Since 2011, government has adopted a stringent monetary policy, which poses financial difficulties for small and mid-sized enterprises. As a result, the scale of private lending expands rapidly and has driven the lending rate to record high level, which demonstrates a tendency of irrational growth. Consequently, we have witnessed frequent occurrence of cases relating to private lending. And the incidents of rupture of chain debt and the break of cash flow are quite common in some areas. Therefore, the risk of private lending has become an important factor that affects the stability of China's economy.

Key Words: Risks of Private Lending; Financial System; Small and Mid-Size Enterprises; Economic Transition

阶层篇

Reports on Social Strata

B.17
2011~2012年：和谐劳动关系新政

乔 健*

摘 要：2011年中国职工状况的主要特点是在经济保持较快增速的带动下，职工的就业状况保持基本稳定，职工收入继续增长，劳动争议数量保持平稳，职工的社会保险待遇稳步提高，扩面征缴和支付工作进展顺利，职工的职业安全形势总体稳定好转，但职业病危害扩大、新生代农民工专业技术欠缺、整体收入偏低等问题突出。随着劳动关系市场化程度加深，工资集体协商呈现从分散转向集中的趋势。目前，中国劳工政策正在发生重大变化，其重点正在从个别劳动关系的协调转向集体劳动关系的协调。迈向"十二五"时期，构建和谐劳动关系成为建设社会主义和谐社会的重要基础。

关键词：劳工政策 和谐劳动关系 工资集体协商

---

* 乔健，副教授，中国劳动关系学院劳动关系系主任，主要从事劳动关系、职工状况和工会研究。

一 劳工阶层的现状

(一) 职工的就业状况基本稳定

尽管经济增速连续三个季度出现下滑,但2011年前三个季度的GDP增长仍然保持在9%以上,经济发展正趋平稳。2011年前三季度国内生产总值为320692亿元,按可比价格计算,同比增长9.4%。其中,第一季度增长9.7%,第二季度增长9.5%,第三季度增长9.1%。从环比看,第三季度GDP增长2.3%。分产业看,第一产业增加值为30340亿元,增长3.8%;第二产业增加值为154795亿元,增长10.8%;第三产业增加值为135557亿元,增长9.0%。① 在经济仍保持较快增速的带动下,职工的就业状况保持基本稳定。1~9月,全国城镇新增就业994万人,完成全年900万人目标的110%;城镇失业人员再就业436万人,完成全年500万人目标的87%;就业困难人员实现就业139万人,完成全年100万人目标的139%。到第三季度末,全国城镇登记失业率为4.1%,与第二季度末和上年同期持平。② 人力资源和社会保障部的近年数据显示,高校毕业生初次就业率在70%~75%,年底就业率基本能达到90%以上。③

根据中国人力资源市场信息监测中心对全国102个城市的公共就业服务机构2011年第二季度市场供求信息的统计分析,在102个监测城市中,用人单位通过公共就业服务机构招聘各类人员约525.8万人,进入市场的求职者约492.9万人,岗位空缺与求职人数的比率约为1.07。总体上看,与上年同期相比,市场用人需求略有增长,求职人数有所减少,与上季度相比,劳动力供求人数均有所减少。98%的用人需求集中在第二、三产业;与上年同期和上季度相比,第二产业的用人需求比重下降,第三产业的用人需求比重有所上升。从行业需求看,81.1%的企业用人需求集中在制造业、批发和零售业、住宿和餐饮业、居民服务和其他服务业、租赁和商务服务业、建筑业,以上各行业的用人需求比重分别为

---

① 《三季度GDP同比增9.1% 连续三个季度增速回落》,国家统计局网站,2011年10月18日。
② 人力资源和社会保障部2011年第三季度新闻发布会,中央政府门户网站,2011年10月25日。
③ 人社部:《近几年高校毕业生初次就业率为70%~75%》,人民网,2011年3月8日。

29.8%、16.3%、13.7%、9.1%、7.3%和4.9%。①

国家统计局发布的对全国31个省7500多个村和7.4万户的农民工的监测调查结果显示，2011年第三季度农村外出务工劳动力继续增加，农村劳动力流动继续呈现省内就近转移加快的趋势。第三季度末，全国农村外出务工劳动力总数为16382万人，比上年同期增加606万人，增长3.8%。其中，住户中外出务工劳动力13112万人，比上年同期增加394万人，增长3.1%；举家外出劳动力3270万人，比上年同期增加212万人，增长6.9%。②

（二）职工收入继续增长，劳动争议数量保持平稳

截至9月末，北京、天津、山西等21个地区继续调整最低工资标准，平均调整幅度为21.7%。全国月最低工资标准最高的是深圳市的1320元，小时最低工资标准最高的是北京市的13元。③ 全国人大常委会于2月审议通过的《刑法》修正案规定：以转移财产、逃匿等方法逃避支付劳动者的劳动报酬，或者有能力支付而不支付的，数额较大，经政府有关部门责令支付仍不支付的，处三年以下有期徒刑或拘役，并处或单处罚金；造成严重后果的，处三年以上七年以下有期徒刑，并处罚金。前三季度，城镇居民家庭人均总收入17886元。其中，城镇居民人均可支配收入16301元，同比名义增长13.7%，扣除价格因素，实际增长7.8%。同时，居民消费价格指数（CPI）同比上涨5.7%。从数据对比可以看出，前三季度城镇居民人均收入增速比CPI增速高2.1个百分点。在城镇居民家庭人均总收入中，工资性收入同比增长11.9%，转移性收入增长11.2%，经营净收入增长30.4%，财产性收入增长23.4%。农村居民工资性收入同比增长21.9%，家庭经营收入增长20.4%，财产性收入增长6.2%，转移性收入增长22.0%。④但是，也有研究认为，上半年在中国15个城市的4个重点行业中，工资涨幅输给了物价涨幅，实际工资

---

① 《2011年第二季度部分城市公共就业服务机构市场供求状况分析》，中国就业网，2011年8月3日。
② 彭丽荃：《2011年三季度末全国农村外出务工劳动力16382万人》，2011年11月1日《中国劳动保障报》。
③ 人力资源和社会保障部2011年第三季度新闻发布会，中央政府门户网站，2011年10月25日。
④ 《前三季度居民人均收入增长速度跑赢CPI》，中国网，2011年10月18日。

呈下降态势。[1]

在职工就业局面基本稳定和工资增长的背景下，2011年进入法律程序的劳动争议案件数与上年度相比基本持平。2010年各级仲裁机构共立案受理劳动争议60.1万件，比上年减少12.2%；涉及劳动者81.5万人，比上年减少19.8%。其中集体劳动争议0.9万件，涉及劳动者21.2万人。当期共审结劳动争议案件63.4万件，比上年减少8.1%。[2] 2011年第一季度共立案受理争议案件12.6万件，同比下降9.2%，涉及劳动者16.7万人，同比下降16.7%；其中10人以上劳动（人事）的集体争议案件0.2万件，涉及劳动者4万人。第二季度，全国各级劳动人事争议调解仲裁机构共处理劳动人事争议案件27.2万件，涉及劳动者35.0万人。1~9月，全国各级劳动人事争议调解仲裁机构受理劳动人事争议案件93.3万件。其中，各级仲裁机构共立案受理42.8万件，涉及劳动者55.3万人；当期审结案件40.8万件，结案率为86.9%。与2010年前三季度全国各级劳动争议仲裁机构共立案受理劳动争议案件44.31万件相比，2011年同比下降3.41%。[3]

从劳动争议的内容看，主要集中在劳动报酬、经济补偿和赔偿金、保险福利等方面。以北京市为例，2011年上半年，因劳动报酬发生争议案件15564件，占案件总数的53.8%；因经济补偿和赔偿金发生争议案件8173件，占28.25%；因保险福利发生争议案件3305件，占11.42%；以上三方面案件占总数的93.47%。案件呈现涉及范围广、新型案件多和常规案件疑难化的趋势。[4] 在浙江温州等地，受宏观调控、资金链断裂等影响，2011年1~9月共发生228起企业主逃逸事件，为近年同比最高，这些企业共拖欠14644名员工7593万元薪酬，欠薪人数和欠薪数额均为历史之最。[5]

集体争议在2010年罢工潮高位运行的基础上有所回落。它包括集体劳动争议，即《劳动争议调解仲裁法》第七条规定的劳动者一方在10人以上的争议。

---

[1] 林红梅：《中国部分劳动者实际工资呈下降态势》，新华网，2011年9月27日。
[2] 《2010年度人力资源和社会保障事业发展统计公报》，人社部官网，2001年5月24日。
[3] 综合人力资源和社会保障部2011年第一、二、三季度新闻发布会统计数据而成，人民网。
[4] 北京市劳动争议仲裁委员会：《抓住重点，协调创新努力开拓调解仲裁工作新局面》，《劳动与社会保障》2011年第3期，第31~32页。
[5] 仇锋平：《浙江今年9个月228名老板逃逸员工欠薪7593万》，新浪网，2011年10月11日。

近期集体劳动争议的特点是：多发生在纺织、服装和电子行业的劳动密集型中小企业，组织性、策划性趋向明显，冲突性增强，易产生连锁反应，处理难度增大。另一类集体停工事件即是工业化国家所称的"利益争议"，其特点主要为四个"集中"：一是区域集中，主要集中在珠三角地区；二是企业类型集中，主要发生在外资及港台投资企业，尤其是劳动密集型电子装配企业；三是员工群体集中，主要为"80后"、"90后"新生代农民工；四是诉求集中，近半数由加薪引发，其他还有工作环境恶劣、工时超长、企业改制中的职工安置不合理等原因。但与2010年5~8月罢工潮的集中爆发相比，2011年呈现较为温和的样态，以广东为例，2011年只有19起。[①]

（三）职工的社会保险待遇稳步提高，扩面征缴和支付工作进展顺利

一是社会保险制度进一步完善。各地认真贯彻落实《国务院关于开展城镇居民社会养老保险试点的指导意见》，启动实施城镇居民社会养老保险试点工作。政府积极做好《社会保险法》及配套规章的贯彻实施工作。养老保险关系转移接续工作平稳顺利，进一步推进医疗保险付费方式改革。

二是社会保险待遇稳步提高。城乡基本医疗保险报销比例逐步提高，各地普遍提高居民医疗保险支付比例，门诊统筹工作普遍开展。新修订的《工伤保险条例》实施后，参保职工工亡和伤残待遇大幅度提高。失业保险金和生育保险待遇标准进一步提高。

三是历史遗留问题得到有效解决。积极解决未参保集体企业退休人员的养老保障问题。将"老工伤"人员纳入工伤保险统筹管理工作取得明显进展。

四是扩面征缴和支付工作进展顺利。截至9月末，全国参加城镇基本养老保险、基本医疗保险、失业保险、工伤保险和生育保险人数分别为27497万人、46337万人、14053万人、17205万人、13472万人，分别比上年底增加1790万人、3074万人、677万人、1044万人、1136万人。1~9月，五项社会保险基金总收入16382.3亿元，同比增长26.9%；五项社会保险基金总支出12897.5亿元，同比增长21.2%。[②]

---

① 王振麒：《我国集体劳动争议处理现状及对策研究》，《劳动与社会保障》2011年第3期。
② 人力资源和社会保障部2011年第三季度新闻发布会，人民网，2011年10月25日。

（四）职工的职业安全形势总体稳定好转，但职业病危害扩大

截至2011年9月末，在事故总量继续下降的基础上，重大生产事故起数和死亡人数同比分别下降29.5%和29.8%，特别重大事故起数和死亡人数同比分别下降77.8%和74.4%，多数行业和地区安全生产形势稳定。但是，当前我国各类生产事故总量依然较大，职业病发病率居高不下，部分高危行业产业布局和结构不合理，安全监管监察及应急救援能力亟待提升，任务十分艰巨。尤其是7月22日和7月23日连续发生的两起特别重大道路交通和铁路交通事故、10月7日发生的一起特别重大道路交通事故，以及2011年以来发生的煤矿和非煤矿山透水、建筑物和桥梁垮塌、高空坠落、火灾爆炸、地铁列车追尾等重大事故，充分暴露了我国生产、建设、交通等行业仍然存在安全责任落实不到位、防范措施不到位、安全监管不到位、治理整顿不到位等突出问题。①

以煤矿瓦斯事故为例，2011年上半年全国煤矿共发生瓦斯事故62起、死亡245人，同比减少21起，少死亡111人，分别下降25.3%和31.2%。其中，发生重大瓦斯事故4起，死亡54人，同比分别下降33.3%和29.9%；没有发生特别重大瓦斯事故。但瓦斯防治面临的形势依然严峻：一是重大瓦斯事故还时有发生。2011年以来相继发生了4起重大瓦斯事故，且时间相对集中。二是瓦斯事故所占比例大。较大以上瓦斯事故起数和死亡人数分别占全国煤矿较大以上事故的53.8%和62.7%。三是部分地区瓦斯事故多发。湖南、云南、贵州、吉林、黑龙江、辽宁、四川、重庆等省（市）瓦斯事故较多。发生瓦斯事故的原因主要是部分地区和煤矿企业没有牢固树立"安全第一"的理念，打击非法违法生产不力；企业主体责任落实不到位，瓦斯防治先进理念、技术、装备和政策措施落实不到位。②

在职业病方面，国家安监总局的信息显示，全国约有83%的中小企业存在不同程度的职业危害，近34%的中小企业职工接触尘毒有害作业。来自贵州省

---

① 《国务院安委会关于进一步加强安全生产工作的通知》，国家安全监管总局网站，2011年8月1日。
② 《全国上半年发生煤矿事故62起245人死亡》，中国新闻网，2011年8月11日。

职业病防治院的数据显示，2010年，贵州省新检出职业病500多人，其中495人为尘肺，96%是矽肺和煤工尘肺。贵州省是劳务输出大省，外出务工农民有500多万，普遍以临时工、季节工等身份从事职业危害较大的工作。

据卫生部统计，2010年全国内地30个省、市、区（不包括西藏）和新疆生产建设兵团报告职业病例是2000年报告病例的1.3倍；其中尘肺病例与2009年相比增加了64.3%，是2000年报告病例的1.6倍。有专家表示，由于职业病具有迟发性和隐匿性的特点，我国职业病在今后一段时期内仍将呈现高发态势。①全国总工会劳动保护官员指出，职业病危害已经超过安全生产事故，成为威胁工人健康和生命的头号敌人。②

二 迈向"十二五"时期构建和谐劳动关系的新思路

（一）当前我国劳动关系的特点

自我国推进社会主义市场经济体制改革以来，劳动关系也随之转型发展。迈向"十二五"时期的中国劳动关系呈现以下特点。③

1. 劳动关系市场化程度加深

首先，从中长期发展来看，伴随着民营经济成为我国经济结构的主体，劳动关系双方主体进一步明晰和独立。由计划体制下国家作为全社会代表的利益一体化的劳动关系，转变为企业和劳动者两个独立的利益主体之间的雇佣劳动关系，劳动关系的运行机制也由政府的行政控制为主转变成市场调节为主。目前，尚有部分事业单位的工作人员未被纳入市场化劳动关系，部分家政服务员、护工与其雇主的关系不适用于劳动法律。

其次，劳动关系的建立和调节基本实现了契约化，即通过劳动合同来建立市场化劳动关系并明确双方的权利和义务。2008年实施的《劳动合同法》进一步强化了我国劳动关系的契约化。据估计，2010年末全国规模以上企业劳动合同

---

① 《中国职业病呈高发态势 专家建议立法加大惩罚力度》，2011年10月30日《工人日报》。
② 陈鑫：《职业病成为中国工人面临的最大威胁》，中国日报网，2011年4月12日。
③ 乔健、郑桥、余敏、张原：《迈向"十二五"时期的中国劳动关系现状和政策取向》，《中国劳动关系学院学报》2011年第3期。

签订率达到97%，小企业劳动合同签订率达到65%。①

再次，劳动力市场的供求关系已对劳动关系产生着不容忽视的影响。20世纪90年代，中国出口加工业的高速发展得益于人口红利和处于无限供给状态的农民工进城务工。但2004～2011年，劳动力市场反复出现"民工荒"现象，且愈加严重，说明劳动力供求关系愈益趋向均衡。特别是近年来新生代农民工具有更强烈的权利意识和诉求行动，从而加剧了当前的"民工荒"现象，并促使劳动力价格大幅提高。

最后，劳动关系的雇佣方式更为灵活化，国企中的劳务派遣、家政业的非全日制用工及微型企业帮工等非正规的劳动关系有明显增加②。尤其是2008年以来受国际金融危机的影响，严峻的就业形势及企业的市场竞争压力导致劳务派遣大行其道，不仅总量跃升到6000万人（主要集中在国有企业和机关事业单位），而且部分央企甚至有超过2/3的员工都属于劳务派遣，这俨然成为企业的主流用工方式。③

此外，转型初期各具特点的不同所有制企业劳动关系在主体构成、劳动标准、协调机制等方面出现趋同的趋势，也主要反映了市场的影响力。但是，在市场化的同时，我国劳动关系也存在非市场因素的影响，最为突出的是国有垄断企业的劳动关系。那些控制经济发展命脉的国有垄断企业，通过其行政垄断地位、政府财政补贴和少缴利税，使其正式员工的薪酬和非货币收入普遍高于社会平均水平，行业间收入差异巨大，与企业大量使用的劳务派遣工相比，也存在明显的同工不同酬现象。

2. 从个别劳动关系向集体劳动关系转变

在市场化条件下，劳动关系双方的利益差别、利益分化乃至利益冲突正面临不断扩大的趋势。国企改制致使经营者与劳动者双方权利迅速分化，同时，在迅速发展的非公有制企业中，劳资双方的利益差别和分化更为巨大。这都导致劳资之间矛盾和冲突不断加剧。

---

① 尹蔚民：《全国规模以上企业劳动合同签订率达97%》，http：//www.gov.cn/jrzg/2010－12/30/content_ 1775943.htm，2010年12月30日。
② 人社部国际劳动保障所课题组：《中国实施劳动合同法过程中灵活就业形势和主要问题研究》，2010。
③ 天则经济研究所：《国有企业的性质、表现与改革》摘要及前言，2011。

劳资冲突的加剧，与作为劳动者主体的新生代农民工不断增长的权利意识、平等意识和团结意识密切相关。在诉求内容上，劳动者已产生了分享经济发展成果的要求，从基本权利诉求转向利益诉求。劳动争议的集体性及诉求内容的变化反映出新生代农民工的团结意识乃至工人阶级意识的初步形成。

所以，进入21世纪以来，我国劳动争议的重点正在从个别争议转向集体争议。尤以2008年下半年以来，在劳动三法实施和经济危机加剧的情况下，企业裁员破产、劳资争议等矛盾纠纷显著增加。据人社部数据，全国各级劳动仲裁委员会受理劳动争议仲裁案件，2000年受理案件9.4万件，2001～2007年间，劳动争议案件以年均3.3万件的速度平稳增加，2008年达到改革开放后的峰值69.3万件，2010年虽有所下降，也高达60.1万件，涉及劳动者81.5万人。最近5年来，集体劳动争议达到了月均1000件左右的水平，集体停工等职工群体性事件逐年攀升，在2008年突升后仍然保持增长势头。据全国总工会不完全统计，2010年各地发生的百人以上集体停工等职工群体性事件达69起，职工走出厂门进行游行、示威、堵塞道路、静坐、集体非正常上访等行为的至少有40余起。2010年2～7月，在来京重复非正常上访的数据中，其中有3个月，仅仅因国企改制引发的上访事件数量就接近甚至超过长期居于第二位的因"农村土地征用"和"城镇房屋拆迁"引发的集体上访事件数量。

3. 劳动关系的全球化趋向明显

在全球化的背景下，中国劳动关系在主体结构、劳动标准、调整方式等方面也开始出现国际化的趋向，即劳动关系已不仅仅是一个国家的内部事务、受到国内法的调整，而且也直接受到国际经贸规则和国际劳工标准的影响和制约。

一方面，在全球化背景下，强资本、弱劳动的格局更为严峻。由于我国采取出口导向型的经济发展模式，导致为吸引外资和增加出口而压低劳动力成本，以体现廉价劳动力的比较优势，这种政策倾向进一步强化了劳动者的弱势地位。

另一方面，国际劳工标准开始对中国的劳动立法和企业劳动标准的设立发挥直接影响。截止到2010年，中国共批准25项国际劳工公约，其中有四项核心公约，即第100号、第111号、第138号、第182号公约。此外，中国政府已经签署了《经济、社会和文化权利国际公约》、《公民权利和政治权利国际公约》。这表明，上述国际劳工公约和人权公约都将具有国内法的效力，并成为中国劳动立法的法律渊源之一。

结合国际劳工标准的影响,跨国公司在欧美市民运动的压力下开展了公司社会责任(CSR)与企业守则运动,要求中国的供应商企业必须遵守依据国际劳工标准而制定的生产守则,从而对这些企业的劳动关系规范发挥直接影响。数据显示,截至2009年末,中国有223家企业获得了社会责任管理体系(SA8000)认证,22667家企业获得职业安全健康管理体系(OHSAS18000)认证。①

此外,新兴媒体对劳动关系的影响日渐明显。截至2010年底,中国网民总体规模达到4.57亿人,在所有网民中,职工大约为1.96亿人,这意味着职工队伍已经并将越来越成为一个庞大的网络生活群体,劳动关系问题越来越成为网络关注的焦点之一。2011年的上海港集装箱工人罢工、杭州出租车大规模停运、"GUCCI虐待门"事件都成为网络热议的话题。所谓"网上联动、网下行动",成为当前职工群体性事件中出现的一种新现象。

(二)构建和谐劳动关系的新思路②

针对近年来劳动争议和职工群体性事件频发的现状,2011年3月公布的"十二五"规划纲要明确提出要建立规范有序、公正合理、互利共赢、和谐稳定的劳动关系。要求加强和完善党和政府主导的维护群众权益机制,形成科学有效的利益协调机制、诉求表达机制、矛盾调处机制和权益保障机制,切实维护群众合法权益。纲要并将劳动争议列为当前妨碍社会稳定的五大社会矛盾之首。

从2011年4月起,中央政策研究室、中央宣传部、人力资源和社会保障部、全国总工会、全国工商联、中国企业联合会和浙江省委组建31人的联合调研组,用近2个月,对浙江、北京、辽宁、福建、广东、湖南、四川等省市构建和谐劳动关系的情况进行集中调研。调研组从浙江传化经验起步,共计到80多个县(市、区)实地调查90多家企业和30多个相关部门、单位构建和谐劳动关系的做法和经验,在此基础上形成了"全国构建和谐劳动关系先进表彰暨经验交流会"的政策文件。

2011年8月15日至16日,全国构建和谐劳动关系先进表彰暨经验交流会在

---

① WTO经济导刊:《国家责任竞争力(2009)》,国家行政学院出版社,2010。
② 本文参考了中央调研组成员、中国劳动关系学院劳动关系系林燕玲教授的相关资料,谨致谢意。

北京举行。这次会议是改革开放 30 多年来的第一次全国性研究部署构建和谐劳动关系的工作会议，是落实"十二五"规划纲要特别是贯彻落实规划纲要中"建立规范有序、公正合理、互利共赢、和谐稳定的劳动关系"的具体体现。会议规模大、规格高，内容丰富、准备充分，共有 31 个省（市、区）、中央有关部委、央企、劳动关系"三方四家"的 800 多人出席。会议授予北京同仁堂（集团）有限责任公司等 357 家企业"全国模范劳动关系和谐企业"称号，授予青岛经济技术开发区等 43 个工业园区（经济技术开发区、高新技术园区等）"全国模范劳动关系和谐工业园区"称号，15 名典型经验交流单位代表作了大会发言，杭州娃哈哈集团有限公司董事长宗庆后宣读了倡议书。

中共中央政治局常委、国家副主席习近平代表党中央向大会作了长达 8000 字的重要讲话。首先，他将构建和谐劳动关系作为一项紧迫而重要的政治任务，指出构建和谐劳动关系是建设社会主义和谐社会的重要基础，是增强党的执政基础、巩固党的执政地位的必然要求，要求各级党委和政府进一步提高认识、强化责任、抓实抓好。强调企业兴则经济兴，职工稳则社会稳。

其次，构建和谐劳动关系要坚持正确的指导思想、工作原则。劳动关系工作的目标要求是形成规范有序、公正合理、互利共赢、和谐稳定的劳动关系；要坚持以人为本，把解决广大职工最关心、最直接、最现实的利益问题，切实维护他们的经济权益、政治权益、文化权益、社会权益，作为根本出发点和落脚点；要坚持促进企业发展和维护职工权益相统一，同时调动劳动关系主体双方的积极性、主动性，推动企业与职工群众协商共事、机制共建、效益共创、利益共享；要从不同类型企业的实际出发，把构建和谐劳动关系必须遵循的总的共同要求与具体的具有差异性的措施结合起来，统筹兼顾、分类指导，既整体推进，又突出重点、突破难点，既注重解决当前问题，又注重长效机制建设。同时，他提出近期要着重抓好以下六项工作：进一步完善劳动法律法规并保障其实施；合理调节企业工资收入分配；加强企业民主管理建设；努力化解劳动关系矛盾；加强企业党组织建设；支持和促进企业健康发展。

再次，明确各方职责，增强整体合力。习近平指出，构建和谐劳动关系工作已初步形成党委领导、政府负责、社会协同、企业和职工参与的工作格局。各级党委要统揽全局、把握方向，及时研究和解决劳动关系中的重大问题，并不断总结经验，把党政力量、群团力量、企业力量、社会力量结合和统一起来，共同推进构建和谐劳动关系工作。要把构建和谐劳动关系纳入经济社会发展规划，切实担负起定政策、作部署、抓落实的责任。政府人力资源和社会保障等部门要充分履行职能，认真做好调查研究、决策咨询、协调服务、检查监督和调解仲裁、监察执法等工作。加强劳动争议调解仲裁工作，加强法律援助，努力化解劳动争议。工会要发挥组织优势，积极参与劳动争议协调，及时反映职工群众呼声，依法维护职工群众合法权益，防范敌对势力打着维权旗号进行渗透破坏活动。工商联、企业联合会等组织要明确各自职责，及时反映企业诉求，引导企业严格执行劳动法律法规、主动履行社会责任，在劳动关系协调中积极发挥作用。

最后，用正确舆论加以倡导。构建和谐劳动关系的政策性强、敏感点多、社会关注度高，需要用正确舆论加以倡导。各级党委宣传部门和新闻媒体要把构建和谐劳动关系作为宣传报道的经常性任务，制订计划，推出高质量有分量的报道，形成正确舆论导向和强大社会声势。大力宣传构建和谐劳动关系的重大意义和工作经验。除传统媒体外，还要加强对互联网、移动多媒体等新兴媒体的管理，引导和促使各类媒体共同营造构建和谐劳动关系的良好舆论氛围。

习近平特别指出，要把构建和谐劳动关系纳入党政领导班子和领导干部政绩综合考核评价体系。加强劳动关系方面工作机构和工作队伍建设，注重从力量配置、经费投入上进一步创造条件。

张德江副总理的讲话强调加快劳动关系制度建设，创新劳动关系体制机制，形成反应灵敏、运转有序的协调劳动关系机制。当前要重点抓好四个机制建设：即健全劳动合同制度、集体协商和集体合同制度、协调劳动关系三方机制、劳动关系矛盾调处机制。当前，要着重解决四个问题：部分企业用工不规范，损害职工合法权益；部分职工特别是劳动密集型企业一线职工工资偏低，增长缓慢；部分企业忽视职工发展需要，缺少人文关怀；劳动关系基层基础工作薄弱，能力不足。

三 工资集体协商：从分散走向集中

2010年夏，中国爆发了从南到北的罢工潮。为应对危局，中华全国总工会提出实施"两个普遍"的政策方略，即用三年时间，普遍在非公有制企业组建工会，普遍开展工资集体协商，以实现劳动关系的和谐稳定。从那时以来，工资集体协商作为一项调整收入分配失衡的重要制度取得了很大发展。到2011年6

月末，全国 29 个省（区、市）工资集体合同覆盖企业 150.9 万家，覆盖职工10767.8 万人，与 2010 年相比，分别增长 31.4%、24.3%。目前已有 25 个省（区、市）将推进工资集体协商写入当地"十二五"规划纲要，20 个省（区、市）党委和政府下发开展工资集体协商工作的文件，23 个省（区、市）人大颁布了集体合同条例。①

而且，协商结构转向区域和行业，从分散趋于集中，是这一波集体协商开展的重要特点。涌现了湖北武汉的餐饮行业、江苏邳州的板材行业、山西吕梁的煤炭行业、上海的出租车行业、浙江的节能灯行业、北京的家政行业、海南的注册会计师行业及沈阳的区域运作模式等新型案例。

（一）武汉餐饮业模式："上代下"的典型

武汉有近 4 万家餐饮企业，中小企业占 84%，常态从业人员 45 万余人，年产值 500 多亿元。因餐饮行业技术含量低、入职门槛低，全市近 4 万家餐饮企业，只有 15% 左右有规范管理。由于采取包干管理办法，职工的基本权利缺乏保障，工资随意性很大，由此导致的缺工现象近年更加普遍，淡季时缺工 3% ~ 5%，旺季时缺工达 15%，这是开展工资集体协商的基础。但长期以来，老板不愿谈、企业工会不敢谈、职工不会谈。为避免这种尴尬，此次工资集体协商采取"上代下"的方式，由上级工会组织与行业协会之间协商，避免员工及企业工会与企业直接对话。

2011 年 4 月，武汉餐饮业签订集体合同，合同覆盖了该行业近 4 万家企业和 45 万余劳动者，单个集体合同具有如此巨大的规模是空前的。该集体合同规定：武汉餐饮业最低工资标准为武汉市最低工资标准的 130%，且不包括延长工作时间的加班工资及中班、夜班、高温、低温、有毒有害等特殊工作条件下的津贴。餐饮行业最低工资标准按 10 个工种划分。2011 年武汉各餐饮企业职工工资增幅不低于 9%。每日工作时间不超 8 小时、每周不超 40 小时。企业为职工免费提供工作餐、工作服、住宿和其他福利等。

但是，武汉餐饮业的酒楼、饭庄与连锁快餐及路边小吃店之间的管理模式、

---

① 张锐、郑莉：《全国工资集体合同覆盖企业 150.9 万家 逾亿职工受益》，2011 年 11 月 10 日《工人日报》。

工作岗位和员工素质要求有很大区别,劳动同质性不强,这可能带来以后合同执行的一系列问题。雇主协会的成员是 700 家资金资本相对雄厚的企业,而那些微利中小企业则可能"被代表"。因此,行业最低工资的规范不会触动大企业而会对小企业产生重要影响,以至于被认为是行业内"重新洗牌"的管理行为。此外,工会对劳动者的代表性也存在一定问题。①

(二)广州开发区:六大行业建会、协商同步推进

广州开发区化学工业、钢铁和金属加工、汽车零配件用品、食品、医药、化工等六大行业规模以上企业 787 家,从业者近 29 万人,是该地区产业集群的核心力量,近年工人涨薪诉求普遍,群体性事件集中,行业指导线作用显著,这些因素是开展行业集体协商的基础。

广州市工会将六大行业"两个普遍"作为 2011 年工会工作的中心任务,并形成以下特色做法:一是深入开展调查研究,全面摸清企业情况;二是制定工作规划,争取党政支持;三是依法组建行业工会,民主选举工会联合会;四是绘制工作进展网络图,有序推进"两个普遍";五是学习借鉴新加坡经验,形成工资集体协商新模式。

其工资集体协商模式,主要体现在:一是确定行业最低工资标准,在广州市最低工资标准的基础上增加了若干个百分点;二是确定工资指导线的增长率,具体确定行业工资增长幅度;三是确定行业协商的机制和标准,确定部分工资的行业标准以及行业工资的增长机制,确定行业协商与企业协商相结合的做法(即由行业协商之外的部分工资增长标准,由企业和企业工会根据企业的特殊性、效益、经营情况进行集体协商并签订集体合同)。②

(三)沈阳区域协商模式:"党政主导"的集大成者

首先,沈阳市明确规定将集体合同工作纳入各级地方政府绩效体系,各区、县(市)政府是推进集体合同工作的责任主体,市政府把实现集体合同覆盖率

---

① 宋湛:《集体谈判结构的集中——分散化特征:理论、发展趋势与中国实践》,工作论文,2011。
② 广州开发区、萝岗区总工会:《大胆创新,实现行业建会协商同步推进》,2011。

及实施效果列入对各区、县（市）政府绩效考核内容（包括集体合同覆盖率、备案率、合格率和履约率等指标），并建立健全责任目标、定期分析、联合督导、季度通报、季度报表等制度，定期向全市进行通报。同时，对工资专项集体合同不合格率超标、职工满意度低的区、县（市）及开发区，属行政系统的，实行单项一票否决；属工会系统的，实行全面一票否决，推出绩效考评。政府绩效考核不但是对政府工作成果的等级评价，还事关政府官员的升迁荣辱。随后，地方各级政府纷纷成立工资集体协商领导小组，由分管副书记任组长，工会主席和人社局长任副组长，以劳动、财政、税务、工商、工会、企业家协会、外经贸等部门和单位为成员单位，负责督促工资集体协商工作的全面推进。

其次，利用各种行政手段，对雇主形成高压态势，迫使其签订集体合同。工商、外经贸部门对企业进行注册、年检和合同批复时，就要督促企业组建工会和建立工资集体协商制度；税务部门对于不建立集体协商制度的企业，不予执行职工实发工资税前扣除政策；人社部门对不能提供集体合同的企业，不予核发工资手册。集体合同制度也成为企业和经营者履行社会责任的重要内容、评先选优的重要条件，没有建立集体合同制度的企业和企业党政工主要负责人，不能被授予市级以上各种先进荣誉称号，其经营者不得作为人大代表、政协委员候选人。

再次，通过一系列措施保障集体合同自上而下的签订过程。如地方工会已经取代企业工会成为与雇主集体协商的谈判主体。建立和健全雇主组织，对一时来不及建立工会组织和企业代表组织的地方，用"协商上提一级"的办法来弥补协商主体的缺失。建立了市、区两级集体合同专家团，解决劳资双方力量不对等，职工不敢谈、不会谈的问题。在全市工会系统建立集体合同预审制度，即分级负责、下审一级，上级工会对直属基层工会的集体合同文本内容、程序等进行预审。集体协商严格执行"程序两必须，内容两具体"的要求。"程序两必须"指集体合同必须进行集体协商，必须提交职代会通过；"内容两具体"指集体合同中一定要写明具体的工资标准、具体的工资增幅。①

此外，在基层工会推广"1+N"的集体协商模式。这种模式中，"1"指区

---

① 闻效仪：《集体协商的"党政模式"——沈阳市集体协商调研报告》，工作论文，2011。

域性的集体合同，规定了区域内企业的最低工资标准以及支付保障、工作时间等通用性合同条款。然后在此基础上，工会再把区域内企业按照行业特征分为"N"类，再向企业行业发出协商要约，依据行业生产特点，签订N个行业集体协议，行业集体协议中的工资标准和增长幅度不得低于区域性集体合同所确定的标准和幅度。

综合我国集体协商结构近期趋向集中化的影响因素，一是一个国家的经济发展战略和企业的投资流向，究竟是选择国内市场还是国际市场，抑或两者平衡，是影响该国协商结构的重要经济因素。在欧美国家仍处于严重经济衰退的形势下，中国经济取得了不俗的增长业绩。尽管已有部分欧美厂商不堪负担中国劳动力成本的上涨，声言要退出中国市场①，但中国市场仍然是当前全球最具投资价值的市场之一，加之国家的经济政策转向开发国内需求，都会支撑协商结构的集中化趋向。

二是集中化的协商结构，更多地出现在那些赋予社会公正、平等、体面劳动以更高价值的社会之中。我国政府已将构建和谐社会及和谐劳动关系作为"十二五"时期治国方略，而缩小贫富分化、倡言体面劳动、公平正义是其重要内涵，近期的劳工行动也突出反映了这方面的诉求，且国家已积累了巨大财富可以进行更大规模的社会建设。可以说，集中化的协商结构与我国社会和劳工群体对收入分配平等性的呼声具有更多积极的关联性。

三是关于集体协商的特定法制环境也为协商结构设置了条件，其中，有关工会组建和集体协商运作的法律规定对其有重要影响。在我国，2008年实施的《劳动合同法》规定在县级以下区域内，建筑业、采矿业、餐饮服务业等行业可订立行业性集体合同，从而使集中化集体协商具有了法律依据。尽管遇到了相当多的阻力和困难，《企业工资条例》和集体协商争议处理办法及一些地方立法仍在研讨制定当中。这些条件为集中协商的开展提供了法制基础。

综上，我们可以说，集中化的协商结构以工会化的劳动力市场、国内市场为主的经济环境和工会诚心为员工维权为前提条件，也与政府主张公平正义、体面劳动的价值观密切相关，还是全国总工会和政府近期"积极稳妥"地推动集体

---

① 《报告称部分美资企业正撤离中国回迁本土》，2011年10月9日《中华工商时报》。

协商的政策结果。① 集中化的协商结构的现有作用，主要体现在协商主体转向区域和行业工会以后，其独立性有了可靠保证；协商谈判的劳动标准在当地法定最低标准的基础上有所提高；集中化的协商结构还促进了有限的工会体制改革，部分地区已将协商层级提升至市级，但其是否推动了工会内部民主和会员发声，有待观察；集中化的协商结构还将区域、行业内所有重要企业包括在一个协商单位中，降低了劳雇双方要求的弹性，制约了员工的乱跳槽，但它是否有效地创造了一个劳资双方垄断的劳动力市场，使企业将高成本转嫁给社会和消费者，是否存在着潜在通货膨胀或收支不均衡的风险，尚待进一步观察。

结　　语

2010～2011年，我国劳动关系正孕育着重大变化。这表现在：我国劳动力市场正在从供过于求转向供求均衡和局部领域的求过于供，作为劳工阶层主体的新生代农民工的诉求正在从权利诉求转向利益诉求。作为回应，2011年夏举行的"构建和谐劳动关系先进表彰暨经验交流会"以及"积极稳妥"地推进工资集体协商的新思路，预示着我国劳工政策的重点正在从个别劳动关系的协调转向集体劳动关系的协调，且集体协商制度正在通过协商结构的集中化改革而逐步摆脱以往形式化的痼疾，在劳动关系协调中开始发挥更为实质性的作用。

2011 –2012：A New Regime for the Establishment of Harmonious Labor Relationship

Qiao Jian

Abstract: The main feature of China's labor market in 2011 is that, under the strong economic growth, the employment situation remains stable, and workers' wage gradually increases, accompanied with a comprehensive development of workers' social insurance protection. Moreover, the amount of labor disputes keeps at a stable level,

---

① 王玉普：《积极稳妥推进工资集体协商》，2011年9月30日《人民日报》。

and the situation of occupational safety enjoys a significant improvement. The collection and payment of employees' social insurance were carried out smoothly. However, there are several problems which need to be addressed. First, the scale of occupational diseases is expanding; secondly, new generation of peasant workers are lack of sufficient skills; and last but not least, the overall income level for the peasant workers is still below average. With further establishment of a market-oriented labor relation, collective wage negotiation becomes more centralized. Nowadays, China's labor policy is experiencing fundamental changes. The main focus is no longer based on individual labor relation; instead, collective labor relation becomes the primary channel for the establishment of a harmonious labor relation. At the threshold of the Twelfth Five-Year Plan, maintaining a harmonious labor relation becomes the corner stone for the establishment of a society of harmony.

Key Words: Labor Policy; Harmonious Labor Relation; Collective Wage Negotiation

ⒷⅠ.18
中国私营企业主阶层 20 年

张厚义*

摘　要：本报告描述私营企业主阶层成长过程的大致轮廓，并对这个阶层成长过程中的一些趋势性问题进行了分析。如果说，他们的社会贡献在县（市）一级表现突出，那么，他们的政治参与在社会上就更加引人注目了。

关键词：私营企业主　阶层　政治参与

1988 年 4 月，修正后的宪法规定，允许私营经济的存在和发展。经过几年的恢复和发展，大约到 20 世纪 90 年代中期，私营企业主阶层开始形成。之后，这个阶层步入了正常的成长过程。本报告将运用统计资料、调查数据，围绕私营企业主阶层的基本特征进行分析、描述，粗线条地勾勒出当今中国这个新阶层的成长过程的大致轮廓。

一　私营企业主阶层有多少人？他们是些什么人？

私营企业主，即私营企业投资者。从表 1 可以看出，在 1990～2010 年的 20 年间，私营企业投资者由 22.4 万人增加到了 1794 万人，增长了 79 倍；而且，随着基数的扩大，往后每增长一个百分点，这一人群的总人数就会以一个或几个 6 位数的数量增加。那么，他们是些什么人，是由哪些社会角色演化而成的？对于这个问题的解答需要追溯到 20 世纪 80 年代早期。

1988 年初，国务院农村发展研究中心会同 11 个省的有关部门对 120 个农村

---

* 张厚义，中国社会科学院社会学研究所研究员。

固定观察点中的97家私营企业进行了系统的调查。调查结果显示，在97位创业者中，大多数人处于年富力强、精力充沛的时期：31~40岁的占52.6%，41~50岁的占23.7%。从文化程度上看，他们的受教育水平尽管比一般农民要高，但是相差不大。从政治面貌和社会关系上看，中共党员占21.6%，共青团员占6.2%；在村党支部、村民委员会和村级合作经济组织中任现职的占8.2%；亲属中有在乡、镇、县政府机关和职能部门工作的占15.5%。创业前，他们的职业构成是：在乡镇企业工作的占16.5%，在他们自办或联户办企业工作的占12.4%，外出经商、跑运输、干劳务的占8.2%，在国营企事业单位或国家机关工作的占3.1%，在村务农的占37.1%。在他们的社会经历中，曾属国营事业单位职工或国家机关干部的占10.3%，当过军人的占11.3%，当过教师的占7.2%，当过乡镇企业供销人员的占18.6%，17.5%的人当过村干部。这表明，私营企业创办者最重要的素质特征，在于见多识广、交际广泛、信息灵通，易于受到市场机制的启发，有技术、善经营、会管理。"他们都是些能人"。

表1 中国私营企业主阶层状况（1990~2010年）

项 目	1990年	1995年	2000年	2005年	2010年
企业主人数(万人)	22.4	134.0	395.3	1109.9	1794.0
注册资本总额(亿元)	95.2	2621.7	13307.7	61331.1	192000.0
雇用工人数(万人)	147.8	822.0	2011.1	4714.1	7623.6
私营企业户数(万户)	9.8	65.5	176.2	430.1	845.5
工业产值(亿元)	121.8	2295.2	10739.8	27434.1	—
营业额(亿元)	51.5	1499.2	9884.1	30373.6	—
缴纳税金(亿元)	2.0	35.6	414.4	2715.9	8202.1

资料来源：国家工商行政管理总局编《工商行政管理统计汇编》，年鉴社，1990~2010；《中国税务年鉴》编辑委员会编《中国税务年鉴》，中国税务出版社，1990~2010。

笔者于1983年初夏在陕西关中调查到的情况，同上述类似；不过，在私营企业主阶层，我们还发现一些城镇退休职工、退职或在职人员，刑满释放人员（他们大多是冤假错案受害者）、原工商业者。

中央统战部、全国工商联、国家工商行政管理总局、中国民（私）营经济研究会联合组成课题组，先后对全国私营企业进行了8次抽样调查。从调查数据中可以看出私营企业投资者从业前职业构成和现有文化程度的变化。

第一次（1993年）调查数据显示，私营企业主的原职业构成为：各级干部占21.4%，技术人员占11.1%，工人占24.0%，服务人员占7.2%，军人占1.0%，农民占12.2%，个体户占8.8%，其他占5.0%。他们的文化程度为：初中及以下的占46.9%，大学专科及以上的占17.1%。

第五次（2002年）调查数据显示，私营企业主的职业构成为：首次工作为各级干部的占31.2%；在"职业"一栏中，填答"企业负责人"的有55.95%；专业技术人员占6.36%。本次调查显示，通过"改制"而成为私营企业的有837家，占调查总数的25.7%。公有制企业的改制方式以企业内部人购买为主（占70.4%），其中作为本企业负责人购买而"改制"的占60.6%。他们的文化程度为：初中及以下占19.7%，大学占33.5%，研究生占4.9%。

第八次（2008年）调查数据显示，私营企业主原来从事最多的职业：国家各级干部、各类企业负责人、农村干部合计占46.6%，各类技术人员占14.6%，个体户占8.5%，工人、职员占13.4%，农民占5.6%。他们的文化程度为：初中及以下的占8.9%，大学专科及以上的占61.4%，其中研究生占12.5%。

1988年到现在，20多年过去了，早期的创业者，有些现在已经面临着企业的传承发展问题。据江苏省的抽样调查，到2009年底，对843份有效调查问卷数据的统计分析结果显示，被调查私营企业主的平均年龄为50.4岁，其中60岁以上的占7.9%，他们之中有23.4%的人打算交班。回答准备退休的年龄（中位数）为61.2岁，准备在65岁以前退休的占83.8%。他们都很关注企业的传承发展问题，都希望基业常青，有些人认为传承是关系企业兴衰的一张生死牌。

在问到是否聘请职业经理人时，有84.1%的创业者回答"不打算"。创业者与子女在企业传承的意愿上大体相近。61.7%的创业者希望子女接班，55.6%的子女也愿意接班。

在调查样本中，有74人已经接班。其中，男女比例为87.5：12.5，独生子女占30.6%，已婚者占83.5%。他们较年轻，受教育程度较高（具有大学以上学历的占55.3%，有留学经历的占22.3%）；能够感知自己承担的责任，承受着较大的传承压力；富有创新精神，希望有所作为。有些继承者已经得到社会的认可。

调查显示，子女非常赞同父辈经营理念的仅占12.5%，不能认同但能进行有效沟通的占17.6%。这种经营理念上的差异，导致一些企业遇到在传承发展问题上的烦恼，即所谓"孩子的青春期撞上了父母的更年期"。

二 私营企业主阶层的创业资金是从哪里来的？他们之中有多少百万富翁，甚至亿万富翁？

国务院农村发展研究中心1988年调查的97家企业的数据显示，这些企业主的创业资金以举债为主，自有资金为辅。在平均每户3.2万元的最初投资中，借入资金2万元，占62.5%；自有资金1.2万元，占37.5%。在借入资金中，银行、信用社贷款1.3万元，占65%；向亲友借款占24%；工人带资进厂占3%；其他占8%。自有资金则来自劳动积累和经营收入。

第五次（2002年）全国私营企业抽样调查的数据显示，自我积累是私营企业创业资金的主要来源，其中劳动积累占16.71%，小生意收入占28.76%，小作坊收入占9.71%，这三项之和为55.18%。还有民间借贷占18.75%，银行贷款占13.85%，亲友馈赠占8.38%，遗产继承占0.77%，其他占2.91%。

从总体上看，私营企业的每户平均注册资金都不太大：1990年为9.7万元，1995年为40.0万元，2000年为75.5万元。但是，创业之后，企业扩大投资的来源，由举债为主转为以企业利润为主；利润追加投资倾向强烈，积累率高。研究表明，私营企业资产增值速度远远高于我国民族资本在其发展初期的增值速度。全国私营企业抽样调查数据显示，2005年底，被调查私营企业的资产规模（中位数）为200万元，比2003年底增长了38.1%；企业开办时的实收资本（中位数）为98万元，以经营时间（中位数）5年计算，平均每年资本增长率为15.3%。

1987年，人们开始议论"中国会不会出现百万富翁"。1988年上半年，笔者即根据实地调查和相关数据，推算出中国已经出现了百万富翁（以企业的固定资产与流动资金总量计），而且不会少于4000户。国家工商行政管理总局的统计情况是：注册资金超过100万元的，1991年为662户，占当年私营企业户数的0.6%；1995年为4.6万户，占当年总户数的7.0%，而且出现了注册资本达1.38亿元的企业。2002年，全国私营企业平均每户的注册资本超过了100万元，达101.7万元，2005年，达142.6万元，2010年则为227.1万元。

从1994年起，美国《福布斯》杂志与香港《资本家》杂志合作，首次公布中国内地富豪榜。1999年，在安达信公司工作的美国青年胡润与《福布斯》合作，于2000年推出《中国财富人物排行榜》。2004年，胡润与"欧洲货币机构

(传媒集团)"合作,推出胡润版的中国富豪榜。后来,又有几家国内媒体推出各式各样的富豪榜。这些情况说明,中国确实出现了私人财产达几十亿元、几百亿元的富豪。但是,即如富豪榜上所列的几百位、几千位,他们在1800万投资者中所占份额仍是极小。从总体上看,现阶段的中国私营企业,经营规模小,资本有机构成低,绝大多数都是技术含量低、劳动密集型的小微型企业,本小利微,应对市场能力弱。近年来,一些富豪榜上有名的富人,由于某种不可抗拒的原因,突然就会在榜上消失,则更说明了这个问题。

三 私营企业主阶层雇用了多少工人?

国家工商行政管理总局的统计表明,全国私营企业雇用工人数,1990~2010年,由147.8万人增加到7623.6万人,增长了50.6倍。同时,平均每户企业的雇工人数却呈现下降趋势:1990年为15.1人,1995年为12.5人,2000年为11.4人,2005年为11.0人,2010年为9.0人。

作为农民工的雇佣工人,他们得到的工资远远高于在家种地的收入。这正是"民工潮"涌动而且持续的理由。笔者在当年的分析报告中写道:他们在家乡虽然还有一块田地,但在外面打拼几年后,又很难回到老家去,根已从故土拔起,但又无法、不能扎进城市之中,茫茫人海,形单影只,新的城市社区难以认同、接纳他们,他们形成了一个居无定所的"边缘人"群体。

时光流转。他们的下一代亦已长大成人,除部分人流入其他阶层外,还有不少人被迫步其父辈的后尘,成为"第二代"或"新生代"农民工。同"第一代"农民工比较,他们受到的磨炼较少,较年轻,受教育程度较高,对故乡、土地的感情较浅,向往外面的精彩世界,追求有尊严的体面生活。但是,严酷的现实一再击破他们的梦想,使他们成为处于城乡之间、进退两难、漂泊不定的"无根浮萍"。

四 私营企业主阶层经营了多少家不同类型的私营企业?

在私营经济发展过程中,私营企业户数通常被视为一个重要的发展指标。从登记情况看,1990~2010年,私营企业户数由9.8万户发展到845.5万户,增长了85.3倍。

对私营企业户数发展趋势进行的分析，可以从内外两方面着手。它们的内部结构包括两个方面。就私营企业的类型来说，1990～2010年，独资企业所占份额从54.5%下降到15.1%，合伙企业比重由41.1%下降到1.5%，它们分别减少了39.4个和39.6个百分点；而有限责任公司的比重则从4.4%上升到83.2%，增加了78.8个百分点（见表2）；股份有限公司则从无到有，自2006年以来以较快的速度增长。

就私营企业的产业结构来说，1990～2010年，第一产业比重从无到有，而且呈缓慢增长的态势，从而扩大了传统企业（只包括工、商）的内涵。第二产业比重由71.8%下降到28.9%，减少了42.9个百分点。这与中国工业化进程的步调是一致的。第三产业比重由28.2%上升到68.8%，增加了40.6个百分点。

私营企业的外部结构（空间布局）也包括两个方面。就私营企业的城乡分布来看，城市私营企业所占份额逐年增加。1990～2010年，城市私营企业所占比重由38.4%上升到71.6%，增加了33.2个百分点；农村私营企业所占比重则由61.6%下降到28.4%，减少了33.2个百分点。

就私营企业的地理分布来说，东部地区私营企业户数一直占全国总户数的2/3以上，不过呈缓慢下降的势头，1990～2010年，由67.5%下降到64.2%。中部地区也有类似的情况，由20.1%下降到18.9%；西部地区则呈上升势头，由12.4%上升到16.9%。

表2 全国私营企业的组织类型、产业结构和空间分布（1990～2010年）

单位：%

项　目		1990年	1995年	2000年	2005年	2010年
组织类型	独资企业	54.5	46.0	28.4	20.2	15.1
	合伙企业	41.1	18.1	9.9	3.0	1.5
	有限责任公司	4.4	35.9	61.7	76.8	83.2
	股份有限公司	—	—	—	—	0.2
产业结构	第一产业	—	1.1	2.25	1.9	2.3
	第二产业	71.8	50.4	39.43	33.3	28.9
	第三产业	28.2	48.5	58.32	64.8	68.8
空间分布	城市	38.4	56.8	61.25	65.1	71.6
	农村	61.6	43.2	38.75	34.9	28.4
	东部地区	67.5	67.54	68.5	68.5	64.2
	中部地区	20.1	24.13	18.1	17.95	18.9
	西部地区	12.4	8.33	13.4	13.55	16.9

资料来源：国家工商行政管理总局编《工商行政管理统计汇编》（历年）。

五 私营企业主阶层创造了多少社会财富？作出了多大社会贡献？

据国家工商行政管理总局的统计，到 2010 年底，全国的私营企业主运用私营资金 19.2 万亿元，雇用 7600 多万名工人，创办、经营了 845.5 万家各类企业，创造的最终产品和服务的价值达数万亿元，向国家缴纳税金 8202.1 亿元。如果加上个体阶层，全国个体私营经济共吸纳从业人员达 16425.2 万人。"十一五"期间，私营企业累计吸纳就业人员 6000 多万人，平均每年新增 1200 万人。作为中国特色社会主义事业的建设力量，私营企业主阶层以其创造的巨大社会财富、作出的巨大社会贡献，成为当代中国社会经济结构中的重要组成部分。

私营企业主阶层既是政策开放的受益者，又是政策开放的积极参与者和直接推动者。他们按照市场经济规律组合生产要素，配置社会资源，为经济社会发展作出了巨大的贡献。但是，由于诸多原因，目前在全国宏观层面上难以辨别、确认，而在县、市一级则显得比较清晰、一目了然。兹以全国百强县中的常熟、晋江两市为例，来说明这一点。

地处"天堂"的常熟，素以富饶、殷实著称。异军突起的乡镇企业，更使这块沃土锦上添花。但是，到了 20 世纪 90 年代中后期，作为人民公社体制伴生物的乡镇企业，其体制、机制的优势几乎丧失殆尽，到了难以为继的境地。地方政府开始实施企业产权制度改革，"先售后股，实行股份制、股份合作制"，仍然不能从根本上解决问题。进入 21 世纪，开始对已经改制的企业实行"二次改制"：一是股份合作制企业实现"两头转"，即或者向公司转，或者向私营企业转，以达到产权、责任、利益明晰到人的目的；促进新的运行机制的建立。二是坚持"经营者持大股，中层管理骨干多持股，一般职工可持股"的原则，国有、集体参股或控股企业，实现"三个提高"：即提高经营者和管理层持股比例，提高非公有股比重，提高股权的集中度，以实现股权的"人格化"。

到 2005 年底，全市私营企业达 11250 家，注册资金 286.61 亿元；个体工商户 56187 户，注册资金 29.1 亿元。私营个体阶层共吸纳从业人员 40 万人，生产总额 659 亿元。创造工业产值和实现工业产品销售收入、地方入库税收，分别占全市的 53.94％、59.53％和 42.14％，从而使得常熟市成为全国私营企业数量第一的江苏省的第一大市（县）。

因"改制"而拥有的后发优势，推动了私营经济的发展和全市所有制结构的调整。到2005年底，常熟市规模以上工业所有制结构如下。

工业总产值：国有经济占0.16%，集体经济占5.60%，私营经济占35.71%，联营经济占0.05%，股份制经济占10.04%，外资经济占20.87%。

工业资产：国有经济占0.55%，集体经济占6.27%，私营经济占30.96%，联营经济占0.06%，股份制经济占13.54%，外资经济占23.59%。[1]

由此可见，私营经济、混合经济、公有经济已成为拉动常熟市经济的"三驾马车"。

晋江，历史上是贫瘠、落后的穷乡僻壤。直到20世纪70年代后期，晋江人才以"三闲"起步，极其艰难地兴办联户集资企业。在工业化初期，晋江形成了服装、制鞋、食品等产品的产供销在区域上集聚。进入20世纪90年代，在这个基础上，自发形成了一些有影响力的较大企业。它们致力于创造品牌，由此一批企业得以做大做强，成为行业的"龙头"，并带动相关产业的发展，逐步形成专业化协作、品种齐全、配套完整的产业链。目前，晋江在制鞋、纺织服装、食品、拉链等行业已形成极具影响力的产业集群。其中，制鞋行业有3000余家企业，年产量达9亿多双，休闲鞋产量占全国的40%、全世界的20%。纺织服装行业也有2000多家企业，年产值达242亿元。拉链行业已成为全国拉链生产加工基地和主要集散地，产量居全国第一、世界第二，被授予"中国拉链之都"的称号。到2006年底，晋江全市有私营企业8626家，有限公司6263家，年产值超亿元的企业有186家，有9家上市公司，有个体工商户80300户。非公有制经济已经成为晋江经济发展的主体，"五分天下有其四"。

晋江工业在呈现产业集群的同时，品牌经济也逐渐形成。目前，全市共有中国驰名商标、中国名牌产品、中国出口名牌产品等"国字号"企业品牌692项，区域性品牌13项，国家免检产品45项，5个品牌入选亚洲500强，7个品牌入选中国500个最具价值品牌，3个品牌入选中国行业标志性品牌。产业集群、品牌经济，不仅是晋江模式新发展的重要特征，更是中国私营经营发展进入新阶段的重要标志。

经济结构的调整促进社会阶层结构的变迁。目前，晋江社会阶层结构已具备

---

[1] 张明主编《中国国情丛书——百县市经济社会追踪调查·常熟卷》，社会科学文献出版社，2008。

现代阶层结构的要素，正处于由"洋葱头形"向"橄榄形"转变之中：农业劳动者阶层规模（8.3%）已缩小到发达国家的平均水平（中国平均水平为41.0%），私营企业主阶层（3.2%）高于全国平均水平（1.0%），庞大的产业工人阶层队伍（49.7%）已经形成（全国平均为24.0%）。①

如果把常熟和晋江两市进行比较，可以看出，两市户籍人口相当（104.8万人与103.3万人），外来人员数量都在60万以上，城市化水平都在60%以上。在"百强县"评比中，社会经济综合发展指数和县域经济基本竞争力两项指数，常熟分别排在第五位和第四位，晋江则分别排在第十三位和第五位。

再从1990~2005年两市的生产总值增长速度进行比较，可以看出，常熟市的地区生产总值从36.33亿元增加到678.78亿元，增长了17.68倍。晋江市的地区生产总值从13.69亿元增加到422.8亿元，增长了29.88倍。晋江，不仅以发展私营经济治穷致富，而且在现代化的道路上仍然保持着奋起直追的势头。

六　私营企业主阶层中的代表人士及其政治参与

随着私营经济的逐步发展，私营企业主阶层也不断成长、壮大。这个新兴的社会阶层，在价值取向、思想观念、利益要求、政治愿望以及生活方式等方面，都有别于一般的工人、农民、知识分子，又不同于原来的民族工商业者，具有鲜明的特点。在现实生活中，这一社会阶层呈现比较复杂的情况，有大量积极因素，也存在某些消极因素。

在私营企业主阶层成长过程中，必然会产生一些代表人士。所谓代表人士，是指私营企业主阶层中，极少数经济实力较强，综合素质较高，可以超脱日常事务性管理，有实力、有知识、有闲暇、有政治参与意愿，能在一定场合以一定方式表达其政治要求的人。有一定代表性的非公有制经济人士是新时期统一战线的重要对象。中共中央明确指出：工商联作为党领导下的人民团体，可以配合党和政府做好他们的思想政治工作，并通过他们去带动和影响广大的同行爱国、敬业、守法、兴利抑弊、发挥积极作用，为建设中国特色社会主义贡献力量。通过对私营企业主阶层中代表人士的团结、帮助、引导和教育，从中逐渐培养起一支

---

① 陆学艺主编《晋江模式新发展》，社会科学文献出版社，2007。

拥护党的领导，能够与党长期团结合作的积极分子队伍，做好对他们的政治安排，举荐其中一些人进入人大、政协以及工商联等组织，通过各种渠道和方式，把私营企业主阶层的政治要求，纳入社会主义民主和法治的轨道中来。由私营企业主阶层中代表人士倡导发起的以开放性扶贫为主要内容的"光彩事业"，提供了一种做好代表人士思想政治工作的有效载体和具体形式。

由于私营企业主阶层内部的差异很大，他们的代表人士在政治参与方面也表现出很大差别。目前，他们中间的多数人还处在图生存、谋发展的阶段，他们的许多活动不得不主要围绕私营企业的经营管理而展开。他们中的多数人在政治参与方面仅有一种自我保护的意识，只有少数代表人士积极参与政治活动。

在现阶段，私营企业主阶层中代表人士的政治参与活动，可以分为两大类。一类是安排性参与，由统战部门和工商联组织推荐，经过选举、协商，进入人大、政协、工商联。他们中的多数人也热衷于此。据有关资料分析，1993年3月，第八届全国政协委员中有23位代表人士；第九届全国政协委员中有48位；第十届有65位；第十一届超过100位。在全国人大代表中，第九届有48位，第十届有200多位，第十一届有300位左右。据全国工商联的不完全统计，仅在参加各级工商联的私营企业主中，担任各级人大代表和政协委员的代表人士就有7万多名。

另一类是非安排性参与。主要指他们自发地加入中共组织或其他民主党派，自行参与地方领导职位选举。第八次全国私营企业抽样调查数据显示，在4098个有效样本中，中共党员占33.5%，民主党派成员占7.0%，在中共党员企业主中，担任各级党代表的占28.3%，其中，担任全国和省级党代表的分别有7人和15人。调查数据表明，有205位中共党员企业主当选为地方党委委员，其中，担任省、地（市）、县、乡镇级党委委员的分别为4人、10人、77人和114人。有61人担任县、乡镇两级政府的副职。

在企业规模较大的私营企业主中，政治参与更加积极。胡润研究院发现，2011年上榜的1000名企业家中，有15.2%（152人）拥有政治身份，而在榜上前50名企业家中则有15人拥有政治身份。据统计，在上榜的1000人中，有71位是全国政协委员。

"富商从政"是2011年的一个热门话题。引人关注的，不仅是私营企业主的政治参与活动本身，更是他们的这种参与所具有的社会、政治意义。政治参与的增加，在某种程度上意味着这个阶层在政治上的成长，意味着他们作为自为社会阶层的逐步形成。尽管参与国家政治过程的私营企业主在整个私营企业主阶层中所占比例并非特别大（不过该比例已经远远高出他们在全国总人口中所占的比重），许多中小型业主仍然谨守在商言商的原则，但他们中的代表人士的政治参与，已经开始具有代表其阶层利益的特征——这正是社会广泛关注"富商从政"现象的社会意义所在。

Twenty Years Development of China's Entrepreneurs in Private Sector

Zhang Houyi

Abstract：The paper analyzes government statistics to draw the outline of the development of china's entrepreneurs in private sector. At the same time, the paper also highlights some common issues and the possible future trajectory for this special group of people. In general, those entrepreneurs make great social and economic contribution to the local area, especially at the county and municipal level. Therefore, it is not surprising that their political participation usually draws extensive attention.

Key Words：Entrepreneurs in Private Section；Social Strata；Political Participation

B.19
2011年农民发展报告

樊 平*

摘 要：2011年，中国农民阶层变化有两个基本特点：在数量规模上持续缩小，在就业类型上从传统小农经营者向职业农民转变的趋势加快。从政策层面看，国家对新农村建设的政府财政扶持和转移支付力度加大，农村公共服务水平明显提升。与此同时，土地权益问题继续成为影响农村社会关系和社会秩序的核心问题，由此引起的乡村社会矛盾有所增加，协调和解决难度也有所加大。未来新农村建设要与农民共同体建设结合起来，注意处理好公共服务进入乡村后出现的新情况、新问题。

关键词：职业农民 土地权益 农业经营模式 城乡统筹

2011年，中国农民阶层变化有两个基本特点，在数量规模上，农民阶层持续减少；在就业类型上，从传统小农经营者向职业农民转变趋势加快，农业经营逐渐形成四个模式。从政策层面看，国家对新农村建设的财政扶持和转移支付的力度加大，村容村貌继续得到改善，农村公共服务水平明显提升，农村宜居水平有所提高。新农村建设试点在深入探索进程中。与此同时，土地权益问题成为影响农村社会关系和社会秩序的核心问题，由土地权益引起的乡村社会矛盾数量增加，冲突规模扩大，协调和解决难度加大；另外，公共服务进入乡村社会后，也出现了一些新情况、新问题，值得予以高度关注。

一 农民阶层基本状况和发展态势

中国农民阶层变化延续了2003年以来"四个减少"的发展趋势，即随着城

---

* 樊平，中国社会科学院社会学研究所副研究员。

市化和工业化的发展,随着农村市场经济的发展,农村人口持续减少,乡村就业人员持续减少,农村劳动力中务农劳动力持续减少,农村务农劳动力务农的劳动时间持续减少。农民收入和消费较快增长,但内部差异也在扩大。

1. 农民阶层的规模进一步缩小,农民务农劳动时间明显减少

据《中国统计年鉴2011》数据,2010年末全国农民的基本状况是,乡村人口67113万人,占全国总人口的比重从上年的51.66%下降到50.05%;全国就业人口中,第一产业就业比重为36.7%,比上年下降1.4个百分点;在国内生产总值的产业构成中,第一产业比重为10.1%,比上年下降0.2个百分点。2010年末,全国村委会组织594658个,比上年减少4420个;村委会成员233.4万人,比上年减少4000人。

乡村就业人员自2006以来持续减少,总量由2006年的45348万人下降到2010年的41418万人。农民工就业则继续增加,截至2011年第三季度末,全国进城农民工总量为1.64亿人,比上年同期增加606万人。

在农村务农劳动力中,务农劳动时间持续减少:由于农业科技进步,特别是有了种业和机耕机播机收,现在农民从事粮食生产的劳动日投入大量减少。例如,调查表明,在华北地区,20世纪90年代每季小麦每亩需要投入37个工日,现在只需要两三个工日;以前每季玉米每亩需要15个工日,现在只需要一个甚至半个工日。

2. 国家农业政策继续完善,粮食产量再创历史新高

2011年,中央政策扶持力度加大。国家全面取消粮食主产区粮食风险基金的地方配套要求,粮食主产区粮食风险基金249亿元全部由中央财政补助,减轻了粮食主产区财政负担98亿元,增加了对农业生产经营的资金支持。中央财政投入165亿元用于农机购置补贴,支持农业机械化的发展,争取农作物耕种收综合机械化率达到54%。

各地也采取了多种措施促进农业生产。为了确保粮食种植面积,山东省政府发出《2011年全省粮食稳定增产行动的意见》,积极推进农田水利和高标准良田建设,及时发放粮食直补和各种农资综补,合计资金65.4亿元。另外,对小麦种植面积达100亩的种粮大户,每亩增加奖励补贴10元,有效提高了农民的种粮积极性。为实现2011年农机化综合水平达到60%的目标,大连市将大型农机具作为政府补贴重点,农民购置农机具将享受国家30%、市级累加20%的补贴。

随着国家政策支持力度的加大和科技服务水平的提高，经过广大农民的努力，2011年农业生产形势较好，全年粮食种植面积比上年增加1000万亩，粮食单产和总产连续第八年增长，夏粮增产62.4亿斤，其中早稻增产28.5亿斤；秋粮接近8100亿斤，比上年增产约3%，全年粮食总产量将迈上1.1万亿斤的新台阶。

3. 农民收入较快增长，城乡收入差距和农村内部差距有所缩小

2011年，农民收入继续保持较快增长。据农业部全国各地农村固定观察点数据，前三季度农村居民人均现金收入5875元，同比增长20.7%，扣除价格因素，实际增长13.6%，同比提高3.9个百分点。其中，工资性收入同比增长21.9%，家庭经营收入增长20.4%，财产性收入增长6.2%，转移性收入增长22.0%。除农民财产性收入增幅同比降低外，其他三项收入的增幅都明显提高。2011年，农产品增产，价格上涨，农民出售农产品的收入增加较多，这使得农业家庭经营性收入增幅比上年同期提高了11.7个百分点。农村外出就业总量增加，农民工工资水平提高较快，这是农民家庭工资性收入增幅同比提高3.2个百分点的主要原因。2011年，国家持续加大对农民的扶持和补贴力度，农业"四项补贴"资金达到1406亿元，比2010年增长14.7%，因而，前三季度农民所获转移性收入增幅同比提高了4.8个百分点。至于农民的财产性收入的主要来源是土地入股分红，这要到年底才能计入农民收入，理论上还有增长空间。

城乡收入差距在前三季度呈现缩小趋势。2010年前三季度城乡居民人均可支配收入之比为2.94∶1，2011年前三季度该比值降至2.77∶1，这是自2002年以来的最小差距。但是2011年第四季度的动向值得重视。第四季度农产品价格出现下行趋势，部分农产品市场销售困难，相关农民损失惨重。另外，受宏观调控影响，银根收紧，进入第四季度，钢价市场整体下调，节能减排政策到位，钢铁企业效益整体下滑，连带引起整个产业链结构调整，钢铁行业、焦炭行业农民工失业风险和收入不确定性增加，预计会对第四季度农民非农就业及其工资性收入产生不利影响。从农村内部收入差距来看，据测算，由于低收入群体收入增长较快，农村居民人均纯收入分布的基尼系数从2009年的0.3850略降至2010年的0.3783。2011年，农民家庭经营收入增长和转移性收入增长较快，预期可以使农村内部收入差距继续有所缩小。

4. 农民生活消费水平继续提高,消费结构有所调整

据统计,2010年,农民生活消费支出比上年实际增长5.9%。其中食品支出增速明显提高,人均食品消费支出水平比上年提高7.7%,食品消费支出占生活消费支出的41.1%,基本与上年持平。2011年1~10月,全国乡村社会消费品零售总额19737亿元,比上年同期增长16.5%。由于农民并非仅仅在乡村社会消费品零售市场购买消费品,他们的消费总量应当远高于乡村社会消费品零售总额。总的来说,2011年农民生活消费水平将继续提升。

2011年,由于主要食品消费价格上升较快,农民主要食品消费量普遍有所减少,农民生活消费结构将有所调整,恩格尔系数有所下降。与此同时,农村居民生活消费现金支出比重进一步提高,农民用于购买食品的现金支出和在外用餐支出稳定增加。

二 农业生产正在形成四种基本经营模式

当前,中国农民的就业形态正在经历从传统小农经营者向现代农业生产者、职业农民发展的深刻转变。由于国家对粮食安全的重视,农业行政部门的引导,农业生产技术和经营管理水平的提升,以及一系列惠农政策的激励,企业和资本进入农村已经呈现规模化效应,务农农民内部也在分化,其异质性在增强。经过几年的尝试,现在农民的农业生产逐步固定为四种基本的经营模式。

1. 农户经营、农业专业合作社经营仍是主体,但面临巨大风险

农户经营、规模大户经营、农业专业合作社经营、农民股份合作社经营,这几种经营方式目前仍是农业生产经营的主要组织形式。现阶段,国家确定的粮食基地、农业部督导的高产创建基地,主要采取这些经营形式。在这些形式中,生产者主体是传统的精明能干的粮食生产能人,资金主要依靠自我积累和筹措,生产技术、咨询服务、农机配套由市场解决,生产决策则由农产品市场价格引导。

但是,近年来,这些经营主体遇到了巨大的风险和挑战。除粮食之外的农产品市场价格大起大落,对种粮农户影响巨大。2011年,从白菜、西瓜到大蒜、土豆,价格不到上年的一半,甚至不够生产成本,部分地区瓜菜成熟后,农户不收割,以致烂在地里。政府有关部门认为,究其原因,中国城市化处在扩张进程中,市场的需求不确定,农户的生产决策也就难以确定。在这种情况下,国家应当建立适当的机制，分散和分担农户生产面临的不确定性和市场风险。

总的来说，农村专业合作社和股份合作社的发展，提高了农业生产效率和效益。但值得注意的是，由于资金主要依靠自筹，技术也受到农民眼界和知识结构的限制，再加上农民土地合作社经营形成的农民组织增加了征地谈判的难度，所以在近郊和城区化扩张较快的地区，地方政府对农民土地入股合作社经营持消极态度。

2. 农业公司的规模化经营继续发展

在部分地区，农业经营领域资金、技术、管理、信息密集型的公司企业继续发展，推动规模经营的设施农业、标准农业或超大规模畜牧业成长。浙江省针对传统农业经营主体弱、小、散现状，大力培育现代农业经营主体，积极引导工商资本、台商资本等参与现代农业园区建设，建设农业示范园区11个，建成核心区累计面积7200多亩。园区与农业公司配套，培育农民专业合作社5个。

河北遵化市支持工商资本联姻农业，政府为"矿老板"、"铁老板"发展现代农业铺路搭桥，使农业产业化的"资本洼地效应"彰显。两年来，相继实施了29个投资千万元以上的农业产业化重点项目，涉及农产品精深加工、特色种植养殖、物流销售等多个领域，总投资达31.6亿元。该市工商资本投资兴办固定资产在500万元以上的农业产业化经营实体达18家，总资产达到7.5亿元，年实现销售收入5.1亿元。农地使用权通过流转转移给农业公司，土地流转的租金已经不是一定几十年了，而是一定三五年，或者是一年一议，或者定出逐年增长比例，或者合同明确规定适用最惠方待遇。种子选择、经营技术、管理服务、产后销售均由公司负责，技术支持、咨询服务、劳动力培训由公司提供。农民获得的是租金收益、劳务收益，有的还包括农产品出售的分成收益。一般来说，农民从公司获得的综合收益是其先前自己单独种植同质同量土地收入的七倍到十倍。国家粮食基地农业园区、蔬菜大棚、现代化养猪场、养鸡场、奶牛场、特定和特种农产品种植基地，多采用这种经营组织方式。这样，农民以人地一体方式进入公司，不是先培训再就业，而是就业培训一体化。

现代化、标准化规模养殖进展迅速，效益明显。实地调查表明，当规模养猪达到500头以上时，公司就基本能够承受猪肉市场价格的波动风险。从河北的情况看，农业公司经营的规模猪场效果要好于合作社经营的效果，更是农户散养无法比拟的。政策的引导也促使散养农户加速退出，推进了标准化规模养殖。国家畜禽良种补贴、生猪调出大县奖励、肉牛良种补贴、奶牛生产性能测定以及省级良种工程等扶持政策，为推进畜禽标准化生产实施的国家生猪、奶牛标准化规模养殖场（小区）建设补贴、畜禽标准化生产扶持等政策，都促进了标准化规模养殖快速发展中农业公司的兴起。

目前，这种模式正在迅速发展，成为现代农业经营模式的代表，虽然对农民的专业化和素质要求严格，但日常经营管理逐步标准化、规范化、精细化，由此可以提高农业生产效益和农民种地收益，因此许多地方的政府和农业部门都在积极扶持这种模式。

3. 老人农业呈现一定的优势

这种经营模式，一般以传统农业生产经营为主，以老人体力能力为中心，选择能力可及、目标可控、风险可承受、进程可持续的现有适用技术，充分利用农家资源，或者由老人选择安全的性价比高的农业生产产前、产中、产后服务和适用种植技术，从事农业生产。实地调查表明，许多农民认为，经过多年来的比较和选择，这种经营模式仍然是农地资源配置的有效形式。首先，农村老人有事做，活得有尊严，也能充分发挥、应用他们的能力和知识积累；其次，这种经营方式以农户自给自足为目的，受市场价格影响较小；再次，老农经营上心，比较看重产品质量。在农业水利设施便利、地块小且零散的农村地区，这种模式尤其盛行。

值得注意的是，在食品安全已经成为关系千家万户健康的重大问题的今天，这种不以赢利为目的的经营模式所生产出来的农产品在城市大受青睐。例如，在成都的实地调研表明，城市住户非常乐于拥有这样的食品供给来源。这种模式的未来发展空间，可能在于城市社区对农户生产的支持和参与，城市社区居民与农户建立直接联系，建构绿色、安全、可靠的食品通道，形成所谓社区支持农业模式（CSA）。早在20世纪60年代，日本和瑞典就已经出现这种农业经营模式，1986年它被引入美国，当前，美国已有2000多家农场采取这种模式从事农产品生产。中国北京和成都也已经出现这样的农业经营模式。

4. 间歇性休耕模式开始出现和发展

所谓间歇性休耕模式，是以农产品市场价格为前提，以经营者有稳定收益为目标，条件合适则从事生产经营，不合宜则让土地暂时休耕。近年来，中国农产品价格上涨在居民消费价格指数上涨方面发挥着引领作用，但对农民收入增长贡献有限。2011年，由于农业生产资料价格趋高，农业生产投入成本增加，农户

经营的现金支出增加，一些地区的部分农民由原来种植两季大宗作物改为只种一季。例如，北方部分农村地区农户放弃种一季小麦、一季玉米的生产经营模式，改为只种一季玉米，因为种小麦不赚钱，种玉米则由于价格合适还能有些效益。如果种植玉米也不赚钱，估计这些地方的农地就要被抛荒了。应该说，这种经营模式具有被迫性质，从中国农地资源有限的国情来看，需要采取有效措施提高农户的粮食种植积极性。

三 统筹城乡发展进展明显

统筹城乡发展不仅需要城市支持农村、财政扶助农民，更重要的是要有一系列基础性的制度建设。2011年，一些地方在统筹城乡试验方面取得的进展值得高度关注。

1. 统筹城乡综合配套改革，构建城乡一体的社会服务体系

2011年，浙江省作为中央农村工作领导小组办公室农村改革试验联系点，开始了七个方面的农村改革试验，即完善现代农业经营制度、完善农业科研和技术推广体制、完善农村集体建设用地流转制度、深化农村集体产权制度改革、推进农村新社区治理机制创新、深化农村金融制度创新、推进户籍管理制度改革。农村改革试验以保障农民权益、增进农民利益为核心，以让农民平等参与工业化城市化进程和公平分享工业化城市化成果为主线，全面构建城乡一体化体制机制及制度体系。浙江省的城乡一体化从"基本统筹"迈入了"整体协调"阶段。

浙江义乌市以实施国际贸易综合改革试点和统筹城乡综合配套改革试点为契机，进行整体规划，确定了生产、生活、服务保障三大体系和"两转一保"的改革总目标，"两转"即"转变生产方式、转变生活方式"，"一保"即"推进社会保障一体化"。同时，义乌市努力构建城乡一体的产业发展体系，着力构建最有利于农民创业致富的小商品制造和销售产业体系。迄今为止，义乌市场培育了15.8万个经营主体，90%以上的农民转移到第二、三产业，农民收入的90%以上来自非农产业，形成了产品和服务专业村。2010年，义乌农民人均纯收入达到14775元，城乡居民人均存款达到11.3万元。

义乌在推进农民生产方式转变的同时，积极改善农民居住条件，促进农民生活方式转变。义乌已有538个村完成村庄整治，181个村启动旧村改造，累计新建农房 3.7 万户，农民人均住房面积达到 68.8 平方米。推进"农村社区化、农民市民化"，在许多经过旧村改造的城中村、城郊村，房租收入成为农民财产性收入的重要来源。

构建城乡一体的服务保障体系，努力实现城乡公共服务均等化，也是义乌市推进城乡一体化的重要举措。为此，义乌市加大公共服务体制机制创新，推进公共服务向农村延伸，包括扩大城乡医疗保险覆盖率，提高医疗报销比例；构建师资力量城乡均衡流动、城乡学校组团发展的新机制；推进城乡交通一体化、供水一体化、生活污水和垃圾处理一体化等具体措施。义乌市投资 7 亿元改造镇街、农村（社区）医疗机构，将小额医疗保险基金年度最高报销比例由 50% 提高到 60%，大额医疗保险最高报销比例由 75% 提高到 85%。目前，全市已有 18.27 万名被征地农民参加了养老保险，51.1 万人参加了城乡居民医疗保险。在推动城乡交通一体化方面，义乌市行政村公交班车通村率达到 100%，并且建立了城乡公交 1.5 元一票制、农村支线 1 元一票制，方便农民出行。此外，90% 以上的城乡居民喝上了安全达标的饮用水，村内生活垃圾无害化处理率达到 98%，村农户污水收集率在 90% 以上。

其他地区也开展了类似的创新行动。例如，河北省遵化市加大农村社会事业投入力度，城乡一体的公共服务体系日益健全。2008 年以来，遵化市率先在河北省建立社会保障、救助、帮扶三大体系，遵化市率先在河北省建立失地农民养老保险制度，率先在河北省实现 12 年免费教育。围绕解决农民行路难、吃水难等问题，三年来投资 2 亿元新建、改建农村公路 300 多公里，农村公路通车总里程达到 1080 公里，实现村村通公路，92% 的村庄实现街道硬化。投资 1 亿元实施了安全饮水攻坚行动，31 万农民喝上了自来水。探索建立了失地农民养老保险和新型农民养老保险制度，农民达到退休年龄后也能像退休职工一样领取养老金。投资 2000 万元实施了农村敬老院整合改造工程，将原有 24 所整合成 6 所高标准敬老院，老人们可以在宽敞明亮的楼房里安享晚年。

2. 开展新农村建设体制创新试验，农村社区建设与农业发展有机结合

浙江省湖州市吴兴区八里镇南片区作为新农村建设体制创新试验区，从实施农村土地综合整治入手，将工业平台打造、农村新社区建设和现代农业发展有机结合起来。该区采取的主要措施包括：组建新农村投资有限公司，引导资本投资现代农业，促进现代农业的转型提升；通过完善土地流转服务，推进土地股份合

作制改革，探索土地流转价格形成机制，创新土地股份合作社流转和新农村投资公司流转等多种模式，加快土地流转步伐；以及积极探索宅基地使用权资产资本化。

目前，试验区内已组建土地股份合作社5个，耕地流转面积累计达1.31万亩，占总面积的64.6%。按照试验区规划，试验区现有的101个自然村，除保留2个具有一定文化底蕴和水乡特色的村落外，其他逐步搬迁合并，按照"一村一社区"、"二村一社区"两种集聚模式，启动农民新社区建设，迄今为止已经完成3个农民新社区的建设，建成面积达10万平方米。根据试验区土地综合整治方案，通过项目实施，农村宅基地面积可从现有的3023.5亩减少到1959.8亩，节约用地1063.7亩。

为了进一步促进土地流转，该区进行了量化股权、深化集体资产股份化的改革。在该区某村先行开展村级集体资产股份合作制改革，把村集体经营性净资产的80%量化到所有农户，探索出一条集体经济组织转变为社区股份合作社、村民集体资产所有权、分配权置换为股份合作社股权的有效途径，从而推进农业生产的发展。

3. 推进户口改革试点，努力消除户籍制度城乡差距

2011年以来，各地积极开展户籍制度改革试点，朝着统一城乡户籍制度、消除城乡户籍差别的方向迈进。

苏州在辖区六市内取消户口城乡差异。从2011年1月1日起，《苏州市户籍居民城乡一体化户口迁移管理规定》正式实施，新规定对苏州市城乡户籍居民户口迁移政策进行了调整和放宽。其中，有苏州户口、有住房的，就可在大市范围自由迁移；落户苏州，不再受购房年限、工作地域、参保关系等限制。该规定适用范围为苏州市区和五县市的户籍居民，也就是现已具有苏州户口的城乡居民。类似的户口管理改革试验也在其他一些地区开展。

江西分宜县作为江西省改革户籍制度的试点县，制定了相关政策举措，其最大的突破是取消"非农业户口"、"农业户口"的"二元制"户籍登记管理模式，实行城乡统一的户口登记制度，按照在公民经常居住地登记户口的原则，将公民户口统一登记为"居民户口"。同时，在就业、教育等方面所有居民将享受同等待遇。改革的核心内容和目标是：建立以居住证管理为核心，以居住地登记户口为基本形式，以具有合法固定住所或稳定职业为准入条件的城乡统一流动的户籍管理制度，从而促进城乡人口自由流动。从2011年起到2015年，以重点推动有条件的农民,特别是新生代农民工进城为突破口,引导农村居民向城镇有序转移,使县城人口达到12万人,到2020年,力争达到15万人。为做好相关对接工作,分宜县规定,居民户口迁出时,以原常住人口管理信息系统为依据,根据需要在迁移证上注明"农业"与"非农业"。同时,实行按居住地划分的人口统计制度,调整农业和非农业人口统计口径,实行按经常居住地划分来统计城镇人口和农村人口。

四 农地流转形成规模,地权关系成矛盾焦点

土地权益问题成为影响农村社会关系和社会秩序的核心问题,由土地权益引起的乡村社会矛盾数量增加,冲突规模扩大,协调和解决难度加大。2011年,土地使用中工业与农业、城市与农村争地矛盾十分突出,耕地保护形势十分严峻。土地管理中用途管制不严,违法违规用地的问题经常发生;土地利用规划约束力不强,土地征、占用过程中纠纷频发;农村土地利用效率不高,浪费严重。对于土地管理中出现的新问题,需要尽快采取对策加以解决。

1. 农地流转规模继续扩大,搞好土地流转要做到"四个坚持"

现代农业规模化经营的发展,促进了农村土地承包经营权流转的迅速发展。截至2011年上半年,全国农村土地承包经营权流转总面积达2亿亩,占承包耕地总面积的16.3%。全国已有800多个县(市)、12000多个乡镇建立了农村土地承包经营权流转服务中心,初步形成了"村有信息员、乡镇有服务窗口、县市有流转大厅"的流转管理服务体系。

农村土地承包经营权流转中也存在一些新情况、新问题,关键在于要做到四个"必须坚持"。一是必须坚持农户自愿的根本原则,确保农户在流转中的主体地位。二是必须坚持以市场为导向,充分发挥政府的监管职能。三是必须坚持培育专业大户、家庭农场的发展方向,发展多种形式的适度规模经营。四是必须坚持服务于发展现代农业,防止土地流转"非粮化"、"非农化"。基本工作是要健全土地承包经营权登记制度,注重土地承包物权登记管理;规范流转行为,加强流转合同管理;加强流转用途监管,严格经营主体准入,建立农业经营能力审查核准制度;进一步健全依法维护农民土地承包效益的长效机制,健全协商、调解、信访、仲裁、司法等多渠道土地承包经营纠纷调处机制。

2. 农村征地引起的社会矛盾突出

目前，中国农地征用中存在种种问题。一是并未区分是公益性还是经营性建设用地，这是征地范围难以缩小的重要原因；二是未充分考虑土地转性后的增值收益，对农民的征地补偿不到位，这是导致被征地者与地方政府、开发商矛盾冲突的重要原因；三是集体土地上的房屋拆迁补偿缺乏法律和行政法规依据，地方政府的文件层级低，政策前后不衔接，这是导致拆迁难以及恶性事件频发的重要原因。此外，各地普遍存在征地公告不到位、不认真听取被征地农民意见的问题，集体经济组织和农民在征地中缺少话语权。现行法律规定的征地补偿标准是以土地年产值的一定倍数确定的，没有体现出土地所承载的生产资料和社会保障的双重功能，也没有反映出不同土地区位条件、人均耕地数量、区域经济发展和土地市场供求关系等因素变化引起的土地价值变化。土地补偿标准提高后，村集体面对诱惑而高价违法卖地也是一个突出问题。被征地农民丧失土地后的长远生计问题在以往的征地工作中没有得到足够的重视，也是引发征地矛盾的一个重要原因，当然，目前部分地区也开始把被征地农民的长期生计纳入统筹考虑，如通过预留发展经营用地或经营用房、部分征地补偿款作价入股参与经营等多种方式，解决被征地农民的长远生计问题。

集体建设用地流转中存在一些容易引发社会矛盾的问题。为解决这个问题，各地探索创新农村集体建设用地流转的政策，在确保农村集体建设用地的集体所有性质不变的基础上，以出让、租赁、转让、转租、作价入股、抵押等形式，将农村集体建设用地使用权在一定范围内，有条件、有期限地流动，其中宅基地仅限于在集体经济组织内部流转。广东、天津、湖北、河北、安徽等地以及成都市出台了类似的农村集体建设用地流转管理办法。

3. 国家加强对农村土地用途的管理

2011年4月《国务院关于严格规范城乡建设用地增减挂钩试点切实做好农村土地整治工作的通知》，要求各地坚决纠正片面追求增加城镇建设用地指标、擅自开展增减挂钩试点和扩大试点范围、违背农民意愿强拆强建等侵害农民权益的行为。要坚决制止擅自开展土地置换等行为，严禁擅自开展建设用地置换、复垦土地周转等"搭便车"行为。严禁盲目大拆大建和强迫农民住高楼，要为农民提供多种建房选择，保持农村特色和风貌，保护具有历史文化和景观价值的传统建筑。要尊重农民意愿并考虑农民实际承受能力，防止不顾条件盲目推进、大拆大建。开展增减挂钩试点，必须举行听证、论证，充分听取当地农村基层组织和农民的意见。未征得农村集体组织和农民同意，不得开展增减挂钩试点。必须按明晰产权、维护权益原则，合理分配土地调整使用中的增值收益，防止农村和农民利益受到侵害。

2011年5月，国土资源部下发《关于加强保障性安居工程用地管理有关问题的通知》，明确提出严禁擅自利用农村集体土地兴建公共租赁住房，严肃查处"小产权房"等违法违规行为。该通知所要解决的问题，在于区别好试点与非试点地区，以及区别允许试点与擅自扩大规模问题。所有这些政策都表明，国家加强了对农村土地用途的管理。

五　结论和建议

1. 在推动农业发展的过程中，应当充分注意农民农业生产经营模式的变化

中国的农户经营还有生存和发展空间，但也要重视规模农业发展的必要性。2011年中央一号文件提出，在未来一段时期内将从政策和财政等方面加强对农田水利建设的支持力度。有效的农田水利建设必须立足于中国农业生产方式与中国农田水利的性质。一家一户的农民是不可能单独解决水利问题的，散的特征造成了极高的农户合作成本与市场交易成本，使得农民无法合作起来通过交易的方式与水利工程单位进行对接，在这里市场机制必然失败。当前的农田水利投入不仅要投资到硬件设施上去，而且要加强管理体制与组织建设。解决农田水利问题的根本出路，还在于将农民组织起来。

解决制约农机化科学发展的问题，越来越依赖于农业生产组织化程度的提高。要大力发展农机服务组织，有效实现农机户优势互补，推动高性能机械和先进实用技术的推广应用，优化农机装备结构；要促进新型职业农民培育，带动其他农业合作组织的发展。

2. 保障民权、增进民利是衡量现阶段农村改革试验得失成败的根本标准

推进新阶段农村改革的主要目标已从过去完善微观体制拓展到健全宏观制度，主要内容已从过去变革生产关系延伸到调整上层建筑，主要方式已从过去单项独创转变到多项联创。改革涉及的领域越来越广，触及的矛盾越来越深，推进的难度和可能引发的风险也越来越大。农村建设和农村发展需要继续推进"面上改革创新",还需要着力推进"点上改革试验",选定一些地方作为改革试验区,率先进行封闭式的风险可控的改革试验,力求形成一些具有普适性、长效性的体制创新和制度建设成果。

尊重农民意愿、保障农民权益、增进农民利益,是推进农村改革试验必须始终坚持的基本原则,也是衡量改革试验得失成败的根本标准。在开展改革试验实践中,要让农民更加平等地参与工业化城市化进程、更加公平地分享工业化、城市化成果。

3. 新农村建设与乡村共同体建设相结合,注意解决公共服务进入乡村后引出的新问题

推进新阶段的农村改革试验,是重大的制度创新和社会变革。重视乡村发展是必要的,还要以完善县乡财政管理体制为核心,进一步完善乡镇行政管理体制、农村公共服务保障机制、村级组织运转经费保障机制和农村基层民主建设运行保障机制。协调推进工业化、城市化、农业现代化,加快形成城乡一体化新格局,是当前和今后很长时期农村改革发展的主线。以产业化提升农业,以工业化富裕农民,以城镇化改造农村,大力推进公共财政向农村倾斜、基础设施向农村延伸、公共服务向农村覆盖、城市文明向农村辐射。要特别注意公共服务向农村延伸而引发出的新问题,如2011年引起社会普遍关注的农村校车安全问题。

Report on the Peasant Class Development in China：2011

Fan Ping

Abstract：In the year of 2011, there are two basic characteristics of the peasant class. First of all, in terms of scale, the peasant class is gradually shrinking. Secondly, when it comes to the type of employment, there is a rapid status transformation for farmers from traditional small-scale peasantry to modern farming industry workers. From policy perspective, the government provides more fiscal support and strengthens the implementation of payment transformation. Furthermore, public services in rural areas are upgraded. However, at the same time, land related property rights become a central issue which affects social relationship and social order in rural areas. The violation of farmers' legitimate rights and interests leads to increasing number of social conflicts. Moreover, the coordination and settlement of different social interests become more difficult. In the future, we should integrate the socialist countryside construction with the establishment of peasants' coalition, and pay more attention to the new situations and emerging problems when more public service programs are launched in rural society.

Key Words: Professional Farmers, Land Related Property Rights, Mode of Agricultural Production, Balanced Urban and Rural Development

附 录
Appendix

B.20
中国社会发展统计概览（2011）

张丽萍*

一 人口增长趋缓，但结构性矛盾日益突出

由于生育水平的下降，我国人口增长速度降低。2010年第六次人口普查结果表明我国总人口为133972万人，与2000年第五次全国人口普查相比，年平均增长0.57%。参见图1。

从分省情况看，广东省常住人口达到1.04亿，成为全国常住人口最多的省份，山东省、河南省分别以9579万和9402万排在第二位、第三位。西藏的人口数量最少，为300万。参见图2。

人口的城乡结构也发生很大变化，城市化水平迅速提高。城镇人口比例在2010年已经达到49.7%（见图3），居住在城镇的人口为66557万人。

---

* 张丽萍，中国社会科学院社会学研究所副研究员。

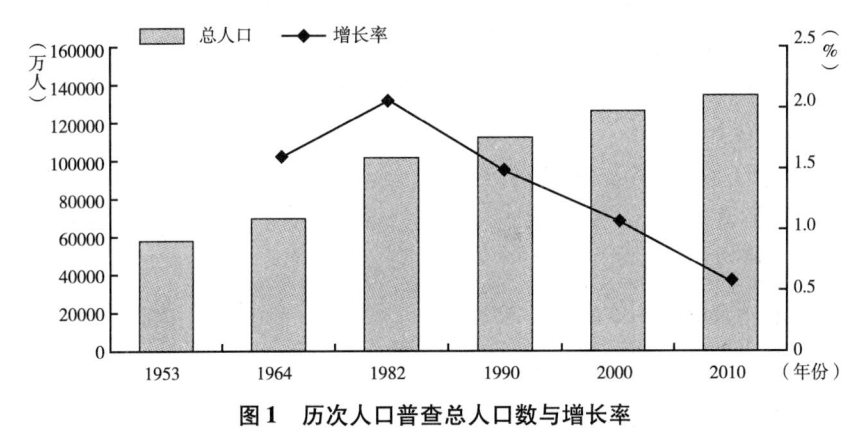

中国社会发展统计概览（2011）

图1　历次人口普查总人口数与增长率

资料来源：国家统计局编《2010年第六次全国人口普查主要数据》，中国统计出版社，2011。

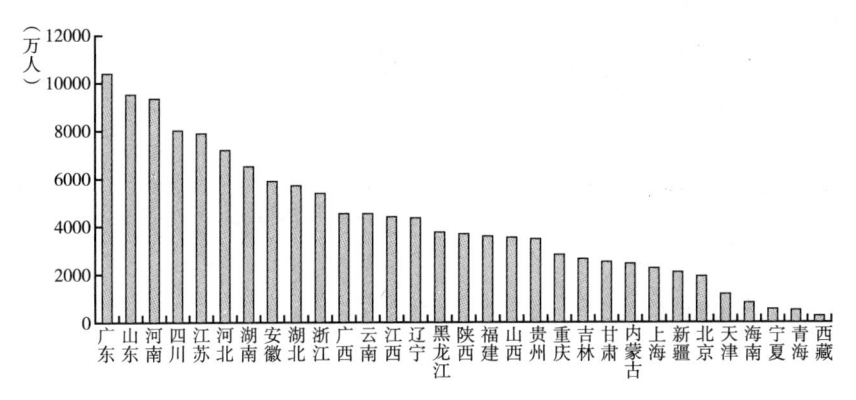

图2　2010年第六次人口普查各省份总人口数

资料来源：国家统计局编《2010年第六次全国人口普查主要数据》，中国统计出版社，2011。

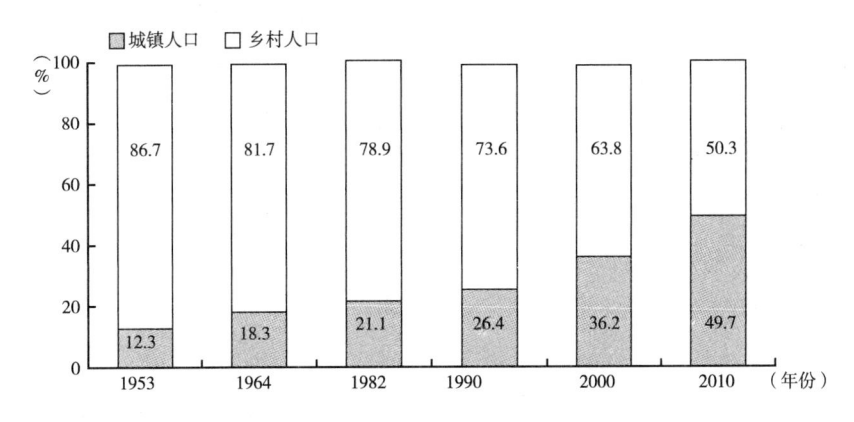

图3　历次人口普查城乡人口构成变化情况

资料来源：国家统计局编《2010年第六次全国人口普查主要数据》，中国统计出版社，2011。

由于生育水平持续快速下降以及人均预期寿命的延长，老年人口比例迅速上升，使中国成为世界历史上人口老化最快的国家之一。第六次人口普查数据显示，60 岁及以上的老年人口为 17765 万人，占 13.3%；其中 65 岁以上人口为 11883 万人，占 8.9%。参见图 4。

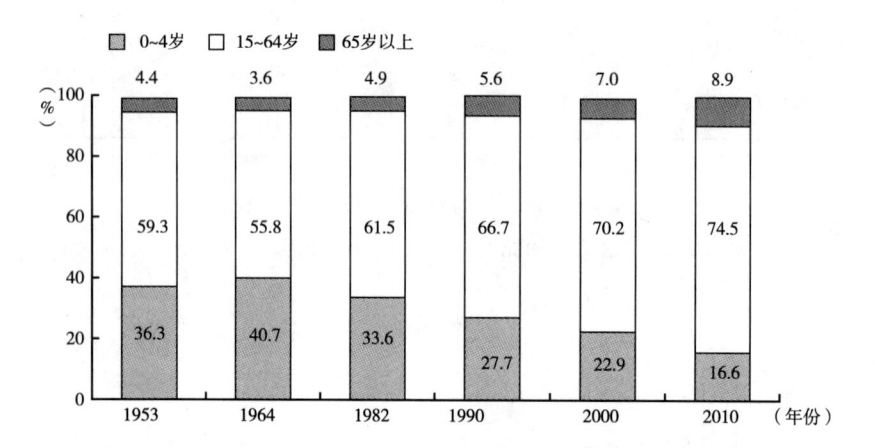

图 4　历次人口普查人口年龄构成情况

资料来源：国家统计局编《2010 年第六次全国人口普查主要数据》，中国统计出版社，2011。

从抚养比的变化来看，总抚养比持续下降，2010 年的总抚养比降到了 34.3%，其中少儿抚养比降到 22.3%，而老年抚养比上升到 12%。参见图 5。

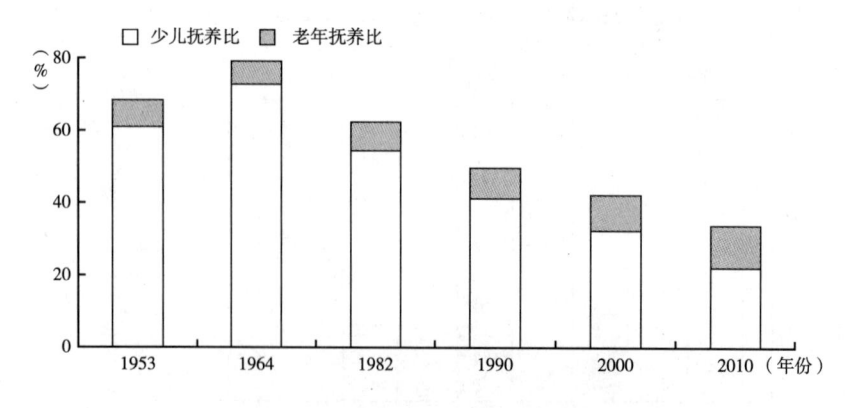

图 5　少儿抚养比和老年抚养比变化

资料来源：国家统计局编《2010 年第六次全国人口普查主要数据》，中国统计出版社，2011。

人口老龄化同样存在明显的区域差异。从全国各个地区来看，65岁及以上的老年人口比例在5.09%~11.56%之间，其中重庆、四川、江苏、辽宁、安徽、上海均在10%以上。从老年人口总数来看，山东、四川和江苏的数量最多，均在800万人以上，其中山东65岁及以上人口达到943万人（见图6）。

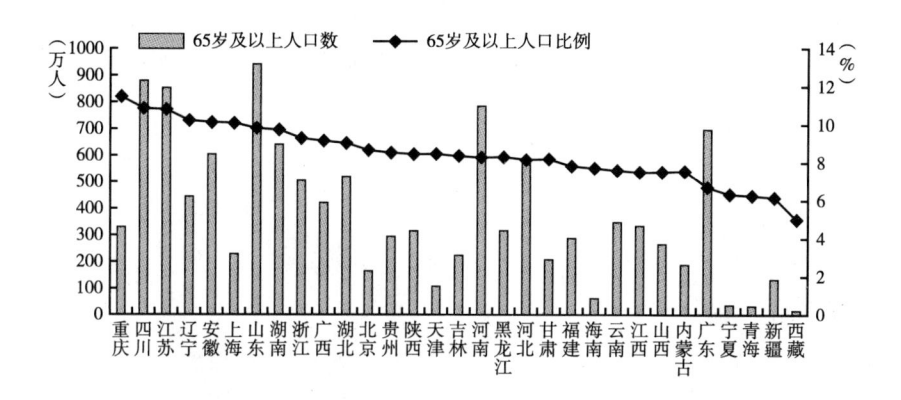

图6　2010年全国各省65岁老年人口数量与比例

资料来源：国家统计局编《2010年第六次全国人口普查主要数据》，中国统计出版社，2011。

出生人口性别比从20世纪80年代中期以来持续升高，到1990年升至110.92（以女孩为100），2000年为116.86，从第六次人口普查的数据来看，这一问题依然严峻，2010年高达118.06。参见图7。

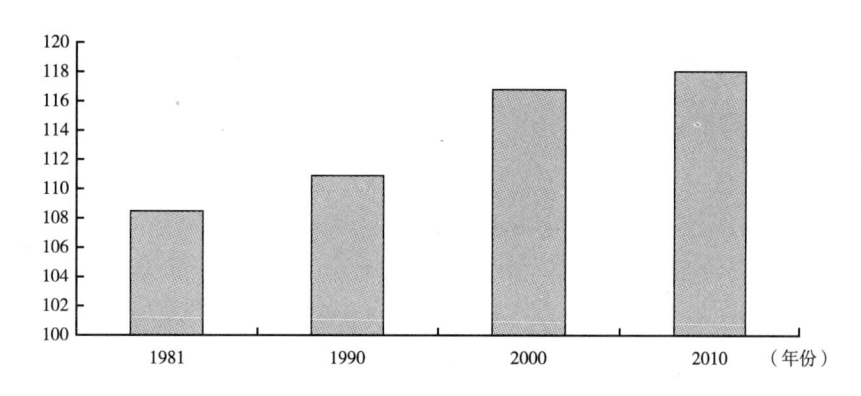

图7　出生人口性别比变化情况

资料来源：国家统计局历次人口普查资料。

二 经济社会结构与就业状况

经济社会结构继续发生变化，2010年城乡人口比例分别为49.7%和50.3%；第一产业、第二产业和第三产业中就业人员比例构成为36.9%、28.4%和34.7%，而在GDP的产业构成中三次产业比例分别为10.2%、46.9%和43%。农村人口在总人口中所占比重超过一半，但第一产业的就业比重降到了不足40%，而第一产业的产值比重仅为10.2%。参见图8。

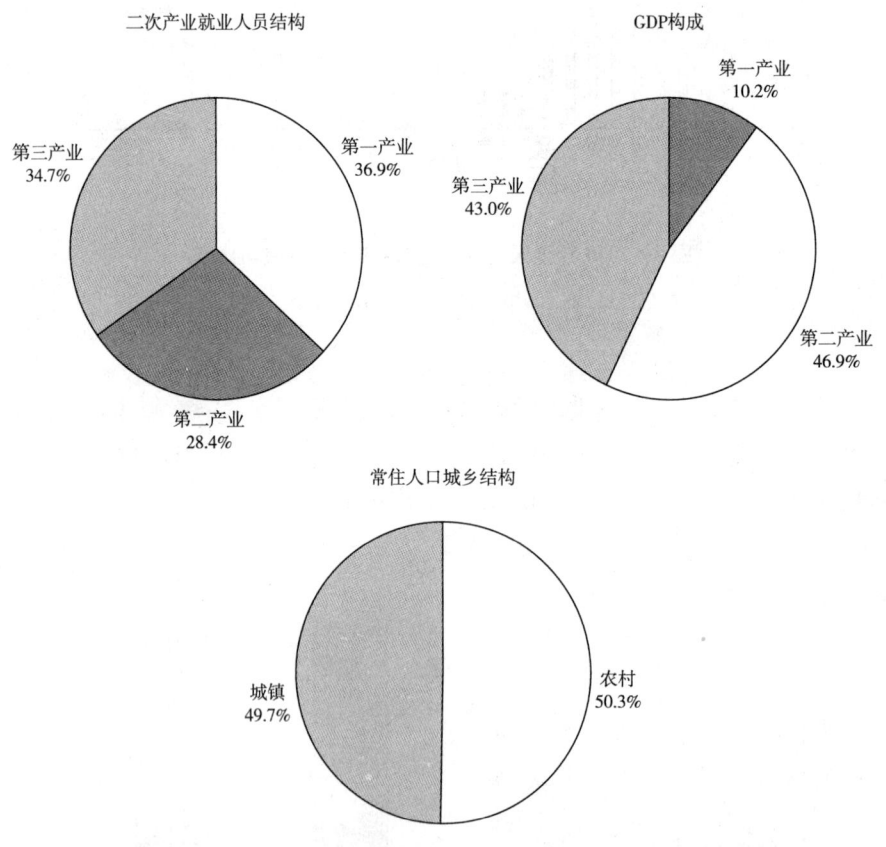

图8 2010年GDP构成与常住人口城乡结构及就业人口产业结构

资料来源：国家统计局编《中国统计摘要2011》，中国统计出版社，2011。

城镇登记失业人数经历了20世纪70年代末期减少、80年代中期后持续上升的过程，城镇登记失业率在改革开放初期超过5.0%，而后下降至1985年的1.8%，后又略有上升，到 1996 年达到 3.0%，2002 年达到 4.0%，之后略有上升。相同年份的调查失业率均高于登记失业率（见图 9）。2011 年，截至 9 月底，全国城镇登记失业率为 4.1%。

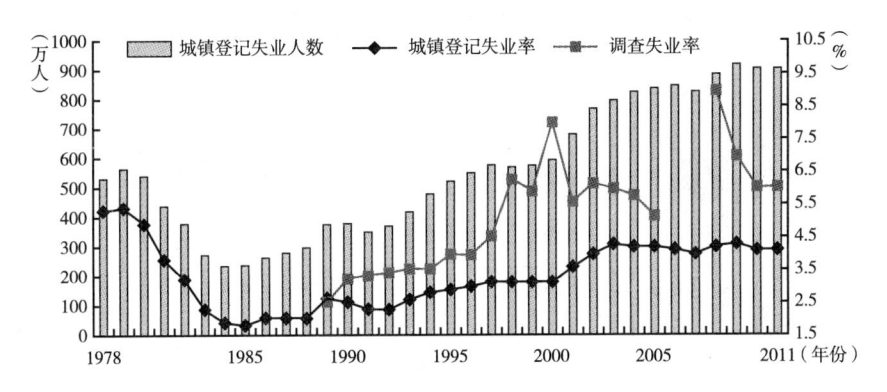

图 9　城镇登记失业人数与失业率

说明：调查失业率出自不同学者根据不同调查数据进行的测算，只有参考价值。
资料来源：1978～2010 年城镇登记失业人数及登记失业率来源为国家统计局编《中国统计摘要 2011》，中国统计出版社，2011；2011 年城镇登记失业人数及登记失业率数据为截至 2011 年 9 月底的数据，来源为中华人民共和国人力资源和社会保障部网站，http：//www.mohrss.gov.cn/page.do? pa = 402880202。

就业形势保持基本稳定。2011 年 1～9 月，全国城镇新增就业 994 万人，完成全年 900 万人目标的 110%。城镇失业人员再就业 436 万人，完成全年 500 万人目标的 87%。就业困难人员实现就业 139 万人，完成全年 100 万人目标的 139%。参见图 10。

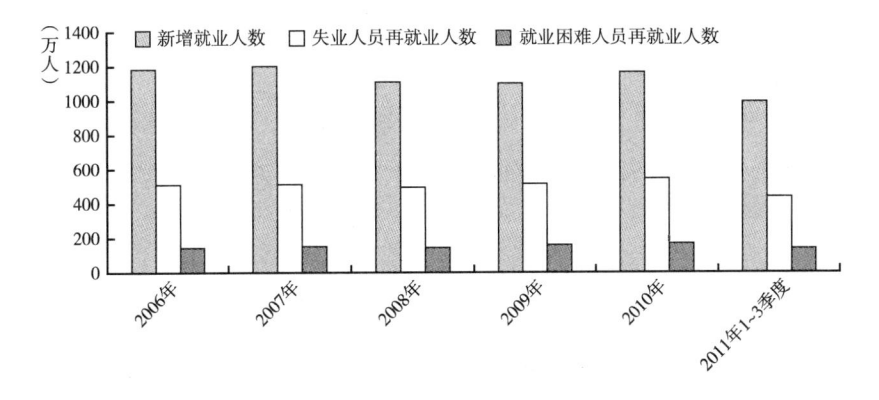

图 10　2006 年至 2011 年 9 月城镇新增就业与再就业情况

资料来源：2006～2010 年数据出自人力资源和社会保障部《2010 年度人力资源和社会保障事业发展统计公报》，2011 年数据出自 http：//www.mohrss.gov.cn。

农民工就业持续增加。2008~2010年农民工数量从2.25亿增加到2.42亿，外出农民工人数也从1.40亿增加到1.53亿，截止到2011年第三季度末，全国跨乡镇以外外出农民工的总量已经达到1.64亿。参见图11。

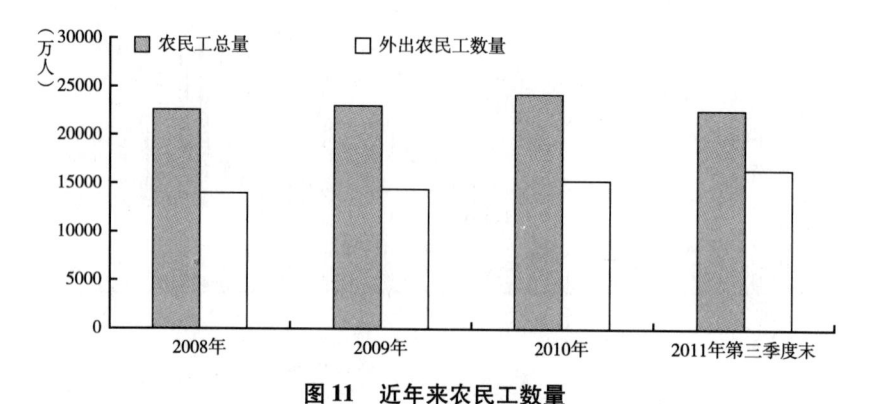

图11　近年来农民工数量

资料来源：2008~2010年数据来源于人力资源和社会保障部历年人力资源和社会保障事业发展统计公报；2011年数据来源于国家统计局网站，http://www.stats.gov.cn/。

三　城乡居民收入增加，但物价上涨影响消费信心

城乡居民收入保持持续增长，城乡居民生活水平明显改善，但是城乡居民收入差距也在逐渐加大。1978~2009年，城镇居民人均可支配收入增长了54倍，农村居民家庭人均纯收入增长43倍；城乡居民人均收入比（城镇居民家庭人均可支配收入/农民人均纯收入）在1978年为2.57∶1，1985年后逐渐缩小为1.85∶1，而后这种差距继续扩大，在2009年差距达到3.33∶1。2010年城乡居民收入继续增长，农村居民收入增速快于城镇居民，这一差距开始缩小为3.23∶1。参见图12、图13、图14。

物价上涨的势头得到了初步遏制，2011年以来，居民消费价格指数（CPI）持续上涨，7月份CPI同比涨幅创年度新高，达到6.5%，8月份回落到6.2%，10月份进一步回落到5.5%。参见图15。

从食品价格分类指数看，肉禽及其制品、蛋等价格上涨对价格总水平上涨产生影响。居民消费价格指数的变化对消费者信心产生影响，消费者信心指数、消费者预期指数及消费者满意指数在2010年的1~6月份的持续走强后开始跌落（见图16）。

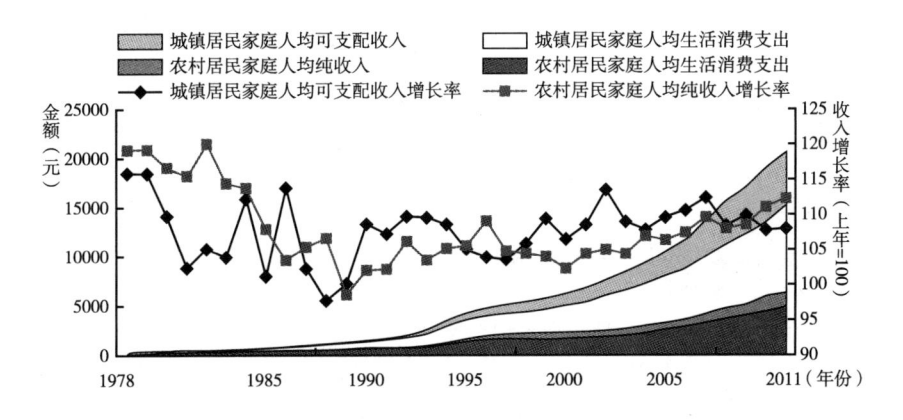

图 12 1978～2011 年城乡居民收支变化情况

资料来源：国家统计局编《中国统计摘要 2011》，中国统计出版社，2011。

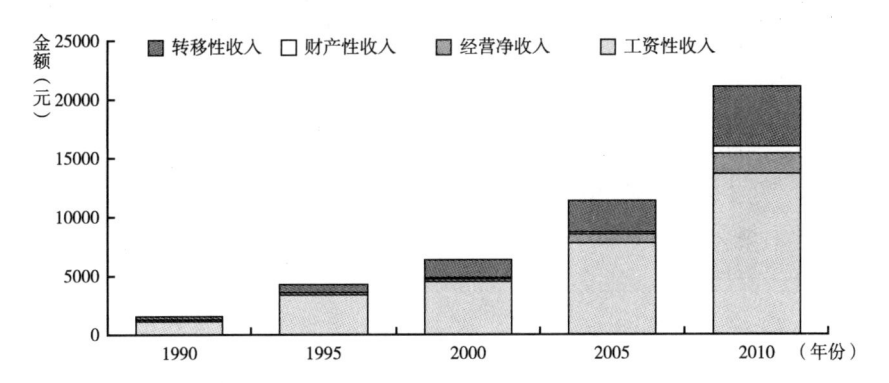

图 13 城镇居民家庭人均年收入构成情况

资料来源：国家统计局编《中国统计摘要 2011》，中国统计出版社，2011。

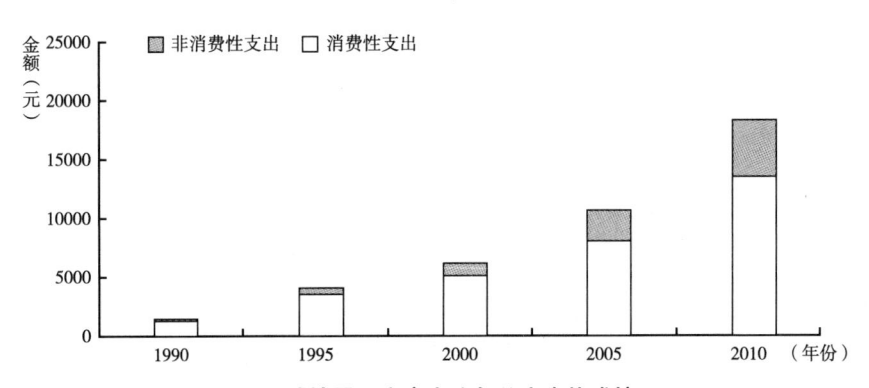

图 14 城镇居民家庭人均年总支出构成情况

资料来源：国家统计局编《中国统计摘要 2011》，中国统计出版社，2011。

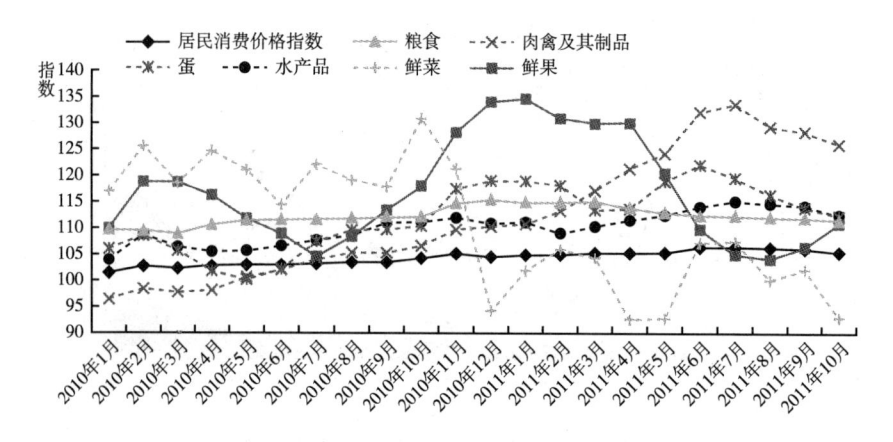

图15 居民消费价格指数与食品价格指数变化情况

资料来源：中华人民共和国国家统计局网站，http://www.stats.gov.cn/tjsj/。

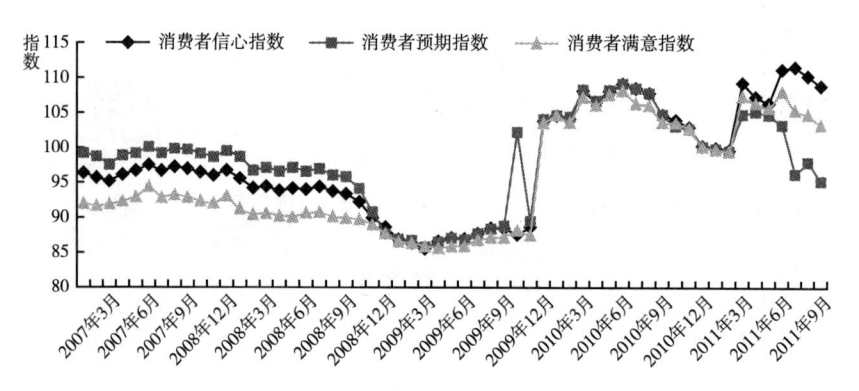

图16 消费者信心指数变化情况

资料来源：中华人民共和国国家统计局网站，http://www.stats.gov.cn/tjsj/。

四 社会保障覆盖面扩大，社会组织体系初步形成

随着社会保障体系建设的快速推进，各类社会保险覆盖面持续扩大，参保人数逐年增加。城镇基本养老保险参保人数从2005年的17488万人增加到2010年的25707万人，2011年9月底，为27497万人，不到6年的时间参保人数增加了1亿人。城镇基本医疗保险参保人数2005年为13783万人，2011年9月，达到46337万人，参保人数是2005年的3.4倍。另外，失业保险、工伤保险、生育保险的参保人数也不同程度地增长。截止到2011年9月，失业保险的

参保人数从 2005 年的 10648 万人增加到 14053 万人，工伤保险参保人数从 8478 万人增长到 17205 万人，生育保险参保人数从 5409 万人增加到 13472 万人（见图 17）。

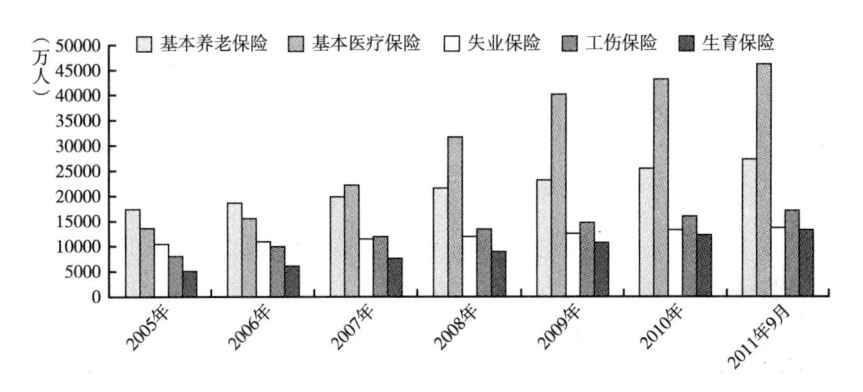

图 17　社会保险参保人数

资料来源：2005~2009 年数据来源于国家统计局编《2010 年中国统计年鉴》，中国统计出版社，2010；2010 年、2011 年数据来源于中华人民共和国人力资源和社会保障部网站，http://www.mohrss.gov.cn。

2009 年起，部分地区开展国家新型农村社会养老保险试点，参保农民在 60 岁后首次享受到国家普惠式的养老保障。2010 年末，全国参加新型农村社会养老保险人数 10277 万人，其中领取待遇人数 2863 万人（见图 18）。

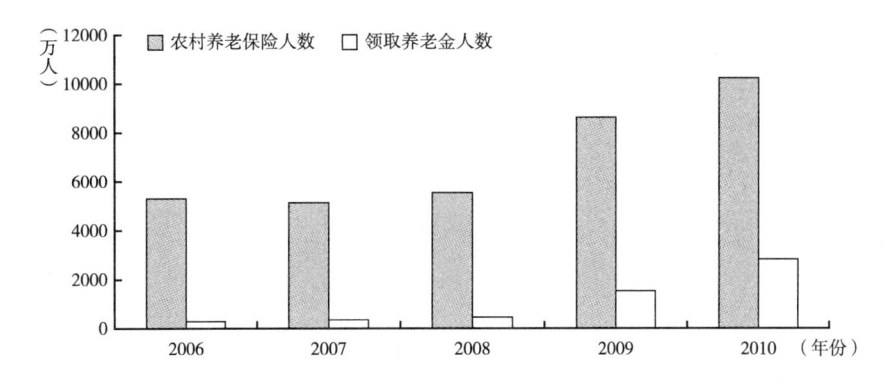

图 18　农村养老保险情况

说明：2010 年为参加新型农村社会养老保险人数。
资料来源：人力资源和社会保障部历年人力资源和社会保障事业发展统计公报，http://www.mohrss.gov.cn。

农民工参保是扩充保险覆盖面的重点之一，农民工参加城镇基本养老保险和基本医疗保险的人数近年来也迅速增加。城镇基本养老保险参保人数从2006年的1471万人增加到2010年的3284万人，基本医疗保险参保人数从2367万人增加到4583万人（见图19）。

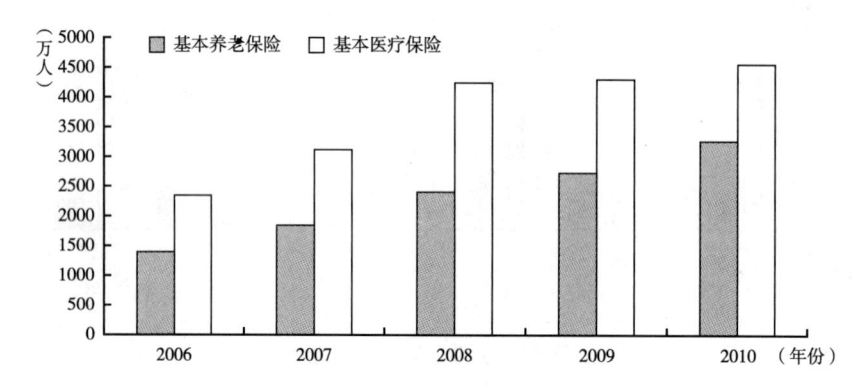

图19 农民工的基本养老保险和基本医疗保险参保情况

资料来源：人力资源和社会保障部历年人力资源和社会保障事业发展统计公报，http://www.mohrss.gov.cn。

新型农村合作医疗制度逐步实现基本覆盖农村居民。这一制度从2003年起在全国部分县（市）试点，到2010年逐步实现基本覆盖全国农村居民。2010年参合率达到96%，参合人数为8.36亿人（见图20）。

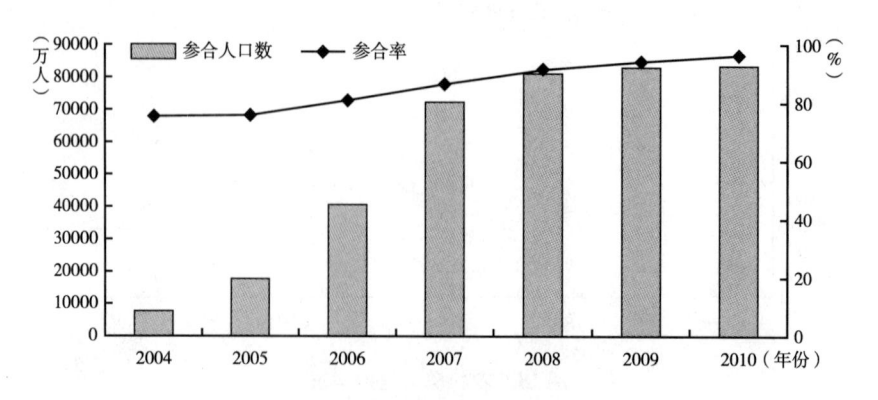

图20 新型农村合作医疗情况

资料来源：中华人民共和国卫生部编《2011年中国卫生统计提要》，www.moh.gov.cn。

最低生活保障制度作为社会救助的重要组成部分之一，致力于解决贫困人口的生活困难。2007年在全国农村建立低保制度，农村最低生活保障人数在2010年已经达到5214万人，同时传统的农村五保供养的人数保持在500万人以上。城市最低生活保障人数2006年为2240万人，2010年为2311万人（见图21）。

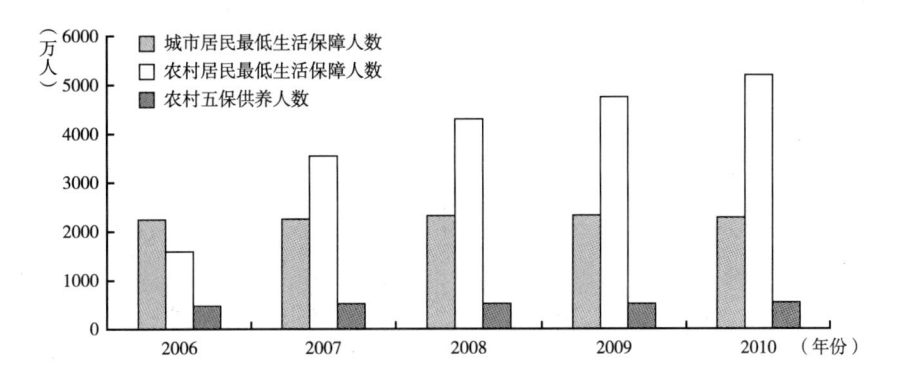

图21 城乡最低生活保障及农村五保供养情况

资料来源：国家统计局编《中国统计摘要2011》，中国统计出版社，2011。

随着农村经济的发展和一系列的扶贫措施的推进，我国的贫困人口从1978年的2.5亿人减少到2007年的1479万人。2008年，按照提高后的贫困标准1196元，贫困人口数为4007万人；2010年，按照1206元的贫困标准，贫困人口为2688万人（见图22）。

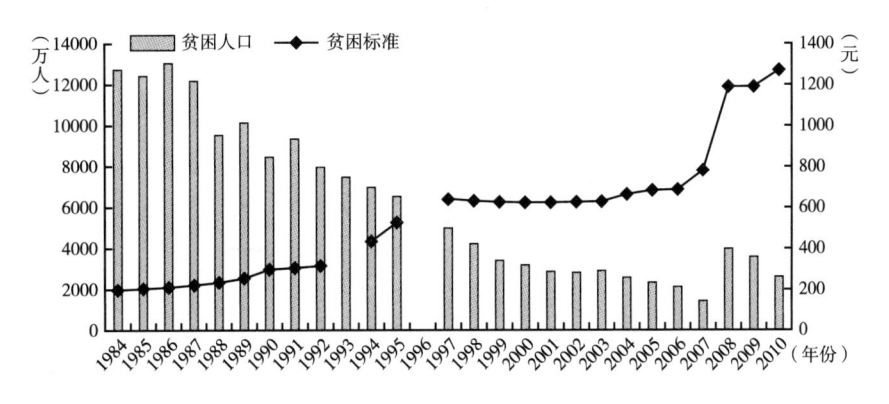

图22 农村居民贫困状况

说明：1993年贫困标准无数据，1996年贫困人口与贫困标准均无数据。
资料来源：国家统计局编《中国统计摘要2011》，中国统计出版社，2011。

门类齐全、层次不同、覆盖广泛的社会组织体系初步形成。截至2010年底，登记注册的社会组织将近43.5万个。其中社会团体的数量在20世纪末、21世纪初略有减少，在2004年以后又逐渐增加，2011年9月社会团体数为24.7万个；民办非企业单位数量近年来迅速增加，在1999年不足0.6万个，2011年9月已经达到20.1万个；基金会的数量从2003年的954个发展到2357个（见图23）。

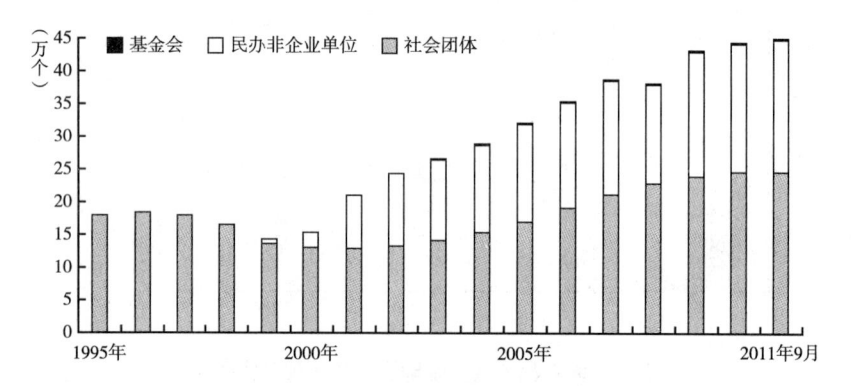

图23 1995年以来社会组织数量

资料来源：1995～2009年数据来源为国家统计局编《中国统计年鉴2010》，中国统计出版社；2010年、2011年数据来源为中华人民共和国民政部，http：//www.mca.gov.cn/。

基层群众自治制度逐步完善。截至2011年9月，全国共有村委会59.2万个，居委会8.8万个（见图24）。

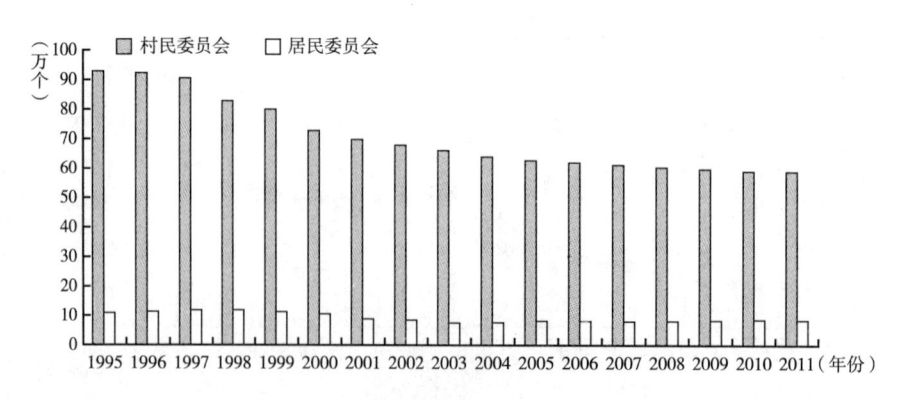

图24 村民委员会与居民委员会数量变化情况

资料来源：1995～2009年数据来源为国家统计局编《中国统计年鉴2010》，中国统计出版社；2010年、2011年数据来源为中华人民共和国民政部，http：//www.mca.gov.cn/。

中国皮书网

发布皮书研创资讯，传播皮书精彩内容
引领皮书出版潮流，打造皮书服务平台

栏目设置：

- □ 资讯：皮书动态、皮书观点、皮书数据、皮书报道、皮书新书发布会、电子期刊
- □ 标准：皮书评价、皮书研究、皮书规范、皮书专家、编撰团队
- □ 服务：最新皮书、皮书书目、重点推荐、在线购书
- □ 链接：皮书数据库、皮书博客、皮书微博、出版社首页、在线书城
- □ 搜索：资讯、图书、研究动态
- □ 互动：皮书论坛

www.pishu.cn

中国皮书网依托皮书系列"权威、前沿、原创"的优质内容资源，通过文字、图片、音频、视频等多种元素，在皮书研创者、使用者之间搭建了一个成果展示、资源共享的互动平台。

自2005年12月正式上线以来，中国皮书网的IP访问量、PV浏览量与日俱增，受到海内外研究者、公务人员、商务人士以及专业读者的广泛关注。

2008年10月，中国皮书网获得"最具商业价值网站"称号。

皮书数据库

权威报告　热点资讯　海量资料

当代中国与世界发展的高端智库平台

皮书数据库 www.pishu.com.cn

皮书数据库是专业的社会科学综合学术资源总库，以大型连续性图书皮书系列为基础，整合国内外其他相关资讯构建而成。包含七大子库，涵盖两百多个主题，囊括了十几年间中国与世界经济社会发展报告，覆盖经济、社会、政治、文化、教育、国际问题等多个领域。

皮书数据库以篇章为基本单位，方便用户对皮书内容的阅读需求。用户可进行全文检索，也可对文献题目、内容提要、作者名称、作者单位、关键字等基本信息进行检索，还可对检索到的篇章再作二次筛选，进行在线阅读或下载阅读。智能多维度导航，可使用户根据自己熟知的分类标准进行分类导航筛选，使查找和检索更高效、便捷。

权威的研究报告，独特的调研数据，前沿的热点资讯，皮书数据库已发展成为国内最具影响力的关于中国与世界现实问题研究的成果库和资讯库。

皮书俱乐部会员服务指南

1. 谁能成为皮书俱乐部会员？

● 皮书作者自动成为皮书俱乐部会员；

● 购买皮书产品（纸质图书、电子书、皮书数据库充值卡）的个人用户。

2. 会员可享受的增值服务：

● 免费获赠该纸质图书的电子书；

● 免费获赠皮书数据库100元充值卡；

● 免费定期获赠皮书电子期刊；

● 优先参与各类皮书学术活动；

● 优先享受皮书产品的最新优惠。

卡号：4414365741921716
密码：

（本卡为图书内容的一部分，不购书刮卡，视为盗书）

3. 如何享受皮书俱乐部会员服务？

（1）如何免费获得整本电子书？

购买纸质图书后，将购书信息特别是书后附赠的卡号和密码通过邮件形式发送到pishu@188.com，我们将验证您的信息，通过验证并成功注册后即可获得该本皮书的电子书。

（2）如何获赠皮书数据库100元充值卡？

第1步：刮开附赠卡的密码涂层（左下）；

第2步：登录皮书数据库网站（www.pishu.com.cn），注册成为皮书数据库用户，注册时请提供您的真实信息，以便您获得皮书俱乐部会员服务；

第3步：注册成功后登录，点击进入"会员中心"；

第4步：点击"在线充值"，输入正确的卡号和密码即可使用。

皮书俱乐部会员可享受社会科学文献出版社其他相关免费增值服务

您有任何疑问，均可拨打服务电话：010-59367227 QQ:1924151860

欢迎登录社会科学文献出版社官网（www.ssap.com.cn）和中国皮书网（www.pishu.cn）了解更多信息

社会科学文献出版社　　皮书系列

"皮书"起源于十七八世纪的英国，主要指官方或社会组织正式发表的重要文件或报告，并多以白皮书命名。在中国，"皮书"这一概念被社会广泛接受，并被成功运作、发展成为一种全新的出版形态，则源于中国社会科学院社会科学文献出版社。

皮书是对中国与世界发展状况和热点问题进行年度监测，以专家和学术的视角，针对某一领域或区域现状与发展态势展开分析和预测，具备权威性、前沿性、原创性、实证性、时效性等特点的连续性公开出版物，由一系列权威研究报告组成。皮书系列是社会科学文献出版社编辑出版的蓝皮书、绿皮书、黄皮书等的统称。

皮书系列的作者以中国社会科学院、著名高校、地方社会科学院的研究人员为主，多为国内一流研究机构的权威专家学者，他们的看法和观点代表了学界对中国与世界的现实和未来最高水平的解读与分析。

自20世纪90年代末推出以经济蓝皮书为开端的皮书系列以来，至今已出版皮书近800部，内容涵盖经济、社会、政法、文化传媒、行业、地方发展、国际形势等领域。皮书系列已成为社会科学文献出版社的著名图书品牌和中国社会科学院的知名学术品牌。

皮书系列在数字出版和国际出版方面也是成就斐然。皮书数据库被评为"2008~2009年度数字出版知名品牌"；经济蓝皮书、社会蓝皮书等十几种皮书每年还由国外知名学术出版机构出版英文版、俄文版、韩文版和日文版，面向全球发行。

经济蓝皮书 BLUE BOOK OF CHINA'S ECONOMY	社会蓝皮书 BLUE BOOK OF CHINA'S SOCIETY	文化蓝皮书 BLUE BOOK OF CHINA'S CULTURE
金融蓝皮书 BLUE BOOK OF FINANCE	法治蓝皮书 BLUE BOOK OF RULE OF LAW	欧洲蓝皮书 BLUE BOOK OF EUROPE
气候变化绿皮书 GREEN BOOK ON CLIMATE CHANGE	西部蓝皮书 BLUE BOOK OF WESTERN REGION OF CHINA	世界经济黄皮书 YELLOW BOOK OF WORLD ECONOMY
THE CHINESE ACADEMY OF SOCIAL SCIENCES YEARBOOKS ECONOMY	THE CHINESE ACADEMY OF SOCIAL SCIENCES YEARBOOKS SOCIETY	THE CHINESE ACADEMY OF SOCIAL SCIENCES YEARBOOKS POPULATION AND LABOR

法律声明

"皮书系列"（含蓝皮书、绿皮书、黄皮书）由社会科学文献出版社最早使用并对外推广，现已成为中国图书市场上流行的品牌，是社会科学文献出版社的品牌图书。社会科学文献出版社拥有该系列图书的专有出版权和网络传播权，其 LOGO（ ）与"经济蓝皮书"、"社会蓝皮书"等皮书名称已在中华人民共和国工商行政管理总局商标局登记注册，社会科学文献出版社合法拥有其商标专用权。

未经社会科学文献出版社的授权和许可，任何复制、模仿或以其他方式侵害"皮书系列"和（ ）、"经济蓝皮书"、"社会蓝皮书"等皮书名称商标专用权的行为均属于侵权行为，社会科学文献出版社将采取法律手段追究其法律责任，维护合法权益。

欢迎社会各界人士对侵犯社会科学文献出版社上述权利的违法行为进行举报。电话：010-59367121，电子邮箱：fawubu@ssap.cn。

社会科学文献出版社